国家出版基金项目
NATIONAL PUBLICATION FOUNDATION

战役卷 下

淮海战役史料汇编 3

淮海战役纪念馆 编
国家图书馆出版社

目录

第五篇　淮海战役的胜利与影响

第四篇
战场休整　全歼杜聿明集团
（1948 年 12 月 16 日—1949 年 1 月 10 日）

　　黄维兵团被歼，李延年、刘汝明兵团撤向淮河以南，被围困在陈官庄地区的杜聿明集团处于外无援兵，内无粮草，孤立无援的绝境。淮海战役转入以华野主力围歼杜聿明集团的第三阶段。

　　此时，平津战役已经发起，为了不使蒋介石迅速决策海运平津地区国民党军南下，为给被围的杜聿明集团造成更大的困境，使连续作战的解放军得到休息和整顿，中央军委决定对杜聿明集团暂时围而不歼，华野于12月16日转入战场休整，加强对杜聿明集团的围困。中野集结于宿县、蒙城、涡阳地区进行战备休整，随时准备协同华野歼灭杜聿明集团。

　　在20余天的战场休整期间，解放军对包围圈内的国民党军展开了强有力的政治攻势，广泛开展内容丰富的战地政治工作，恢复和整顿战斗组织，充实兵员，补充粮弹，深入进行形势任务教育，全军上下从思想上、组织上、物资上、战术技术上充分做好了总攻杜聿明集团的准备。

　　1949年1月6日，华野以10个纵队和冀鲁豫军区部队组成东、北、南3个突击集团，对拒不投降的杜聿明集团发起总攻，经4昼夜激战，至1月10日，全歼杜聿明集团。这一阶段共歼灭国民党军1个"剿总"前进指挥部、两个兵团部（不含孙元良兵团）、8个军部、22个师、1个骑兵旅，共计17.6万余人，至此，淮海战役胜利结束。

第一章　总前委蔡洼会议

根据中央军委指示，1948 年 12 月 17 日，淮海战役总前委在华野司令部驻地安徽萧县蔡洼村召开了第一次全体会议。总前委五位成员在战役即将结束时重逢，充满对胜利的无限憧憬和喜悦。由于第三阶段作战已胜券在握，会议研究的重点是未来渡江作战方案和部队整编问题。会后，刘伯承、陈毅赴西柏坡向中共中央作汇报，邓小平返回中野司令部驻地小李家。

◀ 总前委五位首长在蔡洼会议期间的合影。左起：粟裕、邓小平、刘伯承、陈毅、谭震林

中央军委电文摘要

为着不使蒋介石迅速决策海运平津诸敌南下，我们准备令刘伯承、邓小平、陈毅、粟裕于歼灭黄维兵团之后，留下杜聿明指挥之邱清泉、李弥、孙元良诸兵团（已歼约一半左右）之余部，两星期内不作最后歼灭之部署。

摘自中央军委《关于平津战役的作战方针》，1948 年 12 月 11 日，见《毛泽东军事文集》第五卷，军事科学出版社、中央文献出版社 1993 年，第 362 页

黄维歼灭后，请刘、陈、邓、粟、谭五同志开一次总前委会议，商好在邱李歼灭后的休整计划，下一步作战计划及将来渡江作战计划，以总前委意见带来中央。如粟谭不能分身到总前委开会，则请伯承至粟谭指挥所，与粟谭见一面，了

解华野情况，征询粟谭意见，即来中央。

摘自中央军委 1948 年 12 月 12 日致刘陈邓粟谭电，见《毛泽东军事文集》第五卷，军事科学出版社、中央文献出版社 1993 年，第 382 页

◀ 华野代司令员代政委粟裕（中）、参谋长陈士榘（右一）、副参谋长张震（右二）在前线指挥所听取战况汇报，研究作战方案

征程回忆

华野副参谋长张震回忆——总前委会议

17 日，总前委在萧县的蔡洼召开会议。蔡洼村北面是条小干河底，也许是因此得名。我们华野指挥所就设在村北的一个农家。听说刘伯承、陈毅、邓小平等首长要来开会，大家都很高兴。我要机关准备会场，安排好刘陈邓首长的休息住房。准备停当后，我早早就到村子外去迎候首长。小平同志一下汽车，就风趣地说："你们住这么大的村子，不怕飞机炸？还是要'怕死'一点啊。"说得大家哈哈大笑。我也插了一句："现在蒋介石搬家都搬不赢，顾不上来炸我们了。"粟裕对刘伯承司令员说："时间过得真快，我们已经有 17 年没有见面了！"

几位首长在淮海战役即将全胜之时，相会蔡洼，都显得特别高兴。他们着重研究了明年夏季渡江作战方案和对部队整编的问题。休息时，还一起照了相。这张宝贵的 5 人合影，使人们今天得以重睹淮海战役总前委的战斗风采。当时，总前委首长要我们华野的几个部门领导参加，但我们谁也没有靠上去。今天想来，还真有几分后悔，因为这也是很有纪念意义的啊！

摘自《张震回忆录》（上），解放军出版社 2003 年，第 346 页

▲ 华野司令部作战科作战股股长秦叔瑾绘制的淮海战役华野指挥所位置图

阵中日记

华野代司令员代政委粟裕机要秘书的日记

12月15日

早上5点半，由襄王城出发，于8点半就到达了目的地李洼。让我高兴的消息就是黄维兵团被全歼了。由此，整个淮海战役的胜利已奠定一半的基础。粟裕首长为此松了一口气。被包围在以陈官庄为中心的杜聿明集团，已成了瓮中之鳖。杜聿明、邱清泉、李弥、孙元良，除了缴械投降外，没有别的出路，连此次北援的李延年兵团也逃不了被歼灭的命运。全部歼灭杜、邱、二李，过一个快活年，这是不成问题的。

12 月 16 日

粟裕同志率华野指挥机关，由安徽萧县的李洼移驻到蔡洼。不断失利的敌人，没有办法增援，因此只好依靠飞机，毫无人性地不分昼夜地来轰炸。昨天半夜到天明，不断地有炸弹的声音响在我们村庄的周围，把我们从睡眠中惊醒。敌人失败得愈快，就愈加疯狂地轰炸，也就不得不增加我们对防空的注意。这个时候的大炮声

▲ 淮海战役总前委会议旧址、华野指挥部驻地——安徽萧县蔡洼村

又响起来了，我军早已布下了天罗地网，被围困的敌人逃不了最后覆灭的命运。

12 月 17 日

中野的刘、陈、邓首长，由其驻地小李庄来到蔡洼，与粟、谭首长会面。粟、谭首长在村口迎接。粟裕迎上前去，对刘伯承感慨地说："刘司令，从1932年与你在红大分手算起，我们17年没见面了，真想你啊！"刘伯承拉着粟裕的手说："是啊，时间过得好快，这是一个不平凡的17年啊！"总前委会议就是在蔡洼召开的，时间为一天。会议的主要内容是商讨下一步作战计划以及渡江作战问题。总前委五人在粟裕住的房间门口石榴树旁拍摄了一张合影。我也是在这里，第一次见到了尊敬的刘、邓首长。我是在502首长的办公室见到刘伯承司令员的。他那魁梧的身体，穿着一身很普通的士兵衣服，这是一位闻名于全国乃至全世界的军事家。我们见了爱戴他、欢迎他，敌人听到了他的名字害怕他。我还看到了邓政委，他小小的个子，圆圆的脸。还看到了多时未见的陈毅军长。我有机会见到这些大首长，心里十分高兴。粟裕首长还会见了济南战役中起义的国民党九十六军军长吴化文。

摘自鞠开《在跟随粟裕的日子里》，中国文史出版社 2007 年，第 189—190 页

第二章　解放军战场政治工作

政治工作是人民解放军的生命线，是部队在战斗频繁、生活艰苦、身体疲劳、伤亡增加的情况下，始终保持高昂斗志，努力完成作战任务的重要保证。在战场休整中，解放军广泛发扬军事民主，开展敌前练兵，恢复和整顿战斗组织，充实兵员。通过形势教育、支部活动、战壕诉苦、火线宣誓、火线评功、战地庆功、战地爱民等丰富多彩的活动，进行卓有成效的政治思想工作，大大提高了战士的阶级觉悟，使大批新战士懂得了为谁而战、为何而战，激发了指战员们的革命英雄主义精神，全军上下斗志昂扬，士气旺盛。

华野政治部主任唐亮回忆摘要

淮海战役中的政治思想工作，相当集中地反映了我军战时政治工作的主要经验和优良传统，具有鲜明的阶级性、强烈的战斗性、广泛的群众性和积极的创造性。它紧紧围绕着把国民党军主力消灭在长江以北地区，加速打败蒋介石、解放全中国进程这个总目标，结合战役发展和指战员思想的变化而进行，使政治思想工作同军事活动融为一体，做到了广大指战员的心窝里，渗透在各种战斗活动中。淮海战役胜利的实践证明，我军战斗力的决定因素是人，是指战员的政治觉悟、胜利信念和勇敢不怕死的精神，以及掌握使用武器装备的战术、技术水平的提高。而这些因素的充分发挥和提高，必须依靠强有力的政治思想工作。

摘自唐亮《强有力的政治工作是夺取胜利的保证》，见《淮海战役》，解放军出版社 1991 年，第 674 页

▲ 1948 年 10 月曲阜会议期间，华野政治部部分领导同志合影

◀ 1948 年 10 月，参加华野前委扩大会议的部分领导合影。由左至右立者：粟裕、钟期光、张震，坐者：唐亮、陶勇

一、阵前学习　刻苦练兵

　　根据全国战局发展，解放军参战部队进一步深入进行"军队向前进"、"一年左右可以从根本上打倒国民党反动政府"的形势任务教育，使全军指战员明确树立争取战役全胜，夺取全国胜利的思想。针对国民党军防御特点，展开阵前学习，进行敌前练兵，广泛开展军事民主，发挥指战员们的积极性和创造性，研究打坦克、地堡和防毒等办法，在冰天雪地里进行规模浩大的近迫作业，使阵地普遍推进至距国民党军前沿30至50米处。部队在严寒的冬季，昼夜生活在战壕里，进行对峙中的冷战和完成总攻前的各项准备工作。

文件选编

庆祝黄维兵团歼灭　迎接更大的胜利！

　　同志们早就关心的黄维兵团全部4个军11个师的歼灭战，15日夜12点已经胜利的完成了。大家之所以这样关心，就是因为全歼黄维兵团，"对于江北战局将是有决定意义的胜利，而全歼邱、李、孙兵团的决战胜利，对于全国战局将有决定性意义"。因为蒋介石今天在江北也是在全国唯一最大的一坨力量，也不过8个兵团，早已损失了黄百韬、冯治安、孙元良3个兵团，黄维是第四个了。其五大主力之一的整十一师（现改为十八军），也跟孟良崮的七十四师，东北的新一军、新六军一样被消灭了，蒋介石的五大主力，至此已消灭了4个。黄维兵团的被歼和邱、李兵团的继续被歼，就使得蒋介石再也没有多大力量抵抗我们的进攻了。敌人所叫喊的"会战"、"增援"已经完全失败，我们面前被包围了半个月的杜聿明指挥下的邱清泉和李弥兵团，已被我们消灭30个团左右，损失8万多人，现在必然完全陷入绝望，更要加速它的覆灭。

　　为什么今天黄维兵团的解决，会更加速当面敌人的消灭呢？第一，如同歼灭了黄百韬一样，我们又攒出了十几个纵队，消灭邱、李兵团，我们的兵力会更集中，炮火会更集中。第二，黄维兵团被歼的胜利经验，不但给了我们很大的鼓舞，而且给了我们许多宝贵的教育。它教育了我们：我军的力量，已经是如此强大，强大到可以同时消灭敌人几个兵团，强大到可以连续一两个月以至更长时间的作战。它教育了我们：只要以我们的顽强，就能压倒敌人的顽强；坚持到最后，就是胜利。敌人在最后要被消灭的时候，还是要进行最后的挣扎，但这种挣扎，是"驴屎蛋子外面光"的。现在敌人是外边一层皮，里边是混乱不堪的，据投过来的五军四十六师师部炮兵营营长和副营长说：越往里越乱，汽车、牲口、太太、散兵、伤号，加上徐州跑出来的逃亡地主，满坡都是，孩子哭，老婆叫。跑的时候，当官的只顾自己逃命，坦克开路，轧死的轧死，碰倒的碰倒，杜聿明连汽车也不敢下。同志们想想看，我们有着广大人民的支援，火车、汽车、民工，山东给我们运小米，华中给我们运大米，当地给我们麦子和高粱面，长江北的老百姓也来抬担架，我们还觉得艰苦，生活不好，敌人呢？敌人现在连从徐州带出来的机关后勤地方人员一共还有十五六万（战斗部队约有 10 万），住了大小庄 70 个左右，你给他算算，一个庄住多少人？一天吃多少粮食？烧多少柴火？吃什么菜？伤号往哪里送？跑出来的敌人说：里边不但没有盐，洋火也没有了。所以这层皮给他搞垮，他就完蛋了，而且会完蛋得更惨。黄百韬在碾庄的时候，不也还撑着个架子吗？以后还不是兵败如山倒？黄维前几天不也是好像怪难打吗？但是一败之后，我们那里兄弟部队卫生部也捉到坦克了。这就说明敌人最后的顽抗，是必然的，但是外强中干的，我们如果消灭了他的主力，其余的就会更快地解决。黄维兵团的歼灭，也教育了我们，对于这样堆到一块的敌人，不要依靠侥幸，而要依靠调查研究和充分的准备。正像打黄百韬的时候，运河东要猛，运河西要稳扎稳打一样（战斗动作上还是要猛）。黄维兵团的歼灭，还教育了我们：敌人不管是增援、突围，都不能挽救它被消灭的命运，都不能挽救它的分崩离析、士气消沉。

当然，黄维兵团的处境，比今天邱、李兵团还是好得多，它离蚌埠并不很远，增援较近，但是就算如此，它还是固守守不住，突围被消灭的。邱、李兵团又有什么指望可以不被歼灭呢？只要黄维兵团被歼的消息传到它的部队中去，它内部的混乱和绝望一定比现在还要严重几倍，而加速其崩溃。

同志们，现在黄维兵团被歼灭了，大家想想看：10 月份咱们全国人民解放军歼敌 54 万，收复都市 6 座、县城 72 座（等于山东大半个省）。最近，北边张家口也被咱包围了，在北平西北、张家口东南歼灭了敌人 2 个军部 4 个师，北平东北邻县顺义也被咱解放了，天津东北有名的工业区唐山也被我们解放了，长江边上我们的地方武装也打下了好几个码头。在广东省海南岛上我们琼崖纵队的同志们也高兴得很，也打了许多胜仗，占着 3 座县城。蒋介石那不要脸的老婆宋美龄又到美国找他干老子求帮去了。今年开封战役后，蒋介石法币垮台，出了金圆券，1 元顶法币 300 万元，合咱们 1500 元。最近据徐州咱们的报纸上说，1 元金圆券也只合咱们北海票 50 元了，同志们想想看，咱们这一仗要再打好了，军事上、政治上、经济上各方面，咱们是什么样，国民党又是个什么样？

为了迎接这个更大的胜利，我们要做到以下几点：

一、积极作战，消灭敌人主力。要在这样有决定性的胜利中，立下功劳，立"决战功"，这种对人民的贡献是更重也更光荣的。

二、想一切办法，开展政治攻势。敌人除他的高级指挥官外，广大士兵和下级官佐，都是不愿打的，他们知道，打死无人埋，打伤无人管，突围突不成，早晚被歼灭，只是无门路和有些怀疑，加上当官的欺骗镇压过不来而已。只要我们想尽一切办法，喊话、散宣传品、开展政治攻势，把黄维兵团被歼的消息告诉他，他就会要动摇的。二〇部队两天已喊话瓦解来200多个，还有的换成便衣逃亡，被我们政府查住几百了。尤其敌人由于伤亡过大，把从徐州带出来的警察、地方人员，抓出来的学生，也编到部队里去，他们更怕打仗。我们要在政治攻势中，同样立下功劳。

三、随时检查和加强一切作战准备工作，不因有丝毫的疏忽而遭受挫败。要好好展开敌前学习，改进打法。

摘自华野八纵《战旗报》第 239 期 1948 年 12 月 17 日

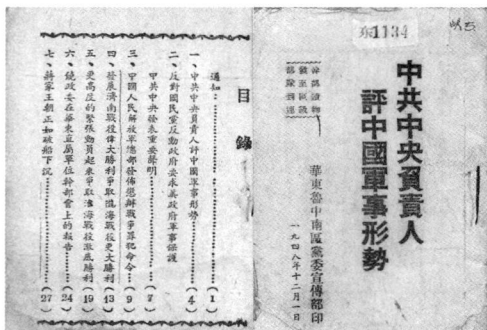

▲ 华东鲁中南区党委会宣传部 1948 年 12 月 1 日印制的《中共中央负责人评中国军事形势》的小册子

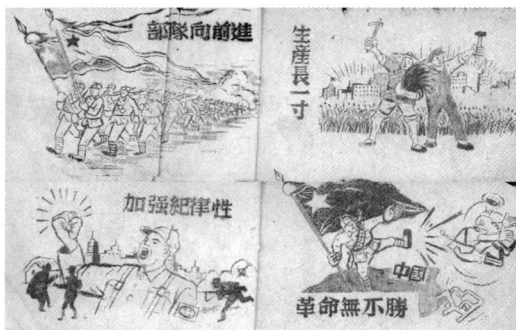

▲ 解放军某团政治处编写的《记住毛主席的话》小识字画册。此画册是部队主要宣传材料之一

▲ 战士们在冰天雪地中加强战斗警戒，严密围困杜聿明集团

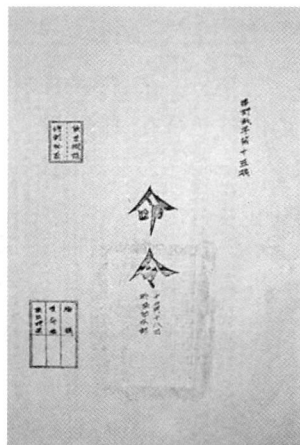

◀ 华野关于战场休整，围困杜聿明集团的命令

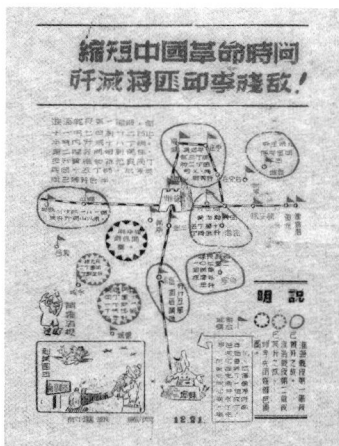

▲ 华野八纵 1948 年 12 月 21 日印制的《前进报》画页,展示了淮海战役第一、二阶段的胜利及国民党军摇摇欲坠的景象

▲ 华野政治部 1948 年 12 月 23 日出版的第 31 期《人民前线》

▲ 围困杜聿明集团期间,解放军在树上站岗,严密监视

▲ 解放军在雪地里严密监视对面国民党军

▲ 解放军在陈官庄战场严密监视包围圈里的国民党军

▲ 陈官庄战场,解放军某部在留有残雪的大地上挖交通沟

▲ 在陈官庄战场,解放军战士在冰天雪地中严密围困杜聿明集团

▲ 围困杜聿明集团期间，解放军昼夜不停地监视国民党军

◀ 陈官庄前线，华野某部监视对面国民党军

华野二纵保证"坚守阵地，不让敌人逃跑" 康政委^①指示阵中五项工作

【本报讯】为保证完成"坚守阵地，不让敌人逃跑"的光荣任务，并有效地组织敌前学习，康政委在干部会上对目前工作指示五点：

第一、在敌前对战术要进行充分的研究。现在各部队要按照规定的地区从敌人当中，从居民中，从本地籍贯的干部和战士中了解地形，画出图，摆出沙盘进行研究。在一切战斗空隙中，各级指挥员要认真负责去组织这一工作，以提高指挥素养和战术素养，并准备随时接受攻击任务，当敌人突围时，要不顾一切地以迅速动作攻歼敌人。

第二、加强后勤工作，保证阵地供给。各单位要进行必要的整理，充实弹药，进行伙食必要的改善。

第三、把各战场的形势，更有系统地在部队中进行敌前教育。各团应根据前委的指示，在部队中进行报告，编出通俗的材料在部队中讲解。各团团委要抽时间亲自到营或连讲话，并组织连队进行讨论，进行思想互助，改造最近补入部队的新解放战士。

第四、迎接升级战士。最近从苏中来了一批升级的战士，所补充的各连队应当以连为单位开小型欢迎会，向他们介绍胜利，介绍战斗经验，对他们开展互助运动，帮助他们，在阵地教会他们打仗的本领，消除他们的思想顾虑，并培养他们成为连队的骨干。

---

① 编者注："康政委"为华野二纵政治委员康志强。

第五、认真切实地开展群众性的对敌政治攻势。注意火线喊话，散发传单，说服俘虏送信，不要做了就算，要随时注意实际效果。各级党委和政治机关要不断督促和亲自去主持这项工作，做这项（工作）有成绩者应得到表扬和奖励。

摘自华野二纵《拂晓新闻》第 110 期 1948 年 12 月 20 日

▲ 在总攻杜聿明集团之前，解放军进行军事演习

▲ 解放军在战场休整期间进行战术演习

▲ 华野某部机枪手在雪地演习野外动作

▲ 战场休整期间展开敌前练兵

▲ 华野特纵炮兵部队在练兵

▲ 华野新组建的高射机枪部队演习对空射击

▲ 华野十三纵三十七师政治委员丁钊在营以上干部会议上讲解淮海战役的意义和新区政策

▲ 战场休整期间，华野某部三大队二营教导员在战壕边给战士们上课

◀ 解放军第三十五军政委何克希向营以上干部集训班作"什么是人民军队"的报告

华野九纵强调树立决战思想　一切为了决战胜利

【本报讯】为贯彻前委指示，争取迅速、彻底、干脆消灭邱、李兵团，圆满完成中央作战任务，纵政于接到指示后，20 日连夜又开扩大部务会，进行传达讨论，继于次日（21 日）召开各师团主任会议，由仲主任①传达了部务会根据前委指示讨论的几个意见，并根据我纵具体情况，布置了当前 7 天休整的连队工作：

1. 贯彻前委指示，继续深入战役动员。

（一）继续深入贯彻战役动员教育，认真学习、讨论前委指示。师团领导机关应专门开会研究传达，根据指示的基本精神，检查自己战役思想与对战役的态度，求得迅速与前委一致，然后根据本单位在战役过程发生的问题、经验，作简要总结，召开连以上干部传达，然后营、连进行检查，求得明确战役思想，反复深入贯彻到全体同志，进行决战思想教育。明确决战思想，树立为决战胜利贡献一切

---

① 编者注："仲主任"为华野九纵政治部主任仲曦东。

的决心，充分发挥自己的作用，保证战役的胜利。（二）加强思想教育，发扬在思想方面的积极因素，克服消极因素，保证全军在战役中的思想健康与团结一致。关于这方面仲主任列举目前部队中干部思想存在的两种表现：一种是积极的，一切为了战役胜利，具有高度自我牺牲精神与顽强战斗积极性，这是主要的、占优势的方面，但应防止在一定情况下的自满情绪，以免麻木轻敌松懈了工作，以致在战斗中导致挫折；另一种是消极的方面，如：等待观望、互不信任、埋怨指挥不好、埋怨部队太新、牢骚不满等，其本质是小资产阶级动摇思想情绪的反映，必须引起重视，但要认识是在逐渐被克服中。为此在思想指导上应掌握几个原则：首先应确定一个标准即为决战胜利贡献一切，一切服从决战胜利，强调加强组织纪律性建设，贯彻反对无组织、无纪律状态，以保证全军思想组织行动的统一集中。干部要提高原则性与自我批评的精神，发扬革命英雄主义，仲主任并特别强调政治工作者本身，要有严肃的原则性与明确坚定的阶级立场，以身作则，推动同志在目前决战中，凡对部队中消极的思想倾向，抱自由主义态度已经是错了，如果再有意无意地助长了这种消极情绪去"火上加油"，那就是恶劣的了，是不可容忍的。关于如何解决干部思想，除开展思想斗争进行思想教育外，对个别屡教不改者应予纪律约束，还要通过深入工作提高与增强干部的群众观念，解决思想问题。领导干部要亲自下去示范，造成深入的风气，严格工作纪律。

2. 当前连队工作中心是开展敌前突击军事学习。

当前 7 天休整，连队工作的中心环节是开展敌前突击军事学习，目的是通过这一学习运动，达到迅速提高本领、提高战斗力，准备最后全歼当面敌人。根据目前部队工作空前复杂，新老成分参差不齐，要解决的问题又很多，因此开展敌

▲ 华野九纵七十四团二连在围困杜聿明集团期间，进行指挥员布置火力，指挥部队交替前进的演习

▲ 华野九纵二十五师进行战斗演习，图为战士们正在操作九〇火箭炮

前学习，又必须结合组织工作、政治工作的保证并成为必要的组成部分，强调军政结合。其具体作法：一、发动前要进行酝酿动员，说明突击敌前军事学习的目的、方法与好处。二、是有领导的民主的群众运动，要有坚强的领导（这点很重要）和群众的自觉相结合。三、培养基层干部的工作指挥能力，办法是现教现卖。四、以互助运动作基础与立功运动相结合。五、加强支部领导与政治工作，进行反复深入的审查，发现、培养积极分子，进行及时的动员、鼓励、表扬与检讨。作一个科目之前要动员，之中要鼓励，组织作过之后要检讨，并有计划地把检讨会变成"评进步查决心"（这也是有领导的民主运动一个形式）。

3. 通过评比推荐干部代理人大胆放手提拔基层干部。

在组织工作方面要把已经建立起来的战斗组织，班、排、小组通过我们的工作，变成有机的整体，求得互相信任、互相团结，才能产生战斗力。召开"介绍会"，各人介绍自己的历史、长短、身世，在指导上要掌握三个积极作用：（一）发展成为小型诉苦结合着追根对比教育（二个社会、二个军队、二个阶级）以至查思想到报仇立功，从而消除对立新老，发动学习热情。（二）从中发现积极分子（政治上、技术上的），然后支部加以分析研究，有意识地训练培养，并可发现审查对象。（三）互相了解长短，一方作必要的调整，一方作互助的基础，今后凡恢复、整理组织的单位应把开这种"介绍会"确定为一种制度。

其次是群众推荐、领导审查批准基层干部和评比基层干部（班长、副班长）代理人，群众推荐支部按组织手续接收新党员（详由另文介绍）。仲主任指示这是贯彻新式整军运动的基本方针，在连续战斗中更加具体化与发展，必须明确这一政治工作指导思想，介绍会与评比干部代理人可广泛采用。通过这一工作给培养基层干部打下基础，而且进行了民主教育，通过这一民主教育进行溶俘，推动老战士提高新解放战士积极性。至于群众推荐干部党员问题，因领导上经验还不充分，应慎重严肃对待，由点到面地进行，防止偏差，推荐干部与党员应分开进行。

4. 大力开展政治攻势，利用当前休整，前面的部队要大力开展政治战，进行阵地宣传、喊话、释放俘虏等。

5. 抓紧空隙研究战时总结政治工作经验。

6. 政策纪律问题（另文发表）。

继由陈鲁团许主任、"济一团"王主任作典型报告，会议在 8 小时结束。

摘自华野九纵《胜利新闻》第 93 期 1948 年 12 月 23 日

▲ 解放军召开"诸葛亮会",研究攻坚战术

◀ 发扬军事民主,华野某部召集全团排以上干部进行沙盘作业演习

▲ 华野三纵二十四团干部在地上研究攻击战术,左起第二人为该团政委杨广立

◀ 战区老百姓为解放军炮兵观测员指示目标

华野十一纵准备好待命总攻

同志们,最后彻底、干脆、全部歼灭杜匪集团的时候即将到来了,现在还有几天时间进行准备,我纵有参加围歼的任务,因此必须充分抓紧目前一分一秒时机,从思想上、组织上、战术上、物质上做好一切准备工作,静待总攻号令一下,达成全歼当面敌人,迎接胜利的 1949 年。为此,我们提出下面各点供大家进行战备工作之借鉴。

(一)上级指示:"这是一个在军事上基本解决蒋介石加速战争胜利的决战。"这一战役思想必须在我全体指战员中大力贯彻,不论前线后方,应百倍紧张,日夜准备投入到迎接总攻的热潮里去,使全体上下确立争取"决战功"的荣誉观念,造成部队积极求战与生龙活虎、朝气勃勃的前进气概。为此,我们应抓紧一切时间，进行动员教育及火线战评，以此来克服战役以来因部队遭受部分伤亡而正在滋长的某些右倾情结，更加激发斗志，增强信心，英勇坚决地去待命总攻。

（二）围歼圈内的匪徒，已被困半月了，几次的突围均遭粉碎的打击，士气低落，战力削弱，都是铁的事实，加以黄维兵团遭我全歼，李延年又逃回蚌埠，使我更能集中兵力与炮火毫无顾虑地解决当面敌人，因此，可能某些同志就认为"万事俱备即待东风"，"敌人像豆腐一样，为什么还不下命令总攻呢？"我们说，有信心、求战这是好的，但是因此而产生急躁、轻敌，而事实上松懈总攻准备工作等有害思想，必须防止与纠正，我们要求全体指战员确立"把死老虎当活老虎打"的谨慎心理，认真开展敌前学习，尤其是村落攻坚研究战术动作，打破各种顾虑，使各种兵种能在实战中协同动作，步调一致，而最重要的是在战斗作风上要求勇猛迅速，培养孤胆作战的勇气，使部队敢于像一把利刀一样插入敌人纵深，这样才能包围分割敌人，求得各个围歼。我们的口号是：反对轻敌急躁，反对粗枝大叶，加紧提高技术，并且把技术与勇敢结合起来。

（三）在总攻前仍应加强战役的整体观念，反对实利主义思想。战役揭幕以来，本纵担负的任务大部分是阻击，因此，某些同志中就怀疑"为什么上级老是叫我们挨打？是不是怕我们不能完成任务"，或是"为什么常是叫我们挖工事，叫别人家攻呢"等，不愿意担负阻击打援任务，要求出击攻坚，总之要打有缴获的仗。这些同志在理论上似乎也容易认识，但在实际行动中却不能愉快贯彻，以至于埋怨上级。现在我们奉命参加总攻，若不预先清除这一错误思想，即使参加了攻坚，但由于实利主义思想在作怪，也或多或少地会影响任务之执行贯彻，及对友邻兄弟纵队的友爱团结。因此，必须学习二纵四师以积极有效的火力支援我甘肃支队胜利敌人的全局观念，提出"只要全歼敌人，不计较缴获多少"、"友邻受挫，全力赴援"、"失去联络，主动接受友邻指挥"等等口号，以加深部队具体的思想准备。

（四）一周来，对敌政治攻势已引起我全体指战员在实际行动中重视，尤其是接敌部队在此期间，把这一工作视为与军事攻击同等重要，致争取了敌人50余名投诚来归，鼓舞了自己，瓦解了敌人，但我们不能满足于既得成绩，抓紧时机继续开展并求提高，并将对此获有成功之同志在火线进行评功。至于尚未接敌单位也应检查各项准备工作，以期总攻令下，进行军政夹攻。同志们：总攻令即将下达，我们一面加紧准备，一面密切监视敌人，必须粉碎它任何突围企图，才能达成全歼任务。

摘自华野十一纵《战线新闻》第 68 期 1948 年 12 月 23 日

华野六纵待机休整，准备继续参战工作概况

南线阻击李、刘兵团告一结束后，部队北上宿东大店集、三铺集一线待机休整，准备继续参战工作，布置如下：

（一）自 12 月 21 日至 26 日 6 天中，要求认真做好三件工作：①以团为单位评功奖模，进行战役胜利宣传，以增强斗志，加紧溶化新战士，提高骨干教育全体干部，提出再接再厉准备再战，歼灭当面敌人，争取淮海战役全部胜利。②检讨与研究战役中的战斗经验，部队着重攻坚战术技术、对壕作业打敌反击等研究，并迅速将爆破骨干集中，培养新的爆破员。③进一步整理各种组织，充实连队（欢迎鲁南基干团加入主力等）。

（二）6 天工作结束后，根据各部汇报，组织整理武器、弹药调配已基本结束，并陆续有老战士归队充实连队，各团突击连都已组成，新老爆破员亦已集中进行训练，干部战役检讨，十七师以前黄滩两次攻击由失败到成功实例研究业已开始，新战士溶化教育工作，进行诉苦复仇下决心亦大体结束。各团举行庆功奖模，干部战局教育分别首长进行报告，冬季鞋袜大部发齐，部队疲劳恢复，情绪由稳定日趋提高，准备随时待命参战。

（三）根据前委指示，继续延长部署 10 天休整工作，以积极准备参战，争取淮海战役全胜，迎接 1949 年更大的胜利为中心，并重申战役前纵委三大号召即：①坚决服从命令，听指挥，各自彻底完成任务。②友爱团结配合协同友邻作战。③严格执行政策，首先是一切缴获归公政策，以贯彻曲阜会议加强纪律性的精神。具体要求为：（1）继续深入战局教育，认识胜利形势，加强斗争意志，发扬高度的革命英雄主义，看清自己力量，克服右倾消极情绪，力戒骄傲自满，强调在党的正确领导与兄弟部队配合下，取得了一、二阶段的伟大胜利，新战士并加强传统教育，提高人民战士的本质，学习做一个好的革命军人。（2）检讨与研究战役经验教训，开展学习中的军事民主，提倡官兵互教。战士以攻坚爆破、战斗队形、对壕作业、防空防毒等教育为主，干部进行战斗实例检讨研究，着重提高战术指挥与步炮协同，纵、师、团各级作战指导，采取小型漫谈、个别交换意见方式，解决必要问题，目的以利下次作战，待全役结束再进行全面深入检讨。（3）改善

生活，保证给养，照顾驻地群众利益，如解决马粮、马草困难，组织外出采买，动员牲口背粮，以减轻人民负担，并联系新年拥爱教育（10天工作尚未汇报检查，待后续报）。

摘自华野六纵党委会《淮海战役第一、二阶段综合报告》，第18—20页

▲ 活跃在淮海前线的部分记者，左起：康矛召、沈定一、戴邦、邓岗、丁九、庄重、季音

◀ 新华社华野前线分社《对最后全歼杜聿明集团报道工作的提示》

▲ 渤海纵队宣传部部长金仲如（后排左一）同部队和报社部分同志合影

▲ 在战场上夜以继日编写油印小报

华野二纵四师战时宣传鼓动工作

（一）开展群众性的宣传鼓动工作：战役以来，我师在战时宣传鼓动工作上，初步做到了群众性宣传鼓动工作，这体现在下列几种情况时：

1.战前：战役前各部均进行创造英雄连、模范连之动员活动，掀起许多的请战、竞赛、订立功计划等，如十一团三连过去曾是青口山守备称"守备模范连"，陈屯、

李唐楼战斗时即提出"过去能守，今天要能攻，我们要创造能攻能守的英雄连"。十一团八连五班曾是营的红旗班，李唐楼战斗中，班里王洪叶说："不要为咱们红旗班丢人。"又如十团三营全营战前请战。

2. 土工作业时：如十二团七连于交通沟作业时，七班缴来了一个六〇炮。战士宋左天打掉一块皮，叫他下去，他不下去，指导员即到八班去传达，马上引起反应："我们要向他学习。"十一团九连三班在李明庄作业，天明时尚未挖通，敌人反扑，新解放同志想往后跑，副班长徐政叶说："走，干什么的，要想隐蔽身体只有赶快挖。"稳定了情绪。该团于前后刘庄一带守备，土工作业时，总政文工团同志边挖边说快板，连里编出小快板，由文书拿着在交通沟念。该连大半数人开工晚了还积极挖，4小时即完成了任务，七、八连则于次日上午亦完成了任务。十二团政于李明庄战斗前，制成一些宣传木牌，其上写着鼓动快板，插于交通沟内。天明时，敌坦克向一连阵地进犯，文书即朗读打坦克的鼓动木牌，战士情绪高涨。

3. 守备时：十团九连于郭窑守备时，敌人反扑上来，伤亡人数渐渐增加，情况很紧张，政指樊友仁提出："八连快上来了，要坚持一会。"稳定了大家情绪，又提出："想立功就在这时候。"敌人几次反扑均被打垮后，八班余均和提出："只要沉着，敌人没有什么了不起。"提高了大家的信心。一排长云锦岱于子弹快打完时提出："来少打点发，来多用炸弹拼。"十一团八连二排干部在守备时，敌炮火将工事全部摧垮，敌人就要冲上来了，二排长梁应月提出口号"坚决守住阵地，有我们在就有阵地在"。敌坦克迫近时，副政指周兴林号召说："现在是实现立功计划的时候了。"稳定了大家的情绪。

4. 突击时：十一团九连陈屯战斗时，连长李明友对爆破副班长说："现在就看你们的了。"爆破副班长立刻说："你放心，爆破口我们包了。"政指高志华对突击班周先悠说："二班长你们先慎重一点，现在就靠你们了。"周当时说："有我一个人在，也得突进去。"攻击李明庄时，十一团七连三排排长拍拍爆破班长的肩膀说："你看怎么样？"爆破班长说："排长你放心，我们这次一定完成任务。"十一团九连连长战役以来多次打开突破口时，都总是在突破口红旗旁边叮嘱战士们："不要在红旗上抹灰啊。"（意即要完成任务，不违反纪律）

5. 部队有伤亡时：适时地提出口号安慰伤员，鼓励轻伤不下火线，如十团六连于陈官庄追击中，二班长负重伤躺在地下，张玉祥马上照护："你放心，就抬你下去，不会丢掉你的。"该连五班战士梅凤玉在交通沟被炮弹打伤，他自己说："轻伤不下火线，为党完成任务最光荣。"李月挺挂彩了，也说："革命战士不装孬。"全班有8个负伤都不下火线，继续作战。十一团九连于李明庄作业时，二班姚守原正在谈二排写来的鼓励信，为飞弹击中牺牲。当时正副排长即提出："他是为革命牺牲的，大家要为他报仇！"激动了全排的士气。该连于李明庄战斗时，二、五、六班负伤均不下火线，并说："立功就在这个时候。"

（二）宣传鼓动工作与指挥交代任务相结合：如十一团九连于固镇战斗时，机枪手李明有些不大沉着，政指即鼓励他说："你好好打，我看着你打，回去给你报功。"李明很高兴，打得敌人赶快地把地堡枪眼都塞起来了。敌向固镇铁桥逃窜时，封锁桥头，不能通过，当时九连长李明友向六班副说："过去红军长征时，通过铁索桥之勇士是多光荣啊！现在党交给你这光荣任务，完成任务可以给你立功。如果你有万一的话，党也绝对不会忘了你的。"六班副经过鼓励后，勇敢地完成了任务。十团七连排副陈军钦在刘集攻击时，敌人反扑，他们守在一个交通沟里，他提出口号说："瞄准打，叫他上来回不去。"班长张开义见新同志冲锋时害怕，即提出："不要怕，新同志跟上老同志，老同志帮助新同志。"

（三）宣传鼓动工作和自己的英勇行动相结合：如十团九连郭窑守备时，魏尚友副营长在情况最紧急时，亲自以机枪猛射敌人，并边打边喊："平常讲英雄连，就在这时候看了。"战后部队反映："看见首长这样咱们什么都忘了。"又如十一团六连攻击刘集时，一班长在敌人反扑到面前时，自己挺身打榴弹，并喊到："加油干，攻不到沟将不甘心。"全班在他鼓动下，用排子手榴弹击退敌人。如十团九连长李明友于李康楼战斗中突击排二排正、副班长负伤了，他自己带着队伍冲，并且喊："坚决打进去。"战后不久解放战士赵世高反映："我从来没见过这样厉害的队伍，怪不得共产党打胜仗。"

（四）宣传鼓动与战术动作相结合：如十一团九连于固镇战斗中，突击时遇到铁丝网，当时突击排要求爆破，连长李明友认为情况紧急，同时铁丝网也可翻过，即亲自带领冲，并鼓动："赶快冲，不冲就打死了。"结果冲过去了，只伤亡两人。又如十团七连攻击小梁庄西之小围子时，敌人打了几炮，六班战士乱跑，班长马上就喊："快散开，各人挖掩体。"这样把大家稳定了，也教了大家防范的办法。

（五）战时宣传鼓动工作做得好与否，决定于支部和党员的模范作用：十一团九连于战前曾先后召开支委会，研究战时宣传鼓动工作。李明庄战斗发起冲锋时，曾召开支委会布置宣鼓工作，一是发现牺牲伤员的鼓动工作，二是敌人突围时之鼓动口号，三是党员要普遍为群众报功，四是敌人反扑时之稳定情绪口号，五是开展对敌政治攻势。

摘自华野二纵四师《淮海战役火线评功与战时宣传鼓动工作》，1949 年 1 月 20 日

▲ 在淮海前线，解放军战士在读毛主席《目前形势与我们的任务》

▲ 战士们在战壕里看围困杜聿明集团形势图

▲ 围困杜聿明集团期间，华野三纵某部战士在战壕里看板报红榜

▲ 华野战士战壕里观看捷报

◀ 战士们在战壕里阅读捷报

◀ 陈官庄战场，解放军战士在地堡俱乐部里看小报

战地报道

华野全军在淮海战役中开展敌前军事学习
干部以身作则，群众路线的学习方法，
提高了战斗力，赢得战役的迅速胜利

【淮海前线电】华东人民解放军在淮海战役中，普遍开展敌前军事学习，更加提高了战斗力，这是赢得战役迅速胜利的直接因素之一。开展敌前军事学习的主要关键：首先是干部以身作则，亲自参加和领导。如某团指挥员率领各级干部到阵地前沿反复观察地形，蒋副师长也亲至该团指导研究战术。某团陈副团长亲至攻入的敌据点吴楼，将敌工事构筑画了图回来研究。某团二营营长刘绍义和四连连级干部都亲自到班、排领导战士在雪地里学习动作。某团一连连干和排长跳到水塘里领导战士演习过沟。某连连长张克信用泥块摆成队形，耐心地对新提升为干部的教以指挥方法。因此，连队战士普遍反映："干部这样耐心教咱，咱更应该积极苦练。"新解放战士说："天这么冷，连长、指导员都参加我们学习。在国民党那里，这个天就看不见连长了。我们得好好干啦！"其次是贯彻了"兵教兵、兵教官、官教兵"的群众路线的学习方法。如某团老战士与新战士、干部与战士都分别举行了团结互助座谈会，订出学习计划。某团一连的新老战士在"报本领"的口号下，各人报告了自己的技术，互相取长补短。某团四连新战士最初怕学习爆破，李副指导员把炸药性能及爆破技术向他们讲解后，又带他们去实习。某团八连新战士在老战士帮助下，都学会了投掷小包炸药。某团一营由新解放的老射手王前疏同志向全营的重机枪射手讲他的射击经验。某部机枪连新解放战士徐永昌在该连实习筑地堡时，便将他过去的经验建议给连长，以后全连都采用了他的方法。各部在开展敌前军事学习中针对着干部、战士在战术、技术上的迫切需要，结合当时当地的敌情、环境、条件、任务等，在发扬军事民主的精神下，创造了各种各样的学习方式：一、自上而下召开战术研究会议。如某纵司令部在发起对杜聿明匪部最后总攻前，曾召开团以上干部战术研究会，总结了战役第二阶段的经验。某团召集了各连、排干部与从当面国民党军中新解放的战士举行座谈，新解放战士介绍了敌军的工事及战术等，干部也提出许多问题，然后根据各人过去作战的体验，再进一步研究战术。某团各营集中连干研究在各种情况下使用兵力等

问题，先由营指挥员讲述草拟的意见，然后大家讨论。某团一营指挥员将全营的阵地构筑与火力部署画成图，在连干会议上进行研究，再传达到每个战士。某团各营在大耿庄战斗后，组织了班以上干部重赴战地边看边检讨。通过以上各种会议，不仅领导上可吸收多方面意见改进战术，并帮助提高了下级干部的指挥能力。

二、各种群众性的评论和座谈。如某团八连在战斗间隙进行了"评伤亡并评指挥、评动作和勇气"。某部在修筑野战工事中进行了"三查三评"，即干部先查看地形，分配阵地，战士边做工事边讨论（一查一评）；干部再检查即将完成的工事，战士互相参观评论是否合适（二查二评）；工事完成后，干部又检查是否还需要增加工事，战士评论工事坚固等（三查三评），最后共同讨论如何排除障碍，选择突击道路。某团三连一排在"提困难，想办法"的口号下举行座谈会，战士们提出了"巷战时遇到核心地堡怎么打""过水沟时，水深不能架桥怎么过"等问题，经过集体讨论都得到解决。某团一连利用小型会议对怎样粉碎敌人集团冲锋展开讨论后，得出了运用 × 层火力的办法。通过以上各种会议，消除了战士们的各种顾虑，提高了积极性，并交流了经验。三、沙盘作业，这是各部广泛采用的一种形式。如某团组织干部至前沿观察地形与敌工事构筑，相互校正后再由图绘成地图发至连队摆沙盘，各连便结合即将担任的任务进行指挥与战斗动作的研究。某团五连各班都有一个沙盘，战士们将泥块写上了各人的姓名，然后在沙盘上边演习边评论。

四、实地演习，这是敌前学习中最多样而有实效的一种方式。如"示范演习"——某连把班、排干部组成一个排，由连干带领进行实弹爆破演习给新战士看，演习中另有营指挥员在旁讲解。"边做边评"——某团三连各班在演习时，一个组做，两个组看，各个战士又轮流担任指挥，边做边研究。"战斗演习"——某团二营倪教导员亲率五连的班、排、小组长在守备阵地上进行攻防演习，根据演习中所发现的阵地构筑的缺陷，又立刻加以改造。某团曾召集班以上干部到敌人退走的孙庄，观察敌修筑的村落工事，借敌工事又进行演习。某团组织干部看了敌人工事后，回来根据敌人的防御体系做起假工事进行演习。某团一连在演习攻击时，一部新解放战士担任假设敌军，根据他们过去在国民党军的守备经验布置防御，然后进行演习。"协同演习"——某团 × 营假设情况，举行突击、爆破合一演习，某团二营各连举行了联合演习村落攻坚。在以上实地演习中，迅速提高了新战士的战术、技术，打下了部队攻击的战术基础。

摘自《新华日报》（华中版）1949 年 2 月 15 日

华野八纵为展开敌前学习准备会议
纵队召开战术研究会　张、陈首长作指示

【本报讯】纵队司令部于本月 27 日在驻地召集团以上干部开战术研究会。主要根据当面敌人情况，兵力布置、工事构筑，进一步研究了敌人的战术特点和战役可能的发展趋势，以及我们的对策和准备工作。特别是关于步炮协同、通讯联络和加强战术教育问题，作了较详细的研究。最后，张司令[①]指示，要把此次会攻的精神传达到连队去，并提出，对我们前一阶段的作战，要从对全局的影响来看，不应单纯强调某个单位付出代价的大小，而产生某些满足思想。事实上，当时如果不是勇猛追击和积极进攻，就很难造成今天围歼的形势。同时，他警惕大家说，决不能抱急躁、轻敌思想，虽然敌人内部极混乱，但也必须认识：杜、邱、李匪军，是蒋介石的嫡系，他还有一定的顽抗力量。我们必须抓紧战隙，做好会攻前的一切准备工作。他强调提出：由于我们过去几次战斗准备不充分而拖延了攻击时间；或因为在战斗中虚报情况，以致造成战斗的失利。要求各级指战员要善于了解掌握情况，深入指挥，不错过一分钟的时间去消灭敌人。接着，陈参谋长[②]号召大家要加强阵前学习，大力开展政治攻势，军政一齐消灭敌人。

（德法）

摘自华野八纵《战旗报》第 252 期 1948 年 12 月 29 日

华野九纵提高本领，全歼守敌！
各部卷入突击学习热潮

本领提高信心增强。张丁团七连五班经过几天来紧张的突击学习，现在全班都会利用地形地物，学会用手榴弹打地堡，所以大家对战斗胜利的信心很大，并向二、八班挑战："平时抓紧点滴时间进行学习，战斗中保证彻底完成任务，轻伤不下火线，重伤不叫苦，战场上互相援助。"杨文生是碾庄解放的，行军时吃不了苦便发牢骚，经大家在政

▲ 解放军战士们在战壕里学习

---

① 编者注："张司令"为华野八纵司令员张仁初。
② 编者注："陈参谋长"为华野八纵参谋长陈宏。

治上的帮助，现在情绪高了，学习很起劲。连长、班副向大家表示战斗中一定很好指挥，爱惜战士的血。大家也表示一定服从指挥。全班情绪高涨正继续进行学习。该团三机连二班有 4 个新解放同志，技术不很熟练，执行任务中遇到了些困难，干部有些信心不足，情绪烦躁、发火，经支部研究，干部没有信心是不对的，对新同志应耐心教育。经过几天来的学习，由于他们的积极认真，在作业技术上大大提高，大家都有了信心，向别的班挑起竞赛，决在此次战役中为人民立下功劳。

▲ 解放军某部"学习模范班"合影

通过学习解除了新同志的顾虑。燕翅连未经突击学习前，新同志普遍不敢送炸药，看见拿来炸药就害怕，这是新同志中的最大顾虑（主要是由于蒋匪的欺骗）。因而使许多人不愿干步兵。经一上午的演习爆破这个顾虑就打消了。如：新同志王明昌当看到和听到炸药的性能及如何送法以后，精神上非常愉快，知道送炸药时有很多火力掩护，压倒了敌火，拉了弦要跑回一百多米远才能响，是没有什么危险的，很容易完成任务，很多同志懂得了以后都争着去演习爆破，学习的情绪空前地提高了。

摘自华野九纵《胜利新闻》第 94 期 1948 年 12 月 24 日

不顾风雪坚持学习

午饭后，正大雪纷飞北风呼呼的时候，常模连二、三排各班全体同志不顾天寒大雪，仍到村外学习突破村沿的动作，虽在那迎面抬不起头来的风雪下，始终是妨碍不了每个同志的点滴动作，仍然是一动一动地认真做下去，特别是三排九班的从树良新同志、高兴文同志及七班的新同志范宗超和杜之森等更为认真热情，在爆破中他们通过了尺余深的积雪，按姿势卧在雪窝里，前去爆破地堡和鹿砦。为了技术的熟练与提高，大家没一个发牢骚和不满的。

（刘泽民）

摘自华野九纵七十六团《战友报》第 208 期 1948 年 12 月 29 日

阵中日记

山东兵团参谋处处长的日记

1949 年 1 月 2 日　晴　何砦

被围杜匪盼望空投甚切，今日天晴，战场上空已发现敌机不断周旋空投。俘匪供称，匪为抢劫食品，已自相枪杀，同时抢多者则以黑市出卖，闻一个大饼要3 个银元。被围之匪，正处于饥寒交迫之窘境，杜匪自哀"生活不能维持，焉能突围——所谓转进？"

傍晚，九纵刘政委及十三纵廖政委来此闲谈，追溯胶东作战情况……

作战股夜间服务会议，参加提出必须加强工作计划性，每人养成工作记载定期检查之习惯。这对工作开展关系甚大，我再三强调之，企图必须一定地要养成严密工作计划性之作风。

1949 年 1 月 3 日　星期一

参加兵团前委会，到会者除谭、王、李、陈、谢及九纵刘、七纵赵、十三纵廖、渤纵欧阳外，则直属队政治部部长以上，司令部科长以上，后勤部部长以上。上午为赵、刘汇报部队情况及对加强组织性、纪律性检查。下午为廖汇报。

关于参谋工作□法，电话中与九纵叶参谋长及宋□同志商谈具体领导工作。计划能在休整开始后半月内完成为好。

1949 年 1 月 4 日　晴

前委扩大会继续进行，渤纵欧阳主任报告渤纵情况，特别指出此次进入徐州之纪律政策问题，颇有土包子进城市之感。继由直属队党委鲍报告直属队简要情况，即告结束，下午休会……

与滕毕谈直属警卫营工作，决派警卫营去九纵参战，以锻炼其战斗力。与叶电话，告其使用打击突围之敌为好……

1949 年 1 月 5 日　晴

前委扩大会今日继续进行，上午谢主任发言，对东兵团去年作战来之政策纪律综合性的发言。李部长补充城市政策及一切缴获归公之发言，继则各纵讨论。赵对七纵补充检讨，刘对九纵补充检讨，欧阳主任对渤纵补充检讨。谭政委发言指出，部队纪律松弛，制度不严，政策不够贯彻，是由于部队存在着本位主义与功劳、思想军阀主义，因此产生军民关系、军政关系（如与军管会关系等），因此需要在思想上普遍进行教育，贯彻纪律、政策教育，必须在干部中首先搞通，拟在此次战役后进行整顿纪律的运动。

再读《将革命进行到底》深感：

1. 解放战争最后胜利是无疑问的，摆在我们面前的，是要坚决地彻底地消灭反动派，不管蒋匪、美帝国主义如何狡猾，企图保存力量，大谈其光荣和平，但是决不能因此半途而废。

2. 必对没落的敌人，不能存在一点怜惜心情或人道主义，必须要有像鲁迅所说"打落水狗精神"，否则，将以恶报，使革命走向失败。

3. 1949 年将是获得最后胜利的一年，我们将向长江以南进军，我们部队将更走向正规化，将要成立中华人民民主共和国，组成联合政府。

摘自山东兵团参谋处处长金冶的日记

华野一纵作战科科长的日记

1948 年 12 月 16 日

晚召开师以上干部会，研究三天工作（因黄维歼灭），精神是：调整组织，开军事会，及准备好打夏庄。

12 月 17 日

敌调整部署，四十五师、一三九师来正面，知拟突围。

总的方针已确定：休息 10 天，工作有四：政治攻势，防敌突围，学习技战术，整理组织及溶俘。

一个心得：什么事不用心是不行的。

12 月 18 日

今天开军事研究会。会上大家发言，敌防守特点是网形配备，对策主要是多头攻击，小组动作，从翼侧攻击。

陈政委指示中，传达了野指会议精神。估计敌人主要是突围，如不突围打法是各纵并肩，多面共同攻击。经验上提三点：一是侦察，二是炮火组织，三是攻击队形很好。

12 月 19 日

将昨天会上首长发言整理印发。

晚总部命令来，基本部署是压敌西突至夏会永地区而歼灭之。

12 月 20 日

上午起草了作战命令，主要是防敌突围并准备追击。下午上面又说敌有固守可能，又要准备攻击。入晚开处务会，讨论攻击问题，提了二个方案，并布置了做几个报告。

一是明天 12 时前向野指报告四个问题。

二是淮海战役来的行动、战术、缴获、伤亡俘补。

三是年终总结应先发提纲到各师准备。

四是参谋工作报告，要我负责，年底完成。

午夜又决定攻李庄，乃以一师略西靠，将三师接二师李石林阵地。

12 月 21 日

①未时中央仍令不攻，因敌迟早要突围，故又仍按原部署调回。

②下午召集每团一干每师一干来研究作战方案。

他们对前方情况了解很好，故打法也易决定。

基本方案是先打夏庄，而后打夏砦，打开一个缺口。

12 月 22 日

下午召开各师作战科长会议，先介绍工作情况，有几个问题：

1. 作战室与值班室分开，是成功的。

2. 必须准备几个专门处理事务工作者、跑脚者，可提高效率。

3. 上下级得联系好（平时尚较好）。

兵团部来了作战计划，是对付突围的，略加研究就要发。

12 月 23 日

①白天阴，飞机仍来，只丢了少数东西。敌人逃跑的很多，今天又收容 20 多，昨天有 70 多。晚雪。

②下午拟就对夏庄、夏砦之攻击方案而印发……

12 月 24 日

一夜大雪，大地已白，白天仍下，一天中敌人跑出者竟 200 来人，下午与三〇四首长交谈一些追击来意见……

12 月 25 日

天开始晴，昨夜敌跑出来 200 余。

上午与金冶谈，要我们抓紧搞政攻经验，也是一个道理。

从今天起继续休整 10 天，中央眼看到敌必投降，不须流血而解决问题，多好。工作得仍如前。

12 月 26 日

仍是阴天，飞机来不了，地上又白，大家都说最好的天了。

整天无大事。

12 月 27 日

各师干汇报政攻经验、编制情形，有几个问题：

1. 军事民主的重要。2. 诉苦教育是作政工关键。

刘指示：必须从战术、技术二方面对付敌人。

陈指示：对敌必须防其突围及固守。

……

12 月 28 日

今日去二师看地形，在这点上自己经验还不够，看不清更多问题。晚回来向首长汇报，知刘在军事上有许多经验很宝贵的。放得开，抓得住要点。另外自己也体验到一点：目前战争的问题是没有解决过的，小组到班的动作及火力组织等等都须有新的一套。

天开始晴，飞机来了二架抛东西。

12 月 29 日

天好了，整天飞机运东西，但每次也只有 8 架。

黄昏时，全线炮击，声如雷动，给敌威胁重大。

12 月 30 日

昨夜炮击，敌五〇八团长亡，该团亡 100 余，可见全线敌伤亡很大。

晚上吃年夜饭。

四团昨晚攻夏庄西北之地堡，夺下 4 个，因准备不足，最后大地堡未拿下，反被反下来。

12 月 31 日

今天到侦营过年，讲二点：建设思想，严守纪律。

1949 年 1 月 2 日

上午召开各直属单位汇报编制，通信连是扩大太厉害了。

晚上开小组会，体验到此次休整，是没有抓紧学习。

1 月 3 日

①奇寒，零下 10 度，漫天昏暗。

②上午开小组会，体验到健全党的生活关键在于开放党内民主。

③下午直党会研究精简……

④晚三师向夏砦东北作业 200 米……

摘自华野一纵作战科科长唐棪的日记

二、恢复和整顿战斗组织

在连续作战伤亡较大的情况下，解放军各部充分利用战场休整时机，及时恢复和整顿战斗组织，提拔补充干部，并从地方动员一批干部参军，充实基层骨干力量。将 18 个地方团升级编入野战军。动员翻身农民参军，将大批俘虏补入部队，使解放军得以保持充足的战斗兵员、高昂的战斗热情和强有力的连续作战能力。为夺取战役的最后胜利，做好了组织保证。

文件选编

粟裕向毛泽东主席的报告节选——部队骨干与干部问题
（1948 年 12 月 31 日）

（一）战前部队组织概况

各纵人数与中野比起来是较充实的，但由于重装备较多，且在战争第二年及第三年度连续作战伤亡较大和继续进行连续的剧烈战斗，兵员仍感不充实。因为在战役之前各纵包括前后方官兵全部在内，计一纵 25055 人，二纵 26405 人，三纵 27245 人，四纵 23665 人，六纵 25011 人，七纵 29010 人，八纵 29874 人，九纵 31091 人，十纵 29728 人，苏北十一纵 25029 人，十二纵 13086 人，十三纵 26877 人，渤纵 19185 人，鲁纵 14045 人，广纵 5515 人，特纵 11164 人，冀十一纵（王张）15659 人。每纵除去炮兵团、教导团，各纵直通信、侦察、警卫营，以及后勤机关和 3 个师直属队共约万人，因此每纵团以下的战斗人员（还要除去团营连各级杂务人员）则为数不多。在连续作战中经过一个战斗之后，即须编并连队，否则即无法连续作战，而编并连队需要政治动员（甲连不愿并入乙连）与组织调整，往往又为战机所限，难于立即实行，如不编并则又难继续作战。当碾庄作战进到一周（11月12日到18日）时，参战各纵至少已伤亡达5000人，原有战斗人员所剩无几，且大部为纵师团营之非战斗人员，及半战斗人员（如司号、通信、侦察员等人员），虽然九纵、十纵、十三纵人员较其他各纵为多，但各该纵于济南战役中伤亡较大（九纵伤亡11000人，十三纵伤亡7000人），元气未复，亦颇有影响。因此骨干及干部伤亡在此战役中伤亡极大，不少连队只剩10余人（连部伙夫上士特务长等在内），一般班排里每班只剩下一个至多两三个老的（济南俘兵即算老兵），而这剩下的老的在即俘即补后不是班长即为班副，其余全为新俘（碾庄打黄百韬的俘虏）。虽然这些俘兵基本表现尚好（上午俘，下午即打仗），但在部队实质上起了极大变化，故有进攻时拉不上去（俘兵不会打夜战，同时由于骨干太少，无人诱导其前进），后退时撤不下来的现象发生。各级干部由于战术素养不够，以及兵员不充实等原因，伤亡较大，尤以班排连级为最严重，营级伤亡亦不少。在此战役中，班排连级已有因伤亡更换五六次者。这些新提拔的干部由于无时间进行教育，指挥能力弱（在战役第一阶段有由副班长经由班长、排副、排长、连副提升为连长者），因此又更增加了伤亡的比例。在某些人数原来极不充实而伤亡极大的纵队中，几乎有不能继续作战的严重情况。为了便于连续的大规模作战，依现在装备，每纵需有35000人左右才较适当。

（二）我们为了进行连续作战，争取淮海战役的全部胜利，除了坚决执行中央指示即俘即补即打的方针，统一调剂俘虏，迅速调补后备兵团外，并将营属重机枪连及团属炮连之机枪兵、炮兵、弹药手等大部调往步兵连队（因这些人是老俘虏成分），充当骨干，仅留机枪手、炮手十余于机炮连，而另补之以新俘（即淮海战役第一阶段所俘者）。同时将团师纵各级之年轻伙马挑夫、勤杂人员几全部均以新俘换出，调往步兵连队充当骨干。为解决干部问题，各部教导团几已全部补充部队外，团师纵各级通信、侦察、警卫人员及参谋等，几已绝大部分调充部队干部，而在侦通人员中亦补充不少新俘虏成分。野战直属各部门除警卫团（较老）各级之正职干部全部调出到部队提升一级任用（如警卫团连长调至纵队任营副，警卫团原来副职则提升正职）外，并由司政供卫各部门中抽出1000老的人员（包括警卫、侦察、通信、电话员、马挑夫勤杂人员等），分别送往各师团充任下级干部或连队骨干人员。司政供卫抽出后所缺之各种人员亦以新俘补充之（担任内卫之警卫班及徒手通信员，则只减少人数，不补新俘）。野战各机关之指导员则全部调往各师团工作，其遗职或行政首长兼任，或以女干部接充。参谋人员及各部之科员、干事、文工团员亦大量调往战斗部队工作。虽然我们想尽各种方法，抽出一切可能抽出或更换的干部前往战斗部队，但仍感不足。因此我们又提出在经过几次实战考验表现很好的俘虏兵（不是俘官），亦可提拔为干部（苏联内战时期曾以高价雇请白军为军官，我们认为在我军已有 20 余年的建军历史，且在此有利局势下，提拔一批俘虏兵为干部，估计不致有大问题），但须加强支部对彼等之政治领导与教育，并在班排中建立政治战士。此种办法只作为建议，要各部试验行之。至现在为止，黄百韬俘虏（11 月 12 日至 22 日这一时期的俘虏）不少当了正副班长，部分当了副排长，也有少数提升为排长。这些人正由于我军破格任用，表现了他的积极性，虽然有动机不纯和虚伪的，但尚未发生什么问题，对目前正在进行的作战是有利的，且起了争取俘虏的积极作用，不过在今后应特别加强对他们的领导与教育才行。

摘自《粟裕文选》第二卷，军事科学出版社 2004 年，第 714—716 页

中原军区关于大力争取、改造、巩固解放战士的指示

12 月 1 日，军区首长发出《关于大力争取、改造、巩固解放战士的指示》，全文如下：

解放战士成分在部队中大量增加，今后我们的来源补充，在一个相当长时期内，亦将主要的依靠于歼灭敌人争取解放战士；同时敌人在大失败，我军在大进攻的连续作战中，部队休整时间有限，要求我们对于解放战士采取随战随补、随补随战的办法，那就不仅一般的更加加重了我们争取、改造、巩固解放战士的工作，而且在争取解放战士选择中，更要求我们采取更多更有效的方法来达到争取巩固解放战士的目的。否则在随战随补、随补随战之下，放松解放战士的争取巩固工作，而浪费大批有用之兵员。兹对于今后争取、改造、巩固解放战士的工作，提出如下要点，望注意讨论实施。

（一）在党内及干部中、老战士中，进行争取和巩固解放战士的必要的教育工作，使他们懂得争取和巩固解放战士是我们争取继续大量歼灭国民党军，彻底消灭国民党反动统治的重要任务，知道解放战士中极大多数是贫苦工农，他们是能够教育争取的。尤其在我军大进军的胜利之下，将更加会乐意与我们一道去执行继续歼灭敌人，解放全部中国的任务。任何轻视、不愿意耐心争取巩固解放战士的思想和行为，都是错误的。

（二）争取和改造、巩固解放战士，最主要的环节是政治教育与思想教育。解放战士一般的优点是受过敌军严格的军事训练，军事技术比较熟练，而他们最大的弱点是曾经被敌军欺骗宣传所蒙蔽，政治上、思想上糊涂落后。因此只要我们从政治上、思想上揭破了国民党的蒙蔽欺骗，启发和提高了他们政治上、思想上、阶级上的觉悟，他们为人民而战的积极性和热忱就会无限的发挥和提高起来。因此尽管采取随战随补、随补随战的办法，我们仍然要抓紧解放战士的政治教育与思想教育，如诉苦教育、上政治课、新老战士谈心、三合一教育、欢迎会等，都应利用机会，采取适当方式进行。如能在各纵补训团中集中训练一个短时期，自然应尽量争取，但如不可能时亦应在编入连队之后，设法以连或营为单位，加强对解放战士特殊的政治教育、思想教育。政治课主要的应首先讲解国民党与共产党，蒋军与人民解放军，蒋管区与解放区，帝国主义及其对中国的政策，苏联及其对中国的政策，我军的三大纪律八项注意，胜利消息，我军各项政策，人民解放军发展形势图等。讲解时除原则外还应注意与他们切身生活痛苦联系起来，教材各纵自己可以自行编写，中政亦将印发。诉苦运动如果不可能大型进行，亦应采取小型办法，随时展开。总之，必须利用一切机会进行政治教育，来启发他们的觉悟，树立他们为人民服务的立场。

（三）部队首长及连排班干部关切他们，照顾他们的生活，与对待老战士一样的态度对待他们，不打人、不骂人、多说服，作用极大，尤其在政治觉悟尚未提高以前，这常常是争取他们非常重要的部分（即从实际生活方面感化），这不仅是新解放战士需要，即一般的老战士亦是需要的。对于解放战士（其他战士同）犯有错误，除确系拖枪投敌、枪杀我战士等反革命行为应依法严办外，对于一般开小差等错误被揭发或被捉获时，应尽量采取教育说服，令其当众悔过等办法，必须严格禁止吊打等失掉群众同情的处置。

（四）俘虏军官及坏分子，尽可能在俘虏之初，即集中力量采取有效方法清除出来，解放战士在补入部队后的工作过程中，同样还要加强了解工作，连、排干部、班长、老战士对于每一个新加入的解放战士，对姓名、籍贯、出身、家庭经济地位、个人经历、思想性格等，都应有比较具体的了解，以便于认识他们和具体教育、使用和应付他们。军官和不可教育的坏分子清出后，必须送上级政治机关处理。

（五）过去的事实完全证明解放战士中极大多数是贫苦工农分子，经过教育改造后，其中能涌现出大批先进的、积极地为人民事业而奋斗到底的分子。只要在日常生活中尤其是战斗中，证明其真正党悟坚决勇敢的分子，就应该不断吸收入党，加强党的教育，保持党在连队中一定的组织力量。

（六）解放战士成分的增多，干部老战士尤其党员和解放区战士的领导责任特别增大。要教育干部、老战士和党员与解放区战士，除了善于学习他们的军事技术外，还要善于争取改造、团结他们，尤其善于在政治上、思想上帮助解放战士的迅速进步提高，以自己对革命对人民事业的坚决忠诚、不怕艰苦、听从命令、遵守纪律、阶级友爱等模范行为去影响和感召他们，带领大批解放战士进步，而不是去附和或者保留他们带来的旧军队中的坏作风坏习惯（如打、骂，脱离群众，感情拉拢，封建差役等等），这是必须要坚决克服的，否则，便是失掉领导。

1948 年 12 月 1 日

摘自中原军区政治部《军政往来》第 7 卷第 10 期 1948 年 12 月 30 日

▲ 中野《关于大力争取、改造、巩固解放战士的指示》

▲ 华野政治部于 1948 年 12 月 6 日发布的《淮海战役第二阶段处俘工作指示》

▲ 华野司令部、政治部《关于动员后备力量充实部队战斗力的指示》

▲ 地方武装升级为主力部队，奔赴淮海前线

▲ 在济南乘火车南下到淮海前线的渤海区地方武装

华野淮海战役第二阶段处俘工作指示

（一）淮海战役第二阶段歼灭邱、李、孙匪兵团的俘虏估计为20万，除各纵自补自训外，接收俘虏的布置，设站四处：一设符离集接收韦吉①所指挥各纵的俘虏，8日开始工作。一设夹沟接收宋刘②所指挥各纵的俘虏，10日开始工作。萧县与郝寨各设一接收站，接收山东兵团所指挥各纵的俘虏，13日开始工作。另由野政临时抽调直属各部人员，组成3个俘管大队分赴苏北、宋刘、山东三指挥位置协助工作。

（二）第一阶段歼灭黄匪兵团俘管工作中，对接收站动员不足，工作被动，迟滞，增加各级转送困难；对于重伤俘虏、投诚人员、高级俘虏及战犯等分别处理，事先没有明确分别对待的指示，以致战地伤俘未能妥善处置，投诚人员及战犯未能有计划分别清查处理，高级俘虏亦未能进行敌情调研，及开展政治攻势工作，必须加以纠正。

（三）此次战俘数字的庞大将是空前的，必须继续贯彻"一个不放"的处俘原则，"争取俘兵"，"集训俘官"，"散兵游勇"一律收容交俘管机关分别处理，所有地方军政机关所发之释放证及各部所发便条路单应予一律作废。各纵必须动员组织一切后方政、供、卫各部可能使用之力量来参加这一俘管工作，务使一个不跑，全为我用，至于因为俘虏太多而随便释放的现象，不允许再行发生。

（四）对各种人员的处理：①上校以上高级俘官及各级战犯，一律随材料专送野政处理。②投诚人员必须与一般俘虏分开，由各级俘管机关组织招待所管理。士兵争取，官佐上送。③伤俘的处理：轻伤能走者送俘管处，重残者之俘兵及一般官佐纵队负责就地包扎一次，发给路费释放，或候战后归地方善后机关处理，重伤上校以上军官送我野战医院医治，愈后送野政或军官团均可。④技术人员仍应注意清理争取，除各纵留用外，一律另行编队由各级俘管处及接收站转送野政。

（五）及时掌握俘虏数字统计，如俘虏总数、自补数、自训数、上送数、处理数等报告野政。

（六）加强在火线上政治攻势，促使敌军增加向我投诚的数字，必须接受以往的教训，如敌人派士兵向我方走来，接洽，我们不问情由加以射击，甚至有摇白旗向我表示投诚接洽的事件，而我仍以机枪扫射将其摇旗者扫死，当然我们应存

---

① 编者注："韦吉"为华野苏北兵团司令员韦国清、副政治委员吉洛（姬鹏飞）。

② 编者注："宋刘"为华野十纵司令员宋时轮、政治委员刘培善。

戒心，不能受假投降所欺骗，而真欲投降向我接洽的机会不能失掉，致引起敌方官兵加强顽抗拒绝投降的事情发生。

（七）注意搜集敌方各种文件上送以资研究。

野政

1948 年 12 月 6 日

摘自华野政治部《淮海战役第二阶段处俘工作指示》，1948 年 12 月 6 日

一切为了决战胜利　华野九纵抓紧战斗间隙迅速整理组织

目前正是我纵经过几次连续的艰苦作战之后，上级给我们短促时间进行整理组织准备再战的时候，兹将华野前委、野战政治部颁发之政治动员令摘其一段发表，这是当前切合部队的重要工作指示。（编者）

必须针对战役的决战性及其连续性，善于抓紧时间，利用战斗间隙，迅速整理组织，充实战力，做好连续作战的组织准备。

一、迅速巩固新解放战士，采取评功、座谈、小型诉苦、团结互助诸种方式，加强时局、阶级教育，提高阶级觉悟，加强新老战士、参军战士和新解放战士的团结，翻身农民要以自己政治上的坚定帮助新解放战士，并发挥新解放战士军事技术上的特长，虚心向他们学习。

二、在随队轻伤员中进行治疗突击和政治动员，争取迅速重上前线。

三、巩固新补充部队的地方基干团战士，迅速提高他们的军事技术，替他们讲解作战经验。

四、缴获武器弹药，迅速按规定清理补充，多余的立即上缴，以便武装后备力量。

五、调整组织，调剂党员和新老成分，必要时实行编并建制，由连营甚至到团，保持充实战力……这样做既可解决干部困难，又可充实战斗人员……不要害怕建制不能恢复，不要闹不团结，只要决战胜利了，一切问题都易解决。

六、大胆放手解决干部问题，除了参考西北野战军经验采取群众推荐，领导批准（不是选举）办法，迅速解决干部困难外，还可由新解放战士中（班长以下）挑选有过两三次大战经验，成分好表现好的，大胆提升为班排连各级干部。在整个形势空前对我有利的情况下，加以我军有众多骨干，有 20 多年武装斗争基础，有党的坚强领导，只要我们严密审查，慎重挑选，加强对他们的政治领导，发动广大战士对他们进行政治上的帮助，必要时在班排中设立政治战士，支部注意从

政治上保证，我们是可以掌握他们并领导他们完成战斗任务的，各纵司在此次战役中加以试验以便取得经验。

摘自华野九纵《胜利新闻》第 79 期 1948 年 12 月 10 日

华野十纵健全组织

在战役第一、二阶段，全纵伤亡 5255 人，其他减员 1540 余人，战斗中随俘随补 2700 余人，伤愈归队 1000 余人。经过组织调整，战斗中缩编的班排建制大部恢复。为保持部队战斗力，动员了一批机关和勤杂人员中的老战士充实连队，保证了每班有三四名老战士。在第一、二阶段的作战中，党员伤亡甚多，多数连队只剩下三四个战士党员，少数连队无战士党员。休整中，着重培养发展了一批党员，使战斗连队每班有一、二名党员。我纵在战役第一、二阶段，干部伤亡很大，全纵共伤亡 520 人，内有团干 2 人，营干 23 人，连干 162 人，排干 333 人。休整中，各部队大胆慎重提拔了经过战斗考验，政治上成熟的骨干分子，充实干部队伍。除班、排干部全部配齐以外，师、团还控制一部分后备干部力量。自淮海战役发起至战场休整期间，全纵共提拔团干 2 人，营干 11 人，连干 98 人，排干 237 人。经过一系列补充调整，部队组织得到了恢复，战斗力得到巩固。

摘自《中国人民解放军陆军第二十八军军史》（1937.10—1985.8）（修订本），1985 年，第 156 页

华野八纵张司令在师团干部检讨会议的发言摘要

正确执行了边打边补边整的方针，适时地整顿组织，合并建制，精减机关，充实连队（如六六团精减机关，编两个营，战时归六四、六五两团各指挥一个营，战斗结束后仍归还建制，是精减较彻底的例子，现六六团已恢复原来建制，人数目超过），保证连续作战任务的完成。

1. 在整个战役中，我们合并了 32 个连队，缩编 4 个营，拆散了 1 个团，保持了战斗连队人数的充实，战斗力不但没有减弱，反而提高，适应了连续作战的需要。

2. 唐家楼战斗，执行了战场上边打边整，大胆地及时地合并组织，及时地应付情况，完成战斗任务。

3. 克服了对连续作战合并组织认识不足的偏向。

摘自第三野战军第二十六军司令部《淮海战役专刊》，1949 年 1 月，第 6 页

华野六纵关于组织战力问题

（一）战役第一阶段结束，部队老成分伤亡 4374 名，加上非战斗减员，占全纵步兵连的总人数二分之一，这时期中一方面部队重火器连和机关不断将老成分充实步兵连调剂，另方面执行了即俘即补、即补即打的方针，同时又突击治疗轻伤，组织慰问及归队工作，因此保持了连续战斗中部队战力，部队建制由缩编而又走到恢复，人数亦未减少，但部队成分已发生重大变化，半数步兵连新老各占一半，有四分之一的连队老一新二，还有四分之一的连队老一新三，重火器连则为老二新二。由于即补即打，新战士仅在战斗中利用空隙，进行在队的与轮流的溶化教育工作，但在攻坚战胜利发展情况中，一般新战士都表现能打肯打，个别失散后亦能自动归队，火线投敌者极少。

（二）战役第二阶段开始堵歼南逃之李、刘兵团中，部队续有伤亡（全纵伤亡1351 名，非战斗减员在外），老成分更见减少，不满 4 个班建制的连队各团均占五分之二。当时缺乏仔细的照顾部队组织基础，只求满足数量，就又将南岳庙俘虏三十九军两个团的千余俘虏补充部队。阻击战中老骨干一再伤亡，转移阵地时新战士就缺乏骨干掌握，火线失散投敌的增多（阻击战中非战斗减员与伤亡数相等），个别的尚有枪杀我班排干部的，因此影响到战斗及增加了干部、老战士的顾虑。

（三）我们根据部队实际情况，及前委、野政动员令中指示，各部接受了上述经验，决心再缩编与调整建制，争取在二线筑阵空隙轮番进行调整组织溶化俘虏工作，决定将不满 4 个班的连队取消，合并建制并将所有连队划分一、二、三三等，重新作新老调剂，一等连队保持老三新二比例，使有足够组织基础，即能担负主要任务；二等连队保持老二新三比例，能担负次要任务；三等连队为补训连，仅班长或副班长是老的，余都是新的，于二线筑阵，暂时不予参战，并以溶俘诉苦教育为主。当时各团都编有三分之一的补训连（如四十九团一等连 4 个，二等连 1 个，三等连 4 个；五十一团一等连 3 个，二等连 2 个，三等连 3 个）。经过这样整编后，组织和保持了部队战力，增加了坚持作战到底完成阻击任务的决心和信心。

（四）战役实践中，体验了在执行即俘即补、即补即打的方针下，一方面应按照部队伤亡数大胆补俘，才能保持一定老的成分，另方面应照顾部队一定的组织基础。否则补得太多消化不了，在不顺利的情况下，不仅浪费兵员，而且影响作战，在执行了组织参战连与补训连这个办法后，很显然地得到了这样的好处。A. 参战连充实了战斗力，一个连能当一个连使用，而且使用上能够清楚恰当地分配任务。B. 战斗中有老骨干控制，不致逃跑失散、浪费兵员又减少骨干的伤亡消耗。C. 进行即俘即教，补训连可以集中力量于火线上的二线溶化教育。D. 一待轻伤员归队，充实到补训连去，即能恢复战力，建制亦不致过于缩减。

（五）在解决大量基层干部消耗的困难上，由于纵师战役前作了充分的干部准备，各师都成立二三百人左右的老战士班排教导营，因此整个战役中，纵队很少补充干部给各师，在各师一方面大量地及时提拔外，都独立自主地调剂解决了干部的困难。

（六）纵队在战役中大量的收容轻伤员，组织轻伤休养连，动员各师团轻伤干部自管，不时派干部慰问，这样在突击治疗中，进行了集中教育，伤愈后各部即可有组织地动员荣归，对前线及时得到老骨干的归队充实，恢复战力作用很大。此种休养连，在纵卫有 5 个，在纵队后留有 8 个，共计 13 个连，其中俘虏轻伤500 余人在内。

（七）阻击任务告一结束后，部队在转至宿东大店三铺一线待机休整 6 天中，组织调整干部配备已基本结束（包括鲁南基干团的编整，一部分归队老骨干的充实补训连）。现全纵除个别师团尚缺个别营连建制外，大部建制都较完整，人员亦较战役前稍有增多，各部在评功奖模中所发现的大批新的骨干，均加提拔（十八师采取评功、查战、入党三者结合的办法，从检讨研究了战斗中，表扬了模范，

▲ 华野六纵四十八团 1948 年 12 月 22 日关于火线调整组织的几点初步体验

◀ 华野六纵十八师在淮海战役的两个阶段中关于各种组织情况变迁的统计

评定功劳，又发展入党，提拔干部）。至此，部队在组织上具备了继续参战的条件。

摘自华野六纵党委会《淮海战役第一、二阶段综合报告》

提拔干部的三大标准

①什么是才？敢于负责，不怕困难，善于创造，有特长，有办法，有魄力。

②什么是德？意志坚定，立场站稳，始终为人民服务。能团结互助，尊干爱兵，拥政爱民。遵守党的政策和三大纪律。

③什么是资？革命历史是光荣的，但个别同志把资当包袱就不好，犯了严重错误不改也不好。

摘自华野六纵某部《选拔干部工作总结》，1948 年 11 月 4 日

关于提拔培养干部几个问题的研究

在连续战斗的环境下，为了能使干部工作适应这个形势的发展，保证连续作战的胜利，特提出关于培养干部的几个具体办法，与大家共同研究：

关于培养干部，必须放手大胆的实行按级培养，普遍培养的办法，达到人人都能提高的目的。几个具体办法：

（一）建立值星制度（特别是连队），这样各级干部经常轮流值星，可逐步使他们从日常中学习与掌握范围更大的工作，打下基础。

（二）在日常生活学习中，从干部到战士，皆应轮流来领导，主要干部必须具体指导，如军事演习，排长除学习一个排的指挥，还要叫他学习指挥一个连，班长学习指挥一个排，战斗小组长学习指挥一个班，这样可逐步地按级，人人都能得到提高。

（三）各级干部选择自己的代理人，经常地培养教育，原则上每人至少一个，这点应成为干部的义务之一。

（四）适用短促集体的方式，经常对干部有意识地进行教育，如布置工作教办法、介绍经验、典型表扬、集体研究等方式，使干部经常能得到一些有系统的知识，以提高他们。

（五）发挥支部的领导作用，支部对提拔培养干部应经常有计划地研究。支委会定期地对干部及骨干分子，针对着他们的具体情况提出要求，监督他们的进步，是最有效的方法，并定期的总结。以上仅系初步的研究，提出作参考。

（王方团组织股　时吉欣）

摘自华野九纵《胜利新闻》第 67 期 1948 年 11 月 24 日

中野九纵二十七旅干部提拔调动

连续战斗连续配备干部，是保证部队战斗力的主要一环。这次战役开始领导观念上是明确的，所以战前对干部进行了解，旅团营连都研究了准备干部及提拔干部的对象，干部表态后，都指定了代理人，但事先对这次伤亡之大估计不足，有些营级干部连续配备三次，连级干部亦如此，所以在小张庄前提拔较多，以后亦已提拔配备，但较为困难。在战斗结束后，伤亡过大，因对象已提拔完了，所以未能全部配备起来。

A. 淮海战役干部伤亡情况（如表一）：

（一）淮海战役干部伤亡统计表

项目	数目 部别	七十九团	八十团	八十一团	合计
牺牲	团级				
	营级	1	1	1	3
	连级	4	8	6	18
	排级	19	7	12	38
	班级	29	30	41	100
	小计	53	46	60	159
负伤	团级	1	1	1	3
	营级	4	9	6	19
	连级	14	23	24	61
	排级	45	43	56	144
	班级	82	116	159	357
	小计	146	192	246	584

从上表看营级干部伤亡来说，全旅战斗营级干部 3 个团共 36 个，这次伤亡 22，占 2/3 弱，其中亡的占伤亡数 1/7 弱。

连级干部伤亡 79，以每个团 12 个战斗连队计算，每连 4 个共 144 人，这次伤亡占 50% 强，而亡数占伤亡数的 23%。

排级干部按战斗连 3 个战斗排，6 个排级干部，计全旅共有战斗排级干部 216 人，这次伤亡 182 人，占排级干部全数 84% 弱，而亡的又占伤亡数 20%。

B. 干部提拔的原则：

（一）宁弱勿缺，长期培养，大胆提拔，随缺随提，但重点是充实连队。在小张庄时就是夜晚进行战斗，白天进行干部配备，下午又进行战斗，在提拔干部中，正职配备不齐，便配备两个副职，如八十一团一连即是在团营提拔不起便把旅直副政指7人调团直属队，团直干部下连队，这样不仅保证了连队干部的满员，亦照顾了干部的情绪。在营级干部伤亡大，提拔不起来时，便把团政股长先代理，如八十团二营政教牺牲，营长负伤，组织股长代理政教，参谋代理营长。七十九团一营政教负伤后，组织股长亦去代理，八十一团政教牺牲，尹鸿叶同志代理，又负伤后，特派员去帮助，以保证了工作不受损失。

连队干部除提拔外，即从旅轮训队抽调了一批，班级干部则从教导队抽调了一些，这样保证了干部的满员。

（二）先代理后报告，战场代理，战后报告，按级指定代理。如小张庄战斗，八十一团杨庚绪同志负伤后，政教牺牲，团即在战场上指定三连长先代理营长工作，七十九团一连一班长，排长负伤，他即代理排长，副班长代理班长，战斗未受任何影响。相反的七十九团三营长负伤没指定人负责，结果政教带两个连，副营长带一个连，其他无人管。

这种事先经过讨论的预备对象，战场上连可以临时指定排级，排长指定班长，营临时指定连长，团指定营长。

经验证明，事先准备对象，战场指定，战后报告批准，保证了战斗任务的完成，相反的便会受到损失。

根据上述原则，这次提拔各级干部（如表二）：

（二）干部提升统计表

数目 部别 级别	七十九团	八十团	八十一团	合计
战士提班级	118	139	126	383
班级提排级	66	54	59	179
排级提连级	14	15	11	40
连级提营级	3	8	5	16
合 计	201	216	201	618

上述干部提拔之多，部队人员伤亡大，黄河北老战士除负伤外，班级干部还

不够，如八十团宿县解放战士，便有十多人当副班长，八十一团郑州解放战士亦有 18 人当班级干部，黄维兵团之战士亦有当班长的。在提拔中因为干部缺乏，越级提拔亦多，如八十一团副班长提副排长者 2 人，副排长提副连长 1 人，这可见部队成分变化之大。

摘自中野九纵二十七旅政治部《淮海战役政治工作总结》，1949 年 1 月

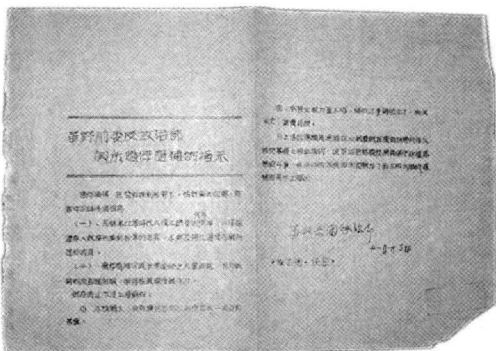

▲ 华野前委、政治部关于随俘随补的指示

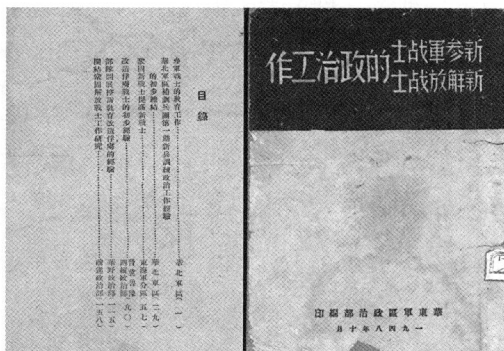

▲ 1948 年 10 月华东军区政治部编印的《新参军战士新解放战士的政治工作》

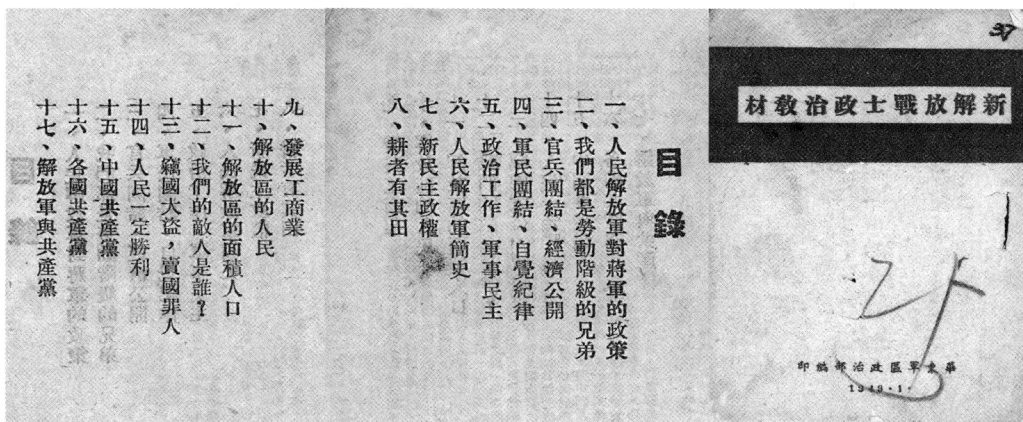

▲ 华东军区政治部为了尽快提高新同志的阶级觉悟于 1949 年 1 月编写的《新解放战士政治教材》

华野十三纵边打边补充的几个意见

一、补充时要分对象，讲政策，严格按照上级规定，哪些人能补充，哪些人不能补充的原则去执行。如战斗中补充来不及先审查，可边补充边审查边战斗。结合战斗与抓紧间隙进行审查，如某些对象在短时间内难以审查明确，应交上级处理之。

二、纠正本位思想，要从整体观念出发。不要因自己补充够了就不管其他部队，对再捉的俘虏也不经管，让他们逃跑，或刚关了这几个又看好了那几个，于是就换上这几个放掉那几个，这山望着那山高。边捉边换边丢是不会做好的。

三、要注意给刚补充来的新战士以良好影响，不歧视，要真正一视同仁。干部、老战士要表示亲热，主动和他谈话，耐心告诉他所不知道的许多事情，战斗中带领他们，解除其顾虑。

四、为了保持部队战斗力与传统作风，补充时应注意以下几点：

1. 把抓到完整建制的俘虏（如同班、排、连）尽量拆散分开补。

2. 要执行"两强夹一弱"的原则，根据部队的容纳力，不要一下补得过多，可分批补，一定要保持部队战斗力。

3. 不要轻易调换，对已经补到一个班已熟悉的，尽量不往外调。

五、边打边补的教育问题：

1. 教育内容大致可规定如下几点（可根据时间长短机动之）：

①当前形势，首先告诉他们我军如何的强大，一定要消灭而且一定能消灭当面这帮敌人，及蒋匪的穷途末路，使他们知道只有跟解放军一起干才有前途。

②政策教育，主要从他的切身利益来解释，并说明我党我军宽大政策。尤其应使他了解他们参加了解放军，家属一律按军属待遇（据老解放战士说，这是新解放战士刚来时最关心的事情）。

③必要的纪律教育，特别是在时间仓促来不及更多进行教育的情况下，更应告诉他一定要跟上，不准失掉联系等。

2. 教育方法：

①运用老解放战士的现身说法，尤其是同乡作用最大。

②发挥群众性的教育作用。因他们刚来对我还不了解时，常把我们的干部比作国民党的军官一样，认为当官的都和当兵的两条心，所以下层对他们进行教育更易发动。

③战斗评功应和老同志一样的评，对真正战斗中表现好的，给他评上了功，这对影响其他新解放战士及培养骨干，巩固部队，作用都很大。

（摘编自纵政工作总结）

摘自华野十三纵《进军通讯》第 35 期 1948 年 12 月 8 日

华野八纵的随打随补

（一）随打随补的原则

补充原则

1.三老一新或二老一新（注：是指三种人物中的中间分子和积极分子，开封、睢杞战役解放同志仍算新同志）。2.伤亡大的连队少补，以整顿内部思想为主。3.伤亡小的连队继续作战可多补，补时按三老一新原则补齐。

补充哪些对象

1.成分：中农以下的，农民出身较为老实忠厚者。2.来历：被抓被按抽丁出来者。3.国民党军队中的战斗兵、年轻力壮者。4.年龄最好是3年以下的。5.离家远的外籍人及家在解放区者。

不可补的几个原则

1.突击班排在火线上不可补。2.重武器单位不可补。3.机关不可补。4.士以上官位不可补。5.勤务、通讯、电话人员不可补。

（二）补充方法

战场审查

1.看肩章、看军服、看态度，分别官或兵。2.通过比较忠实坦白可靠的介绍其内部情况。3.通过建制班排互相证明或军官了解其内部情况。

初步教育

1.进行宽大政策和俘虏政策的教育。2.两种部队的不同（为谁打仗和官兵关系等）。3.强调他们立功折罪。

可采用的方式

1.发给他们枪时可以告诉他"认清仇人蒋介石"。2.介绍进步伙伴（老解放同志）。3.开展群众性的团结互助带领。

注意事项

1.凡补充的对象一律进行登记，发"火线入伍证"。2.介绍班排连营番号一般的联络记号。3.说明胜利情况、胜利条件，启发胜利信心。

补充数目规定

（华野规定每一纵队只能补充新兵2000人，根据这规定分配如下：）

1.二十二师可补充600人。2.二十三师可补充450人。3.特务团可补充150人。4.纵队保留800人。多余俘虏一律上缴不得多补与隐瞒。

（三）战后工作

1.通过战评，好的表扬，特殊出色的可立功或评功。2.迅速抓紧时间以营或团为单位集中进行"诉苦运动"。

摘自华野八纵政治部编印《火线政治工作几个问题的要点》，1948 年 11 月 9 日，第 9—10 页

▲ 被俘的国民党军官兵要求加入人民解放军

▲ 新解放战士经教育后主动向指导员交出隐藏的胸章、符号，决心革命到底

▲ 被俘的国民党军炮兵要求加入人民解放军

▲ 华野某部新解放战士向指导员请求任务，接过子弹

▲ 华野某部给新参军的战士分发慰问品

▲ 华野某部新老战士在谈心

◀ 被俘的国民党军伤兵前往解放军野战医院治疗

华野十纵如何从新解放同志中选拔培养新骨干

在目前连续战斗中，部队新老比例已普遍超过一比一，党员数量也大大减低，骨干缺乏。因此改造新俘立即成为连队骨干，从政治上组织上组织新的力量充实连队的战斗能力，保证战争的胜利，应该是我们目前必须坚决努力的方向。围歼邱、李、孙兵团战役以来，我们各营执行了这方针，选拔的大兴庄、尤家湖解放成分任副班长和战斗组长，已收到了很好的效果。

选择条件

选择骨干的条件，主要要求是：

一、在政治上中农以下成分，被迫抓丁的群众；解放区分得果实的群众；战场起义投诚的士兵；报告隐藏武器或军官的积极分子；仇恨国民党，思想上接近我们，接受我们教育；解放之后与班排长联系好，不讲怪话，并能做些积极工作的广大士兵群众。

二、在行动上决心为人民翻身服务的，解放之后经过初步教育，工作积极负责，吃苦耐劳，公差勤务自动做，爱护武器遵守群众纪律，言行一致的。

三、在战斗中，服从命令听指挥，做工事积极，作战勇敢沉着，孤胆深入，轻伤不下火线等。

三个条件中，只要具备了第一与第二、第三条中的一条，都可成为我们选择骨干的对象，而应加以培养和教育。

如何选拔培养

在连续作战的情况与阵地环境，选择培养教育的工作，只能是小型的、有重点的，通过群众的活动与党员的活动来进行。

一、做好初步检查登记工作，主要要求是了解家庭经济状况、出身成分及简单历史等，一般的新俘，职别、姓名、伍龄等容易假造，家庭成分出身是容易弄清楚的。

二、开欢迎会，互相介绍，开小型诉苦会，启发其阶级觉悟和阶级仇恨，下决心报仇立功。

三、开展交朋友工作，号召每个党员和老同志要做一个新同志的工作，通过感情生活照顾等，达到个别了解检查和教育的目的。

四、加强班的记功评功制度，从记功中一面鼓励教育，一面了解在战斗中和工作中的具体表现。

五、小型的特殊教育，发现一些积极分子后，以各种方式如学习小组等进行特殊的政治教育，吸收其参加一般的积极分子会与骨干会议，如战委会、各种动员会、支部扩大会等，表示我们对他政治上的关心和信任。

六、在选拔的方式上，以支部扩大会或军人大会为好，可以鼓励与教育被选的骨干及广大的新解放同志。

摘自华野十纵《前哨报》第 46 期 1948 年 12 月 24 日

华野二纵某部及时鼓动　边打边补边整
火线入党　火线立功

我们的政治工作基本上执行了及时鼓动、边打边补边整、火线入党、火线立功等工作，我们全战役中补充了解放战士 986 名，提升连干 20 名，排干 54 名，营干 2 名，共 76 名。发展党员 107 名。火线立功一等功 10 名，二等功 15 名，三等功 44 名，集体三等功一个班。因之战役后我们的人数比山东出发多 339 人，元气保持，可以及时继续战斗。这里的经验：每次战斗及时地评功，提拔吸收入党，补充新成分是巩固战斗力最好的办法，但我们这方面缺乏有意识的进行。

摘自华野二纵五师十三团《淮海战役党委综合总结报告》，第 10—11 页

华野十三纵补充兵员调整战斗组织

20 日，纵队奉命进至河南省永城县以南马村桥、裴桥地区休整待机，随时准备配合兄弟部队拦截可能突围南逃之杜匪集团，争取战役全胜。

进入待机地域后，各部队迅速进行各项战斗准备工作，补充兵员，调整战斗组织，补给武器、弹药。自淮海战役以来，由于连续战斗，全纵队共伤亡 6348 人，

其中排干 658 人，连干 345 人，营干 56 人，团干 8 人，党员 4277 人。为保证部队继续战斗，抓紧战斗间隙，全纵吸收经过战斗考验的 945 名优秀分子入党，选拔排干 588 名，连干 155 名，营干 43 名，团干 21 名。部队成员在战斗中边打边补充解放战士 6297 名，补充新兵 4187 名。为充实连队骨干力量，从团以上机关中抽调 871 人补入连队。经过调整充实，健全了各种战斗组织。

摘自《中国人民解放军陆军第三十一军军史》第一册，1979 年，第 121—122 页

华野二纵五师十四团淮海战役以来补充统计表

级别＼数目＼部别	争取 边打边补	俘虏			参军	总计
		战后补充	现在保存	合计		
团直		59	147	206	19	225
一营	11	118	107	236	22	258
二营		141	109	250	23	273
三营		119	90	209	21	230
合计	11	437	453	901	85	986

摘自《二纵五师十四团淮海战役之军事总结》，1948 年，第 14 页

华野二纵五师十四团淮海战役以来提拔干部统计表

级别＼数目＼部别	排级	连级	营级	合计
团直	9	3		12
一营	14	7	1	22
二营	24	7	1	32
三营	7	3		10
合计	54	20	2	76

摘自《二纵五师十四团淮海战役之军事总结》，1948 年，第 14 页

战地报道

一切为了决战的胜利　1500 生力军涌入连队

为了充实部队干部，准备连续战斗，全歼当面敌人，争取江北决战的胜利，纵直各警卫部队及归队伤员共 1500 人（内归队伤员 800 人），本月 12 日晨于驻地

× 村集会，由纵政仲主任讲话，首先对伤愈归队的同志表示热烈的欢迎与慰问，继即简述了目前战役形势："我们如果能将当面之敌全部歼灭，那么我们打倒蒋介石的时间还可以缩短，要把 3 年的事情几个月做完，我们有十分的把握歼灭当面的敌人。"最后要求大家："勇敢到部队去，坚决顽强全歼江北敌人。"并特别对伤愈归队同志说："你们都流过血，有并肩的战斗经验，希望你们下部队后，好好带领新同志和帮助教育新解放同志，共同完成任务！"此时全场高呼："勇敢到部队去，坚决全歼当面敌人，争取决战彻底胜利！"会后大家纷纷表达决心，并感到兴奋，后勤警卫连五连五班张振学说："过去我就想到部队，总未捞着，这会在这个伟大的决战里能下部队，真是光荣极啦！"八班并写了一封信送到连部去，表示决心。下午 1500 名生力军即分批涌向连队。

（周郁惠）

摘自华野九纵《胜利新闻》第 85 期 1948 年 12 月 15 日

华野十纵介绍友纵某团连续作战中保持干部不缺的办法

兄弟纵队 × 团在歼灭黄百韬战役中，对干部问题做了充分准备，其经验如下：

一、党委事先研究提拔对象

战役前，从连支部到营团党委都对现有（战前）干部及老战士作了一次全面了解和研究，除了班排连干部都按"宁弱不缺"的原则配备正副职外，把现有的干部做一个研究讨论：在需要时哪些对象可以提升。连支部讨论了哪些老战士可以提升班干，哪些班干可提升排干，提出名单报告营委。营委根据全营干部现状讨论了哪些可以提升排长、连干，提名报告团委。团也同样把所有干部做了一个研究，以备使用。

二、战中保存一批干部

战斗未打响前，大队党委坚决把全大队排、连军政干部凡有正副职的都抽出一人到大队部集中，这样一方面锻炼了留队工作干部的能力，另一方面抽出的干部既作了后勤工作，又能使连续战斗中需要时即时分配下去。

三、党委事先讨论干部代理人

战前各级干部都慎重地宣布了自己的代理人，这种代理人是经过支部讨论营委同意的，这样免得战斗紧要时负责干部一伤亡就无人指挥，如四连在太平庄战斗中，连长、政指负伤时，当即由三排长柏林代理连副指挥作战。

四、保存伤愈归队基层干部

大队掌握了一个干部队，这是豫东战役伤愈归队的一批班排长及老战士，当时没有马上分配下去，就集中大队部学习，战役告一段落后即分配下去做骨干，使基层干部不感缺乏。

由于作了以上有组织有准备的提拔和保存，因此，始终保持了战前的建制和充实的战斗力。

摘自华野十纵《前哨报》第 46 期 1948 年 12 月 24 日

▲ 经教育直接补入华野各部队的新解放战士有
10 万多人。大批新解放战士积极准备参加围
歼杜聿明集团作战

▲ 华野八纵六十四团一连二班欢迎新战友

◀ 解放军某部向被批准参军的新
解放战士授枪

战场是对手　战后是战友

"济南第一团"一连四班长周志才在碾庄圩战斗中，自己在涉水突击时，亲自从敌手夺下了敌人轻机枪后，紧接着就夺下了一支中正式，并把拿中正式的王明昌捉过来补充在自己班里！

王明昌补充到班里后，周志才很欢喜，经常和他谈话，提高他为谁当兵，为谁打仗的观念。当一连奉命挖阵地坚守时，王明昌当了老师，他挖得特别积极，别人休息他不休息，流了一脸汗，并教给大家远留出枪架，地堡的外面要低一点，枪口不至于充泥，大枪眼要留得低一点，小枪眼要留得高一点，这样我们在地堡不至于伤自己，他又具体摆枪架，划地堡的圈。班长周志才高兴的说："我在战场和他夺了中正枪，补充在班里真是好战友，挖工事当了我们全班的老师，我跟他学习了地堡的挖法和注意的事情，我们又能在阻击战线上来学习本领，我真高兴。"

（傅以盼）

摘自华野九纵《胜利新闻》第 73 期 1948 年 12 月 5 日

三、发挥支部战斗堡垒作用

人民解放军重视党支部战斗堡垒作用和党员模范带头作用的发挥，各部队党组织结合战斗中对发展对象的考察，吸收了一大批符合党员条件的优秀分子加入中国共产党（时称火线入党）。战役中的组织发展，有两个显著特点：一是在衡量标准上，把作战勇敢作为第一个条件；二是在形式上，比较普遍地开展了群众推荐党员活动。通过政治思想教育和形式多样的组织活动，提高党员和非党员的阶级觉悟，使他们献身革命的意志更加坚定，要求入党的心情更加迫切。在连续作战，党员骨干伤亡较大的情况下，使基层始终保持有 30% 左右的党员队伍，保证了战斗任务的圆满完成。

文件选编

中野一纵战役中的支部工作

甲、支部在战役中的作用：

在战斗中确实的考验和鉴定了党的领导的威力和顽强性，支部在这次整个过程对部队来讲是在战斗中树立和执行了核心领导作用，摸到了（支部）工作经验，表现它是战斗性的党，越困难它就越有力量，突出英勇顽强，具体表现在下面问题上。

（一）领导开展了战壕中的军事民主，克服了在斗志上的障碍和技术的不足，（战前学习）普遍发动群众想办法，帮助干部成为群众的智慧的指挥员。二十旅五十九团一营一连支书陈述之，把连长的预案和详图在支委会进行了研究，并把排指挥方案讲解，反复讨论，得出了冲锋道路、突破口、队形、序列、各级干部的位置和联系办法，想出了 6 种破地堡法、3 种爆破法和应付照明弹法、指挥员的代理，一连串问题都得到解决。当时人人都要求参战上火线，结果伤亡小，顺利完成攻坚任务。

凡是阵地上的学习都是支部有计划地去领导和组织研究的，不仅对自己检讨研究，同时对敌人动作和技术也引起了钻研，是党内具体动员的一种唯一办法，其他例子还不少，在实战中克服了平时的军事民主缺点，不只事后评定，且提高到事先研究实际情况和思想。五八团三营攻小马庄未成，二梯队未上去，下来经突击组员介绍实际情况，具体想办法，第二次即成功。

（二）领导转变了战斗中的不利情绪，把失利的战斗变成了成功的战例。如五十九团一连一次攻击未成下来后，把突击组长王其昌作了调查，支委会进行研究，找出自己的缺点和敌方情况，想出具体打法，共解决了 13 个问题，支委会作了决定，再攻即成。一旅攻小马庄时，七团三营成功歼敌一营是支委会战前研究了作出决议，并在小组里各种人员讨论订出自己计划，即转变了两种影响士气的情况，战前组长认真看了地形，研究了动作，党员领导的互助组发挥了各自为战，如王振水（党员）组 3 人，其中一个郑州俘虏、一个张公店俘虏，突破时 3 人全伤，无一轻伤下火线。二旅四团在张公店失利，经团委研究，在蒙北阻击时，即转变成英勇顽强的范例。

（三）保证了干部战士党员在持久战役中情绪高涨，斗志越战越强，解决了许多细小具体困难，证明在共产党面前，是没有任何困难不可克服的，并教育了新战士（如以前具体的战壕生活等），保持了党员的一定数量和质量。二十旅六十二团就发展 31 个党员，其他单位都有发展，各团抽党员在战役中训练，只八团就290 多人。

（四）士委会在战场上起了应有作用并提高了一步，能在支部领导下完成工作（详见士委会工作）。

（五）坚持了党的教育和发展工作。

　……

乙、这次支部工作特点：

（一）活动普遍经常。（二）越在前方越活动多。（三）不但支委活跃且发动了党员和积极分子参加，每个党员（干部在内）都能执行支部决议。（四）支部工作是从小处做起的，从具体困难和问题出发，以这些来具体作战役动员。（五）活动效果更是平时不能及的，从哪方面都可看清，所以斗志是逐渐上升的。

这一点是我们历史上所未见过的，确实在建支之后，是提高了工作。

丙、士委会的活动，是在支部领导下进行的，总之进行了以下几点：

（一）帮助开展战壕的群众活动，并能积极领导想办法克服困难。一团七连士委会干部党员都是执行决议的模范，士委会经常向行政党内反映问题帮助解决，黄昏时还召开士兵大会检讨工作、讨论立功，并明确了以学习活跃和改善伙食为中心工作，各委员分工为学习、伙食、纪律，通过学习组长去活动，使党的决议更广泛地有组织去贯彻，如一旅一团二连 10 天开了 8 次会，七连开了 3 次。

（1）围攻第一天（27）开大会动员立功，然后还分别对新同志进行动员。

（2）决议三次：①广播；②生活改善；③飞行问答。

（3）总结讨论工作。

在效果看，都一一实现，广播能及时，报纸分到排去到小组去深入传播，并实行了问答（前面已讲过），在生活改善上有专人负责，在板桥时 10 天，每天都吃上饭，喝到水、热馍、热包子，保证伙食美满。

（二）战役后能维持纪律和处理问题，如张公店得了雨衣，一团一个单位，东西士委会去讨论处理。结果群众都满意，给了连长一身，就感到很光荣，认为士委批准的，能大胆用。几个单位都这样处理的，效果都好，凡用个人名义和上级干部做主的，都有反映，且士委会对干部爱护和照顾是非常好的，战士、干部都满意拥护，这是处理物资的良好办法。支委会能发挥其力量，成为群众性的活动主要经验。

（1）首先领导干部要大胆，相信和使用这一力量，是树立其威信的重要问题，如一团七连开始群众不听士委会的号召，政指（支书）进行说服教育很快地纠正了，同时干部党员要带头执行决议，影响其他战后一切物资交其处理，扶持其工作信仰。

（2）支部、行政明确其权利，尊重该组织，他们决定了学习组长，受其领导，帮助下届树立基础，去贯彻决议和群众联系关系更密切。

摘自中野一纵政治部《淮海战役第二阶段政治工作总结报告》，1949 年 1 月 28 日，第 9—14 页

▲ 解放军某部党支部在战壕里讨论作战方案

▲ 华野九纵七十六团特务连召开党小组会研究如何完成战斗任务

▲ 陈官庄战场，解放军某部党支部研究战地休整和战壕卫生工作

▲ 解放军战士鼓掌欢迎当选的士兵委员会委员

华野六纵战时支部

甲、战斗中发展不少的党员，全纵十六师 184 名，十七师 210 名（另追认入党 2 名，转正 34 名），十八师 316 名，共计 710 名以上。

乙、由于战前及吸收入党前后的动员教育，提高了党员的水平和非党同志对党的认识，五二团八连支部通讯员周春竹同志填表后，慎重保存，不时查看，唯恐遗失，他说好像一块金子。

丙、由于吸收了新战士（战前的新战士）中优秀分子入党，亦部分地改造与教育了党内外较老的进步慢的同志。少数较老同志，平时不够积极，见不少非党同志纷纷要求入党，而且表现很好，自己受了感动。部分党外同志，所谓"老油条"，见新同志入了党，发觉自己落了后，亦有转变。在遵纪爱民、缴获归公上选有范例。

丁、特别是战斗中，加强了老战士的战斗意志，鼓舞了新战士的战斗情绪，尤其是发展对象、火线上入党的同志伤亡率很大，十七师五〇团五连，碾庄地区发展7名，伤亡6名，又在阻击中发展9名，伤亡8名。一连新战士孙维杜入党后两次负伤不下火线，最后流血过多支持不住，临走时还鼓舞其他同志。又如十八师五二团七连排长（支委）郑大福当打坦克时，一面送上炸药，一面发给要求入党的该连一班副吴咸方同志火线光荣入党证，鼓舞了士气。五四团七连爆炸员谭纪龙是发展对象，攻后吕时全班伤亡余3人，仍鼓勇送爆成功。该团五连战前要求入党者11人，经战斗考验后，9人批准。发展对象中有的同志负伤上了担架不肯下火线，要求解决入党问题，还有牺牲前要求入党者。

摘自华野六纵《淮海战役第一、二阶段组织工作概况》，第8页

中野九纵二十七旅支部工作及党的活动

1. 战斗中的一切任务，必须首先经过支部党员讨论，把党员发动起来，才能起到真正的保证作用。支部传达任务之前，要先在支部委中进行讨论统一认识，提出具体要求，再在支部大会及军人大会中进行讨论。这次各团都做到了这点，所以党员的作用亦特别得大，党员的英勇事迹特别的多。如这次战役，我旅伤亡2254人，党员为804，占伤亡数36%弱，以全旅党员2799人，占全数29%弱。以七十九团来说，伤亡了党内的干部小组长35，支部委员321，营委6，以班级以上干部伤亡746人，党员552，占74%弱。以立功来说，七十九团839人，党员占了306，占全功臣数的36%强。

如八十团三连党员李贵秋同志、杨耀日同志在坚守阵地，一个排只留他两个人，敌人燃烧弹把杨耀日同志衣服打着了，他脱了衣服一个人把所有弹药全部集中继续干，叫回去吃饭都不回来。七十九团一连党员申天福同志，大出击时冲到小张庄鹿砦跟前，腿负伤下不来，敌人火力集中，在这种紧急情况下，他还说宁打到底，宁战死亦不当俘虏，打到最后敌人来了，他便与炸弹同尽，为了人民事业不惜牺牲个人生命。八十一团党员刘靖中同志在小张庄战斗前即向团委表示了态度，把个人所有全部东西交给党，作为牺牲后的党费，要坚决完成任务，战到

最后一个人还要干，不完成任务不回来。在战斗中他负了重伤，还不下火线，卫生员把他抬来时还再三告诉副政教说坚决完成任务，战到一个人还要打到底。在战场上在敌人面前，这种英勇顽强表现了共产党员的优良品质，这种可歌可泣的事迹，无以全部举例。

2. 支部的整顿：

党员伤亡数量之大，随着整顿行政组织，党的组织为了适应战斗，亦及时进行了整顿，其方法：

战场上临时指定，待战斗结束，再进行民主选举，或在战沟中进行选举等办法。如七十九团五连潘栓同志在打三棵树时，在战沟内民主选举了支委，指定了小组长，各班调剂了党员，七十九团在战时指定了营委 4 个、支委 3 个，民主选举支委 31 个、小组长 15 个。其他各团一般的均是支委指定小组长，支书指定支委，支部书记负伤政指代理的办法。

摘自中野九纵二十七旅政治部《淮海战役政治工作总结》，1949 年 1 月

党员在战时应做到的几件工作

（一）战前的

1. 党员要了解上级意图，明确本单位与个人的任务，并告诉群众也能和自己一样的明确。

2. 根据自己所分到的任务，要有积极活跃的情绪，组织与带领大家研究学习打法，多用脑子想办法，以达提高完成任务的本领，解除个人与大家的思想顾虑。

3. 加强时事学习，认清革命形势的胜利前途，在任何环境下经得起考验。

4. 加强思想互助，打通思想，每个党员最低要培养一至两个群众积极分子作为自己战斗中的助手，并及时向支部反映各种思想情况。光反映还不算，群众有顾虑，党员应随时研究帮助解决思想问题，使思想统一、意志集中，完成战斗任务歼灭敌人。

5. 根据任务和技术把握党员以身作则带头响应党的号召，订出完成任务执行政策的计划来表达对任务的决心和态度，同时要用实际行动来影响带领群众也订计划。

（二）战中的

1. 每个党员同志个人要英勇顽强，坚决服从命令，听从指挥，并根据上级意图，

灵活带领大家减少伤亡完成任务。

2. 战场上是考验党员党性的时候，要积极活动，根据情况提出鼓励口号，提高大家战斗信心，在危急情况下挺身而出，冲锋在前退却在后，并帮助指挥员掌握部队，积极主动地参加边打边组织，带领大家继续彻底完成任务，实现战前计划。

3. 党员是执行政策遵守纪律的模范，并动员教育大家保证一切缴获要归公，做到宽大俘虏，不搜俘虏腰包，不打骂俘虏。

4. 战场上要提高警惕性，严防个别坏分子趁机捣乱，破坏，打暗枪，传假命令，造谣生事，动摇军心。

5. 做到团结友邻，主动协同，团结互助，共同歼敌。

（三）战后的

1. 积极主动参加整理组织，向群众进行动员解释说明战斗意义，稳定思想情绪。

2. 积极参加带领群众进行战斗检讨，总结评功，接受经验。

3. 不因战斗而疲劳松懈战后工作，要巩固部队，防止逃亡。加强对新同志的思想教育，帮助领导多了解思想情况及时呈报进行教育。

4. 保证一切缴获都要归公，并了解和说明缴获归公的重要意义，检查对照战前计划，动员教育大家，自觉地要遵守政策纪律。

摘自中国人民解放军步兵二七二团（原华野十三纵三十七师一一〇团）政治处《党员在战时应做到的几件工作》，第1—4页

▲ 华野三纵某部党小组在阵地上召开小组会

▲ 人民解放军第二十军（原华野一纵）炮团淮海战役模范党员合影

华野八纵火线入党要点

（一）对火线入党的正确认识

要点：

1. 火线入党是包括介绍入党、缩短候补期、候补党员转为正式党员。

2. 火线入党与火线评功不同，火线评功是看战场的表现，火线入党战场上看表现是重要的，但不是每个战场上表现好的同志都入党，是指已经具备了入党的条件（条件系承认党纲党章，成分出身都好，政治无问题，一贯表现积极而自己有入党要求），而仅是缺乏再一次在战场上考验的同志，所以火线入党不是普遍的而是有对象的。

3. 要进行火线入党工作，支部在战前要作充分的准备工作，研究对象，鼓动教育，不仅对发展对象的教育，还应对支委党员也进行教育。

4. 对群众可提出"火线入党最光荣"，只是对发展对象才提出"争取火线入党最光荣"，启发他积极战斗，主动争取。

作用：

1. 火线入党是为了鼓舞士气，提高积极分子的积极性。提高党在群众中的威信。

2. 在残酷斗争中保持党员在部队中一定的数量与质量，保持部队有一定的骨干，使支部能起堡垒作用。

3. 在火线上入党，更能增强党的观念。

防止偏向：

1. 防止战前支部没有经过很好的研究，火线上随便提出"火线入党"以及只看一时的表现，不重视成分、出身、政治质量，以致降低入党条件的偏向。

2. 不应该单纯认为"火线入党"是为了鼓舞士气，防止"打手观念"。

3. 只要准备工作做得好，在火线中又看得准确，便可大胆提出，防止缩手缩脚或怕负责任的表现（但慎重是主要的）。

（二）火线入党怎样作法

战前准备工作：

1. 战前在支部中进行教育，支委、小组长应晓得哪几个同志可以在"火线入党"，注意时机加以掌握。

2. 要召集准备在火线入党的同志谈话，重要内容鼓励他们争取在"火线入党"。

3. 对全连进行教育，说明火线入党"最光荣"。

4. 团政应准备"火线入党证"以及简单的表格和简单的火线入党志愿书（详细的在战后补填）。

有对象的发展：

1. 火线入党是提高了入党条件（不仅成分出身政治清洁，平时积极，还能在战场上有显著的功劳），不是降低入党条件。因此不是什么人都可以在火线上入党，所以人数不能多，也不可能是很多的。

2. 要根据平时的基础，并有入党的要求，否则只给他火线报功就不可提出火线入党。

3. 入党的批准权，按照从前的规定，原则上不变，但为了争取主动，可以把发展对象先请求团委、党委批准，支部在火线上随时发展。

4. 一般的应利用战隙，如战斗在进行中，接受一个新党员，可经两个小组讨论，支委会同意，战后才在支部大会上追认。

5. 如支部小组没有把握，可以提出"战后我介绍你入党"或"我负责建议支部接受你入党"。

6. 在火线上入党不能确定候补期长短，战后以情况确定之。

7. 候补党员可提出为正式党员，党员可提为模范党员，提升模范党员问题，必须平时各方面已培养成熟者。

摘自华野八纵政治部编印《火线政治工作几个问题的要点》，1948 年 11 月 9 日，第 6—8 页

华野三纵八师二十三团火线入党是如何进行的

1. 战前研究了对象和条件，三连条件是：①成分好；②思想意识纯洁；③工作积极、团结好；④吃苦耐劳模范作用好。研究出对象，首先各小组长、支委都要知道，以便战中掌握。召开了小组联席会，叫班长参加，情况许可，对象也可参加。会上说明为什么要吸收入党，对他提出要求号召，对他们教育鼓励作用很大，对象在战中表现都很好。如刘顺堂杨集战斗负中等伤，坚决不下火线。伍大刚脸上负伤，不能吃饭也坚决地不下火线。侯守忠突破围子时，敌人反击，班长有些犹豫，他即挺身而出，并鼓动二班长说："不充孬的跟我来。"一连打退敌人 3 次反扑。高

三成负了碗口大的伤，也不愿蹲在后方，宁愿弯着腰走路。

2. 战斗结束即在战壕中发展入党，即：①首先在党小组内研究对象，再根据战中表现，以便通过；②紧接着参加班务会评功，并在会上公开讨论，哪个同志够入党条件（支委分头参加）；③支委会具体研究；④通过后，支部分派小组长进行最后一次填表谈话，指出优缺点，保持光荣，防止自满，然后认真介绍入党，并在小组会上，正式填写入党证明书，介绍人负责签名盖章，按手印，这样对他教育很大。

摘自华野三纵八师二十三团《淮海战役政工总结》，1948 年 12 月 8 日

▲ 经过战斗考验的先进分子光荣加入中国共产党。某部新党员在宣誓

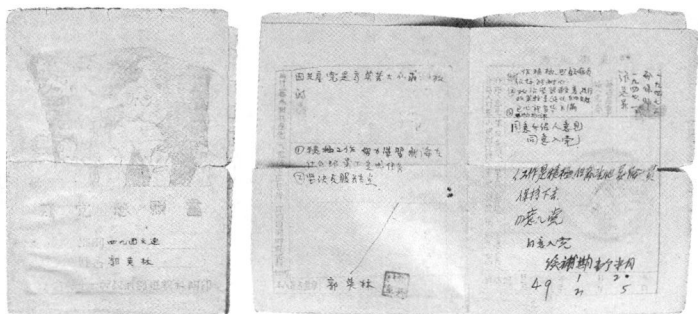

▲ 华野六纵十七师四十九团六连战士郭英林的《入党志愿书》

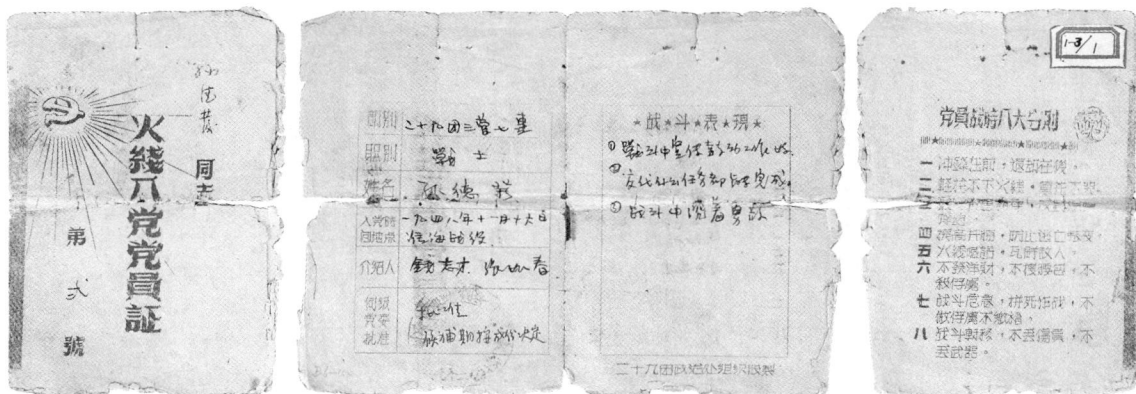

▲ 华野四纵十师二十九团三营七连战士孙德发的《火线入党党员证》

两广纵队各团政治处向党员发临时党证和党员的十二条守则

一、进攻在前，退却在后；

二、重伤不哭，轻伤不下火线；

三、鼓动作战勇气，提高胜利信心；

四、英勇顽强，为人民立功；

五、服从命令，完成战斗任务；

六、帮助指挥员掌握部队；

七、帮助新战士做好战斗动作；

八、提高警惕，制裁投敌分子；

九、加强爱民观念，遵守群众纪律；

十、不发洋财，严守战场纪律；

十一、优待俘虏，不搜俘虏腰包；

十二、胜利不骄傲，失利不灰心。

摘自《两广纵队史》，广东人民出版社1988年，第69页

华野一纵某部战时党员守则

1. 教育非党群众，提高战斗情绪；

2. 坚决执行命令，抱定牺牲决心；

3. 进攻要在前面，退却要在后面；

4. 重伤绝不哭伤，轻伤不下火线；

5. 干部如有伤亡，党员自动代理；

6. 进行政治工作，执行俘虏政策；

7. 瞄准必须准确，弹药须要节省；

8. 战斗胜利勿骄，扩大群众宣传；

9. 战斗失利勿馁，记住经验教训；

10. 严格战场纪律，遵守自己职责；

11. 保守军事秘密，反对随意广布。

摘自华野一纵二师炮兵营一连连长陈斌的笔记

华野一纵某部政治工作公约

做好政治工作，实事求是出发；

执行上级指示，深入下层工作；

办事把握原则，方式必须灵活；

要能足用典型，创造新的方法；

尊重政府机关，维护政策法令；

照顾群众利益，尊重民情风俗；

关心战士生活，禁止捆绑打骂；

加强干部团结，发扬互助合作；

提倡民主作风，善于团结多数；

虚心业务学习，反对骄傲自满。

摘自华野一纵二师炮兵营一连连长陈斌的笔记

战地报道

华野二纵十六团一营的阵中支部活动方式

十六团一营在阵中支部活动很紧张，开始大家感觉到阵地内发展党员只能进行教育，顶多开支委会讨论，支部大会很困难，填好表无法进行表决。经研究后即采取以统一的小组会代替支部大会，讨论内容告诉各小组长，回去讨论表决，再把票数集中起来，这样还能深入确实地发扬民主，大胆提意见，他们已用这办法发展了 20 多新党员，差不多恢复战役前的数字。新党员增多后的教育，也是采取了小型活动：先把要讲的东西找文化水准高些的看过后，由他们分开负责读，或支委分工对新党员进行个别党的常识教育。

（十六团组织处）

摘自华野二纵《拂晓报》第 912 期 1949 年 1 月 4 日

心花开放了——高进唐战地入党

炮声还未停止，在防炮洞里，党的小组长把一张油印得很精美的纸片，塞到高进唐手里，他急忙揭开一看，首先映入他眼帘的是"火线入党证"5 个大红字，立刻他的心花开放了。

高进唐入党不是陡然的，他老早就有了入党的要求。他原在蒋匪十二军补充团里，因受欺骗宣传太深，刚解放来时思想糊涂，在班内成天不吭气，光寻思着"凑着机会拔腿跑"。曲阜休整时，部队展开了整党教育，全支部党员都公开在群众面前检讨，这可给他很多启发和教育。他看到一个与驻村妇女关系不清白的副政指被撤职，看到很多党员同志诚恳检讨自己战斗不够十分勇敢，都决心今后完成最艰苦的任务，使他明白了过去蒋匪军里当官的所说的，什么"认字班裸体慰劳"、"俘虏塞炮筒"等都是一派胡说，认识了共产党是为穷人服务的。他想到自己家里也很穷，应该在自己队伍好生干下去，最好也能加入党，他也知道自己条件不够，从此，他就下了决心在自己队伍里干到底。

淮海战役第一阶段刘芦家战斗中，他逮捕了一个匪五军俘虏，夺下了一挺轻机，但他觉得入党条件还不够，还要再经一次更严格的考验。

围歼匪黄维兵团战役开始了，一连是攻击尖古堆的突击连之一，支部战前提出了"火线立功、火线入党"的号召，他积极响应，向连部要求了第一包爆破任务。完成爆破任务后，他又和浦排长首先打上了坟头，以喊话争取了13个敌人放下武器。战斗解决后，部队撤下来休息，在战壕内，高进唐同志被接收入党。

（李清）

摘自山东兵团《华东前线》第 73 期 1949 年 1 月 13 日

四、立功创模　火线庆功

立功创模运动，是解放军战时政治工作的一项经常性内容。各部队广泛开展火线评功、庆功，对在作战中功绩卓著及在战勤等各项工作中表现突出的，采取群众评议和领导批准相结合的方法，评为战斗英雄、模范或记功，并给有功单位和个人颁发奖旗、奖章、奖状，佩戴光荣花，登光荣榜，发功臣证，奖英雄服、功臣衣，论功行赏。做到及时表彰先进，传播经验，鼓舞士气，激励斗志。战役期间立功人员数以万计，大大激发了革命英雄主义精神。

文件选编

华野八纵火线评功

（一）火线评功的作用与困难的克服

作用：

1. 能鼓舞士气，提高战斗信心。

2. 可以通过火线评功及时接受战斗经验。

3. 不淹没事迹，打下战后评功的基础。

困难的克服：

1. 干部党员积极分子要克服害怕疲劳的现象，相反的应以评功鼓舞士气，减少部队在战斗中的疲劳，因此手续要力求简单应带鼓动性。2. 在情况变化迅速中应捕捉时机灵活时机，不放过每个可能利用的战隙，因此不可等待。3. 集体活动不易即取分散活动，加强支部党员的分工掌握，力求准确，任何潦草都是要不得的，因此普遍的评功不可能，便可以有重点的评，有显著功绩先评，一般的战后评。4. 没有显著功绩的单位特别受挫或伤亡过大的单位，领导可以签发或介绍功绩，引导群众打破认为"无功可评"或"不必评"的偏差。因此领导上的态度应该是积极的，没有大功便可以找寻较次的功绩即采取"矮子比长子"的办法，矮子中的长子□应表扬，以便提高胜利信心、鼓舞士气，并可着重提出接受教训，结合火线战评。

（二）火线评功怎样搞？

注意事项：

1. 战前准备——使大家知道这次要在火线评功，人人有要求立功的思想。可以提出"谁看到谁报功""自己报，互相报"，支部领导小组评比，并指定干部负责，支委分工掌握，团可预先制定火线立功证。2. 提出立功条件——接受任务时同时提出立功条件或由群众民主讨论，领导作最后规定，可分特殊的在火线上评，一般的战后评（对新同志、老同志、干部都应有分别）。3. 领导上有意识的注意对象——如担负重要任务的个人或单位与培养英模结合起来，以便增强战斗积极性并与火线鼓动工作相结合，如"你完成××任务我给你报功"或完成××任务有功。

火线上怎样评：

1. 支部领导，人人报功。先把功报告小组长或通过行政班、排长报到支部，由支部掌握。2. 评主要的，报主要的，领导上应很准确的去发现。3. 要看作用大小深入下层收集反映。4. 模范、英雄按级上报（看功绩大小，功绩最大的可报到营团），上级派人了解并及时表扬。5. 先报功不说他几等，打着报，战后评等级，可以规定班报排评连委会决定。6. 模范单位，连决定小组、营决定班、团决定排、师决定连，并同时报告纵政。

怎样表扬与庆祝：

（火线评功要准确，表扬也应及时，作用就更大。）

1. 可以利用战隙，特别在胜利之后可以举行小型庆功。2. 在火线写信庆祝，甚至写一二句话，如"你们又立了××功，我们向你庆祝"，小组、班级都可以搞。3. 可以派代表到立功的单位或功臣庆祝并接受他们的经验，但应该是有秩序的不影响战斗为主。4. 上级写慰问信（可以写给他本人或写给单位）。5. 发火线立功证（各团各自制定）。6. 师团下嘉奖令。7. 出快报，连队用快板表扬。8. 首长派人慰问谈话记载他的事迹，接受经验并在报上表扬。

火线战评：

要点：1. 火线战评尽量与火线评功相结合，即在火线评功中，尽量注意到评经验、评战术，在火线战评中又尽量发现战功，使火线评功更为确实，应该是互相补救，互相加强，为了缩短时间还可合一进行。2. 火线战评的最大作用是及时接受经验——不仅应接受胜利的经验同时更重要的是接受失利的经验，因此凡在部队受挫时，最好提出"火线战评接受经验"受挫不要气馁，接受经验能得胜利。3. 通过火线战评把思想统一起来，从战术的提高达到思想的统一，同时在火线上进行战评及时接受经验对战争的胜利能直接起作用，印象也更深刻。

办法：1. 发挥军事民主，以分散的班、小组为单位评战术、评动作、评指挥，得出胜利的原因和失败的教训，范围不可扩大，重点放在接受经验，不追究责任，以免在情况失利时互相埋怨，但发扬自我批评是可以的。2. 为了时间限制便于接受经验，可以通过活动分子、党员骨干着重检讨经验。3. 在行军中或转移时交换意见。4. 利用战隙举行小型的战评会议（应有组织有领导地进行，不是普遍评而且有重点的评才可缩短时间）。

摘自华野八纵政治部编印《火线政治工作几个问题的要点》，1948年11月9日，第1—4页

▲ 解放军广泛开展火线立功运动，战役期间华野立功人数达数万人。图为战士们进行火线评功

▲ 华野特纵政治部副主任俞新华在庆功会上讲话

▲ 华野四纵三十五团召开庆功大会

▲ 华野某部在战地召开贺功模范大会

▲ 战役第二阶段结束后，中野九纵举行庆功祝捷大会

▲ 特纵副政委刘述周在庆功大会上向英模授奖

▲ 华野一纵三师七团攻克李石林后，在战场上召开全团庆功迎新大会。图为团政治委员徐放在会上讲话

▲ 华野四纵十二师三十六团在淮海战役中立功单位和人员功臣录

▲ 华野九纵二十五师七十四团政治处公布的淮海战役第一、二阶段的功劳榜。一等功8名，二等功43名，三等功124名，并号召全体同志向他们学习，在全歼杜、邱、李战斗中建立战功

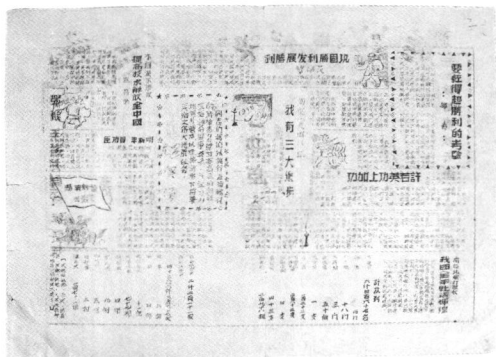

▲ 华野二纵某部《雪枫报》庆功祝捷大会专刊

◀ 华野十纵二十八师八十二团政治处1949年2月编印的《淮海战役功臣榜》，其中有一等功臣37名，二等功臣651名，三等功臣476名，四等功臣651名，有11个单位荣立战功

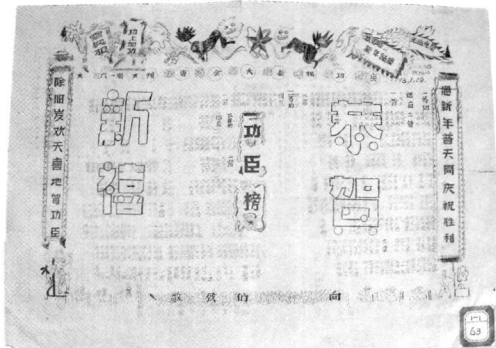

◀ 中野九纵二十六旅第二届群英会于1949年2月1日至3日召开，到会英模375名，集体模范单位8个（3个模范连、2个模范排、3个模范班），此为该旅政治部编印的《生长在太行，壮大在中原——九纵二十六旅二届群英会纪念册—分册》

中野九纵火线记功

在深入展开为一年左右打败国民党反动政府，争取淮海战役胜利，为人民立功运动的基础上，在战斗的紧急关头对有特殊战功者，即时宣布其火线立功，对所有部队都是一个极大的鼓励。在第二次攻击张围子的决定性的关头，当马振岐

营长带领十一连5分钟突破，虽身负四伤仍带领打退敌人8次反扑，巩固突破口之后，纵队马上宣布给马营长记特等功、十一连记集体功的命令，从电话上把这个记功命令传达到了所有尚在继续纵深发展的部队，对迅速歼灭该敌顽抗起很大作用。纵队在整个战役中贯穿了及时表扬的精神，在每次重要战斗后正式颁发记功命令，奖励有特殊战功的部队与个人（纵队在整个战役过程中，正式颁布了三号记功命令，第一号中，七十六团很好组织火力，英勇顽强突破浍河，胜利揭开大战序幕，记功一次。七十九团三战三捷，机动灵活，创造依沟夺沟夺堡经验，记功一次。八十一团四天四夜艰苦挖工事，创造以工事抵近分割敌人，表扬一次。第二号记功命令中，给突破张围子的七十六团十连，七十八团的一连、五连各记集体功一次，七十六团马振岐营长记特等功一次，七十八团五连连长郜国武、一连副连长徐芳正各记功一次。第三号记功命令中，给兢兢业业开展军事民主，勇敢与智慧结合，以小的伤亡取得最后重大胜利的七十七团记功一次，并对该团团长葛明、政委卫景濂、副团长郎玉林负伤仍坚持战斗岗位给予表扬。对在整个战役中发扬了高度顽强精神，始终坚持战斗第一线取得胜利的八十团给予表扬一次。第四号命令准备奖励后勤战线的有特殊功绩的单位与个人）。各旅各团也同样地展开了火线记功，特别明确地对突击队的号召立功，每个战斗之后，同时也树立了正式记功命令的制度。营连组织了对每一战斗中特殊功绩者火线立功的运动，并在战地组织小型贺功，部队对此极为重视，都视能上各级的立功命令或火线立功为无上光荣。七十六团荣获纵队第一号命令记功后，马上提出："努力争取上记功命令第二号！"成为了他们抓紧间隙练兵积极准备最有力的动员口号，在张围子战斗时，又成为最生动有力最为群众所接受的战斗口号。

摘自中野九纵政治部《淮海战役政治工作总结报告》，1949年1月25日

◀ 在围困杜聿明集团期间，华野某部举行"火线庆功"大会

◀ 淮海战役事迹：火线庆功。1949 年 1 月
杨涵所刻版画

华野十三纵一〇九团淮海战役惩奖命令
（1948 年 11 月 7 日于本部）

伟大的淮海战役已开始了，我团也光荣的参加，是我团荣获"济南第二团"后的第一次参加作战，为此特命令全体指战员、工作人员，坚决响应团委的号召"发扬高度的革命英雄主义，为人民立功"。我团此次作战，只许打好，不许打坏；只许胜利，不许失败，除高度自觉外，必须有高度的纪律来保证，为此特颁布惩奖命令，以求赏罚严明、功过分清。

一、有下列条件之一者，应列表扬与奖励：

1. 坚决勇敢顽强，轻伤不下火线，重伤不哭叫者，表扬或奖励。

2. 勇敢机智，以少的消耗争取大的胜利者，表扬或奖励（伤亡少，弹药消耗少，夺取重要阵地）。

3. 在危急情况下挺身而出转危为安，僵局时能奋不顾身，积极想办法，克服困难，使战斗顺利向前发展者，表扬或奖励。

4. 积极配合友邻兄弟部队作战有成绩者，表扬或奖励。

5. 战时维护政策（俘虏政策、城市政策、爱护资财、没收归公、爱护人民）有成绩者，表扬或奖励。

6. 后勤保证战时生活好（还不许违犯政策），弹药供给及时者（特别在危急情况），表扬或奖励。

7. 高度的阶级团结友爱者，表扬或奖励。

8. 缴获敌人重要文件和捉敌重要军官者，表扬或奖励。

二、有下列条件之一者，受严格纪律制裁：

1. 不执行命令影响战斗者罚。

2. 战场叛变投敌和交枪者有人证明枪毙。

3. 畏缩临阵脱逃或战场自伤者罚。

4. 丢失重要阵地而影响战斗者罚。

5. 乱打枪而浪费弹药者罚。

6. 战时发洋财违犯政策者罚。

7. 打滑头仗和友邻配合不积极、不团结，影响战斗者罚。

8. 后勤未尽到职责而影响战斗者罚。

以上条例，全体指战员、工作人员以高度的积极战斗、坚决勇敢、机动灵活、执行政策、服从命令、完成任务，为党为人民立功，同时人人有责监督贪生怕死、不执行命令、违犯政策的分子，以使我团纪律严明，保证我团参加淮海战役为人民立功！

团　　长　王兴芳

政治委员　张志勇

副 团 长　王建中

主　　任　刘德胜

副参谋长　梁凤岗

摘自华野十三纵一〇九团《命令》，1948 年 11 月 7 日

▲ 指挥员给立功战士佩戴奖章

▲ 华野六纵某部给英雄们授奖

◀ 解放军某部在庆功会上向该部二营四连二排授奖旗

▲ 华野某部七连二班在战壕里展示团党委授予的
"战斗模范班"嘉奖令

▲ 中野四纵十一旅党委会奖给三十一团
群英大会的锦旗

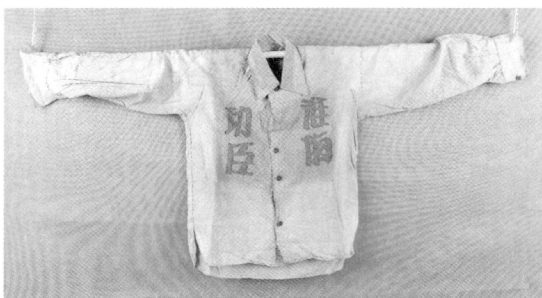

◀ 解放军某部奖励给淮海战役功臣的衣服

中野九纵八十团发布战场立功标准十二条

南昌部[①]于7日发布战场立功标准十二条，规定凡做到其中任何一条之个人与单位，团都给记功一次：

一、突击队能够突破，并能巩固住缺口者。

二、纵深发展中打地堡多，歼灭敌人多，缴获大者。

三、轻重机枪能压制敌人火力，完成任务者。

四、各种炮手，射击能命中百分之五十以上者。

五、打战车、捉大官、缴大炮、立大功者。

六、积极对敌喊话，并能争取一班一排放下武器者。

七、战士不掉队，不乱跑，听指挥，并完成任务者。

八、指挥员讲战术，代价小，缴获大，并完成任务者。

九、事务人员，运输人员，凡是部队到哪里，水饭、弹药能送到哪里者。

---

① 编者注："南昌部"为中野九纵二十七旅八十团。

十、电话人员能够部队打到哪里，电线架到哪里，完成通讯任务者。

十一、一切卫生担架人员，能够做到火线抢救，迅速治疗与转运后方者。

十二、一切干部能严守岗位，完成任务，工作中有新创造与具有某一特殊功绩者。

（培纯）

摘自中野九纵《战场报》第 35 期 1948 年 12 月 9 日

▲ 某团召开第三届庆功大会，图为全体功臣合影

▲ 二十三军二〇六团（原华野四纵三十五团）1949 年 4 月初在泰州召开庆功大会，全团战斗英雄合影。右起第一人是二级人民英雄郭玉贵

◀ 华野九纵八十团的战斗英雄、功臣举行新年会餐，团首长参加

华野二纵某部火线评功的方式

第三阶段中，各部均进行了火线评功，火线评功其方式如下：

1.战斗间隙中之评功（即处于战备姿态中，处于行军中），以十团为例：

①班级单位进行报功。

②连召集支委扩大会评定。

③扩大功劳等级，批准权力（营批二等功，团批一等功）使之及时。

④连举行小型庆功会，团出功劳榜，发奖状。

2. 火线评功（即正在战斗进行中之评功）：

①十团四连、三营各连于李明庄战斗中火线评功方式：

a. 连干从班排中了解作业中之突出人物。

b. 连干互相交换研究材料。

c. 支委会评定通过。

d. 发给火线立功证。

e. 政指向各班传达各立功人员之姓名、立功事迹。

十团四连保健员刘清正在激烈炮火下抢救伤员，自己衣服被燃烧弹烧着，仍然抢救，经连干发觉后即进行研究，经支委会通过，呈营批为二等功。

②十一团九连之火线评功方式：

a. 支委会研究批准立功（不批等级）。

b. 发给火线立功证。

c. 连内传达火线立功之消息。

该连于李明庄作业进行中，敌人一个排出来扰乱，四班机枪手武继祖以机枪打退了敌人，并有 3 个敌尸躺在那里不动。二排长立即向政教报功，经支委会研究，立即将火线立功证发给他。

我们认为十一团九连的方式较为妥善。且：①通过干部、支委、战委为这些同志报功，他们新接触的面比较连干接触的广泛。②手续简单，支委会通过即可。③不评等级，以备不统一有意见。

三、火线评功之成绩和工作中之缺陷：

1. 成绩：

①鼓舞了士气，提高了情绪。如十团四连于李明庄作业中伤亡 40 余人，由于及时火线评功，及时传达功劳事迹，使全连同志对战斗信心丝毫未受损失。又如十一团一连于大回村东北出击受挫后，情绪低落，评功后，看出一连尚有不少模范人物，情绪恢复，认为还能打一个突击。十一团九连陈屯解放战士许士富在固镇战后被评为三等功，以后他在行军中互助，挖工事时踏踏实实，从不叫苦，他说：

"我在国民党里干了十几年，从没有这样出力过。"

②发扬了革命英雄气概和战斗积极性。如十一团一连新参军战士教金贵被评为四等功后，向政指说："快接受任务吧，好到战场上多立功。"最后出击时，他很勇猛地插入敌阵，捉俘缴枪。十一团九连李明庄解放战士赵世高到他班里，有些同志截看火线立功证，他说："他也要去立功。"李楼战斗中和他的一个小组以手榴弹、小包炸药击退了敌人之反扑，也光荣立了功。

2. 工作中的缺点：

①突出的事迹，不能及时发现，如十二团七连于刘小楼战斗中之突出事迹，应以五班为最特出，但因不习惯于火线工作方式，而将八班误认为最特出，引起该连下层对此有意见。

②报功情况不确实，如十一团三连于陈屯战斗后，该连副政指在战斗间隙评功，因他于战斗中帮助指挥，但战后检讨中，其实并不如此，且对他有很小意见，此一现象较普遍的存在。

③评功等级标准不一致，如十团三机连张进发战场帮助新同志挖工事，平时不说怪话，不掉队，被评为二等功，但五连新解放同志刘文奎魏老窑战斗中，沉着打退敌人反扑，机枪故障立刻修理好再打，平时踏实不掉队，被评为四等功。

火线评功中之几个体会：

1. 要克服火线评功中之情况报告不确定，突出事迹不能及时发现，必须发动全体干部、战委、支委一齐动手，必须使得全体指战员充分了解火线评功之意义、作用，而积极去进行。如十团九连在第三阶段总攻击时之火线评功即动员了全体人员来进行的，使之成为一个群众性的火线政治工作。

2. 火线评功不能要求面面俱到，事实也不可能面面都到，应择其中最突出的事迹来进行评功，而达到适时地鼓舞士气之作用，也必须使全体同志了解有了功劳，共产党是不会埋没的，但这一工作仍必须连干、支委能深入下层，克服疲劳，及时了解，方能做好。

3. 评功应从鼓舞士气着眼，而不是表功，不能以为自己单位未能完成战斗任务，或没有缴获而不进行评功，因为这样就会使士气更加低落，反之士气则会高涨，如十团一连即为显著的例子。

摘自华野二纵四师《淮海战役火线评功与战时宣传鼓动工作》，1949 年 1 月 20 日

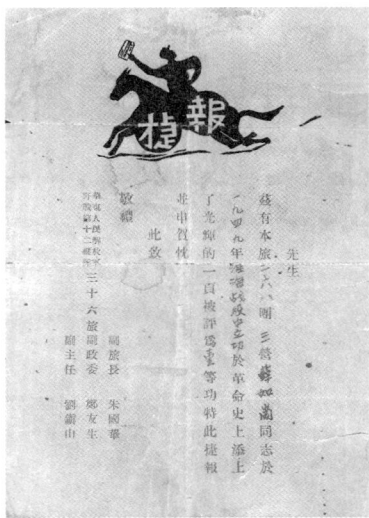

▲ 华野十二纵三十六旅发给英勇杀敌、不怕吃苦、能克服战斗中的一切困难、荣立一等功的薛如岗的捷报

▲ 华野九纵二十六师颁发给以连续勇猛的动作打下 3 个地堡、3 次负伤不下火线、仍坚持战斗的辛建思的一等功奖状

▲ 中野九纵二十七旅颁发给在淮海战役中吃苦耐劳、顽强战斗、冲锋陷阵、英勇杀敌的七十九团作战参谋桑传宝的《立功光荣证》

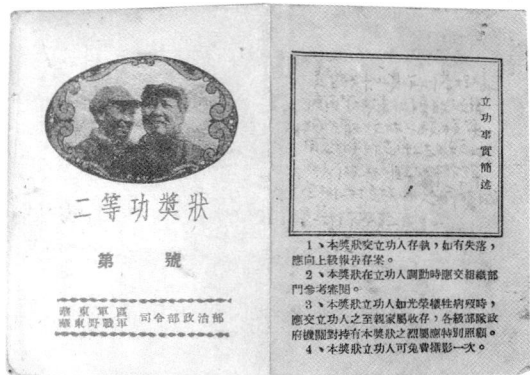

▶ 华东军区华东野战军司令部、政治部颁发的二等功奖状

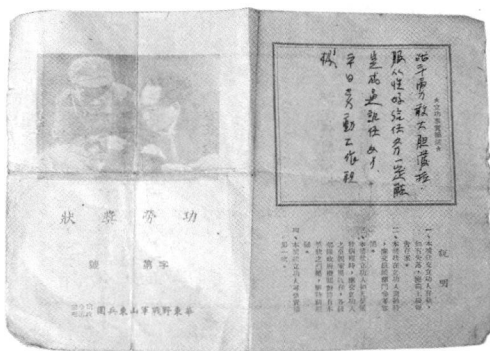

▲ 华野山东兵团司令部、政治部颁发的功劳奖状

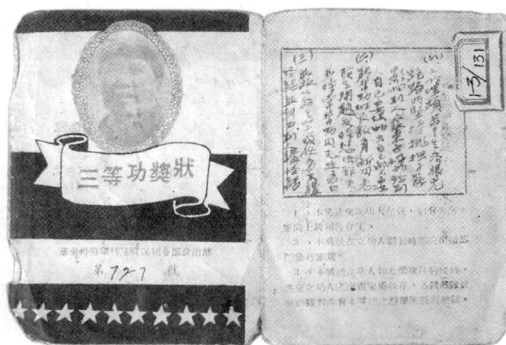

▲ 华野特种纵队司令部、政治部颁发的三等功奖状

▲ 华野十三纵司令部、政治部颁发的四等功奖状

▲ 华野一纵二师颁发的淮海战役立功奖状

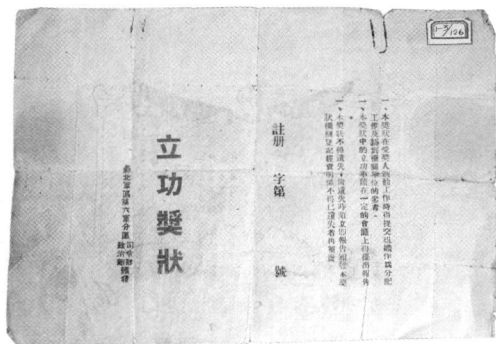

◀ 苏北军区第六军分区司令部、政治部颁发的立功奖状

战地报道

华野八纵五大队 ① 于战地雪天中 300 名功臣聚会庆功

五大队于 24 日，在大雪纷飞，离敌只 3 里路的阵地上召开庆功选模大会。到

———————————

① 编者注："五大队"为华野八纵二十三师六十八团。

会有"火烧房子争夺战"、"强渡白马河"、"大小院上"等历次战斗中出现的300多名功臣。开会前，政治处专门发了庆功选模工作的指示，做好了300多个红五星奖证。在战壕里作了两天的酝酿，以营为单位找出了英模候选人，并进行了审查。主任张锡正报告这次开会的意义："主要是为了交流经验，提高本领，准备最后聚歼杜匪军！"接着，8个功臣代表介绍了经验。经过座谈讨论，选出马青山（带新）、陆令臣、葛静廷（战斗）3人为营模范。师、团首长都亲临讲话，号召功臣们带领群众，为全歼杜、邱、李匪军而努力。最后有华野与纵政文工团演唱3位功模同志的光荣事迹。

（梁瑛、张华）

摘自华野八纵《战旗报》第 251 期 1948 年 12 月 28 日

五、阶级教育　激励斗志

优待俘虏是解放军的优良传统。战役中通过改造俘虏、溶化俘虏工作，做到了"即俘、即查、即教、即补、即打"。俘虏们经过教育，懂得为谁打仗的道理，自动要求参加解放军的愈来愈多，成为解放军兵员补充的重要来源。各部队对新解放战士进行有计划的教育改造工作，普遍举行了忆苦报告会，新老战士谈心会，两种军队对比座谈会，编印政治教材，印发小报、传单，举行参军宣誓，颁发入伍证，启发他们的阶级觉悟。使新解放战士自觉掉转枪口，参加作战，为民立功。

文件选编

控诉教育是改造俘虏思想的基本方法

控诉教育是造成解放战士思想翻身的基本方法，它使广大工农出身饱受反动阶级反动军队奴役的解放战士们，从自己亲身悲惨的遭遇出发唤起觉悟，辨明真理，坚决斗争。它完全符合群众思想改造的规律，故能够最有力的打开一切反动落后思想的蒙蔽，使他们彻底认清本阶级的苦难、根源、出路和前途，从根本上造成思想翻身。本来被压迫者的阶级教育，就是正本清源的教育，控诉运动则是一把主要的钥匙。

摘自华东军区政治部编印《新参军战士、新解放战士的政治工作》之《华野改造俘虏工作的初步总结》，1948 年 10 月

部队成分的变化

整个说来，在战役中部队成分变化很大，新解放战士成分增加，目前战斗连队班以下解放战士成分已占 53.5%（其中半年以上占 1/3，3 个月的 23%，淮海战役新解放战士则达 45%），某些连队除正副班长外，全部为解放战士，老的骨干伤亡了，部队士气受到损伤，需要在今后工作中注意这个变动，加以改造提高。

摘自中野九纵政治部《淮海战役政治工作总结报告》，1949 年 1 月 25 日

▲ 华野六纵司令员王必成到解放大队作诉苦动员报告

▲ 解放军某部在战场休整期间，进行阶级教育，提高战士觉悟，增强战斗意志

◀ 华野九纵"济南第一团"对新解放战士进行教育。图为军人大会上解放战士诉苦

战地报道

华野八纵一大队以十多个钟头进行火线小型诉苦

一大队利用战隙以十个钟头左右的时间，在新解放战士中进行了小型诉苦教

育，这是启发新同志从思想上入伍的有效方法之一。

他们首先掌握了以下四个特点：①战斗空隙很短，又要结合进行各种工作。②新同志刚被解放来没有教育基础，同时受了蒋匪欺骗宣传对我们有些顾虑。③边打边合、老少新多的情况下，组织上受到一定影响。④过去虽然进行过诉苦教育，但火线诉苦是在摸索中进行的。根据以上几个特点，干部就亲自深入到下边具体发现和培养典型，当了解到王金秀被抓时的苦情，便及时对他教育，打破了"诉苦也不管用"的认识偏差，鼓起了诉苦的勇气（他谈着谈着最后哭了）。

诉苦时：①老同志参加，一方面作引导、帮助、分析，并随时鼓动安慰他们。②以典型诉苦轰开局面，再逐步发现新人物，一步步深刻。三连事先找了3个，但有5个诉了，一个比一个苦多，教育作用也就大了。③由小型诉苦达到普遍深入，必须切实掌握时间，有重点进行。如三连每个班都讨论了3个钟头，会后分散到工事里三两一伙，又无穷无尽地诉说着自己受的苦，九连以班为单位诉苦后，新同志杨少荣等同志马上写信，要求完成艰巨任务立功复仇。

（刘玉声）

摘自华野八纵《战旗报》第240期1948年12月18日

▲ 新解放战士在战壕里控诉国民党军罪行

▲ 解放军某部召开忆苦大会控诉阶级敌人罪行

◀ 华野六纵对解放战士进行诉苦教育，苦水如潮水般滚滚而出

◀ 华野六纵某部解放战士听了诉苦报告后，全场尽洒阶级同情泪

华野十纵七大队新战士填写公函后情绪稳定作战勇敢

七大队补充淮海战役第一阶段的新解放战士时，采用填写入伍证和给予革命军属待遇之公函，作用很大。新战士到团后，团政结合检查与短促教育，即给填写入伍证和公函，当新战士看到公函上写着："望贵县区村政府即于该同志入伍之日起，给予其家属以革命军属待遇"等字样后，都争先恐后填写。一南方同志的姓名籍贯，因话语不通搞不明白，改了五遍，最后拿出家信来照着填写。在五连，一新战士还嫌它太简单，找人附写一封家信，表示他加入解放军后的决心。填写公函后，新战士情绪稳定，二连沈怀国说："我怕干解放军牺牲了，家里还以为我是干国民党死了，现在上级写了信回去，我就安心了，就像到了自己的家一样。"有些家住在统治区的，起初不甚热心，但经说明"打到哪里，公函就寄到哪里"后，也都认真填写，许多人表示："要好好干，早些打回去，解放自己的父母亲人，让他们也光荣！"四连蔡发显在战斗决心会上说："我要坚决杀敌为人民立功，保证缴两支枪，行军不掉队，不麻烦老同志帮助，挖工事带头干。"在匆促投入战斗中，新战士一般表现很好，九连刘金山下连当晚就参加刘楼战斗，紧随班长冲到离敌人 20 米远处修工事，拾起负伤同志的步枪向敌人射击，负伤后自动找到后方。担架排张樊海在开阔地抢救伤员，不顾危险，穿过封锁线抢下伤员。周乃仙、刘侠斌抬着一烈士，迷失方向，老同志找向导也失去了联络，二人转了一夜，终于回来完成任务。二连辉光华一下连就连续长途行军，他不叫苦，在战斗时做压弹手，射手负伤了，他拿过机枪向敌人射击。他说："我现在是人民解放军了，上级要写信给我家里，我可要好好立功，不能给解放军丢脸！"填写入伍证和公函，对新战士起极大鼓舞作用。

（谢丁）

摘自华野十纵《前哨报》第 39 期 1948 年 12 月 12 日

◀ 在淮海战役中，被解放的国民党士兵经教育后，参加了人民解放军。这是华野四纵写给当地政府的《解放入伍战士家属证明书》，使其家属享受军属待遇

华野十纵济南解放战士宋琨峰怎样被提拔为代理副排长

七大 [①] 一营二连战士宋琨峰，是 9 月 17 日济南外围常圻屯战斗解放来的，他早晨被俘，晚上即加入人民解放军。当我军攻入商埠，宋琨峰在他第一次作战中，就非常勇敢，攻入一座民房，并捉到了 4 个俘虏，缴获了 4 支步枪。

济南战役胜利结束后，部队南开休整，他想开小差，即装病，指导员照顾他，叫他坐大车。他趁没人时，跳下大车蹲在路旁。这时他思想上斗争很厉害："回家吧？家在解放区，当蒋军回去多丢人！不回家哪儿去？我家里穷，解放军是穷人的队伍，还是干下去吧！"于是他又追上大车。

诉苦后他的阶级觉悟提高了，工作更加积极，下决心为人民干到底！

淮海战役开始，在阻击八军吴窑反击中，敌一六六师一个营，向二连阵地突击，直突到三班阵前。班长挂彩，副班长率领向外冲，当爆破前面一所房子时，班副又光荣牺牲了。这时，宋琨峰即挺身而出，率领全班向前冲去。右侧又炸破了一所房子，他又率领冲了上去，一直将敌人反击出去，并占领了吴窑西的小庄子，全班缴了两挺机枪，他自己缴获了一支冲锋式，全班 6 人无一伤亡。

排副发觉庄西约 300 米左右的一条南北大沟中有敌人，即命令三班冲上去占领大沟，他英勇地率领全班冲上去，敌狼狈逃窜。战斗结束后，全班一致通过提拔宋琨峰同志为班长，此后他的工作更加积极负责。

14 日夜，二连接受侦察左砦的任务，当突进前沿时，敌闻风逃窜，他率领全班猛突上去，当即顺利占领左砦。

当三营进攻刘楼接近前沿时，被敌三面密集炮火压在平地上不能前进。天快拂晓了，形势很危急，这时二连主动接受了配合三营攻打刘楼的任务。三班是突击班，营长对宋琨峰说："老宋，要好好打。"他很有把握的回答："营长请放心吧！只要宋琨峰不死，保证完成任务！多了不敢说，一门六〇小炮，一挺机枪，保证拿到。"

突击开始，他和连副跑在前面，接近前沿 50 米左右时营长下令："快打！"他即鼓动大家："不要做怕死鬼，有骨头的跟我来！"即带头一直冲到刘楼的村子里去，全班无一伤亡。这时敌人相隔十多米，他拿着冲锋式一扫就倒了七八个，当

---

① 编者注："七大"为华野十纵二十九师八十七团。

即缴到一门六〇炮，一挺机枪。十几个敌人被他压制在一个短墙下，他喊道："缴枪不杀，优待俘虏！"敌吓得目瞪口呆。这时一个背电台的敌人企图逃跑，他一个箭步窜了上去，把电台拿了下来。侧面一个敌人一枪把连副打伤了，连副回枪把敌人打死，这时全连都冲了上来，他安置好后，又把连副背了下去，马上又回来率领同志冲锋，打得敌人一直向北逃窜，占领了刘楼，使三营转危为安。敌人逃窜后有的同志去拾战利品，他看见即说："同志们，不要拾了，快巩固阵地，以防敌人反击！"果然敌人以两个连的兵力攻来，他便号召全班坚守阵地向敌人猛打，距敌 50 米时，他带头冲上去，两挺冲锋枪，打倒 10 多个敌人，把敌人打退。不幸排副又挂了彩，指导员当即指定老宋代理副排长，他率领全排同志一直坚守一天。

次日上级发动大家推选干部，宋琨峰同志被大家一致通过提拔为排副，同志们除了给他鼓励与表扬外，还提醒他个性太急躁，今后要从政治上加强锻炼。宋琨峰同志很虚心地表示："今后好好为人民服务，向大家学习！"

一排刚补到的 4 个新战士中有一个开小差被截了回来，徐东阻击战补充的另一个新同志对他说："你为什么跑呢？你对八路军还不了解，我刚来时也不了解，到今天我就完全清楚了，你看我们解放过来的同样当干部，上级还叫咱自己选拔干部，多好、多民主，这就是八路军，是咱老百姓自己的队伍，咱们是为自己当的兵。"

（七大政治处主任　郑　重

文　工　团　员　沈培显）

摘自华野十纵《前哨报》第 41 期 1948 年 12 月 13 日

"我今天才明白了！"——新解放同志唐庆来的转变

一大队五连三班唐庆来，是四十一军一二二师突围时被解放来的。他一到班里，就不大说话。同志们忙着挖工事，他躺在地上不动，心里想："给您挖工事？不知道什么时候就叫你们用机枪点了名，还再来打自己的人（指蒋匪）？"吴排长和他谈话，他一声也不说。副班长张建祥同志向他解释："咱们是为穷人服务的队伍，不论连长、炊事员都一样平等，新老同志互相帮助……"他听到这些话，心里更疑惑起来："你们的办法真毒，叫我临死以前给你们下苦力，不上你们的当！我没得八路迷！"他时时考虑着在国民党那里长官对他所讲的话，同志们给他解释他也不听，会上批评他也无效。

一天天的过去了，他看到班里有许多同志都是解放来的，心里有些转弯了："他们怎么都没有被点了名呢？"又看了文工团演出"四姐妹顶嘴"的剧，对我军有了进一步的认识。第二天发袜子和津贴费，特别先发给他，他看得清清楚楚，班长、老同志和他是一样，他又去打听连、排长，每人都是两双袜子、6000元钱……顿时，唐庆来思想变化了："我家里一分地也没有，父母亲靠我打长工吃饭，三年前被蒋军抓兵，换上了军装……"他惭愧地向互助组刘成发同志哭诉着："我今天才知道来到自己的队伍了！"他说完后，喘了一口松活气。这两天来，他挖工事累得满头是汗也不休息，军事学习很认真。副班长说："老唐的姿势还很确实呢！""只要心里明白了，啥事也干的有劲，还能光装无赖，耍死狗？"他对另外一个新同志唐义生笑着说。

（孟母桃）

摘自华野八纵《战旗报》第 249 期 1948 年 12 月 26 日

▲ 1948 年 12 月 22 日《挺进报》载华野十一纵三十三旅九十七团一连全体同志为牺牲同志复仇给团党委的请战书以及团委会给一连的回信

▲ 1948 年 12 月，华野二纵某部指战员沉痛悼念在徐州东南马山战斗中牺牲的第十四团团长佘锜义烈士。图为追悼会会场

▲ 1949 年 1 月 7 日中野四纵十一旅召开第三届追悼大会

消灭当面敌人为烈士复仇　华野三纵洛阳营痛悼殉国先烈

"枪擦好了，刀磨好了，要求上级赶快给我们战斗任务！"

【金合站讯】5 日，我团洛阳营于距敌 15 里的驻地，耳听北面炮声轰隆，乘月光下，追悼战役第二阶段双堆集战斗牺牲的教导员孙即明同志、乙等战斗英雄一连连长沙培琛同志及战役中殉国的诸先烈。到会全营指战员、各营代表约五六百人，哀乐声中进入会场，待献花圈读祭文后，营长张明同志，擦干眼泪报告烈士生平，号召："歼灭当面敌人为他们报仇！学习他们的优良作风，认真执行三大纪律八项注意。"一连爆破模范排代表、金合班代表相继致词表示决心，机枪连代表说："上次作战配合得不够，以致发生不幸，这回一定配好火力完成任务！"二、三连代表说："现在俺们已经擦好了枪，磨好了刀，要求上级给我们任务！"这时二、三连的口号喊成一片："坚决消灭邱、李兵团，为教导员报仇！"一连代表表示："轻伤不下火线！"担架排代表表示："坚决完成救护任务。"团王政委号召全体指战员："学习他们的顽强性、坚定性，研究战术，杀敌复仇！"最后，营长率全营健儿庄严宣誓："坚决消灭当前被包围的敌人，不让他跑掉！""打过长江去，彻底消灭蒋介石反动统治，解放全中国！""保持我们的光荣传统，打好仗，执行好政策纪律！""坚决打响 1949 年的第一炮，誓为烈士复仇！"全体健儿复仇烈火炽昂。

（克莱）

摘自华野三纵《麓水》（号外）第 166 期 1949 年 1 月 8 日

▲ 华东一级人民英雄、华野三纵二十四团一营营长郭继胜，摄于 1948 年牺牲前不久

◀ 战士们步入公祭在淮海战役第一阶段牺牲的郭继胜烈士大会会场

◀ 共饮同心酒，决心为死难者报仇

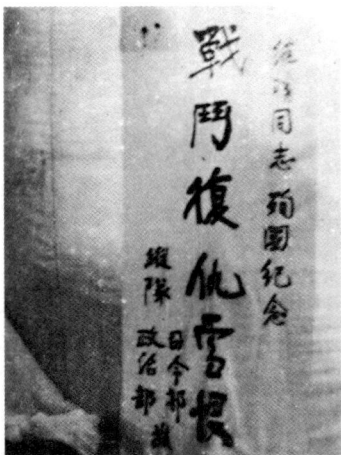

◀ 华野三纵二十四团举行追悼会，此是追悼郭继胜烈士之挽联

华野三纵二十四团一营炽烈着复仇怒火　誓歼杜匪为郭营长报仇

【湘江战讯】华东战斗英雄、模范指挥员郭继胜营长光荣殉国的噩耗传到一营后，立即激起全营干部战士炽烈的杀敌复仇怒火。郭继胜连突击模范班的班长叶金龙听了营长牺牲的消息后，自己擦去眼泪，在全班面前表示说："我是郭营长亲手培养起来的，今天我知道他是蒋介石杀死的，在这次歼灭邱李兵团中我就要为他报仇。"四班杨清泉在班务会上激昂地站起来说："俺营长指挥部队把我从洛阳解放过来，这次战斗只要我不牺牲就要完成任务为他报仇。"乙等战斗英雄李清杰在排务会上很悲痛地说："自我解放来后，郭营长就耐心地培养我，从我不会打仗，培养我成战斗英雄，当了排长，现在郭营长虽然牺牲了，我认为他没死，我今后要向他很好地学，指挥全排打好仗，为郭营长报仇。"龙亭班的冯吉贵说："我们要不怕牺牲，不怕流血，坚决完成任务为营长报仇！"卞从仁说："我们要求党给我们艰巨任务，就是剩一兵一卒也要突进突破口，我们加强与兄弟部队的团结，不骄傲不自满，保持营长在时的好作风。"二班一八一师解放战士枝传功向班长表示说："咱们的好营长是在解放我那天牺牲的，这次歼灭邱李兵团时，我要多杀敌人给他报仇。"同时，郭继胜连各班均自动在班务会上订下了复仇计划。突击模范班和二连一、八班立即自动定下复仇战斗计划，誓为郭继胜营长复仇。现全营正掀起请命战斗为郭继胜营长复仇的烈火。

（张林、李愚、李秧、克林）

摘自华野三纵《麓水报》第 431 期 1949 年 1 月 4 日

六、遵守政纪　火线爱民

加强组织纪律教育，使指战员自觉执行政策，遵守纪律是解放军战时政治工作的重要一环。战场上，解放军严格执行缴获要归公的政策，拒绝停虏私送的物品，被誉为"仁义之师"。解放军是人民的子弟兵，与人民群众血肉相连，息息相关，自觉为战区群众服务，遵守三大纪律八项注意，爱护公共财产，保护老百姓的利益，为老百姓分忧解难，深受战区群众的赞扬和爱戴。

战地报道

华东野战军各部紧张战斗中严守政纪
把新区群工遵纪列为重要政治任务

【淮海前线1日电】华东野战军各部在连续、紧张的战斗中，热心维护群众利益，严格遵守政策纪律。各部在进入淮海新区作战前，即颁发开展新区群众工作的训令及遵纪条例，列为重要政治任务。某纵除普遍把遵守政纪作为主要教育内容外，并在战中及时督促检查，规定遵守政纪为创造英雄模范连的重要条件之一；号召领导干部以身作则，发动大家订立功计划。该纵某团在陈双楼作战中，民房为敌机轰炸起火，四连二排排长魏维之即冒敌机和炮火轰击，数次挺身冲入火中，抢救出几位快被烧死的老人。李楼守备战中，某连战士刘尚礼，也在敌密集火力下从火中抢救出2位老人，又帮村民牵出3头驴子。在大许家作战的某纵某团指战员，见民房中弹起火，立即跳出战壕救火。当村民告以屋旁草堆中藏有粮食时，同志们即奋不顾身地扑灭了烈火，抢救出8担粮食和9个草堆。村民感激地说："救出粮食，就救出了咱的命。"某团在追击蒋匪刘汝明、李延年两兵团时，二营上士谢士余借用群众毛驴一头，到达宿营地时，他就不顾腿肿路远，来回走120里将毛驴送还原主。某团后勤处因转运伤员，在曹楼向村民筹借大车7辆、牲口10余头，物主均未跟来，该处吴管员朝夜铡出细草加料喂养，夜里又把自己的牲口拴在树林里，好让出房子和食槽给借来的牲口食用。当他把牲口、大车送回时，物主笑着说："出了几天差，比在俺家好，牲口养胖了。"某连事务长王学敖为了不麻烦村民，亲自推磨，两昼夜未睡。某团四连通讯员一夜来回渡河14次，身体冻得发抖，从未拿村民柴草烤火，直到太阳升起，晒干衣服再穿。某团卫生员见一商人卖豆酱给军队只定价400元北海币1斤，他当即报告政治处，督促买酱同志全部补偿。某师政治部进行战地纪律检查时，村民反映我军借粮均能给粮票，手续清楚，磨面用部队自己的牲口，买卖公平，说话和气。对个别违纪现象，则即就地处理。某团团委在战地召开了供管人员整纪会议，表扬了遵守制度、埋头苦干、保证战时改善生活的管理员高洪兴等21人，对违纪的事务长王幹臣等3人则予以批评，进行教育。在执行一切缴获归公的战场纪律中，绝大部分能做到点滴缴公，即缴即交，认真细心搜集战场缴获品。如某团特务连战斗中有组织地进行搜索缴获品，立即送到指定地点集中，并随即由政指率一个小组整理，随即向上级运送。战斗结束后，在军人大会上战士、干部无例外地把随身带着的东西如电筒、钢笔，乃至肥皂等等都交公。该连同志认为交给上级就是交给人民，就可减轻人民负担。某团一营战士韩巨根一人不管河水深冷，跳入运河捞摸敌人丢入河中的武器，被他捞上的就有重机1挺、轻机4挺、汤姆枪×支、长短枪5支、子弹4箱。某团六连战士张光弟打仗坏了鞋，但他仍赤着足，将缴获的力士鞋、黄皮鞋各一双送交连部。连长叫他暂穿，俟请示营部批准后即可发他，但他说："俺不要，没鞋穿向班里借，打草鞋穿，俺不能破坏缴获归公政策。"一天没吃饭的五连打进敌厨房，搜到40斤煎饼，但无人擅拿，营首长批准作为伙食支用，大家才吃。某团一次俘敌840余名中，经调查只有一副团长和一士兵各少钢笔一支，在交公物品中发现多出一支钢笔（实际只少一支），其余敌俘私人物件未少一点。民主政府按情处理外，其余人员均予宽大释放，私人财物丝毫不动，他们抢自民间的大车则发还原主。

摘自《大众日报》1949年1月4日

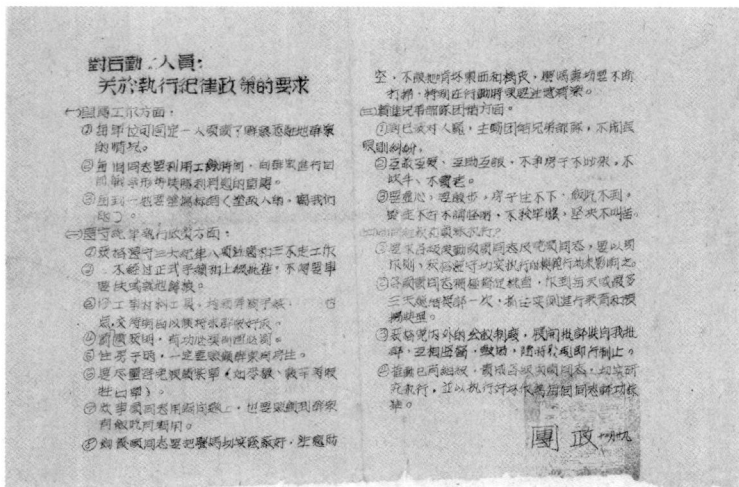

◀ 华野二纵五师十三团政治处于1948年12月29日发出"对后勤人员关于执行纪律政策的要求"。提出宣传工作、遵守纪律执行政策、增进兄弟部队团结、如何维护和贯彻执行等四方面的要求

◀ 华野十三纵后勤政治部 1948 年 12 月 16 日出版第 24 期《勤力报》，反映部队战时思想动态、遵纪爱民情况以及学习政策等内容

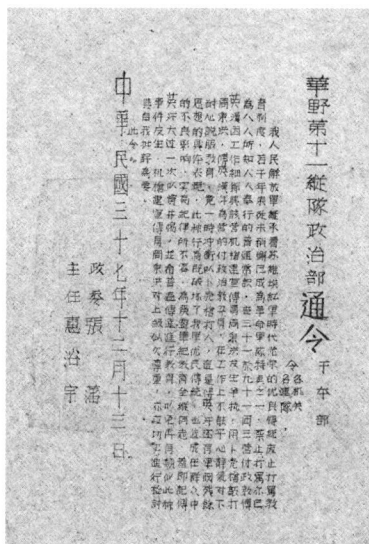

▶ 华野十一纵政治部 1948 年 12 月 13 日发出的关于严整军纪，教育全纵的通令

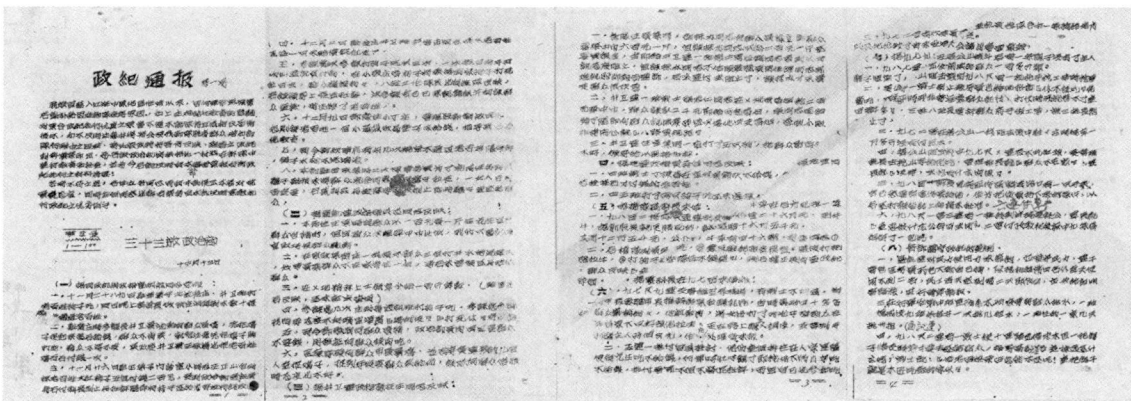

▲ 中野十一纵三十三旅于 1948 年 12 月 13 日发出的关于注意群众纪律的通报

华野三纵二十三团在 4 天行军中群纪好受到群众赞扬

【金合站讯】15 日至 18 日，在这 4 天的北上行军中，二十三团在群众纪律方面获得显著进步。

"洛阳营"一连指导员在行军前动员做好群众纪律，提出"水满缸，地扫光，驻村宣传"的要求。出发后当检查组问到五班的房东时，老大爷忙答道："俺家一个灯棒也不少，同志们真勤快，不嫌累，屋里屋外扫地干净的，把俺水缸挑满了，还打满了罐子，你这样的队伍真少有啊！与五军是一个天上一个地下。"炮兵连的卫生员刚到驻地就摸起了扁担，七班周登科把房东的缸挑得满满的，感动得老大娘自动道歉："同志！您一来时俺对您不好，您对俺这么好，怎么说法呢！"二营机枪连八班王天祥、张文喜头一天住代村，每人挑了4担水，第二天每人挑了5担，两人争着扫地。九班副袁聪算与何书文，不歇觉给两家房东挑满水缸。二班胡连一双脚上裂了两个口子，还忙着担水，看到这种情形，三班冠桂玄说："从前上级老是讲做到满缸运动，都是个别的班能做到，从这一次学习团结与'三大纪律八项注意'后，上级不用讲水就满缸啦！"一贯不好的特务营营部通信班与伙房，也都做到打扫地、挑水、送铺草，通信班陈洪志不顾疲劳进行群众宣传。二营机枪连住柳集时，薛平贵同志要了80斤马草几十斤料，部队出发前，还草票找不到村长，回报事务长，事务长说："咱不给可不行；这是纪律。"薛平贵又跑回去交给村长家里。为什么现在群纪能做到这样呢？工作队的张建平说："一是干部抓得紧，经常提出表扬；二是不间断地督促检查；三是唱熟'三大纪律八项注意'歌，提高了群众观念。"

（克莱）

摘自华野三纵《麓水报》第433期1949年1月22日

华野二纵四师直属各单位为驻地群众整理家务
全村面貌一新，如同休整一样
群众回来时说："比咱自己收拾得还条道！"

【本报讯】四师直属各单位在直工科统一部署整顿下，踊跃为战区群众照料、整理家务。他们驻地韩楼、后韩庄一带，因离火线较近，群众均早出晚归或举家逃离去躲避飞机，家务无人照顾，东西也搬得相当杂乱。这一工作提出后，全体干杂人员均热烈响应，司令部党的支部一到该地后即在党内外布置，要求大家严格注意群众纪律，指导员盛培伦更在点名时号召大家："把群众的家当成自己的家。"天下雨了，好多单位都把群众东西收到家里来，直工科房东鸡下蛋了，他们就把鸡蛋收起来，交给了晚上回来的老大娘，老大娘被感动地说："咱同志这样细心，等把那些东西（指蒋匪）打死光了，我来家杀鸡给你们吃！"次晨临走时又说："同志们给我看家，我不回来也放心！"军邮通讯班住的房东不在家，他们把房东的两只鸡白天放出来喂，晚上又细心地关起来，照料得相当周到。为了替群众整理家务，全直属队同志都抓紧了自己的工作余暇，组织科两位干事一面督促杂务人员干活，一面又亲自替房东挖地窖藏粮食。大家给群众打扫院落，安放东西就连猪屎狗粪也都弄起来放在粪池里，炮兵连干部到前面去了，家里的一排也抓紧时间把驻地周围打扫得干干净净，收拾得条条有理，警卫连更把被飞机炸毁的房子用木头抵起来。各单位驻地经过一番紧张的打扫整理后，面貌焕然一新，如同休整时一样，韩立新老先生看到自己家里的整齐样子，高兴地说："你看比咱自己收拾的还要条道！"另外，当9号那天，敌机轰炸韩楼时被炸房屋全部起火，警卫连一、二排同志，冒着敌机还在狂炸的危险，奋勇将火扑灭，群众都感激地说：要不是咱同志救一下，韩楼就光了。

（材、超）

摘自华野二纵《拂晓新闻》第 109 期 1948 年 12 月 19 日

▲ 解放军战士帮助战区老大娘制作纺车

▲ 解放军帮助战区老百姓碾米、挑水

▲ 解放军开展火线爱民活动，为战地群众灭火救灾

▲ 解放军帮助战区老百姓修缮房屋

小鸡还在鸡圈里

赵柳团八连驻地唐楼庄的一个老奶奶，当她在9号跑□出去时，走得很仓促，把几只心爱的小鸡忘了带走，等到11号回家来拿鸡，可是一看鸡没有了，她想一

定被解放军吃了，便不作声走了。14号，她又回家拿东西，一看鸡圈牢牢地关着，扒开一看，鸡一只也不少，当她知道这是我们军队替她关起来的时候，喜得慌忙跑出去，像宣传员似的到处去把这事告诉大家，并对我们伙房同志说："我一辈子也忘不掉这回事！"

（接志敏）

摘自华野二纵《拂晓报》第 909 期 1949 年 1 月 1 日

华野九纵王宋团① 是怎样筹借器材的？

王宋团自战役第二阶段开始到现在，修工事所筹的器材数量很大，所处的情况是长距离的追击，待进入围歼敌人后，其任务又经常变化，但是他们却在遵纪爱民、执行政策的要求下圆满地完成了任务。

在战前，团即成立筹借器材的小组，由四参谋、粮秣员、军需员等 5 人组成，其中由四参谋任组长。其任务为保证器材的及时供应，并掌握统筹统支、维护政策纪律、负责善后处理等。其他如各营原有的粮秣组亦兼器材组，其任务是在团器材组统一领导之下，负责筹借本营的器材，进行收发登记，并随时向团报告，以便善后处理。

负责领导这一工作的干部每次布置筹借器材时，是根据各单位所需之器材数目，具体划分区域，分头出筹，特别强调既要完成任务，又要遵守政策纪律，再三嘱咐工作同志要体贴人民的困难，爱护器材，便于善后处理。

他们在筹用器材时，首先尽量借用公共器材，然后再借居民的。如器材不够，一般的都留下内房门与无围墙的堂屋门，宁愿多借几个庄子，多跑一些路。如需要砍树木时，首先是砍公树，公树没有了才砍其他的（原稿未写明怎样与树主交涉），砍时尽量砍树桠，如要全枝砍倒时也不砍半截。他们不砍果木，不砍街面树。

在一般情况下，他们先找村中负责人接洽，请他们协同办理，筹借后就办理手续。他们自带笔墨，在每一器材上皆记上县名、村名、人名。如在紧急的情况下，尤其是在夜间，他们是边筹边找负责人（有时也请村中老百姓代为负责），向他们耐心地说明情况，做好一定的手续。

向村民筹借器材时，他们充分地进行宣传解释，有时动员居民去教育居民，

---

① 编者注："王宋团"为华野九纵二十六师七十六团。

以便扩大宣传。有时因情况紧急，无法做到逐户动员解释时，就作重点解释。他们的经验是采取比一比的教育，最易使居民接受，如蒋军与我军的对比，我军为了人民不惜牺牲自己生命与一块板的对比等。

每在战斗将要结束或任务变化时，领导上即布置器材组准备处理器材，或提出需要注意的问题作周密的研究布置。如在夹沟一带，当任务变化时，将千余页门板都处理得很清楚。刘河战斗时，也不顾连续行军的疲劳，还是留人进行善后处理。所以王宋团的筹借工作，群众反映都很好。

（九纵民运部）

摘自山东兵团《华东前线》第 71 期 1949 年 1 月 7 日

▲《华野九纵政治部关于阵地群众工作的几项指示》

▲ 战地买卖

▲ 中野三纵某团九连战士王舍在宿县城西关挖工事挖到老乡埋藏的 11 块银元，如数归还

协同爱民

【十八团讯】10 号下午小王庄王大娘因跑反回家取粮食，出庄时被敌人一个炮弹把头、臂、腿炸伤 4 处，当时有十纵某团的干部路过该地，有位营副立即自

动跑去不顾血沾染衣服，将王大娘背有 200 米，到达我七连阵地前沿。我七连卫生员韩玉祥马上给她包扎，连里并派人协助王大娘的儿子把她抬送营包扎所，经详细检查后，又仔细把一个个伤口都包扎好，终于止住了血，使王大娘清醒过来。当她渴的时候，卫生员立即烧饮料给她喝。这一切行动，使王大娘和她丈夫王洪中老先生深为感动说："亏得有咱们的队伍，不然还有命吗？"这两个兄弟部队协同爱民消息马上传开了，我们同志都说："十纵队同志爱民精神真好，我们应好好向他们学习！"

（杨诚）

摘自华野二纵《拂晓新闻》第 107 期 1948 年 12 月 17 日

解放军爱民如己　为老乡冒火抢粮

15 日的上午，某部支书于万奎同志和自己的战士，押送着几百个俘虏，正在两半张家村休息，恰有一架敌机低空飞来，盲目轰炸。一刹那，麦场上的麦秸和大堆高粱（约 3000 余斤）被炸着了火。老乡们被吓得不知所措，老婆婆们都放声嚎哭了起来。一时满村里都被烟火弥漫了。于万奎同志和他的二十几个战士，马上脱下了棉衣，跳进烈火浓烟里，一面用抓钩抢粮，一面用水扑火。二十几个战士的脸都被火焰烧成了黑花脸。冷水在火焰上不断地泼着，他们的身上也都被泼湿了，但是谁也没来得及去管这些。仅在这短短的半个钟头之内，敌机又来了三次。但是他们并没停止对老乡抢救粮食，一直到火焰扑灭为止。

漫天的大火扑灭了。1000 多斤高粱被烧成了焦黑。老乡们看着战士们给抢救出来的 2000 斤的好粮食，很快都围在了于万奎、王一来、刘二狗、刘安禄等同志的身旁，齐声感激地说："中央军（蒋匪军）的飞机给打着，同志们给救熄，要不是你们替咱救火抢粮，我们连今冬也活不过去。"连只知道哭的老婆婆们也都不哭了，拍着战士们的肩说："你们真是行善的人啊！"

（温培仲）

摘自中野三纵政治部《会战纪实》第 4 辑，1948 年 12 月 16 日，第 5—6 页

华野十三纵某部跳进大火救百姓

13 日下午，有 20 多架蒋匪的飞机，在双堆集西面和南面的上空盘旋轰炸，在我们的驻村——杨庄的村沿上投下了两颗燃烧弹，草堆、房屋烧起了冲天的大火，

几个老大娘在街头嚎喊哭叫着。这个村庄已经没有多少能救火的人了，因为青年人大都被蒋匪拉走了。

飞机还正在"嗡嗡"，村外防空的特务连同志就冒着危险跑进村里来。上士李克明带着两个同志跳进冒火的屋子里，将一个刚生下小孩不足一天的妇女抢救出来，同她的小孩一起送进了防空洞，回头他们就赶忙去救火。

救火的人越来越多了，司政机关、侦察队、通讯队拿着自己的打饭的盆子，抬着盛开水的水缸，屋上屋下挤满了救火的同志。通讯队老刘同志的棉衣湿了大半截子，仍在满头大汗地打着水。在几个钟头以后，这片大火总算救灭了。

夜里，救灭了的火又在星星点点地在时起时落的烧着，侦察队、通讯队的同志便轮班的在看守和扑灭。过后，老乡们看到各家都在好好堆着的草欢喜的说："救好了，咱军队和老百姓才能都有草烧了。"

（"徂徕山"部　林庄）

摘自华野十三纵《进军通讯》第 49 期 1948 年 12 月 28 日

中野三纵东马围子救出老乡 30 余人

6 日晚，我解放军某部攻克东马围子，歼灭敌第十八师五十二团的一个营时，同时解救出该敌在南平集附近捉去的壮丁 30 余人。这 30 多人已于今晨由前线回到自己家中。当祝家庄上的祝心健、祝进才、祝盛玉、祝牌等 4 个青年回到本村时，全村人都来迎接，大家都异口同声地说："多亏解放军，多亏咱自己的队伍。"祝家庄的几个老年人更是悲喜交集，满脸流泪，口中说着："我们已许下一台大戏，请解放军同志们来看戏。中央军该亡了，丧尽了人性。"全村的人对敌人充满了憎恶与愤恨，一闻我攻敌的□□声，即默祷我军的快些胜利。据祝心健告记者："幸亏同志们打得快，要不然，饿也饿死了。自从 25 日你们包围上来以后，老百姓的粮食都被抢光了，连红薯也吃光了，房子也都拆了烧了火，现在只剩下四壁墙，大前天（5 日）连红薯叶子也没的吃了，飞机投下几包大米，一个排能分六七斤，敌人又搜索一些红薯根叶、红萝卜缨缨，搁在一起煮稀汤汤喝，我们被捉的壮丁，一天只能喝一碗，如果那天晚上，你们不打进去，我们第二天就什么也没吃了。那些当兵的饿得垂头丧气，骂街，有一个说：'老是挨饿，还不如缴枪！'我们白天看见解放军阵地离我们很近'。"他的母亲急忙地补一句："你为什么不跑到咱自己队伍这边来！"他接着说道："哎，谁敢跑，他枪毙你。"祝进才说到被解放情形时兴奋起来："解放军打得真快，一阵炮火之后，同志们都冲进村来了。敌人一个营已死得差不多了，死尸像头猪扎在一起，东一个西一个，满地都是。我们抬起来排在东马围子一节子地远的一间屋里，炮火轰击得太厉害，我们周围落了200多发炮弹。当解放军同志们冲上来时，敌人就吓得不打了。"祝盛玉讲："俘虏过来的五十几个中央兵一到我们解放军里就吃了一顿饱饱的大米饭，可都高兴哩！"这些敌人再有几天，生饿也饿死了。

（李侠）

摘自中野三纵政治部《会战纪实》第5辑，1948年12月30日，第5页

▲ 在淮海战场，国民党军据守地区的老百姓纷纷逃到解放区来

▲ 在陈官庄战场的王庄，解放军给难民送饭吃

▲ 解放军战士给从包围圈里逃出来的老大娘送开水、干粮，予以安慰

▲ 解放军对从包围圈里逃出的群众给予妥善安置

▲ 解放军医务人员为战地老百姓医疗

▲ 解放军医务人员给战地受伤的群众疗伤

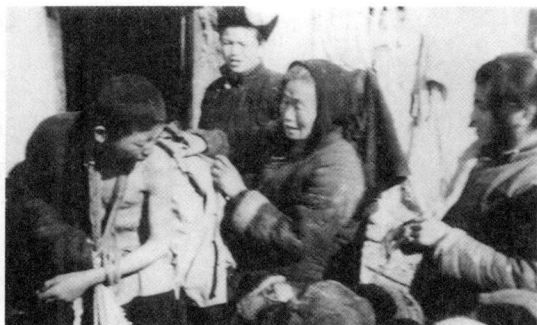

▲ 穆楼村李东三被国民党第五军抓去月余，肩膀被打伤，不给饭吃，还得挑子弹，获得解放回到家，给乡亲们看被打伤口

华野七纵一个战地慰问团的点滴活动

全歼匪军黄维兵团后，赵成纵①政民运部何副科长率各师民运工作干部组成战地慰问团，赶至战地双堆集一带慰问当地的老百姓。

战地的老百姓十分亲热地欢迎着慰问团的到来。连日阴雨中，慰问团先后访问了 14 个村庄里刚遭受匪军摧残与炮火惊吓的无数老百姓。其中有 12 个村庄的男女老少，冒着风雨，参加慰问团所组织的慰问大会。有的感动地说："真是一家人，还来慰问呢！"他们对于我军全歼黄维兵团，表示异常感激，他们说："只要把'蛮子'（指匪军）消灭完，俺损失些不要紧。"

慰问团检查我军作战部队的群众纪律，征求他们对我军的意见时，大爷大娘们常常都先把我军的爱民事迹像说故事似的一件一件地告诉慰问团的同志。王小庄王殿文的老母亲劈头就说："我一辈子也忘不了你们。"问明来由，才知道：战时，这位老大娘不幸生病不能动弹，我军五十七团卫生队张副官把她搬到一个较安全的防炮洞里，每天给她送饭、送药，一直到六七天后部队移动，张副官还叮嘱老大娘勿再受寒。魏大庄的陈庆芳，满意地拿出没人在家时我军 × 部留下的 70 斤草票和一封道歉信，给慰问团的同志看。

慰问团恰当地解决了部队走时未及处理的许多问题：五七团包扎所在唐庙及小李庄借了两口棺材没有给钱，慰问团在群众大会上除进行解释、道歉外，并当场即按价偿还。李范棚庄为我请出的粮草票代管人，贪污粮草票，经慰问团发觉后

---

① 编者注："赵成纵"为华野七纵，司令员成钧，政治委员赵启民。

追还给原主，弄清了是非。由于慰问团的宣传解释，部分不相信粮草票的老百姓，也进而重视了。

慰问团曾和当地政府工作人员一道进行工作，政府工作人员们说："我们之前工作太差了，你们真太关心地方工作了。"军政民关系的密切，经过了慰问的工作之后，进一步地加强起来。

（夏禹九）

摘自山东兵团《华东前线》第 73 期 1949 年 1 月 13 日

▲ 军民联欢，演出跑竹马灯

▲ 文工团演出《买卖公平》，群众看了很感动

华野二纵十一团为新区群众服务

淮海战役部队群众纪律同样是有进步的，一般地能做到进行宣传，损物赔偿等，以十一团为例：

单位	宣传次数	贴标语数	挑水	自动救火
一营	163	232	218 担	
二营	24	245	1445 担	1
三营	90	150	84 担	1
团直	126	323	6054 担	

摘自华野二纵四师党委会《淮海战役的工作综合报告》，1949 年 1 月 26 日

第三章　政治攻势　瓦解国民党军

在军事打击的同时，对国民党军实施强大的政治攻势，威力巨大。毛泽东主席亲自为中原、华东人民解放军司令部撰写了《敦促杜聿明等投降书》，华野首长联名写信给杜聿明等，劝其立即下令停止抵抗，野战军政治部及宣传、敌军工作部拟写宣传口号、喊话材料，为部队开展"攻心战"提供"弹药"，有力地推动了群众性的火线劝降、瓦解国民党军活动的开展。战役中，解放军的政治攻势声势浩大，办法多样，有阵前喊话、发射传单、设立标语、送信劝降、释放俘虏、夜送礼物等多种形式。在强大的政治攻势面前，国民党军大批士兵和下级军官，纷纷整连整营携械投诚，仅在20天的战场休整中，被围之杜聿明集团向解放军投诚者即达两个师的兵力，约1.4万余人。整个战役，解放军争取国民党军营以上成建制投诚者3.5万余人，有力地瓦解了国民党军斗志，削弱了其力量，为全歼国民党军创造了有利条件。

文件选编

中央军委关于对杜聿明集团开展政治攻势的电报
（1948年12月16日）

粟裕，并告刘陈邓：

（一）黄维被歼，李延年全军退守淮河南岸；

（二）我包围杜聿明各部，可以10天左右时间休息调整，并集中华野全力，然后发起攻击；

（三）向杜、邱、李连续不断地进行政治攻势，除部队所做者外，请你们起草口语广播词，每三五天一次，依据战场具体情况变更其内容，电告我们修改播发。

军委

16日24时

摘自《淮海战役》第一册，中共党史资料出版社1988年，第238页

敦促杜聿明等投降书（1948 年 12 月 17 日）[①]

杜聿明将军、邱清泉将军、李弥将军和邱李两兵团诸位军长师长团长：

你们现在已经到了山穷水尽的地步。黄维兵团已在 15 日晚全军覆没，李延年兵团已掉头南逃，你们想和他们靠拢是没有希望了。你们想突围吗？四面八方都是解放军，怎么突得出去呢？你们这几天试着突围，有什么结果呢？你们的飞机坦克也没有用。我们的飞机坦克比你们多，这就是大炮和炸药，人们叫这些做土飞机、土坦克，难道不是比较你们的洋飞机、洋坦克要厉害十倍吗？你们的孙元良兵团已经完了，剩下你们两个兵团，也已伤俘过半。你们虽然把徐州带来的许多机关闲杂人员和青年学生，强迫编入部队，这些人怎么能打仗呢？十几天来，在我们的层层包围和重重打击之下，你们的阵地大大地缩小了。你们只有那么一点地方，横直不过十几华里，这样多人挤在一起，我们一颗炮弹，就能打死你们一堆人。你们的伤兵和随军家属，跟着你们叫苦连天。你们的兵士和很多干部，大家很不想打了。你们当副总司令的，当兵团司令的，当军长师长团长的，应当体惜你们的部下和家属的心情，爱惜他们的生命，早一点替他们找一条生路，别再叫他们作无谓的牺牲了。

现在黄维兵团已被全部歼灭，李延年兵团向蚌埠逃跑，我们可以集中几倍于你们的兵力来打你们。我们这次作战才 40 天，你们方面已经丧失了黄百韬

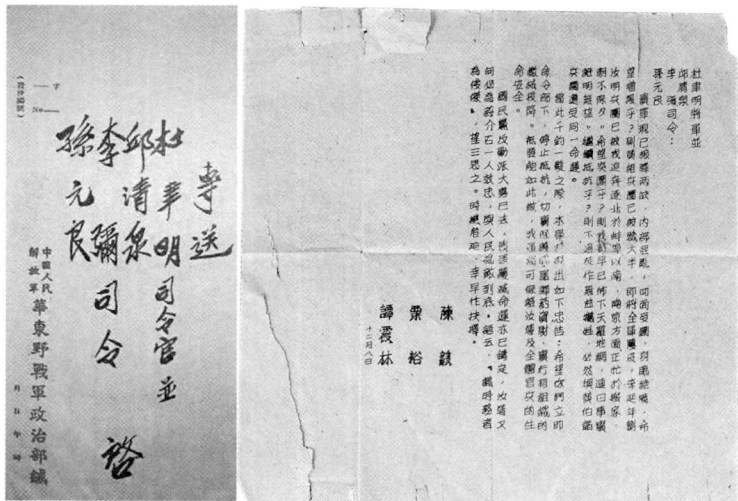

◀ 陈毅、粟裕、谭震林 1948 年 12 月 8 日写给杜聿明、邱清泉、李弥、孙元良等的劝降信。信中写道："贵军现已粮弹两缺，内部混乱，四面受围，身临绝境。""希望你们立即命令部下，停止抵抗，切实保护武器弹药资财，实行有组织的缴械投降。"信公开传播后，各个阵地上的国民党军官兵，纷纷携械投降

---

① 编者注：此为毛泽东为中原、华东人民解放军司令部撰写的广播稿。

10 个师，黄维 11 个师，孙元良 4 个师，冯治安 4 个师，孙良诚两个师，刘汝明 1 个师，宿县 1 个师，灵璧 1 个师，你们总共丧失了 34 个整师。其中除何基沣、张克侠率 3 个半师起义，廖运周率 1 个师起义，孙良诚率 1 个师投诚，赵璧光、黄子华各率半个师投诚以外，其余 27 个半师，都被本军全部歼灭了。黄百韬兵团、黄维兵团和孙元良兵团的下场，你们已经亲眼看到了。你们应当学习长春郑洞国将军的榜样，学习这次孙良诚军长、赵璧光师长、黄子华师长的榜样，立即下令全军放下武器，停止抵抗，本军可以保证你们高级将领和全体官兵的生命安全。只有这样，才是你们的唯一生路。你们想一想吧！如果你们觉得这样好，就这样办。如果你们还想打一下，那就再打一下，总归你们是要被解决的。

中原人民解放军司令部

华东人民解放军司令部

摘自《毛泽东军事文集》第五卷，军事科学出版社、中央文献出版社 1993 年，第 417—418 页

华野代司令员代政委粟裕在华野前委扩大会议上的报告摘要（1949 年 1 月）

敌人最后被解决得这样快，应该归功于政治攻势的成功。四天四夜还不到，就歼敌十多万，平均每天歼敌四五万人。如果没有政治攻势，最后解决敌人不会这样快，我军的伤亡一定还要大些，证明"攻心为上"是正确的。

摘自《粟裕文选》第二卷，军事科学出版社 2004 年，第 740 页

华野淮海战役对敌政治攻势的工作总结

一、淮海战役中，我军对敌开展政治攻势，形成群众性的运动，得到了巨大的收获。除了在战役第二阶段中，争取敌军个别的或小股的向我投诚，共 1.4 万多人以外，在全战役中，南北两线又争取了整军、整师、整团、整营的集体投降，共约 3 万人左右。这数字，是空前的。这大大降低了敌军的斗志，动摇了敌人的军心，这对全歼邱、李两兵团，活捉杜聿明，起了重大作用。同时，由于这样的收获，又转变了过去部队和干部中轻视这一工作的错误观点和自流现象，提高了广大指战员对这一工作的信心，打下了今后对江南敌军开展政治攻势的基础。

此次政治攻势获得重大成绩的基本原因为：

（一）各战场解放军的胜利与我军之英勇奋战：淮海战役中，我军接连不断获得大胜利，首在碾庄歼灭黄百韬兵团，继配合南线中原解放军聚歼黄维兵团，又将徐州南逃之敌邱清泉、李弥、孙元良 3 个兵团全部包围，因而敌人军心涣散，及至孙元良兵团突围被歼，南线黄维又在 18 天内全军覆没，北线之敌遂对援军绝望，军心大大动摇。

（二）天气恶劣，敌军粮尽弹绝：敌军被困时期，适值气候恶劣，雨雪交加，空投断绝，敌军内部缺粮、缺柴，官兵饥寒交迫，配给便从一天一人一碗米减到 4 两，再减到 2 两，直至粒米不发，敌人先宰牲口充饥，可是雨雪连绵，牲口也不够吃了，于是，山芋藤、麦苗，都成食品。

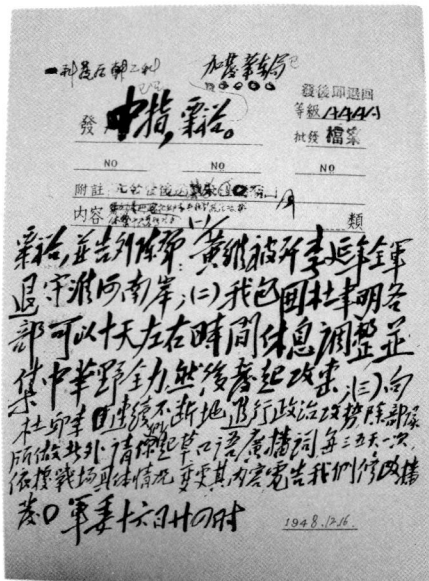

▲ 1948 年 12 月 16 日中央军委致粟裕并告刘陈邓的电文

（三）烧柴问题更加困难：烧完了柴草，就拆房子，以至掘棺木，烧马骨，烧汽油，烧子弹火药箱子，再加士兵一人一个避弹洞，无盖无被，零下几度的严寒，就使敌军内部不断地发生饿死、冻死。

再次，包围圈里的死尸满地与大批伤员无人救护呻吟惨叫，影响敌军士气。这都是我军开展政治攻势客观上的有利条件。

（四）各级党委及政治机关的认真执行，是使政治攻势有力开展并取得巨大效果的主要原因：战役动员中，野政首先分析战局的有利形势，强调了战役中展开政治攻势，指出大量争取与瓦解敌军的重要。党中央在战役第二阶段决定 20 天的全面政治攻势工作，更为此次大量瓦解敌军并在最后大歼灭战中迅速解决战斗的主要原因。另外各纵、师、团及全军上下，均把政治攻势作为战时政治工作中心任务。如一纵一团二营楔入敌阵地，白天副政教陈希仁，就布置四连支书周勇到四连去组织政治攻势，自己又亲自找五连政指和排长，说明政攻重要性，要他们组织喊话小组。在未接到野政宣传弹前，陈副政教又用六〇炮弹去掉碰火，插进劈开的树枝，远的可送二三里路，直达敌阵纵深，两天中间，发射了十二三发。炮班长赵春林等又努力动脑筋改良射击方法。这样强调了政攻立功，出现了很多的积极分子，以五团工作成绩最好，由于在思想领导上的重视，各连成立政攻小组外，并责成连营副政指副政教亲自掌握领导。七纵对二十三师劝降工作中，是做到了思想上认真，行动上具体指导。十纵对开展对敌政治攻势的指示中，强调了从支部及全体指战员中进行思想动员。九纵由于领导上积极提高干部对政攻的信心，八十一团三营副政教王本刚、连长李华均跑到距敌人十几米远去喊话，用热水瓶皮改造为喊话筒。渤纵政治部召集了两次团政治主任与民联股长会议，讨论政攻工作，师政为了改进工作，出了三期经验交流，并发下政攻奖旗，通知战士订立政攻立功计划。二纵强调政攻，康政委、邓主任不断亲自督催。以上则为此次政治攻势中瓦解敌人获得成效的主观因素，转变了我们部分部队和干部对开展政治攻势的错误认识。如淮海战役开始时，个别部队同志还有"啰嗦这个干什么？一仗就解决问题了"，"不能兑现"，"进行战斗中可以进行政攻，阻击战、守备战有什么政治攻势？不会有效果的"等反映，并将上级指示的政攻工作，马虎地交给团政民运干事去作，而民运干事忙着后勤工作时，就无形把这工作丢掉了。后由于领导上的一再督促进行，加速了敌军内部动摇，一搅就见了成绩，所以在二阶段以开展政攻为中心的 20 天中，全军普遍的造成了群众性运动。

二、根据此次战役中各部队的政攻经验，使用了下列三种专门的组织机构：

（一）政攻指挥所——这个机构，在战时政治部派出在前哨阵地，称政工指挥所或指导小组，由团委指定一个党委委员（主任或副主任）负责，加上纵、师政干部组成。负责在前哨就近研究敌情，掌握情况，具体领导政攻工作，并每天向师、纵政汇报一次，作上级党委及时掌握领导的一个基本力量（由师组织政工指挥所亦可）。

（二）投诚人员招待所——收容敌军的投诚人员，及时照顾其生活，组织敌情调研，了解对象，组织派出打入工作，争取训练投诚士兵，处理释放遣散工作等。除野战军及兵团政治部可为固定组织外，纵、师、团都可在战时临时组织。招待所设研究小组、训练大队及联络工作组。

（三）连队的政工小组，战时连队选择几名文化水准较高的老战士或解放战士组成，由政治水准较高的班长或支委为组长，归连副政指专门负责领导，进行喊话及其他政攻工作，称攻心组、喊话组均可。

此外，秘密混入敌军阵地，进行武装突击宣传，此次战役中屡次试行，均获成效；直属部队的侦察武装，也可以组织成为临时政攻队，插入敌阵进行宣传瓦解的政攻工作。

三、火线政攻的有效方式方法：喊话、劝降、释俘、宣传弹、宣传牌、送礼物。

（一）喊话——经验证明，是瓦解敌人最有效的一种方式。因为，第一、喊话最轻而易举，最能成为部队群众性运动。第二、通过喊话，能够直接明了地将我军政策、主张，广泛的教育当面敌人。第三、敌人难于阻挠，容易接受。第四、用投诚人员向敌军喊话，更能"现身说法"感动敌人。第五、能对敌指名喊话，更适合情况，收效更大。

喊话的对象，我战士主要对敌方当兵的喊。为把握喊话政策，可以指定一个战士专喊一个内容，轮流进行。干部可对敌方军官喊，喊话时机，黑夜比白天好，上半夜可对官，下半夜或拂晓前后对兵。碰到敌军中特务坏蛋阻挠时，耐心地驳斥，或用恐吓警告，叫他留点后路，免得给士兵打死，免得将来被俘以后清算罪行，往往都能收效。喊话能用喊话筒最好，在战地可用炮弹壳，炮弹筒将两弹打通即可代用。有条件时，可以马达发电，用扩音器广播，这样，还可以与文娱结合起来，播送一些歌曲、快板等节目，更能吸引敌兵偷听。

（二）劝降——是有组织地派遣敌投降人员或战俘，携带我部队首长或高级战俘的劝降信件，进入敌军阵地，送给敌军主官，劝他投降缴械。这种信稿也可送电台广播。劝降的对象，除了野战军或兵团首长可对当面敌军最高指挥官写信劝降外，各作战部队首长以对敌中下级主官进行争取为有效。送信人员，可选择投诚人员中较有活动能力的老兵、下级官佐或与对象有较密切关系的俘虏官佐。为避免劝降信被敌搜查失落，可多写几封，分开藏好，一起带去。劝降信，除由兵团政及野政统一写外，前线部队也可经纵队军政首长审查后送出。

（三）释俘——在战俘与投诚人员中选择在敌军中有关系，有活动能力的人员，给以劝降任务，在战役发动前或火线上释放，进入敌军阵地，进行宣传瓦解工作。如此次碾庄战斗中投诚的四十四军一五〇师团长×××，经教育后派出，先到孙元良兵团，后转七十二军阵地，进行宣传瓦解工作，对孙兵团的突击覆灭与嗣后七十二军的集体投降，都起了相当的作用。但一般战俘，大都不愿回去，所以在派出前的解释鼓励与给予一定的今后联络凭证，很为重要。派出人员的任务，除要他宣传我党政策，我军胜利消息外，还要组织逃跑或集体投降。

（四）宣传弹——用炮弹发射宣传品，是解决火线上宣传品不能远投困难的一个有力武器。我军自济南战役试用以来，颇著成效。现在除了普遍使用胶东军工化学厂所制的纸壳宣传弹外，各部在实践中还创造了好几种。这些宣传弹，各有优点，今后均可广泛应用。

（五）宣传牌——就是在敌阵前用大幅白布，写上简明的标语，如"欢迎国民党军官兵自动投诚"，作用很大。如在夜间在敌阵前沿地上插上宣传牌，作用也同。

（六）送礼物——即将各种食品、香烟夹带宣传品，在夜间放置到敌军前沿，上面写着"救命袋"、"救命符"、"新年礼品"等，让天明后敌军去取。这种宣传方式的施行，在此次敌军粮食恐慌的情况下送桶饭去，收效很大。

四、几个重要经验。

（一）我军此次开展政攻所以能够获得如此宏大成绩，有主客观两个主要因素：各战场解放战争的胜利形势，我军的英勇奋战与被困敌军的粮尽弹绝、饥寒交迫，首先在客观上给予我们开展政攻的有利条件。而部队各级党委亲自掌握，政治机关亲自督促检查，下面认真执行，更为此次开展政攻获得巨果的主要因素。在主观的努力下，紧紧掌握客观有利时机，大力开展工作，必能收得预期的效果。

（二）战时在前线由党委直接领导的政攻指挥所，有专人负责的连队攻心小组及团、纵、军各级政治机关及时组织的敌军投诚人员招待所，是工作中三个必要的组织保证。经验证明，有了它们，情况的掌握，工作的计划布置，投诚人员的招待处理派遣，才能不失时机地进行。而且，这三种机构越是组织健全，其收效也必越大。

（三）喊话、劝降（包括电台广播）、释俘、打宣传弹、立宣传牌、送礼品等，都是有效的火线政攻方式方法。其中尤以喊话对动摇敌军军心，削弱其战志收效最大；劝降则对争取敌军集体向我投降确有一定的作用，在今后工作中，都可以广泛采用的。

（四）军政配合非常重要。即政攻要与整个军事部署，作战计划，战斗动作密切结合。政治争取必须配合军事压力，才能取得大量瓦解敌人的效果。同时，与友邻兄弟部队的密切联系，也极重要的。

野政敌工部

1949 年

（原载《政工通讯》第四期）

摘自《淮海战役对敌政治攻势的工作总结》

华野一纵关于加强对敌政治攻势的紧要指示

一、半月以来，我第一线各个部队都进行了连续的政治攻势，先后争取了敌

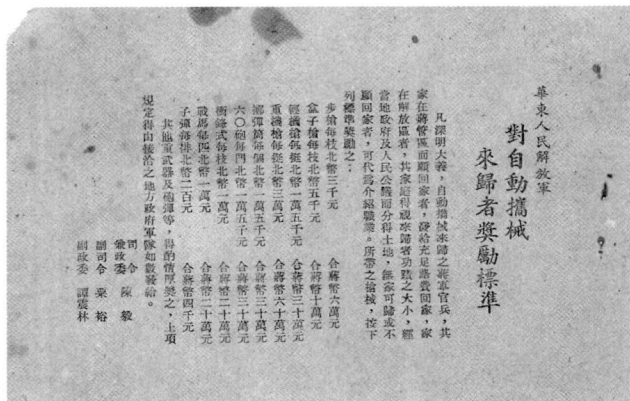

◀ 华东人民解放军司令员兼政委陈毅、副司令员粟裕、副政委谭震林发布的《华东人民解放军对自动携械来归者奖励标准》

人一千七八百人向我投降，造成敌人内部更加动摇，给予杜邱李匪首以重大的打击。许多工作同志和战士，不顾下雨下雪，忍受疲劳寒冷，整夜的连续工作，这是值得大大表扬的。但是我们决不能自满，我们的工作做得还不够，还有很多缺点，必须立即纠正：

（一）还缺乏耐心没有远见，表现在有人来降就欢喜（对的），没有人来降就馁气（不对），不研究敌人内部是否已加强了监视，不研究当面的地形条件，不研究自己工作的缺点，而单纯以表面上的来降数字作为考绩标准，这是缺点之一。

（二）某些领导同志还缺乏对于这一工作真正的重视，缺乏有系统的指导与有组织的负责掌握，更缺乏亲自动手的精神，没有把它当做与军事进攻歼敌一样的重要去看待。例如下面工作碰到困难和发生毛病也不去了解和帮助及时解决，只要下面每天报告他一个数目字就满足了，特别是对来降敌官往往不进行亲自的谈话了解当面敌情和利用他去进行工作，甚至随便往俘管处一送了事，因此常将许多可能了解到重要情况的来降人员随便送走了，在这里充分表现了官僚主义和对上级指示马虎从事的不良作风。

二、军委、野政、兵团前委再三指示我们要把政治攻势当着当前中心任务之一，"应把这一政治攻势当作军事进攻一样重要"，为了万分重视与加强这一工作，把政治攻势从现有基础上提高一步，我们特作如下紧要规定：

（一）各师委、团委必须把一个委员专门负责掌握与贯彻、组织足够的人力普遍地加强这一工作。及时研究敌人的情况与工作过程中的优缺点，按级按时汇报，并规定各师每日早饭后晚饭后政委、副政委、主任3人中必须有一人向纵政以电话作两次报告。

（二）各师团如改制宣传弹所需的炮弹，应按实际情况尽量拨给，为了政治攻势所需要的一定费用，可作为战役特费报销（宣传品统由纵政发给）。

（三）发扬"即来即喊"、"即来即放"的好经验，在组织工作上必须由下向上大力来发展，用各种名义广泛地写信给敌方各级军官（由师委掌握，其原则立场与政策内容遵照野政指示——《人民前线》第28期）。

我们相信，敌人处境日艰，我们这样工作的结果，即使不能大量投降，亦能争取小股投降，特别是可为我将来展开军事进攻时而减少阻力，所以应把政治攻势看作为军事力量之一。这一指示望立即研究执行，并望将布置情况即报我们。

（密·发至团）

叶 飞

陈时夫

汤光恢

1948年12月30日

摘自《中国人民解放军第二十军第三次国内革命战争战史资料选编》，1963年，第178—179页

华野三纵关于开展政治攻势的指示信

政委、主任并宣教科（股）长、敌工科（股）长：

战役开始以来，中央、前委、野政及兵团政治部即三番五次地提出加强政治攻势，大量瓦解敌人，指出这乃是争取战役胜利的条件之一，纵队领导机关根据这些指示，11月17日发布的战役口号中、11月21日发布的告指战员书中、11月22日发布的战斗口号中、12月2日发布的纵队首长号召中、12月8日发布的战役宣教工作研究提纲中，均反复地肯定地提出了这个问题。

在这些号召与指示之下，各部对政攻引起了一定的注意，九师在纵文工团配合下曾在阻击的第一线布置了宣传□阵，二十七团二营曾组织了喊话组……这都是很好的，但整个来说，还进行得很不够，更无大反映。

目前，敌已陷入重围，伤亡惨重，啼饥号寒，妇啼儿号，慌乱一团，全军覆没之命运业已注定，我进行政治攻势的条件更加具备。过去事实也一再证明，小至一班一排，大至一师一军，弱如各种杂牌，强如王牌五军部队，均可在我强大军事压力下为我政治攻势所争取，特别在敌人接近死亡的今日，我们更应有充分

的信心。我们应即根据野政的指示将政治攻势放在战时正式工作的第一位，应即有组织有计划地全面地猛烈地把政治攻势开展起来。

一、你们首应严重重视这一工作并即亲自动手来计划组织，督促检查，你们过去的工作情况及目前的布置务于见信后三日内报告我们。

二、各连必须立即建立不脱离军职的政治攻势小组，连营均应指定专人负责领导。同时，须以各种办法在部队中进行动员教育，大力号召创造政攻英模，在政攻中立功。

三、进行政治攻势的办法有如下数种，各部队可分别采用：

1. 战场喊话：此可根据纵政前发的喊话口号和华野、中野司令部告杜聿明及邱、李、孙兵团官兵书、告川军书进行。

2. 散发传单，放宣传弹：各部队应如爱惜武器一样地爱惜宣传品，务求以有效方法散至敌阵，宣传弹数量太少，各部队如有存的济南战役中发的应即拿出使用。同时应力求创造新的散发办法。

3. 送信：如前野政发来送杜及邱、李、孙信若干件（各部在适当时机亦可写信，但信的内容务须交纵政审查），可即于适当时机交适当人员速送出去。

4. 释放俘虏：各部可物色适当的战俘，经过教育给以任务（带上宣传品及信件）派回敌人方面去。纵师可释放少校以下的军官投送劝降书，此事应大胆做，不要顾前顾后。

四、在对敌宣传中，应以传播我之宽待政策与惩办战犯为中心内容，并说明敌之处境，告以出路；要耐心不可急于求成，"不要放松一班、一人的战场争取工作"（野政）。

五、根据野政指示，有些敌人想投诚，但苦于无法和我接洽，如敌人派士兵向我方出击接洽，我们不问情由加以射击，甚至有摇白旗向我表示投诚接洽的事件，而我仍以机枪扫射将其摇旗者扫死。这些教训我们也应该接受。但我们也须警惕不要上了敌人假投降的当。

六、我各部均应一无例外的进行与准备政治攻势，并须及时检查，及时报告，及时报道。

丁秋生、刘春

12 月 9 日

摘自华野三纵《关于开展政治攻势的指示信》，1948 年 12 月 9 日

▶ 战场休整期间，华野三纵政委丁秋生、政治部主任刘春给部队的《关于开展政治攻势的指示信》

华野九纵二十七师嘉奖政治攻势有功的八十一团三营的嘉奖令
（12月29日于师司令部、政治部　淮字第八号）

八十一团三营初担守备任务，部队由于作业疲劳，政治攻势没有被很好重视，此际营级干部首先以身示范对敌展开政治攻势，政教王春晓、副营长梁毅志、副政教王平刚等同志，除亲自向里打宣传弹外，并不分白天与黑夜只要有了时间就对敌喊话。在他们的影响与组织下，又把连级干部组织了起来，七连副连长刘化同志在风雪的夜里对敌喊话，九连连长逢建同志把嗓子都喊哑了。九连副政指杨绍杰同志在宣传弹不能打的时候拿起宣传品，利用风的吹动力向敌阵地散发。自连营干部对敌积极展开政治攻势后，每天都有投诚来归的，根据初步效果对部队进行教育，因之部队对这一工作开展重视，于是各连便以政指为主及老解放战士成立了喊话小组。九连的岗哨与喊话小组相结合，造成了随时随地都在向敌开展着攻势，自21号晚到27号晚，7天来全营收容了105名敌人（内有团副1名），轻机枪7挺，冲锋枪14支，步枪30余支，短枪6支，望远镜1个，信号枪1支，各种子弹2500余发。这种以干部为核心开展了群众性的政治攻势及全体同志不怕寒风冷雪的忘我精神与政治进攻的积极性而获得的胜利颇堪表扬，特传令嘉奖。

同志们！敌人现在正处于四面紧围弹尽粮绝之境地，官无办法士无斗志，只要我们重视这一工作，能普遍有力对敌开展政治攻势，就会一弹不费打若干的胜仗，我们要学习三营全体同志特别是干部同志的积极精神，并要求我全体同志在对敌开展政治攻势上立下功劳！

此令

师长　孙端夫

政治委员　刘中华

参谋长　刘光远

政治部代理副主任　陶　庸

摘自《华野九纵二十七师嘉奖政治攻势有功的八十一团三营》，1948年12月29日

对敌喊话宣传非常必要

在战役第一阶段过程中，还有些敌军士兵临俘前不肯缴枪，绝望地说："你剥我的皮吧，我不缴枪！"碾庄、尤家湖等村庄打下后，老百姓回去看看，还有人躲在地洞里死也不肯出来，怕我们剥他的皮与杀他的头。

这是什么原因呢？

据俘虏反映，蒋匪为了挽救其败亡，愚弄欺骗士兵为其卖命，除诬蔑造谣（如被俘后要被我杀头、剥皮、活埋、送炸药、打前阵挡炮火等）对其士兵百般恐吓外，还规定士兵对"剿匪回答十六条"（如"缴械投降为军人最大耻辱"等）都要背得出。每月要测验一次，每次至少要背出十条，否则扣薪饷金圆券一元；能背出十五条以上的，可把扣下来的钱赏给他们。这次从新安镇西逃前，还发了誓，赌了咒，有的还点起香烛跪在关公、岳飞、孙中山、蒋介石的像前磕头，嘴里要喊："如果缴枪投降，就红炮子穿心，黄土盖身，天诛地灭！"虽然有的一面念，一面用脚尖在地上画"不"字，但对没有觉悟的士兵就起了一些作用。

因此，当在战场上对他们喊话时，初期常是十分怀疑犹豫。如二十九团攻尤

家湖时，由二十五军的战俘去敌前喊话，敌人闻声即停止打枪，有十多个人曾站起来听；第二次闻改由六十四军接防了，又派广东籍战俘去喊话，当时也有站起来听的，但都没有人答话。

据尤家湖向我投诚的排长张田春说："有很多人想过来，但断不定过来后究竟怎样对待他们，因而犹豫不决。"张田春认为对他们多多喊话宣传是非常必要的。

（摘自四纵宣工作报告）

摘自山东兵团《华东前线》第 62 期 1948 年 12 月 11 日

华野各纵队收容国民党军投诚人员统计表

（1948 年 12 月 16 日至 24 日）

一纵	二纵	四纵	八纵	九纵	十纵	十一纵	十二纵	渤纵	鲁纵	冀独旅
729 人	304 人	400 人	62 人	338 人	91 人	211 人	33 人	234 人	10 人	104 人

摘自《华东野战军政治部关于抓紧时机大力开展政治攻势的指示》，1948 年 12 月 26 日

战术研究

华野十纵开展火线政治攻势瓦解敌人几种情况下的喊话内容

1. 敌我对峙时："喂！谁在那里站岗？不要打枪，咱们啦啦呱。"

2. 敌人打枪时："我是来救你们命的啊，你们不要打枪。"

3. 遇敌人一声不响时："你们为什么不说话呀？是不是怕当官的不敢讲？""当官的不要压迫当兵的，你们不是还受大官的压迫吗？"这样来助当兵的胆，对当官的也是个刺激，往往引起对话的开端。

4. 遇敌人乱骂蛮不讲理时：我们不要回骂，可喊："解放军是讲道理的，有理说理不要骂，你家也有老和少！""你是好汉报出名来，打进去再和你讲道理！"

5. 敌被我压缩在屋里或地堡里，虽失去战斗力，但个别的还在顽抗时："少数顽抗分子再抵抗是断送大家的性命！"或"大家的性命要紧，不要被个把人丢掉！"以此来孤立顽抗分子，削弱其顽抗性。

6. 经我喊话，敌仍犹豫不决或企图拖延时间的情况下，一方面在军事上施以威胁，另方面可着重申明我之政策不变，促其及早投降。有的用明确的政策打破其顾虑，如喊："只把枪放下，私人的东西自己带好，出来优待。"有的用体贴的

口吻去打动他，如喊："知道你们是被抓来的，不是自己乐意干的，放下武器是朋友！""枪是老蒋的，命是自己的，缴枪留命。"有的则喊："你要想想是怎样当的兵？为谁当的兵？打死冤枉不？""我们是一样的穷兄弟，如果要翻身，只有放下武器到解放军来！"

编辑室按：此类内容不仅在敌犹豫不决或拖延时间时适用，亦应作为各种情况下喊话的一般内容，因为它对于敌方士兵和下级军官来说，是极为亲切的，易于打动敌人心坎，而收到效果。

摘自华野十纵《前哨报》第 45 期 1948 年 12 月 22 日

▲ 华野某部架起扩音机向被围的国民党军进行广播讲话

▲ 向国民党军喊话

▲ 解放军使用的喊话筒。右侧喊话筒是华野二纵通讯员付克仁使用的，当时老百姓看他用书本卷成卷喊话，就给他做了这样一个铁皮的喊话筒。左侧喊话筒呈 S 形，在战壕里喊话，可预防敌人打冷枪

喊话小经验

一、喊话时机不要选择白天，因为即使敌人要过来，白天害怕后边打枪不敢走。黄昏喊最好，并指出逃的办法和路线。

二、喊话时要做好几个工事隐蔽，用喊话筒喊，并常流动。

三、多讲有关他切身利益的话，说明前途或从阶级上启发，不要讲刺激话，如"投降不杀"等。

四、白天过来叫他倒背枪，夜里叫他拍手，以免受敌欺骗。

（韩宝琦）

摘自华野十二纵《战号》第 70 期 1948 年 12 月 28 日

投诚的蒋军对我们喊话的意见

昨晚（15 日）向我李罗团投诚的蒋军八军四十二师一二六团三营七连一排的蒋军对我们的喊话有这样的几点意见：

一、"老乡过来，缴枪不杀"这一类的喊话是他们最不高兴听的与不相信的。因敌人那边也是玩的这一套喊话，可是一旦抓到我们这边的人就杀，所以他们也就认为是谎骗他们。

二、喊话不仅仅有口音上的不懂，还有内容上的不懂，所以今后对敌喊话该注意敌人的口音与喊话的内容。

三、我们喊话太乱：因你喊这样，他喊那样，听不清喊些什么。

四、过来时最怕我们打炮。故一过来敌人那边要打炮，我们这边如也打炮的话，两面夹击，必遭一死，所以见到敌人有过来的动静，就不要打炮。

另外，他们也提出敌人现在较爱听的话，内容有这样几点：

一、你们不要替蒋介石送死吧？你们死得太无道理了。

二、枪是老蒋的，命是你自己的，何必自己送死呢？

三、你们的家大多在解放区，不想回去看看吗？乱跑是死路一条。

四、你们不要等着饿死吧，赶快过来吧！此地有大米干面优待你们吃呢。

五、黄维兵团消灭了，南京政府在搬家，赶快过来，保全你们的生命财产。

（宣教副科　陶谷）

摘自华野十二纵《战号》（火线版）第 62 期 1948 年 12 月 19 日

政攻方式种种

一、在宣传弹不符应用的情况下，如遇适宜的风向，可顺风散发宣传品，某部已用此法把一些宣传品散发到敌人前沿阵地上。

二、给俘虏带上几个馒头，着他向敌方送宣传品，因敌人十分饥饿，送宣传

▲ 编写瓦解国民党军的传单

▲ 解放军在战壕里写宣传单

▲ 解放军在战壕里油印政治攻势宣传品

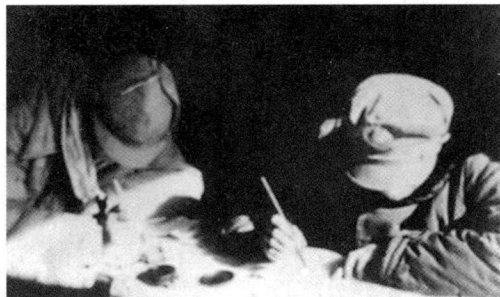

▲ 被俘的国民党军官在写劝降信

品的人带了馒头，不论通过敌之警戒步哨线到各处活动都方便得多。

三、说服教育来归官兵与动员解放战士写信劝告当面敌军中的老同事、上级、同乡、同学等投降。这种信可用宣传弹发射或派人送进去。

四、运用喊话筒对敌广播（可以上级印发的宣传品为主要材料）。

五、设置宣传牌。牌子上的字要大不要多，如用油墨调火油写在门板、席子或布上，下雨也不要紧。宣传牌不要立在敌人结合部的地方，因该处常为敌官兵自然选择来归的道路。如该处立了此牌，即易招引敌特注意而遭受封锁。

六、如有条件可用扩音机对敌进行喊话，杭州部队使用此法，使距我二三百米远以内的敌人均能清楚地听到。据来投的人员说，这个办法很好。

七、向敌人拉胡琴、唱戏，特别是唱"坐宫"之类的戏，容易引起敌人的思乡情绪。

八、把食品内夹上宣传品，向近距离之敌方投掷。

九、有组织有计划地设法送饭给敌人吃，于饭盆或饭桶内放进宣传品。

摘自山东兵团《华东前线》第 69 期 1949 年 1 月 1 日

华野十二纵六〇炮打宣传弹的体验

一、炮位角度定得越小，射程越远，一般以 30 至 40 度为宜。

二、炮位角度越小，宣传弹向炮内送入时下坠力越小，因此送弹时要用点力使弹体不致停留炮口或炮筒中部。

三、宣传品的用纸，愈薄愈易喷射散布，宽广不宜越过宣传弹内小木柱之高度。宣传品卷得越紧越好，份数多且易散布。

四、弹体很轻，顺风发射射程远，逆风则近，效用不大或不生效用。

五、迫弹底引信擦火引弹体射出炮口历时 3 秒至 4 秒，因此射手可以擦火燃烧引信后，沉着地向炮口内送入，不必发慌。

（师）

摘自华野十二纵《战号》（火线版）第 62 期 1948 年 12 月 19 日

华野九纵当前政攻经验点滴介绍
——如何接受零星的蒋匪官兵向我投诚问题

（一）前哨部队必须注意以下几个问题：

1.既要沉着，又不要麻木，这就要确定大股小股来投诚时之办法。如发现大股时（二三十人以上）则先问明，如系投诚者，则可在阵地前放下武器，最后留下一二人带过武器来，其余人员空手过来。如系三五人之小股者，则可着其把枪背起来，拍手前进。如在问明是否是来投诚时，而敌人既不作声，或声称要我向他们"投诚"时，则需就地先发敌人，坚决消灭之。在这方面我们有的部队，由于不够沉着，有一些小股投诚人员被我打回去了，但也有的部队，因为麻木，当看到敌距我不远时，我们招呼你过来吧！敌人同时也招呼"你过来吧"，而我同志仍然糊涂，身子露在外面被敌打伤。

2. 根据调查及了解，蒋军士兵的向外逃跑是一种极其艰苦的事，由于蒋匪的严密统治与残酷的镇压，以及士兵对地形地理及敌我阵地的不了解，尤其在夜晚，方向不易辨清，他深恐跑在敌人自己的部队，固有的出来时一定要带着武器，他除要讨取我们对他的更加信任或取得奖励外，另一面也是为了在必要时好自卫（如万一被敌发觉或跑在敌人阵地前时），因此当我发现敌人来时不要问他是"干什么的"，而要说："你是过来投降的吗？"他就容易解除其顾虑，而大胆走过来。另一方面，又由于我们部队解放成分之增多，除口音上有与蒋军不可分辨以外，即在衣服上也没有一点两样地方，因而前哨部队的同志，在见到敌人前来时，也需及时予以有力解释，或用别的东西予以证明（如我们军装是铜制五星扣子，敌人看到则不再怀疑）。

3. 以上这些办法以及如何要沉着而不麻木等等，在我们的下级同志尚不熟练或不易掌握时，我们的干部必须亲自在前哨处理这些问题，如此才会使工作少出毛病。

（二）选择适当的地址设立火线招待所，并须注意以下工作：

1. 这一临时招待所位置要适当，太前不易做到适当的招待（如吃饭、烤火），如距太远，则不易做到随时了解情况，利用他们继续工作，因而这一位置要适当，并要照顾以上两点。

2. 这一临时招待所，要有相当的人员组成之，并分工进行工作。如有的要做军政情况之调查及登记，有的要做饭烧水，有的需从了解情况中，进一步动员组织投诚过来者继续工作，或马上去工作，不应转移送至后方。

3. 在这一招待所中之工作重点应是以组织这一部分人员继续工作为主，有的只是单纯了解情况而不能从了解情况中，从而组织进行工作是不对的，至于这组织工作又必须详细的研究，根据所了解之情况，加以分析判断，再对其进行耐心的教育与动员，切不可转移放走，潦草从事。

（三）欲在阵地上做到敌人下层的联欢（这是一种策略）求得关系的疏通，在最初不易打通关系时，可选择别一部队投诚过来之小孩或老的伙、马夫，动员这些人去送信，一般敌人不易在阵地上枪杀或阻止，这次我们对郭营下层之疏通，即是采取这样一种办法，结果很好。

（联络部长　王子阳）

摘自华野九纵《胜利》第 104 期 1949 年 1 月 5 日

政攻经验点滴

根据敌人夜间活动的特点，上半夜怕我进攻与对付我政攻，军官巡查监视较严，后半夜因情况缓和与身体疲劳，军官就回去睡觉，所以我们开展政攻的对象，前后半夜也应各有重点：前半夜攻官，后半夜攻兵。

对投降来归的士兵要很好招待解释，如事先准备一些菜饭，他一过来就给他吃，他就很高兴。这时你可动员他喊话："班长，我取上联系了，你快过来吧！"如果过来的是班长，可喊排长，过来的是排长，可喊连长。一连喊他二三遍，效果很好。

释放俘虏回去做瓦敌工作，必须耐心说服，打破他的顾虑。据了解，他们一般的顾虑有：怕敌方打枪，不放他们进去；到了里面没有饭吃；以后联络不到我们原单位；当他没有回来之前我们若发起攻击，把他当了战俘等。为此，我们应该对他们说明：那边一般当兵的心情是不会和同事作对的，而且大多不愿打仗（他们自己有此体验），过去不会打枪。可发给他一二天干粮及一个小的联络记号，上面可写上某某部队的番号，盖个私人图章。并从感情上激发其去救出被围在里面的朋友和同事（比从政治上说理有效）。这样大致可消除他的顾虑。此外，还可动员跑过来的伤员回去，更便于机动，因伤员持有伤票，他们无人收容，自己到处找饭吃，到处可跑。某部动员过来的一个伤员与两个排长回去，都带了人回来。

摘自山东兵团《华东前线》第 68 期 1948 年 12 月 29 日

战地报道

攻心战

一段有趣的对话

13 日，李排长进行火线喊话时，碰上了一个敌方特工人员与他对答：

敌特工人员喊："你们过来，国军优待。"

"什么优待？"李排长接着问。

"什么都有。"

"你们讲啊！"

特工不做声了，于是轮到李排长："对了！你们优待的是整军整师的向我们缴枪……"

敌人没话说了，过了好些时候，才转过来说："你们想坐飞机吗？"

"想坐啊！"

"那你过来啊！"

"你们这里哪有机场，徐州、济南有机场，已经给咱占了。"

"那你想坐汽车吗？"

"这回你们从徐州跑出来，一路上满是汽车，都送给咱啦！"

"你们想到上海、南京去玩吗？"

"当然想去，而且马上就要去。你们四面八方被包围起来，没有福气去玩了。识时务，明道理，快过来，咱们优待。"

敌人再也无话可答。

两个黑影过来了

20 日晚上，敌工干事崔平同志带着两个投诚过来的新同志，在八连阵地前沿对敌喊话。开始时，敌人打了两炮放了几枪，以后就平静得像课堂一样，只听见我们喊话的声音："北平包围啦！黄维捉到啦！你们过来吧……"

"哪个听，就枪毙他！"对面传来敌人当官的在强迫当兵的不听我们喊话。

但是，当官的怎么强迫也没用，不到半个钟头，有两个黑影悄悄地迎面走过来。

"哪一个？"

"我，不要打枪。"

"拍手过来一个人。"

一个人跑过来了，他是蒋匪八军的士兵，名叫范学芝，一看见崔平同志就诉说起来："俺听见你们喊话，说'缴枪不杀'，俺一天一顿麦苗子也吃不上，谁都想过来……"

两个人，两支枪，就这样过来了。

（肖凡、朱苇）

摘自山东兵团《华东前线》第 68 期 1948 年 12 月 29 日

华野十纵二大队二中队试射宣传弹成功

【二大队讯】二大队二中队为了开展对敌政治攻势，于本月 16 日召集各连文化干事研究对敌喊话。我们阵地距敌仅 70 余米，双方说话都可以听见，喊话后，又把一、二中队之宣传弹"政治炮弹"5 发，击落敌村，兹将击发情形，报道如下：

用机二连炮排的六〇炮一门，在距敌堡60余米之六连前沿阵地上试射。用洋火盒对准弹尾之火柴样的头，轻轻一擦，着火后，装入炮膛，刺刺作响片刻，接着一阵火光和浓烟，弹就打出去了，射程100余米，弹自己在空中开花，宣传品如雪片般的纷纷落地。第一发因无经验，朝村中打去，因西南风过大，大部飘向村外。后4发，完全落于村中。据二中队四连副连长宁云峰同志的观察，宣传品在落地后，敌三四名从地堡中爬出来拾去。

我们试射结果，知道射法很简单，在射的时候注意，别往村沿上打，往村中打，因村沿上之敌往往不敢出头。此外，要掌握风向，若不掌握风向，就要被风刮远，射时最好低一些，这样又射的远，宣传品不易刮走。

（堡之）

摘自华野十纵《前哨报》第 45 期 1948 年 12 月 22 日

▲ 用六〇炮向国民党军阵地发射宣传弹

▲ 解放军战士用弓箭将传单射向国民党军阵地

▲ 解放军对国民党军发出"层层包围，只有投降"的忠告

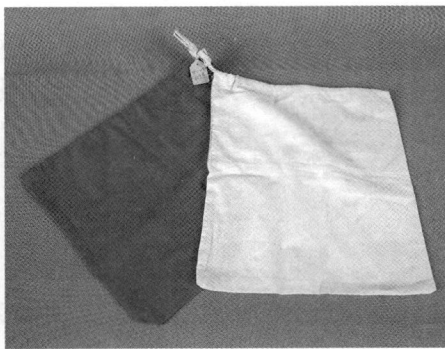

▲ 为配合政治攻势，解放军把食品装入此"救生袋"，送往国民党军阵地

华野十纵发明政攻枪榴弹

开展政攻可用步枪发射对敌宣传品。构造方法是在步枪口径上用一铁条（钢条也可），粗细要和枪口径适度塞进去，再上用一根 6 寸的小木棍，下端用一子弹壳钉牢，套到铁条上，外围绑上宣传品再用一个去子弹头，塞以棉絮的子弹，扣火射击，可射 70 余米，如铁条再粗些与枪口适度（愈紧愈远），估计可以打百米以外，掷送品在半斤左右。

摘自华野十纵《前哨报》第 45 期 1948 年 12 月 22 日

我军对被围敌杜匪部 火线政攻效果巨大
到处登着巨幅标语牌 装置电力播音机
火线音乐队在风雪怒号的黑夜向敌奏悲曲

【淮海前线 3 日电】人民解放军对被包围中饥寒交迫的敌军杜聿明匪部，有组织地进行猛烈的火线政治攻势，已获得巨大效果。据不完全统计：自 12 月 16 日至月终，敌来降官兵已达 6400 余名，仅我某纵即收容 2374 名，内有校官 2 名，尉官 30 名。某部阵地接连即收容 1300 余人。某部七连一次喊话，就争取了 13 个敌军来降。解放军指战员在敌军工事周围，散发各式传单，到处登着巨幅标语、宣传牌和旗子，上写"死守突围都是死路，投降是生路！"在阵地前沿插上路标，指明投降方法和路线，某部并成立"投降官兵招待所"，招待投诚敌军官兵。某部组织了火线音乐队，在风雪怒号的黑夜，向敌人演奏着"白毛女"、"孟姜女"等悲曲，喊着："你们都是被抓的穷人，受冷挨饿为的什么？快过来吧！"每当演奏时，敌军阵地上便鸦雀无声，3 天中即有 193 人前来投诚。投诚士兵李德胜说：我们越听越难过，好几回都哭了。某部解放军在阵地上装置了电力播音机，向敌军报告解放军的胜利消息，劝告他们投降，声音直达数里以外。匪首邱清泉慌忙将该处守敌调走，换了他认为亲信的"敢死队"，但结果所谓"敢死队"也有 20 几个人投降了解放军。解放军每逢吃饭时，便拿着碗叮叮当当地敲着，对着几十米远的敌人阵地喊话："喂！喂！喂！吃饭了！过来吧，解放军给你们饭吃。"结果有许多饥饿的敌军投诚过来。解放军普遍把馒头和宣传品一起送给敌军士兵，敌七十军九十六师二八六团八连班长张付和把馒头宣传品塞给他的排长欧光发，欧一边吃着，一边就带领两个班投降了解放军，二连传令兵金杰全把枪一背，对同伴说："我到八路那里找饭吃去。"即跑来投诚。每到天黑以后，解放军四处向敌人喊着："国民党军兄弟们！你们冷吗？你们饿吗？你们受冻挨饿为的什么呀？过来吧！"战士把这叫做给敌军"上夜课"，敌军大都静听，有时解放军喊："你们听到话的朝天打一枪。"敌人果然朝天打一枪。敌五军二〇〇师五九九团七连士兵张寿德听了3晚"夜课"，第三晚上便打死班长投降过来，他说："每晚听到你们喊话，我便想起了父亲被蒋匪活埋，自己被抓丁的仇恨，我哭了一场，便决心过来了。"

摘自《大众日报》1949年1月8日

宣传品散发得积极有效　华野二纵十一团侦通连对敌政攻有成绩

【本报讯】十一团侦通连，向被围困的敌人展开"攻心战"。某天晚上该连便衣班把各式各样宣传品秘密送到距魏小窑百十米远处，在敌工事周围撒满。次日南风吹吹，散发的宣传品都飞进了魏小窑。当天晚上，王为法等同志，又用篮子装满了宣传品，趴在地上匍匐前进了70米远，直爬到距李明庄敌哨兵很近地方，将宣传品全部撒出后才回来。天亮后敌在公路上放哨的一个班，出来4个人拾传单，被敌机发现后用机枪扫射；敌机走后，那几个人还是将宣传品全部拾去。某晚便衣班奉命插到魏老窑去散发宣传品，虽然兄弟部队侦察队同志劝阻他们："敌人有机枪封锁不能去！"但他们仍不顾一切危险，机灵的从魏小窑敌工事空隙间插到魏老窑，将宣传品撒遍敌人来往必经的路上。第二天即有敌二八八团两个士兵拿着宣传品冒着魏小窑敌人机枪封锁跑向我方阵地投诚，不久又连续从该团跑来两个，各带来步枪1支，子弹100发，现仍不断有三个两个、成组的敌人向我方投诚。

（王棠）

摘自华野二纵《拂晓新闻》第112期1948年12月2日

◀ 对投降人员进行个别教育

國民黨軍官兵們：
長春、瀋陽、錦州、濟南、開封這些具有近代設防的大城市，都被解放軍一打開了，你們這種土木工程的野戰工事，還能守得住嗎？
（凡執此傳單來歸者，一律優待）
中國人民解放軍華東野戰軍

邱、李、孫兵團官兵們：
你們現在保存實力，四面被圍，突圍投誠，才是生路，才是光明大道；如是還頑抗抵抗只有死路一條。
（凡持此傳單來歸者，一律優待）
中國人民解放軍華東野戰軍

邱、李、孫兵團官兵們：
責伯韬兵團全軍覆沒了，碾莊反正了，李彌第九兵團也打得落花流水，到徐埠以南在劫數內，也被消滅大半，孤軍無援，你們的命運已經注定了，突圍逃跑更無希望，你們是毫無辦法的了，趕快繳械投誠吧！
（凡持此傳單來歸者，一律優待）
中國人民解放軍華東野戰軍

國民黨軍各級主官們：
你們不要放毒，不要傷害老百姓，不准傷害俘虜，不准破壞武器彈藥及各種器材，違者定依戰爭罪犯論處。
（凡執此傳單來歸者，一律優待）
中國人民解放軍華東野戰軍

國民黨軍士兵兄弟們：
你們打死拉人大堆，打傷殘人糟，你們不要再害老百姓，一家人！一家人！撤槍過來吧，解放軍優待你們。
給你們好吃，給你們醫傷口。
（凡執此傳單來歸者，一律優待）
中國人民解放軍華東野戰軍

國民黨軍官兵們：
黃維兵團全軍覆沒了，你們內缺糧彈柴草，外無救兵，你們是毫無希望的了。你們唯一的生路就是放下武器，繳械投誠。
（凡執此傳單來歸者，一律優待）
中國人民解放軍華東野戰軍

國民黨軍官兵弟兄們：
你們固守在這樣狹小的地區內，牲口吃了，柴草燒了，不打死也要餓死，天快過冬了！
要活命的過來吧！要吃飽飯的過來吧！
（凡執此傳單來歸者，一律優待）
中國人民解放軍華東野戰軍

國民黨軍官們：
國民黨反動大勢已去，現在徐州和兩淮浦已經解放了，南京政府正在忙於殺家，你們不要和督督介石賣命，不要替蔣宋孔陳四大家族殉葬。
（凡執此傳單來歸者，一律優待）
中國人民解放軍華東野戰軍

國民黨軍士兵兄弟們：
你們都是被迫當兵的，我們知道你們早已不想打。
掉轉槍口，快快過來吧！
（凡執此傳單來歸者，一律優待）
中國人民解放軍華東野戰軍

國民黨軍官兵們：
解放軍寬待俘虜，不論官兵，一律不殺、不辱、不搜腰包！
祗要放下武器，一律不殺、不辱、不搜腰包！
（凡執此傳單來歸者，一律優待）
中國人民解放軍華東野戰軍

歡迎國民黨軍官兵自動投誠，凡是斜背槍，一手高舉機柄，手持白旗或白手巾來投誠者，本軍概不開槍射擊。
（凡執此傳單來歸者，一律優待）
中國人民解放軍華東野戰軍

國民黨軍官兵們：
你們面前擺容兩條路：
一條路是堅決抵抗，那就是黃伯韬和黃維兵團的道路，那是死亡的道路。
一條路是投誠，那就是曾澤生、廖運周，過鄭洞國的道路，那就是生路，死路一條。
（凡執此傳單來歸者，一律優待）
中國人民解放軍華東野戰軍

▲ 华东野战军印发的对国民党军开展政治攻势的宣传品之一部分

▲ 解放军的宣传单——光荣起义证

▲ 在强大的军事压力与政治攻势下，20天中，约有1.4万余名国民党军官兵自动向解放军投诚

▲ 国民党军官兵持解放军散发的通行证投诚

▲ 从包围圈里逃出来的国民党公职人员

▲ 因饥饿跑出包围圈向我军投诚的国民党军官兵及其眷属

▲ 解放军向放下武器的国民党军官兵讲解俘虏政策

▲ 战壕里设置了国民党军投诚招待所

▲ 战俘经过教育后参加人民解放军

▲ 投降的国民党军士兵，经教育举枪宣誓
加入解放军

▲ 解放军给投诚的国民党军官兵发袜子及其他生活
用品

杜聿明匪部正迅速分崩瓦解　十天内向我投降者两千

【新华社淮海前线28日电】日益难忍的饥寒，正加速着被围于永城东北的杜聿明匪部分崩瓦解。25日此间又大雨严寒，敌机空投已断绝一周。开始冻死饿死的匪军官兵，在周围解放军喊话的劝告下，向解放军投降，自找生路的已越来越多。据统计，自16日至24日向解放军投降的共有2000余人，25日一个晚上就又有300余人来降。自救心盛的士兵现在甚至采取武装冲破军官的监视封锁和镇压的方法出来投降，24日就有敌五军两个排边打边跑，出来投降。据投降的官兵说：被围匪军仅饿死冻死的官兵已有300余人。这些被围部队现在一无饭吃，二无柴烧，三无棉衣棉被，每个投降的官兵来到时已冻得话都说不出来。这些投降者并说：他们的许多营连长都不愿再打仗，有的并号啕痛哭。现解放军正加紧向被围的匪军进行各种劝告工作，要他们赶快投降，自找生路。

摘自华野三纵《麓水》（号外）第 150 期 1948 年 12 月 29 日

被围匪军投诚者日增 我北线已收容千六百余

当面战况

【本报讯】匪军向我投诚的一天比一天多起来，由单人投诚发展至整连整排的集体投诚，由士兵投诚发展到营长、副团长投诚。自本月 16 日到 26 日 11 天中，仅我北线部队收容的投诚敌军，就已经有"剿总"独立团副团长以下 1637 名了。这些投诚的敌人，来自敌人的各个部队，包括五军、九军、八军、五十九军、十二军、七十二军、"剿总"等。这些投诚的敌人，带来很多武器，计有战防炮 1 门、迫击炮 8 门、六〇炮 2 门、重机枪 2 挺（以上是由投诚敌军指供埋藏地点起出者）、轻机枪 39 挺、冲锋机枪 38 支、步枪 400 余支、短枪 5 支。其中 25 日向我投诚者共 137 人，26 日向我投诚者共 165 人，内有一七〇师五〇八团的一个连长带着 4 个班投诚我军。

又讯：据向我投诚的人员称：匪军连日冻饿而死的已有好几百人（好些人在由徐州西逃的路上丢掉了棉被、棉衣），能吃的东西越来越少，有的已经开始吃树皮了。

摘自山东兵团《华东前线》第 68 期 1948 年 12 月 29 日

二十天中敌军向我投降万余

【新华社淮海前线 9 日电】被围于永城东北地区的杜聿明匪部官兵，在解放军强大军事压力与火线政治攻势争取下，自上月 17 日至本月 5 日的 20 天中，有 14000 余名投降解放军。关于此事，人民解放军淮海前线司令部顷发表公报如下：自去年 12 月 17 日淮海战役第三阶段开始以来，我军为使陷入重围的杜聿明部官兵免遭无谓的牺牲，给他们以求生救死的机会，曾向该敌大力进行火线喊话、广播、送劝降书、散发大批传单标语及其他各种争取工作，敌军纷纷向我军投降，至本月 5 日止共达 14000 多人，约等于敌军两个多师的兵力。其中集体投降者，有国民党四十一军残部独九团第二营全部，五军二〇〇师挺进总队全部，七十军三十二师九十五团营全部，九军二五三师七五九团第二营全部、第三营九连全部，新九军五四〇团工兵连全部等。投降军官，已查明者团级以上 8 人，营级 10 人，连级 48 人，排级 30 人。在营以上军官中，有江苏省国民党保安第二旅旅长耿继武、五军二〇〇旅别动总队长李亚东、七十军三十二师九十五团副团长兼一营营长晁子良、三十二师师部参谋处二科科长沈孟琪、五军二〇〇师五十九团（原徐州剿总警卫团）少校团副顾柏耕、四十一军独九团二营营长滕鸿臣、九军二五三

▲ 解放军在收容国民党军伤兵，为他们包扎治疗

▲ 解放军医务人员给被俘的国民党军伤兵换药

▲ 解放军一贯尊重已经放下武器的敌军俘虏人格，并以"救死扶伤"的革命人道主义精神来对待伤俘人员。图为淮海战役中，国民党军伤俘被转入野战医院的情形

▲ 被收容的国民党军伤兵在解放军医院里疗养治疗

▲ 包围圈内挨饿的国民党士兵投诚后，主动去运粮食

▲ 解放军战士给双手负伤的国民党军士兵喂饭

师七五九团二营营长张杰三等多人。投降官兵携来武器，有战防炮1门，迫击炮8门，六〇炮8门，掷弹筒6个，重机枪4挺，轻机枪115挺，汤姆、卡宾、冲锋机115支，步马枪996支，短枪17支，电台1部。

摘自中国人民解放军华东胶东军区政治部编印《淮海战役大获全胜》，第11—12页

▲ 在陈官庄战场，解放军给投诚的国民党军公
教人员吃饭、安居

▲ 投诚的国民党军集体吃饭

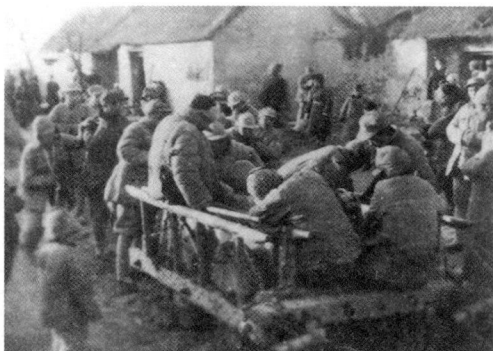

▲ 解放军将国民党军伤兵送往后方医院

▲ 在陈官庄战场，解放军抬运国民党军伤兵

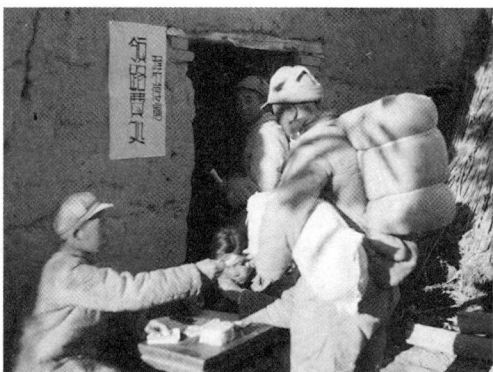

▲ 解放军给要求回家的俘虏发放路费

▲ 被俘的国民党军陆续返籍

永城东北战地速写——在国民党军投诚官兵招待所里

永城东北地区围歼杜聿明匪部的人民解放军某部，在接近火线的地方成立了一个"国民党军投诚官兵招待所"，每天由前方送来成班或三五成群的国民党军投诚官兵，他们到招待所后便相互谈起了如何逃出虎口向解放军投诚的经过，和包围圈中蒋匪的绝境。

7日晚整营向解放军投诚的国民党军第五军四十六师山炮营营部传令兵徐天中说："当投诚的事情从连长、排长一直传进弟兄们耳朵里的时候，大家都异常高兴，几个炮车长就对排长、连长说：'炮弹不多了，要投解放军得多带点炮弹去才够朋友。'排长、连长就马上报告了营长，立即写了公文领了18箱炮弹，架在驮骡上一起投诚过来了。"

16日夜里，守刘集的国民党军七十四军五十八师一七一团九连八班上士班长王万庭，带该班徐成德、樊立有等6名士兵，携1挺轻机、6支步枪和500发子

▲ 华东军区解放军官教导总团由孟都到济南，又由济南乘车到滕县

▲ 在解放军官教导团学习的国民党军军官

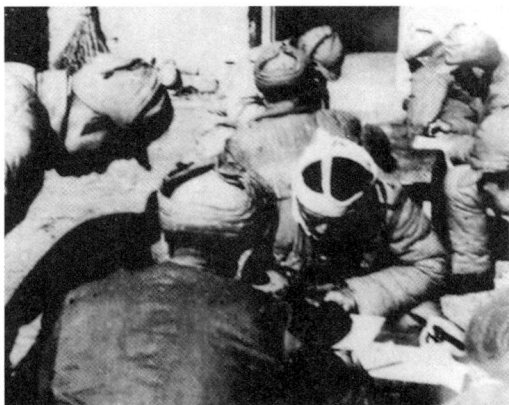
◀ 被俘的国民党高级军官在军官教导团写平安家信

弹，冒着重机火力的追击，投奔到解放军阵地，他们 7 个人一到招待所，就说他们都是赣榆和新浦一带的老百姓，9 月里被蒋匪抓去当挑夫，前几天一七二团几乎打光了，就强把他们编了进去，"大家天天想跑没机会，王万庭老兵当排长，叫我当班长，我说是老百姓不会打枪，连长拿起机枪打一梭子给我看，可把我吓慌了。什么快放点发，到底也没弄通。俺几个听说七班要跑，就商量了一下，要跑就比他们早跑，不然他们一跑看紧了就跑不出了，正好晚上排长派我带一挺机枪 4 个人出去放警戒，我说人太少不敢去，又多派 3 个人，我想多带几支过来也有个功，就到七班去借了 3 支步枪，我们一到警戒线上就跑过来了。"

18 日下午来了 5 个投诚的蒋军士兵，一到招待所门口，就双手拉着前天来的李景全同声地说："你也来啦！"立刻周围就挤上一大群，原来他们都是国民党军七十四军五十一师一五二团一连的，其中有一个六班副班长陈步云就谈起来了，他说："一五二团快完蛋了，二营被打得差不多光了，被编到一营三连去了。谁还愿在里面等死，今天飞机丢了一些大米，连长就带我这个班 5 个人去抢，忽然打来 2 个炮弹，这真是个好机会，陈金玉就趁股黑烟一枪打死了连长，夺过匣子枪，我们就跑过来了。"陈金玉还要求到晚上去对敌人喊话。

16 日来的七十四军五十八师一七二团三营九连八班士兵马仲奎，一到招待所就吃了四大茶缸子大米饭，他指着大茶缸子对大家说："我在里面十天十夜，合起来肚皮里还没有捞着装进这四缸子饭，老百姓的粮食、猪、鸡、牛、羊都吃光，连骡、马都杀光了；睡觉就睡在工事里，连柴草也没的铺。再过 10 天饿不死也得冻死。来到这里又饱又暖和。"说罢，大家不禁都笑了起来。

（刘臣东）

摘自《大众日报》1948 年 12 月 30 日

征程回忆

国民党徐州"剿总"副总司令杜聿明回忆摘要

在这期间，解放军停止攻击 20 天，国民党军有了喘息的机会。解放军同时展开政治攻势，广播、喊话、送信、架电话、送饭吃等等，也起了瓦解国民党军士气的作用。这些天经常有整排整连的官兵投降解放军，弄得国民党军内部上下狐疑，惶恐不安。

摘自《淮海战役亲历记（原国民党将领的回忆）》，文史资料出版社 1983 年，第 44 页

阵中日记

国民党第二兵团九十六师二八七团代理团长李启龙的日记摘录

1949 年元月 1 日

这几天完全是攻心战，敌人的花样很多，阵地喊话、送传单、写信、宣传品中夹糖、香烟等等，想尽鼓动之能到，敌人之政治工作一直做到杜、邱、李三位将军的身上来了。公开写给邱先生的信，就有三种之多……

元月 2 日

当面之敌为二纵四师十一团，仍然花样百出地实施攻心战。今天清晨在范楼阵地前拾到一大包传单，里面有好几封信，一封是写给杜、邱、李三位先生的，一封是特别写给本团二营营长的，还有一封是三十二师九十五团三连连长（隋晏叛变）写给第九连连长的，我们自己也特别加强攻心战的组织，实行反攻心。

元月 3 日

一位新任的连级干部投敌去了，很多敌人的传单缴到师部，邱先生看也不看，完全付之一炬。这就是我们落伍的原因，敌人若得到我们什么文件，总是详细研究，只要抓住计划，他们决不放松，可以说他们的政治工作，真是无孔不入，上面做到我们的总司令（杜），下面做到每一个战士。别人的长处不去学习，完全采用高压手段、蒙蔽政策，等到事情一爆发，那就不可收拾了。

元月 4 日

敌人的攻心战是愈来愈强了，他们给第二营连长以上的官长都有一封信，因为范光辉之走，连他们的姓名和家世都很清楚，这种单刀直入的战法的确令人害怕。

元月 5 日

敌人的政治工作和组织能力，我真佩服，这是我们腐败的官僚制度所望尘莫及的。

摘自华野二纵四师党委会《淮海战役的工作综合报告》，1949 年 1 月 26 日

第四章　战地新年

在风雪严寒的淮海战场上，解放军送走了胜利的 1948 年，迎来了具有伟大时代转折意义的 1949 年。广大指战员以必胜的信念和革命乐观主义精神，认真学习毛泽东主席为新华社写的 1949 年元旦献词，普遍开展了战地宣传、文娱活动，积极响应"将革命进行到底"的伟大号召，决心打好新年第一仗，彻底消灭包围圈内的国民党军。

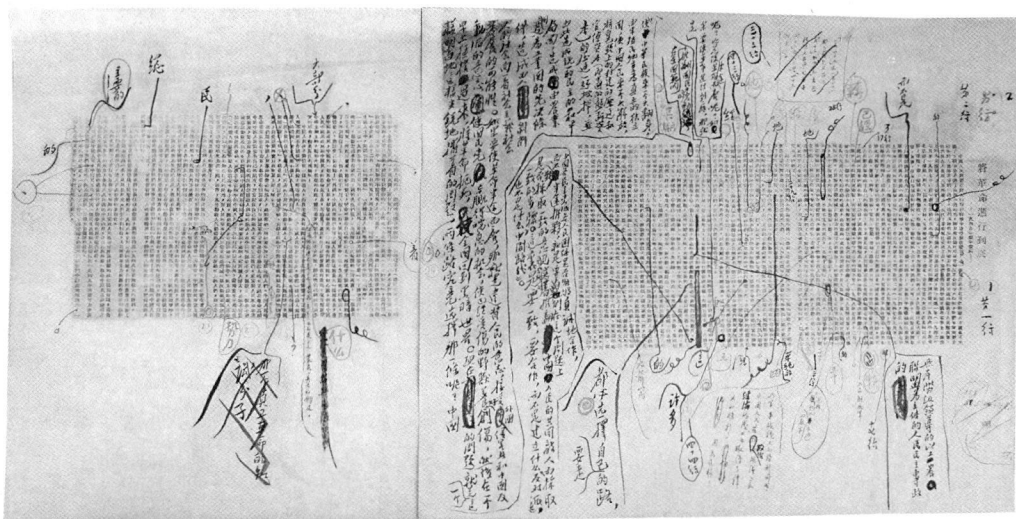

▲ 1949 年到来之际，毛泽东主席为新华社写了新年献词《将革命进行到底》。毛泽东在这篇文章中指出："中国人民将要在伟大的解放战争中获得胜利，甚至连我们的敌人都不怀疑了。"并庄严宣告："1949 年中国人民解放军将向长江以南进军，将要获得比 1948 年更加伟大的胜利。"他揭露了国民党的"和平"阴谋，特别引用了农夫和蛇的故事，教育全党全军，要把革命斗争进行到底。新年献词极大地鼓舞了淮海前线全体将士，激励了广大指战员继续作战，夺取淮海战役的彻底胜利。此为新年献词修改稿

一、欢度新年

新年到来之际，中原、华东军区及野战军首长分别致函淮海前线全体指战员及伤病员，对他们奋不顾身、顽强作战的精神以及吃苦耐劳、坚韧不拔的战斗作风给予充分的肯定并向他们致以亲切的慰问。广大指战员深受教育和鼓舞，阵地上洋溢着浓郁的节日气氛。淮海战役已到最后决胜关头，在炮火中迎接新年，华野全军决心打好新年第一仗。

文件选编

华东军区司令部、政治部庆祝新年给淮海前线全体指战员的慰问信

淮海前线全体亲爱的指战员同志们：

胜利的 1948 年在全军英勇奋斗中过去了！回忆一年来，由于毛主席英明的正确领导，由于前方野战军所有同志们高度的革命英雄主义，并与华北、中原兄弟部队的密切协同，终于战胜一切困难，获得不断的伟大胜利。在山东除青岛外已完全扫清了残余敌人，在外线出击中连续歼敌致胜，克复了江北许多军事战略要地和徐州、济南、淮阴等重要城市，取得了军事上和政治上空前的伟大胜利，给江北国民党匪帮以致命的打击，加速了国民党反动统治的灭亡过程，并使全华东全中国的彻底解放早日到来！值此元旦佳节，特向你们致热烈的庆贺与慰问。

亲爱的同志们！虽然我们已经获得这样重大的胜利，但是摆在我们面前的还有更紧张更光荣的任务，这就是在淮海战役第二阶段胜利的基础上，更进一步的发扬英勇顽强连续战斗的精神，再接再厉，把当前的敌人彻底干脆的加以歼灭！我们号召所有军区后方机关部队更加百倍的紧张起来，协同一致，全力支援前线，巩固后方治安，加强交通运输，保证弹药粮食供给，动员人员到前线去，加强医疗工作，以便更有力的配合前方，坚决全歼蒋介石残余主力于江北！

同志们！迎接伟大的 1949 年，我们要在这一年中，创造更大更多的胜利！我们要响应毛主席的伟大号召，打到南京去，活捉蒋介石，为解放全华东、全中国而奋斗！

祝同志们新年健康！

华东军区司令部、政治部

1948 年 12 月 31 日

摘自《大众日报》1949 年 1 月 2 日

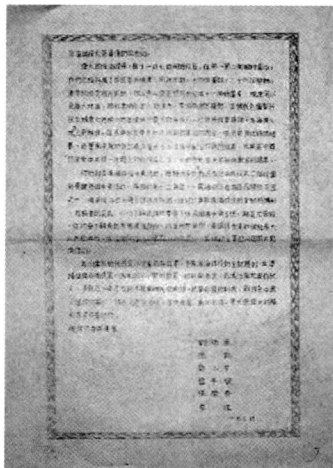

▲ 中野首长给淮海战役光荣负伤指战员的慰问信

▶ 刊载在《中原日报》上的《华野电中原祝贺新年》报道

华野及山东兵团指战员致电华东局、华东军区祝贺新年

【本报讯】华东野战军诸首长、华野山东兵团诸首长，元旦致电华东局、华东军区，祝贺新年。原电分志如次：

（一）华东局诸同志，并华东军区各首长：

1948 年已胜利度过，在这 1949 年元旦，敬向您们遥致崇高的敬意，并祝身体康健，对华东地方党政军民给我们的热烈支援和密切配合，表示感谢。我们今后当在党中央的指示和你们的直接领导下，坚决完成党给我们的光荣作战任务，首先就是歼灭当面被包围的匪军杜聿明部，继续努力加强纪律性，克服严重的无纪律无政府状态，提高战术，加强学习，为革命的彻底胜利而努力奋斗。

粟裕、谭震林、陈士榘、张震、唐亮、钟期光率全体指战员敬上元旦

（二）华东局、军区：

在党中央和你们的正确领导之下，我们已胜利的度过了 1948 年，际此伟大 1949 年的开端，谨向你们致以诚挚的祝贺与崇高的敬意，并保证继续团结全军，不骄不懈，发展胜利，首先是以加紧围歼当面之敌——杜聿明匪军，作为新年的给你们的献礼。

许、谭、王、李、谢、陈率全体指战员

1949 年 1 月 1 日

摘自《大众日报》1949 年 1 月 9 日

华野首长新年告指战员书提出六项号召

坚决执行党中央"军队向前进"与"将革命进行到底"的战略方针

【新华社淮海前线 15 日电】人民解放军华东野战军首长发表"新年告全体指战员书"祝贺全军同志新年胜利，健康和进步，说明全国胜利形势和淮海战役巨大胜利的历史意义，指出"华野全军过去一年在建军工作上的重大成绩表现了部队英勇顽强、艰苦作战的战斗作风"。最后，根据当前任务，向全华野部队提出六项号召：

一、坚决执行党中央毛主席"军队向前进"与"将革命进行到底"的战略方针，英勇前进，再接再厉，继续作战，在全国作战总任务下与兄弟兵团密切协同，坚决与完满地完成 1949 年我军的作战任务。

二、全军上下应把做群众工作与歼灭敌人看作同等重要的任务，努力发动和组织新区广大群众，建设人民民主政府及其武装，尊重群众风俗习惯，爱护人民利益。

三、加强政策纪律教育，正确执行党的各种政策，严肃群众纪律，并以实际的模范行动来保证实行。

四、加强军事政治学习，提高理论水平，精研党的政策，强化政治工作，提高军事技术、战术，学会新的作战方法，吸收和培养大批军政干部及技术人才。

五、团结友爱，加强各兵团、各部队、各兵种间亲密团结，互相学习，密切协同，打破家乡观念、地域界限，巩固部队，尊重政府，服从政府法令。

六、贯彻加强纪律性，克服无纪律、无政府状态，加强思想领导，克服一切不良倾向，加强军队正规建设。

摘自《大众日报》1949 年 1 月 17 日

◀ 华野山东兵团政治部 1949 年元旦出版的《华东前线》

▶ 江淮独一团政治处出版的《战士》1949 年元旦刊

▲ 华野八纵《战旗报》1949 年元旦出版的新年专号，其中发表《以全歼当面敌人的胜利，迎接伟大的 1949 年》等文章

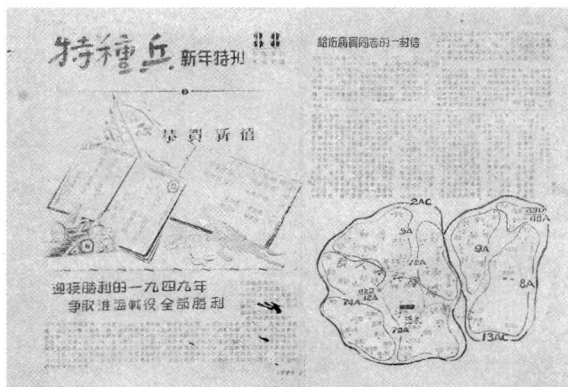

▲ 华野特纵 1949 年新年出版《特种兵》新年特刊，号召全体指战员迎接胜利的 1949 年，争取淮海战役全部胜利，并向伤病员同志表示亲切的慰问

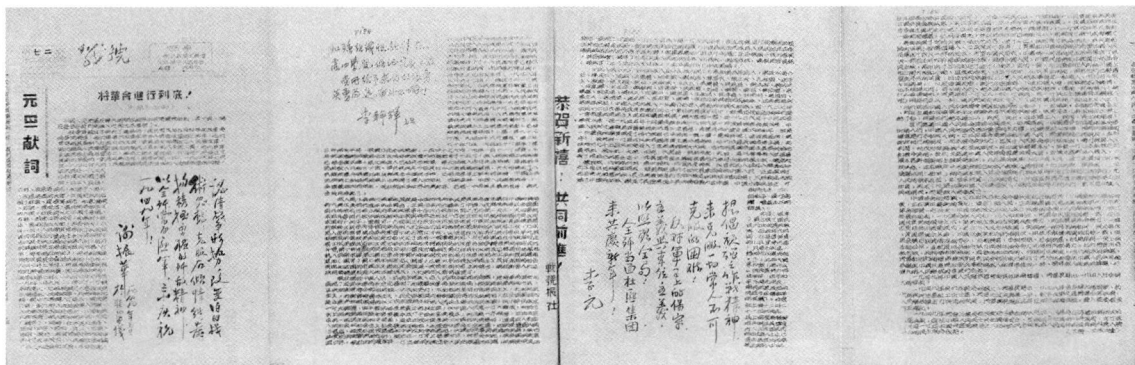

▲ 华野十二纵队政治部出版的《战号》1949 年元旦特刊，内容有纵队司令员谢振华和政委李干辉等首长的题词，反映了淮海战役第三阶段战况以及庆祝淮海战役胜利

▲ 华野九纵七十五团政治处 1949 年 1 月 2 日编印的第 541 期《杀敌》，刊载了过去一年的战果

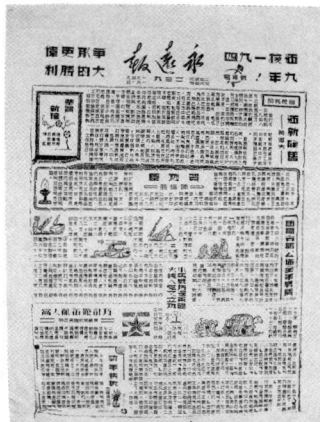

▲ 华野二纵五师十四团《永远报》1949 年 1 月 1 日新年号，刊登了团首长的祝词以及团司令部公布的 1948 年全年战绩

战地报道

严密包围杜匪部的前线我军热情迎接 1949 年
淮海战役已到最后决战之时　迎接新年要打好今年头一仗

【淮海前线 4 日电】严密围困杜聿明匪部的华东野战军，以无比的战斗热情和胜利信心迎接 1949 年。华野政治部元旦出版的《人民前线》报，在新年献词中提出"光荣伟大的淮海战役已经到了最后决胜的时候了，我们在炮火中迎接新年，就要打好今年的头一仗"。华野司令部于元旦举行的连以上干部茶话会上，陈士榘参谋长、张震副参谋长号召大家在已有胜利的基础上做好工作，争取 1949 年更大的胜利。某部刊载新华社新年献词《将革命进行到底》的小报，在元旦的下午便送到前线的战壕里，指战员们争相阅读，大大鼓舞了战斗热情，他们一致的口号"要在 1949 年立大功"。在阵地上并肩作战的各战斗单位纷纷互祝新岁。某部三营孙副营长、蔡政教暨全体指战员致函感谢一、二营在过去一年战斗中的配合，并愿在 1949 年更好地互相协同，争取更多的胜利。许多连队中的功臣得到了部队首长的贺年信，如某团首长寄给全团近 400 位立三等功以上的同志每人一封贺年信，号召功臣们在新年中"功上加功"，并奖给 7 个模范单位各一个光荣匾。某团通讯队于元旦给团首长的贺年信中，并要求任务，保证坚决完成。某部警卫部队在新年同乐会上欢送自动要求去战斗连队的干部、战士。他们都以能直接参加最后全歼杜匪军的战斗为光荣。战士们以兴奋、愉快的心情在新年中进行了各种环境许可的文娱活动，和向群众宣传胜利，某部许多连队还帮助受国民党匪军严重破坏的村庄居民整理家务，各连的战士委员会组织了调查小组，逐家慰问。华野司令部某单位并将节余粮 100 斤，在新年慰问驻地贫苦的军烈属。

摘自《大众日报》1949 年 1 月 8 日

侦察部队年来功绩卓著　纵司元旦召开庆功大会
聂、叶首长亲临作重要指示

【本报讯】为总结我纵侦察工作年来的成绩，继续完成 1949 年新的重大任务，纵队司令部特于元旦日召开全纵侦察人员新年庆功大会，到会者有纵队侦察营及各师侦察队、团侦察参谋共达 600 余人。会间并由叶副参谋长亲作报告……

是晚，并组织迎接新年暨庆功晚会，聂司令员[①]在讲话中指出：海州、新安镇之敌向西逃窜，徐州之敌向西南逃窜等重大情况迅速发觉，给上级对战役指导上的帮助，是有着重大价值的。对全纵侦察员，倍加表扬，并号召大家学习他们英勇艰苦的高尚革命英雄主义精神。接着由罗部长代表首长颁发纵队奖予侦察科及侦察营"发扬钢胆、沉着、机动灵活的革命精神，完成今后更艰巨的任务"的荣誉奖旗。

（阎维华）

摘自华野九纵《胜利》第 104 期 1949 年 1 月 5 日

▲ 华东人民慰问团团长与华野八纵陈楼战斗飞虎班勇士们合影

▲ 华东军区文工团于战后到十一师慰问时与师首长等的合影

元旦在前线

元旦在前线。

纵横错什的交通壕，两边都挖了很多掩蔽部，里面都铺着厚厚的软草，又能睡觉又能开会，每个班都有自己的小饭堂、枪架，在较远处还有厕所。每个班或排都有一只小罐头或小锅用来烧开水，交通壕里有排水沟、蓄水缸，一切都有条理，很干净。

从大早起，到处热吵吵地互相在祝贺新年，旅团的战士们自己的贺年片到处传，战士们自己化装扮演的活报也在交通壕里活跃起来了，大家都笑开了嘴，墙报上到处红红绿绿的贴着奖状、贺年片、快报，门前贴着对联，五一大队炮连的四号宿舍门前的对联上写"新春全歼杜邱李，今年活捉蒋介石"。五二大队机枪手陆金荣写

---

① 编者注："聂司令员"为华野九纵司令员聂凤智。

了一首枪杆诗，拿给文化教员看，上写："胜利年，今天到，轻机枪，准备好，我要打，你就叫，胜利年打胜利仗，伙计你要撑撑腰！"很多同志都在新年第一天，讨论订立自己的立功计划，"四一"二连二排全体同志一早就讨论："去年我们大家虽都立了些功，但今年要下决心，立更大的功劳来和一班比赛……"新解放同志于清贵，也热情地表示："过了年我也是老同志啦！我也要和老同志并肩立功！"

然而，前线终究还是紧张的，整个大半天，指战员仍然在战壕里紧张地学习、研究沙盘，有的在开会，有的在继续改造地形加强工事，在前面的警戒，更始终严密监视着敌人。看吧！在300米远前面，死气沉沉的一片光秃秃的庄子就是敌人的阵地，大清早敌人就在"噼噼啪啪"打机步枪，战士们已熟悉了，敌人正用火力追击逃兵！可不是，一个早上五一大队前沿阵前即收容到9个逃来的蒋军，带来7支步枪，他们挣脱了死亡，到解放军来过年了。

（胡冈、宗铎、戴涛、威惠）

摘自华野十一纵《战线新闻》第74期 1949年1月4日

▲ 华野八纵某团在战地制作大型图表，展示该团两年来光辉战绩

▲ 解放军指战员观看迎新年墙报

◀ 围困杜聿明集团的解放军战士在战壕里过新年，用棉花在壕壁上做成"毛主席"三字以代替领袖像

华野八纵某部荣誉连欢度新年

距敌据点刘楼仅 50 公尺的七大队荣誉连，在冰天雪地的阵地上愉快地迎新年。除夕夜，有的打扫战壕中的积雪，有的赶修过年的掩蔽部，文干巫再新，在最前沿阵地上用喊话筒对敌人喊道："我们准备了过年的饭菜，有肉有大米。你们快投过来，一起过新年吧。"果然，一夜晚就从刘楼跑过来了 18 个蒋军弟兄（其中 17 个投向一连阵地）。

他们在掩蔽部里热烈地开着回忆晚会。当 16 位英模回想到 1947 年 4 月，英勇守卫沂蒙山区，在黄崖顶上阻击敌人疯狂进攻，而获得荣誉连的光荣称号时，各个表示要发扬英勇顽强精神，把当面敌人歼灭净，再立决战荣誉功。

元旦，天一明，大家都从掩蔽部里走出来，互相祝贺新年胜利。当传达师首长给他们的慰问信后，各条战壕里都发出欢声，说："祝师首长新年愉快，我们一定保持光荣称号，决心争取决战中更大的荣誉。"刘政指到前沿的阵地上，举行元旦试枪典礼。他说："同志们！向敌人打响胜利的第一枪吧！"几十支枪向刘楼敌人齐放三枪，小炮手谢斌说："这是我今年给敌人的第一炮。"

（金玉坤、刘建生）

摘自华野八纵《战旗报》第 257 期 1949 年 1 月 6 日

战壕里的元旦

元旦的早晨，我军"青城"部的前沿阵地上，蛇形的战壕和孤单的掩体，都修饰得异常精致。班、排壁报的"新年专刊"上，贴满了战士们的各种形式的作品。战士们纷纷在"新年专刊"上表达自己对来年的期望。鲜艳的贺年片和成叠的慰问信，在战壕里来回不停地传阅着。

早饭还是照例送来。今天，战士们是那样聚精会神地边谈边吃……忽然，二排长郭庆才同志提到解放战士陈长齐"经过了回忆晚会和指导员的谈话，他觉悟了，说出自己是诸城人……这回他表示不打倒老蒋不回家"。刘清溪同志接着说："小田也进步了！刚过来时，满身净虱子，同志们给他烫，给他捉……"

天空放射出一线阳光，战士们不时放开嗓子唱起雄壮的歌声来。——他们是在为敌人唱。当"打得好"唱毕，敌人又要求再来一个，这在毫不费劲的战士们都慷慨地答应了。

　　地堡顶上，缭绕着袅袅上升的轻烟，地堡里战士们围在火盆旁拉呱、写稿、读报，叶门田同志和副政指蹲在掩体里下象棋……战壕里的一切都显得那么轻松、愉快。可是，对面仅相距40米的敌人阵地上，却沉寂得和坟墓一样，即使有时在上空飞舞起小雀般的纸片，那就是战士刚打出的"宣传棒"，带去给蒋军官兵们的贺年片，已在空中展开向下降落了。

（李月润）

摘自山东兵团《华东前线》第 70 期 1949 年 1 月 4 日

▲ 华野九纵二十七师"潍县团"一连举行新年联欢会　　▲ 战士们演出文娱节目欢庆新年

火线上的两个元旦

　　1949 年的第一个早晨，在围困杜聿明匪部的解放军前哨阵地上，我夜晚对敌人喊话的麦克风，此时掉转来对着自己的战壕，唱出了轻松愉快的新年歌：

> 新鲜新鲜真新鲜，
>
> 地堡、战壕过新年，
>
> 扭秧歌、唱快板，
>
> 咱向同志们拜新年。
>
> ……新年雪花飞满天，
>
> 战壕里边把兵练……
>
> 去年到处传捷报，
>
> 今年更要打得好……

　　唱完了新年歌，便报告消息："本团从昨夜天黑到今天天明，敌人来投降的 90 多，其中七十二军一二二师军官总队少校军官甫尚忠、张庆喜两名，及尉级军官多名……"

战士们听着都喜得笑开了，刚刚解放不久的新战士熊显国立刻做起快板来："今年过年真正好，解放同志来得巧，我们这里吃猪肉，敌人里面吃麦苗。"

八连代表化了装，戴着特制的小红帽到七连来贺年。刘洪乔连长迎出来，代表们说："连长！向你拜年，你得唱一段快板，不唱，咱们不走。"刘连长从来也没有唱过快板，这时又高兴又难为情，终于唱了一段："小红帽，红通通，角向上，朝天空，祝你们今年立大功。"引得代表们和大家哄然大笑。

战士们在元旦的早晨将他们的工事也装饰起来了。交通壕里面插上了"前进路"、"胜利路"，一端还有"胜利门"。在战壕两边土墙上，用棉花嵌出各式各样的"恭贺新禧"和各种春联，在一个掩蔽部的门口，横刻着四个大字："出门立功"。八连一班的掩蔽部里，一块醒目的蓝布上，贴满了战士们的新年立功决心书，一个广东籍的新解放战士在决心书上写着："打回老家去，解放人民，共同饱暖，共享太平。"一连六班，最前沿的机枪工事的枪眼两边，贴着两幅鲜红的春联，上联是："看我们热闹哄哄过年"，下联是："见敌人死气沉沉等死"。

从枪眼望去，敌人的地堡群正沉没在灰色的晨雾中，毫无半点生气。四五百米远外，躺着几个灰色东西，这就是饿困的敌人，在昨天为抢空投的大米而自相射杀的尸体。

除夕的午夜，被围的杜匪

▲ 陈官庄前线战士们吹起欢快的口琴，快快乐乐过新年

▲ 解放军文工团在前线进行慰问演出活动

▲ 解放军指战员与当地群众联欢，共庆新年

残部仍陷在饥寒中，匪军三十二师九十六团五连一个排副侯益祥带着3个士兵在雪地里放哨，在饥饿寒冷的侵袭下，其中一个叫卓忠楚的士兵再也忍不下去，向他的排副提出："我们又冷又饿，怎么办呢？还不如……"他把最后一句话收回了半句，因为他又突然想到："搞不好回去要挨活埋的！"他们的长官早就下过命令："谁要投八路，抓回去活埋！"排副领会了他的意思反问他一句："不如什么？去……投降吗？"他看着瞒也瞒不下去了，就壮着胆子说："是投降去！"另外两个士兵也插上了嘴："我早就这样想了！"这位排副也苦笑笑，不约而同地表示着自己心理："我也早这样想了，只是不敢对人讲罢了！"于是他们就带着全副武装投奔解放军。当他们来到解放军的招待所，正逢新年元旦，吃肉、包饺子，他们兴奋地谈着："在那圈子里不知怎么死哩！"到这边来找到了生路，"又过了新年"。

在解放军的阵地上，指战员们一面过着胜利的新年，一面组成喊话组向这些被围困的杜匪军士兵喊话，散发宣传品，每一组游动哨都自动的在向杜匪军士兵忠告。除夕晚上，某连宣传员带着几个战士去喊话，当夜就有20多个杜匪军士兵跑来我军阵地。元旦夜里，某营副政教带着各连宣传员组成的喊话组和装有肉包、花生、宣传品的"救生袋"，一面喊话，一面把袋子挂在敌人阵地前，在喊话的时候，问他们新年过得怎么样时，听见里面传来了有气无力的"过过了"的回答，再问他们时，他们再也没有答话了，只听到"唉"、"唉"的连声叹息。喊话组告诉他们这里有"救生袋"，可拿回去过年，第二天果真那些红色的"救生袋"一个个被他们拿回去了。

（《新徐日报》）

摘自《中国人民解放军淮海大捷纪实》，中原新华书店1949年，第138—140页

元旦日和郝贤

"潍县团"所设的"国民党军投诚招待所"里，热腾腾的饭菜和冻饿得发抖的投诚蒋军群，构成了一幅强烈的对比图画。

大群的投诚蒋军中，有一个伤兵名叫郝贤。他在王庄战斗中腔上挂了彩，一直没人管，也没人上药，两只脚肿的和发酵的馒头一样；他在包围圈内到处爬着要饭吃，可是一口也要不到；前天在飞机场向一个当排长的要饭吃，被排长一脚踢出去老远。他爬到一辆汽车旁，凑巧碰到自己连的连长和排长，他想："这下子可好了！"他满怀希望地哀求连长道："我叫枪打成这个样，你

▲ 华野八纵文工团在前线为指战员演出

得给我设法上点药吧！我的肚子饿得要命啦！"哪知，连长一翻眼，说："我还没啥吃，孩子哭大人叫，哪能管你们这些……"

郝贤这才完全明白了，于是下定决心向我军这边爬。从飞机场爬起，爬了四天，好容易才爬到我军阵地上。这天正巧是 1949 年的第一天——元旦。

同志们发觉了他，忙找了另外两个投诚蒋军挽着他来到"国民党军投诚招待所"。负责招待的马保学同志首先找了双鞋给他穿，郝贤接到手里试了试，脚肿了却穿不下去，他连忙珍惜地把鞋装在布袋里，感谢地说："谢谢！你们救我，等脚好了坚决在这里干好报仇。"他一连吃了四大碗热腾腾的饭，还盛上一碗留着再吃，房东老大爷笑着插嘴说："不用留了，你到解放军来就好了，走到哪里都有饭吃。唉！你这些青年人，怎么不早往这边跑呢？在里面受这么样罪。"

郝贤望着老大爷点点头说："这回爬出来，命有救了！"

（隋光）

摘自山东兵团《华东前线》第 72 期 1949 年 1 月 10 日

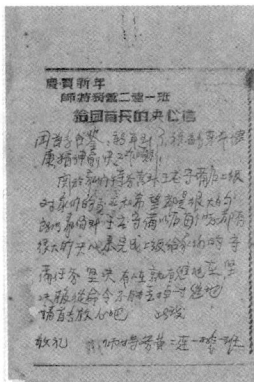

▲ 庆贺新年，华野九纵某师特务营二连一班给团首长的决心信

▲ 1949 年元旦，华野四纵十二师三十六团印发的贺年片

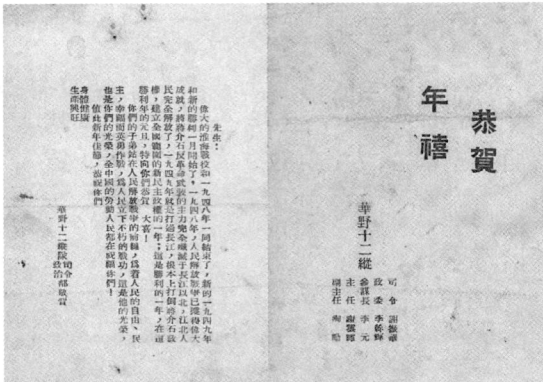

▲ 1949 年元旦，华野十二纵印发的贺年片

▲ 前线指战员在阅读解放区人民寄来的慰问信

▲ 中原、华东人民发起热烈的劳军运动，大批慰问袋、慰问信送往部队

烽火家书

满江红——寄淮海前线诸战友

雷霆万钧，扫凶顽风卷残叶，向前进乘风破浪，坚忍卓绝，逐鹿中原歼丑类，打到南京捉蒋贼，在江淮全歼匪精华，频传捷。

握战局，新转折，迎胜利，定南北，更英勇上前不稍休歇，莫让逃敌延残喘，百战功成此时节，看人民重整旧山河，新中国。

贾若瑜

（转自《前线报》）

摘自华野九纵《胜利》第 106 期 1949 年 1 月 7 日

解放军军属来信

这里所登载的是新华广播电台替军属们转播写给前方的信，请各营、连负责同志好好转给收信同志——编者。

"潍县团"三营八连韩其文同志

其文儿：今年咱家收成比往年好，村政府照顾很周到，你不用挂念，要在前方勇敢杀敌立功，并常往家中来信。

父　韩丕祥

宋耿团三营营部隋荣增同志

荣增兄：我现在华东财经办事处卫生学校学习，生活很好，前寄照片已收到，但以后未见来信，希望往家中去信。

弟　仁增

王宋团二营张京耀同志

京耀：今年7月来信收到，知你很好，现在咱家中生产胜过往年，生活不错，家中平安勿念，望安心工作常来信以免挂念。

父　敬棠　12.27

张丁团二营五连张延芝同志

延芝吾儿：现在家中平顺，生活无困难，你弟弟妹妹都在学校念书，村庄教员就住在咱家中，望见信后速回信，诸位教员也问你好。

母字　12.27

陈任团一营营部勃玉仙同志

玉仙儿：家中生活无有困难，你弟弟现在新兵师通讯队工作，望你好好工作，并常来信，以免二老挂念。

父字　1.6

王方团一营机枪连军显林同志

显林儿：今收到你二弟和弟妹的信，他现在济南华东交通专科摩托四班学习，家中事有你祖父照料，不用你挂念，村干部写信给你说你们都是人民功臣，人民永远不会忘记你们，要响应毛主席的号召军队向前进，打过长江去解放全中国！

母字

"济一团"二营五连蔡树文同志

树文儿：家中都好勿念，望安心工作，早日打垮反动派，咱们好过自由的日子。

母字

纵队后勤部留守处休养队刘炳玉同志

　　炳玉儿：去年咱家的田赋和公粮都减免了，春天没有困难，在全村的帮助下还买了一头驴，我打算叫你弟弟去上学，你在外要积极的工作，别忘了村里对咱的好处，特别是失火的那件事情，在寒冷的冬天全村帮助咱给房子修理好了，只有努力杀敌才能对得起群众。

父字　1.11

▲ 解放军战士看慰问信

▲ 慰问徐东阻击战太平庄战斗的勇士们

王孙团一营一连高朋忠同志

　　朋忠儿：来信收见，家中生活没有困难，你的妻对我很好，小孙女长的亦很好，一切勿念，我们只盼你服从命令，遵守纪律，勇敢杀敌，争个战斗英雄。

母字

各位同志们：

　　我们接到了你们的父母妻子弟兄和家乡村干部请我们代播给你们的信，因为时间限制不能都告诉你们，现已将你们的原信都转去，不久你们都可收到的，信的内容都是说明由于在前方英勇作战，后方的广大人民可以安居乐业的生活，家中生产都有人帮助代耕，公粮已完全交上，吃穿已都无困难，希望你们安心的为人民服务，为人民立功，打到南京去，活捉蒋介石！

　　此致

敬礼

（华东新华广播电台）

摘自华野九纵《胜利》第 111—114 期 1949 年 1 月 14 日—21 日

二、阵地生活

在硝烟弥漫、风雪严寒的战场上，在双方对峙的环境中，解放军指战员以阵地为家，各级政治机关在战壕内成立了固定的政工指挥所，在阵地上进行时事教育，传达敌我斗争形势及全线战斗消息，召开党的会议和军事民主会，出版战地小报，印发胜利捷报，公布记功命令，转送来自后方的大批慰问信，组织各种小型娱乐活动，经过一系列的鼓动，保持部队旺盛的战斗情绪。各部队在长期的战壕生活实践中，建立起一套战壕生活制度，在战壕里修筑了工事、掩体，铺上麦秸、铺草，睡下当床铺，站起可射击，还特地修筑了会议室、厨房、火炉、水井和厕所。战壕就是战士们的家，他们在这儿战斗、学习，情同手足，亲如兄弟，过着艰苦、紧张且愉快的军营生活。

文件选编

战壕中的政治工作——使战壕成为战士的学校与战士的家

战士初入战壕，对分散的战壕生活是不习惯的，整天听不到歌声，对敌情又不很了解，大家都感到闷得慌，加以敌人冷枪、反扑，部队有些伤亡，情绪很容易起变化。因此，战壕政治工作的任务是保证部队的物质生活，巩固政治情绪与活跃的文化生活。由于我们是以工事抵近敌人、分割敌人，部队是处在分散的、隐蔽的状态之下，这一新的情况，就要求我们寻求新的组织形式与新的工作生活方式，我纵是这样解决这个问题的：

（A）分头进行传达，深入贯彻下去。

在新的战争环境下，我寻求到三种不同的组织形式：一是以团营干部分头下去传达，具体帮助政指体会指示精神，再召开支委、小组长、党员的小型会议，然后展开广泛的小组活动（七十八团）。一是采取按级传达形式——团召集营、营召集连，按级贯彻下去，同时各级均派人参加，进行具体了解和实际帮助（八十一团）。另一种是把纵、旅、团各级机关工作同志，组成几个工作组，深入战壕活动，以便领导机关直接掌握部队思想，并帮助解决实际困难问题。以上三种组织形式，都是新环境下的产物，而又被经验证明是有效的，完全适合于新环境的新的组织形式。

（B）展开小组活动，机关走进战壕。

在新环境下，我们亦寻求到几种新的工作方法与方式：由于把各级干部召集来，以会议形式传达不可能，于是，电话机、报纸、写信等方式就被各级广泛的采用，此其一。其二，把机关工作同志组织起来到战壕中去。战士是有爱听新鲜消息的要求的，七十八团曾把纵、旅、团各级政治机关的工作同志组成三个工作组，每天到战壕中去作穿梭活动，白天下去，黑夜回来，使"战士每天见到政治机关的人员"。同时"他们每天亦给战士以新的东西"：如帮助读报，传达胜利消息，问暖问寒等，从帮助工作中亦就了解了部队情况，以此密切上下联系。其三，开展广泛的群众性的各种小型活动。这是完全行得通，而且又被经验证明最有效的工作方式，如小型的贺功会、小型的战术研究会、小型的评定伤亡（七十八团采取伤一个评一个、随伤随评，效果很好）、小型的时事座谈会，以及小型的兵教兵的群众性的活动教育……这些活动，都是以小组为单位，以党员积极分子为骨干，开展起来的群众性的小型活动，这是战壕政治工作中主要的工作方式。

（C）加强文化生活，活跃部队情绪。

"变沉闷为活跃"，这是战壕政治工作重要任务之一。经验证明：哪一个战壕情绪活跃，哪一个战壕就有比较丰富的文化生活。在战役过程中，纵、旅、团各级都普遍地出了报纸。为了名副其实，七十八团把《战士报》改为《阵地报》，每天送到战士手中，报纸的形式还不能满足战士的需要，于是，传单式的、配合有漫画的快报就风行一时。读报成为战士不可缺少的文化生活，指导员、宣传员都成为忠实的读报者。为了适应地形，八十一团在读报时采取走一段读一段的方法，据战士反映：最受欢迎的作品有《三勇士归来》、《四水手过河》、《老少英雄》、《战场立功家门光荣》等。同样值得提倡的，在战壕中三人五人一起，可以摆龙门阵、说故事、讲笑话，由各人摆自己过五关斩六将的英雄事迹，亦可以进行猜谜、碰球、捉老蒋等游戏。小型的娱乐晚会亦在战地出现。这是纵、旅、团文工团、宣传队同志在七十六团小型贺功会上演出的，在演出的节目里有：《蒋介石着了慌》、《打地堡》、《攻打张围子的英雄》等，以上均是采取快板、秧歌、歌剧的形式，内容紧紧与事实相结合，意外的受到战士欢迎。

（D）保证物质生活，战胜物质困难。

物质生活保证，与巩固部队战斗情绪有密切的关系。为了使战士能吃得饱，睡得好，普遍的做到避弹室里有铺草、水缸、厕所等设备。伙食上尽量做到改善，八十团在小张庄战斗后，几乎每天都能吃到肉，七十九团某连在连续战壕生活中，送了 18 顿饭，没有一次是重样的，并且每顿都能吃到肉。生活上的改善，不仅保证了在连续作战中的体力，而且还鼓舞了大家的情绪。

在困难环境下，就会想出克服困难的办法。七十九团某排长用子弹箱改造成适合战壕的锅灶。没有水喝，就把坑打深些，取出水来，再在工事隐蔽处挖一小坑，利用炮弹壳烧水，这样就克服了喝不上水的困难。又为了保障前方部队不吃冷饭冷汤，八十团、七十九团炊事员同志发明用棉套裹住饭桶，外面再加上一层麦秸，送 30 里汤饭仍然很热。

摘自中野九纵政治部《淮海战役政治工作总结报告》，1949 年 1 月 25 日，第 44—47 页

火线爱兵与拥干

一大队三小队召开连以上干部会议，根据目前战士思想倾向，提出如何爱兵及如何拥干，让战士分组讨论。

其爱兵的内容为：（1）处处关心战士的性命，是爱兵的主要内容。例如在连续战斗中，战士当然疲劳，因战士不乐意挖工事，甚至发牢骚，干部若迁就战士，表面上似乎爱兵，很显然，战斗一开始，因工事构筑不坚强，就要招致无谓的伤亡，是迁就战士的一时疲劳，还是积极地动员说服战士在疲劳的情况下挖好工事？道理很简单，可惜部分的干部还没算过账来。（2）爱护战士的"思想"，这就是要不断地帮助战士，使正确的思想压制不正确的倾向。这就是要不断地表扬鼓励好的典型，号召大家向这些同志看齐，以保持部队的旺盛士气，任何的怕麻烦，认为打着仗没有空去教育，让个别战士的思想倾向增长起来，即使发生不了逃亡，战斗情绪也很难提高。（3）关心战士的生活，在连续战斗情况下，要战斗情绪高，打好仗，首先设法让战士吃饱饭。

拥干的主要内容：（1）听命令、听指挥，为拥干的主要内容。坚决执行命令，这是打胜仗的关键之一。因之冲锋时要坚决冲，坚守时要稳如泰山，二营这次坚守阵地，把敌人反回去，尤其是四连，是值得表扬。（2）提困难，想办法，帮助干部指挥，这一点咱们做得很不够，今后应大大提倡。（3）打仗不忘学习，向兄弟部队学习，同样也学习敌人的长处，不断地改进自己。

三小队提出三爱、三拥，并组织战士分头座谈讨论的办法可以作为大家的参考。

（一大队主任　王霄汉）

摘自华野十纵《前哨报》第 35 期 1948 年 12 月 6 日

华野八纵文工团开展战壕雪花诗的初步体验

淮海战役第三阶段围歼杜邱李时，八纵一大队进入阵地和敌人对峙，部队除少数坚守前沿，监视敌人外，大部分分散隐蔽在防炮洞里，生活单调，再加以天下大雪，部队思想情况有点烦躁，有人唱《白毛女》上的"老天杀人不眨眼……"，因此宣教股开会研究了开展战壕文娱活动。由于下雪造成部队情绪下降，决定开展战壕雪花诗将这种下降情绪转向积极方面，以下是开展战壕雪花诗的几点体验：

一、领导上号召，团报介绍后，然后先由文工团同志自己写几首雪花诗，到连、排、班里去示范。如"雪花诗，是一宝，大家创作大家搞，谁能把它应用到，就能帮助立功劳。活跃部队精神好，瓦解敌人有材料，我想把它来介绍，先写几首作参考"。又如"大雪纷纷飘，杜邱李糟了糕，飞机不能来送米，天冷烤火没柴烧，解放军把它包围牢，要逃无处逃，要想求生路，只有把枪缴"。

二、领导上重视，积极号召，参加带头。如二连政指张培玉、文干何剑儒，积极动员布置大家写，炮兵连长王国贤动员卫生员把战壕卫生写成雪花诗，政指公佩玉召开支委扩大会议专门研究战壕文娱活动，动员大家写雪花诗，一天写24篇，英雄排长李培友积极推动一排写雪花诗，4 个钟头全排写 19 首。

三、突破一点，指导全盘。派两同志到二连去帮助开展雪花诗运动，又在二连选择了八班为工作核心，以八班经验指导二连及推动其他单位。

四、发扬群众创造性，用集体创作方法写雪花诗（战士叫做凑句）。如"二班筑的掩蔽部，风雨不透雪不漏；敌人若不来，咱们就研究；战术学习好，本领提得高；发起冲锋号，干脆把杜邱李消灭掉"（二连二班的集体创作）。

五、做啥写啥，见啥写啥。如表扬李朝风炊事班写："北风吹，雪花飘，二连伙房真不孬；送馒头还有包，炸大肉和辣椒。天不明就送到，同志们吃得饱，身体健康精神好。歼灭杜邱李，决战立功劳。"

六、雪花诗是战壕诗中之一种，是根据具体情况，及时创造的一种战壕文艺活动方式，开展这种战壕诗的创作运动时，必须结合当前任务情况，结合战士思想情况，达到暴露敌人，鼓励斗志，研究战术等以提高士气，推动学习，推动工作等目的。

摘自三野政治部《文艺丛刊》第 6 期 1949 年 6 月

战地报道

包围杜匪的我军战壕里战士政治生活活跃
"战时办公厅"是教育自己的课堂也是敌人的收容所

【新华社淮海前线 2 日电】前线记者报导：在被围困的杜聿明匪部四周解放军的战壕里，战士们的政治生活十分活跃。解放军某部在距敌人前哨阵地仅有几十米远的工事里，召开小组会，讨论着报功单及怎样团结新解放战士的办法。战时环境虽然给他们带来了不少进行活动的困难，但是他们终于把它克服了。如某部六连为避免集中开会暴露目标及伤亡大，战士们就在阵地上修起了一个坚固的大隐蔽部。他们在隐蔽部里召开新解放战士的诉苦会及各种座谈会，订团结立功计划或进行读报等。战士们替大隐蔽部起了个"战时办公厅"的名字。某部四连的战壕里，贴着许多如"独眼勇士葛静廷"、"巩仁才立一等功"等表扬传单。在战斗后，连部经常发放"战功单"，表扬作战中的立功战士。这些传单又分"祝捷报"、"立功榜"或"赞功令"等，战士们非常喜欢它，他们将这类传单到处传播着。战士们在战壕政治生活的另一个重要部分，即给敌人上大课。如某部六连靠近敌阵挖了一个工事，战士便从工事里轮流向敌人上起课来："喂！国民党军的弟兄们！你们被解放军包围得紧紧的，跑不走了，黄维兵团已全部被歼了，还有谁来增援你们？要活命的赶快跑出来吧！不要给蒋介石送命。"开始时敌人还打枪，以后就无声无息了。接着，便从魏少窑据点里跑来两个投诚的敌军士兵。有时，战士们爬到鹿砦边去发宣传品，或打宣传旗，挂大标语，促使敌下级官兵向解放军投诚。在战士们的政治攻势下，刘集据点 5 个敌人集体向解放军投诚。解放军的战士们在战壕里，还利用战斗空隙，热心座谈当前的战争形势及意义，如某团七连战士蒋会远说："被咱们围困的敌人（指邱、李兵团）已孤立无援，没有粮食，缺少弹药，一天困难重一天，叫咱消灭是注定了。"某团四连四班战士范少如说："敌人给我们关起来了，他可能要最后拼一下的。敌人如果拼命，我们也一定与他拼一下。敌人拼死了一钱不值，我牺牲了是为了人民，有价值的。"

摘自《中原日报》1949 年 1 月 6 日

▲ 解放军战士在战壕里听留声机

▲ 华野某部四连办起光荣栏，快报上经常表扬作战勇敢的同志

▲ 华野渤纵某部战士在战壕里看壁报

▲ 华野八纵某部战士在战壕里写决心书

▲ 解放军某部阵地生活一角

▲ 华野某部英雄功臣争看慰问信和土地代耕的优待军属办法

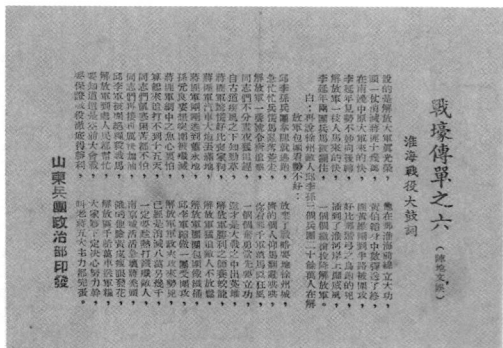

▲ 山东兵团政治部印发《战壕传单之六：淮海战役大鼓词》

◀ 华野八纵六十七团战斗报社 1948 年 12 月 21 日编印的《火线传单》

李石林前线——华野一纵火线生活片段

李石林守敌被我驱逐后，这里1000多个地堡、防空洞和纵横交叉的壕沟，就变成了我军的坚强堡垒。

战士们又在李石林正南修筑了工事，掩体里铺上从后方运来的麦秸，建设得像营房一样，睡下来就是床铺，坐起来就可以开会啦呱，站起来就可以射击。有的还特地修筑了会议室、厕所、厨房、火炉和水井。他们就在这儿战斗、学习，愉快地过着火线生活。战士刘再坤同志把记者叫到他掩体里，拿出一张报纸来，要求记者把四大二营打坦克的故事读给他听。

一架敌轻型轰炸机俯冲下来，刘再坤同志立刻抓起机枪打了一梭子，飞机不敢低飞了。刘再坤满有信心地对记者说："打下一架来，你给我登报。"

炊事员老王，一天三次送饭上火线来，有次挑来一担饭菜，揭开盖在上面的一层纱布，一头是大米饭，一头是红烧牛肉。老王分好了菜，兴致勃勃地说起快板来："红烧牛肉大米饭，烧的不干又不烂；一天三顿来送到，老王不把辛苦喊。"

工事外边开阔地上就是火线，这里又同是饥饿和温饱的分界线：这儿解放军，一天吃三餐；那边蒋匪军，饿得啃麦苗和牛皮。每逢吃饭时，战士们总要拿筷子敲着碗，向对面敌人阵地喊："喂！吃饭了。""过来吧！解放军给你饭吃，优待你！"

天黑下来，阵地上就开始攻心战。响亮的喊话声，从各个地堡里向敌人阵地传开去。

一次，有一个特务出来捣蛋，谩骂我们，我们就喊："弟兄们！骂我们的是谁？请你们记下他的名字，等我们打开来了把他抓起来。"特务就再不敢做声了。

每到黑夜里，阵地上不时有三三两两的蒋军士兵溜过来，我们警戒部队各单位的哨兵，一旦发现阵地前面黑影时，就争着喊："喂，在这里。喂，到这里来啊！"……

（《前锋报》稿）

摘自山东兵团《华东前线》第 68 期 1948 年 12 月 29 日

华野八纵某部的战壕生活

二大队一营的阵地左砦和东边敌据点刘小楼仅隔着一条河，东南、东北、西北距敌人据点都不过 2 里路，我们纵横筑成了运动壕，全营就生活在这战壕工事中，和敌人已相持 3 昼夜了。

表功令

在战壕里，一边岗哨在监视敌人，大家便分组开团结座谈会，传看表功令。一张表功令上这样宣扬着新解放同志李茂述的事迹："……下班第一天就侦察，在离敌人 20 米的地方，背下了我兄弟部队的一个伤号……"新同志黄保和的事迹不但在表功会上宣扬了，而且很快就上了团报，大家争着看，战壕到处都热闹□□起来。

吃南京大米

战壕里到处谈论着吃大米的笑话。10 日晚，二连 20 多个人到我与敌阵地当中去运白天敌人飞机投下的大米，也巧，一伙敌人也来偷抢，两面都没带枪，于是扭成一起争夺，我们夺回了一部分，吃了由南京运来的大米。一连五班副班长潘友林等 4 同志到离敌人 20 多米的地方运来了一袋子大米，他们高兴得合不拢嘴。

拍手欢迎

战士们看准时机，就张大着喉咙向敌人喊话或发射宣传弹。11 日晚上，在阵地前面向敌人竖起了八个大字的大匾"突围无望，过江无望！"第二天就从刘小楼据点里投过来了二个敌人。敌人后边用火力追，我们这里就拍手欢迎。不一会从敌人阵地上又跑过一个，他是敌二八八团团部书记官的勤务员王新景，尽情地说着敌人内部的混乱："……庄庄已找不出一个豆粒！"比他早投来的李玉堂插嘴说："在那边（指蒋匪）炮弹可吃够啦！"过了一夜，12 号又从刘集一块投来了 15 个蒋军，还带着冲锋枪，更加受到了我们的欢迎。

袭击敌人

他们常常去袭击扰乱敌人。11 日拂晓，英雄连长韩耀亭带领一个班前去观察情况，遇上敌人一个排，全连很快发扬了火力，打死了十多个敌人，就这样白天夜里，叫敌人日夜不安。

（徐熊）

摘自华野八纵《战旗报》第 240 期 1948 年 12 月 18 日

每天的事情上报纸　每天的报纸进战壕　解放军文化生活活跃

中原解放军某部在围歼黄维兵团时战壕的文化生活异常活跃。战斗开始，上级为加强部队思想教育，提出"保证每天的事情上报纸，每天的报纸进战壕"的口号。通讯员、记者、编辑、油印员、收发等同志，一致动员起来，使《火线》《战士生活》《战防》《群英》《前进》《人民英雄》等 16 种报纸，及《战场》《战地》《战壕》等近 50 种画报传单，飞行在每一个阵地的角落。没有战斗的时候，岗哨监视着敌人，战士们就在战壕里拿起报纸念着自己或战友们的英勇故事，有的在战壕的各个交叉路口添置了"播音喇叭"。每日晨昏，专门有人用大声向各个岗位上的战士传播着新闻。某部九连副连长霍风保同志，并根据报纸内容跑来跑去的作化装表演，使战士们精神百倍。《人民英雄》画报更受战士们欢迎，一传到战壕里，大家争着先睹为快，看完了，还藏在口袋里好好保存，一有时间便拿出来阅读。战士们为了更快地登载自己的创作，在各战壕交通沟旁，添设了门板报，用自己的手，写出或画出他们自己的事情和意见。

（杨奇）

摘自《中原日报》1949 年 1 月 13 日

▲ 在陈官庄战场，解放军在坚固宽大的战壕里做饭和屯集部队

▲ 陈官庄战场，解放军在前沿阵地铲除积雪，过着艰苦愉快的战地生活

▲ 战壕内就餐

▲ 在陈官庄战场，解放军战士在战壕里理发

▲ 解放军某部在战壕里挖的水井

▲ 解放军战士在战壕内以草御寒

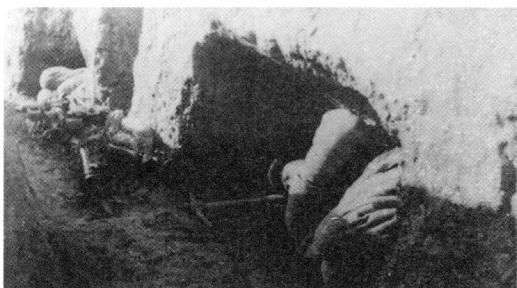

▲ 在战壕里休息的解放军某部战士

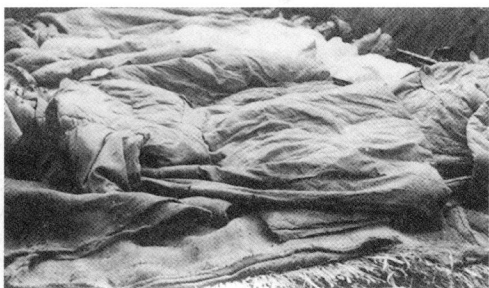

▲ 解放军用国民党军遗弃的草袋、军毯挡风御寒

▲ 战场休整期间有 11 天雨雪交加，国民党军盲目空投的食品、弹药很多降落到解放军阵地上

▲ 在陈官庄战场，华野三纵某部丰富多彩的战壕生活

▶ 活跃在阵地上的华野七纵二十师战士演出队

▲ 华野九纵文工团深入战地为指战员演出

▲ 解放军某部战士说快板，活跃部队生活，鼓舞斗志

华野各部文工团在淮海战役中纷纷深入连队开展火线文娱
随时吸收部队实际内容收效极大

【淮海前线电】华东野战军各部文工团在淮海战役中，纷纷深入连队，开展火线文娱活动，受到战士们热烈爱戴。他们在各种情况下，采取了快板、小调、枪杆诗、幻灯、画片、连报等各种形式，配合小型短剧、歌谣，进行宣传鼓动工作。由于他们能够吸取当时当地的部队实际的文娱内容，获得极大效果。如华野政治部文工一团在到某团2天内，就搜集了该团于徐东追击战中抢占运河铁桥的英勇事迹，画入幻灯放映与编成短剧演出，极受战士欢迎。蒋匪黄百韬兵团被歼后，该文工团曾至某团三营组织晚会，当第二个短剧"趁热打铁"刚演出不久，团部打来电话通知该营立刻追击徐州逃敌，文工一团便争取十多分钟的时间改演了胜利腰鼓。九连二班战士贾冰抚在出发时说："你看那些模范都上了戏，咱们好好努力，也能创造模范。"某纵文工团和某师工作队混合组成了二个文娱工作队，跟随战斗部队进行文娱活动。在追击徐州逃敌中，某团何政委当部队集合出发时，于队前号召大家猛打猛追，文工队同志立刻把他的讲话编成快板唱起来。该队美真同志则另用广东话唱给从国民党六十三军才解放来的战士听。某连行军在中途休息时，该连指导员就告诉文工队的李秀林同志，他连还有个别同志对缴获归公思想不通，李秀林马上边编边唱起来，"×连缴获归公做得好……"文工队的同志到了战壕里，战士们更是活跃起来。要文工队同志唱歌、教歌。某次该队张克殖小组正顺着战壕边走边唱，忽然有个炮弹炸在离他们6米远的地方，接着一颗炮弹落得更近，但他们的快板依然没有中断。该队孙永经和陈久安两同志曾随同部队

出击，当部队跑到离敌人 200 米远处暂时停止时，孙永经就伏在壕沟上，对准备继续前进的一排唱道："一排同志准备好，子弹上膛枪上刀，敌人已经乱糟糟，我们勇敢冲上去，快为人民立功劳……"一排出击回来后，于排长便对孙永经说："当时经你这一唱，大家的情绪很高，追得很快，伤亡也很少。"该队赵兴培小组曾从一天的清早 4 点到下午 4 点都在积极活动，"见什么，唱什么"。他们的快板、小调使新解放战士大大感动，一个姓孙的新解放战士说："国民党里有'政工队'，他们是躲在后方演戏给当官看的。解放军的文工团都到火线上来，尽唱咱当兵的事。"

摘自《大众日报》1949 年 1 月 7 日

▲ 文工团团员深入前线为战士们演出

▲ 文艺工作者在战壕里表演节目欢度新年

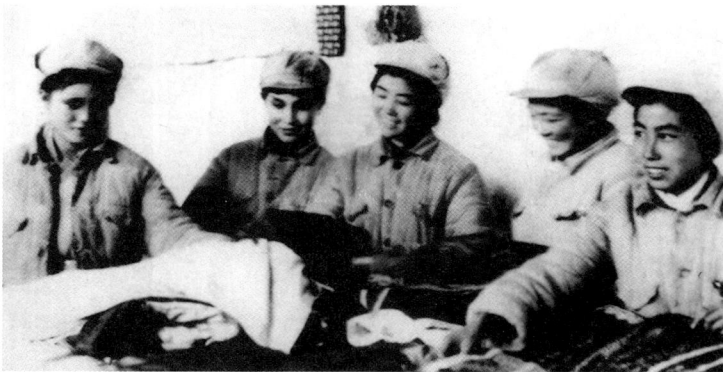
▲ 文工团团员们在赶制演出服，左二为照片提供者刘醒芝，当年不满 18 岁，在战役中光荣入党

▲ 华野一纵文工团团员（左起）金瑛、陈洁、吴彬 1948 年 1 月 10 日摄于许昌。其中金瑛、陈洁牺牲于淮海战场，吴彬负伤

华野八纵文工团深入火线、医院开展工作

纵政文工团深入火线、医院进行工作，受到广大战士和伤员的称赞。

淮海战役第二阶段开始，文工团二队分布在二十二支队各大队开展火线文娱工作。两天内就把一大队 13 个典型人物的事迹，采用戏剧、歌曲、大鼓、快板、连环画等形式，编成《群英赞》。刘集战斗后，一夜组织了两个庆功晚会。敌人的炮弹打在二营的驻村附近，飞机在上空旋转，他们用毯子遮住灯光，飞机一过又继续演。白天刚编的《飞虎第一班》歌子和《爆炸英雄王凤池》的大鼓，晚上就演出来。为了把六连的事迹演给六连看，他们一夜突击排演不睡觉。新同志唐连来说："我干国民党好几年，还没听说当兵的这么光荣呢！我一定要争取战斗上立功！"在五连出演《飞虎班》和《爆炸英雄王凤池》以后，大家也都学着唱起来。一打仗，文工团员就在包扎所里慰问照顾伤员，并积极写稿，表扬英模事迹。光一大队《红旗报》上就用了他们 19 篇稿子。

他们到卫生部慰问伤员的时候，还实际参加了护士班、看护班、手术组的工作，积极为伤员服务。在病房里，给伤员喂药、喂饭、洗脸、洗脚、擦血迹、照顾大小便、端屎盆……马书明同志帮助收拾绷带、烧水、消毒；闫义亭、曲全明自动参加了 60 里路的转运；孙凤晓同志在手术组劈木头、搞柴草、刷洗器具，还亲自背伤员；女同志王青给伤员洗脚洗脸，一天到晚不离病房；一个休克危险的伤员，必须马上把腿抬高使脑中枢得到血液营养，魏峰同志便扛着伤员同志的腿足够 20 分钟，使伤员幸得急救；向新同志不顾水凉洗敷料；吕祝同志下着雨亲自背伤员。

（岳立端、彭长庚、刘奇）

摘自华野八纵《战旗报》第 250 期 1948 年 12 月 27 日

华野二纵某部防空洞里放电影

最近战士天天在战沟里，生活很枯燥，为了调剂他们的情绪，我们就搞些笑话、胜利消息，和敌我比例、伟人像等，在防空洞里放土电影，很受战士们欢迎。他的制法是：用香烟外壳包的玻璃纸（玻璃更好），画上黑墨画，当做电影片子。将手电筒电碗拿出翻过来盖在灯头上（不用灯玻璃），当作幻灯，再用块白布当银幕，要是没有片子，拿块硬纸，写上字，将字剪空或剪成人头、汽车、飞机、坦克等

画图均可。这样弄好后，白天在防空洞里，可将洞门挂上一条被子，里面挂上白布，让观者坐在前面，自己在幕后（最好两个人，一个拿灯，一个放映片子）就放起来了。不过要注意，图画的线条不能太细，黑墨不能太淡。这次有几张片子，即因线条画得太细和黑墨太淡看不清，加红绿色时，红的要红汞，绿要墨水精，否则别的颜色会不透明。

（十六团　吕希）

摘自华野二纵《拂晓报》新年号 1949 年 1 月 1 日

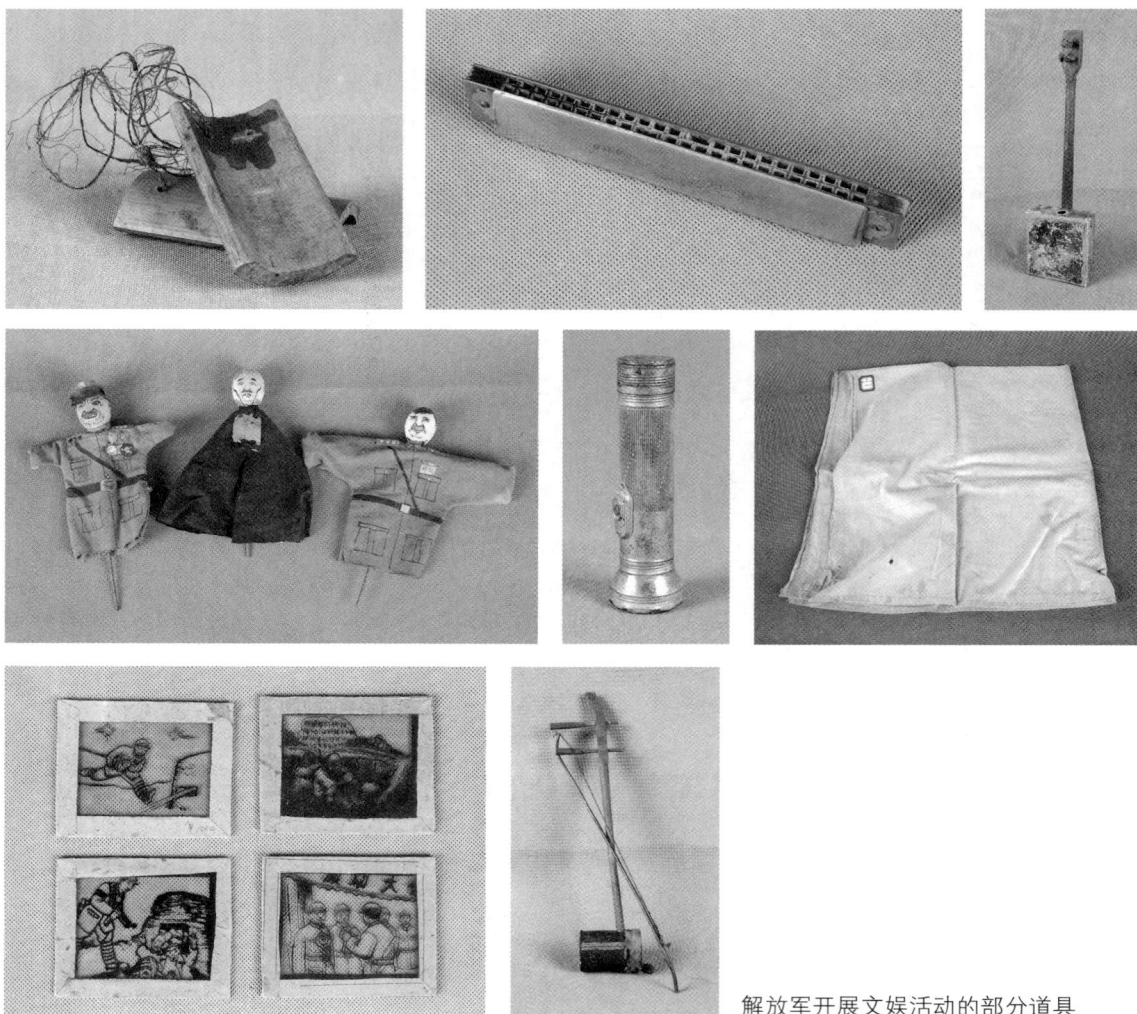

解放军开展文娱活动的部分道具

三、元旦一日

　　1949 年注定是不平凡的一年。这一年，几千年以来的封建压迫，一百年以来的帝国主义压迫，将在中国共产党人的努力奋斗中被彻底推翻掉，一个崭新的中华人民共和国即将诞生。1949 年 1 月 1 日，注定是不寻常的日子，在辞旧迎新的元旦佳节，叱咤风云的将军、日理万机的后勤部长、足智多谋的作战处处长、才华横溢的战地记者、包围圈内的国民党军官，他们以及他们周围的人，在这特殊的日子里，做些什么？想些什么？当年留下的笔迹意味深长。

文件选编

陈毅、粟裕致杜聿明等的劝降信（1949 年 1 月 1 日）

杜聿明将军暨邱清泉、李弥司令：

　　12 月 8 日函谅达。20 天来，北线十六兵团、南线十二兵团已先后为我解决，及 20 余万官兵均已获得解放。正副司令黄维、吴绍周虽放毒逃跑，但亦不能幸免。迩来天候转寒，风雪交加，空投不继，亦系杯水车薪无济于事。贵部官兵露宿郊野，以树根充食，士气沮丧，不仅携械来归者日众，且有倒转枪头，杀死反动官长弃暗投明者。先生如再固执己见，压迫士兵作顽强抵抗，则贵军内部实行兵谏之革命行为，亦将接踵而起，众怒难犯，尚望再思之。况徐总撤滁州后已令李刘部南窜江边，蚌埠即将放弃，北上援军已成绝望，贵部已成南京之牺牲品也明甚！当兹新岁，本军为挽救 10 余万生灵之涂炭，特再作忠告：希望你们立即命令部下，停止抵抗，切实保护武器弹药资材，实行有组织地缴械投降。只要能如此做，我军当可保证汝等及全体官兵的私人生命财产安全。

　　为蒋介石一人效忠，反人民而死，徒落千古骂名；能勒马回头，尚能将功折罪，为人民所宽恕。是非利害，幸速图之。

华东野战军司令员　陈毅

副司令员　粟裕

1949 年元旦

摘自《粟裕文选》第二卷，军事科学出版社 2004 年，第 721—722 页

阵中日记

华野后勤部部长的日记

1949 年 1 月 1 日

《将革命进行到底》读了两遍，是全国胜利的规模。

照年头算，今年 40 岁。入党 23 年，做了些有益的工作，也犯了不少错误，对党的贡献不大。学习还是半桶水，要继续加倍努力。

过去一年，新区土改 5 个月，检讨和学习新区政策 1 个月，参加与学习财经工作并继续研究新区工作 3 个月，由豫西、太行、冀中、冀南、冀鲁豫到曲阜 1 个月，后勤工作两个月，时间虽未空，究竟学到多少，是否学会，值得检讨。

中央文件要深入一步研究。预定的书还是要读下去。工作便是事业，一定要搞出头绪，边做边学，事物在发展，不学习便更落后。

上午召集后勤各部在徐州的同志商讨 4 个问题：弹药运输及武器弹药整理；前线粮食的紧急供应；铁道车运秩序及雇用搬运工人工资；随校招生办法。中午过年会餐。联合支前会议的文件整理好了。

摘自刘瑞龙《我的日记——淮海、渡江战役支前部分》，解放军出版社 1985 年，第 131 页

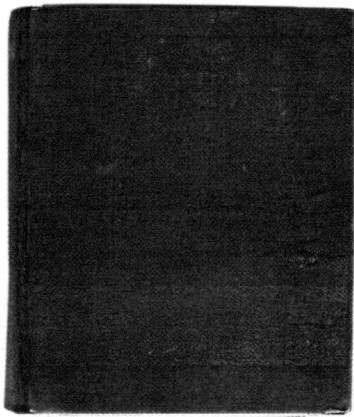

◀ 山东兵团参谋处处长金冶的日记本，记录了淮海战役第三阶段的情况

山东兵团参谋处处长的日记

1949 年 1 月 1 日　星期六

雪后阴天　于萧永地区张大屯附近何砦

由徐逃窜之杜匪聿明所率之邱清泉（2GA）、李弥（13GA）兵团，被我围困

萧永地带，青龙集、刘集、陈阁一地带，已近一月。目前杜匪正处于弹尽粮绝、进退维谷地境。

淮海战役自去年 11 月 7 日发起后，到现在已经一个多月，已获得空前伟大的胜利。从开始到上月 17 日 40 天中，已歼灭了黄百韬、黄维、孙元良 3 个兵团 14 个军，34 个师，一个快速纵队。同时，邱清泉、李弥兵团已遭受重大损失。统计歼灭敌人已在 40 万人上下，淮海战役对于国民党统治命运有着决定意义的。

淮海战役自 7 日至 22 日于碾庄圩全歼黄百韬为第一阶段；自 11 月 23 日至 12 月 17 日全歼黄维、孙元良兵团为第二阶段；目前正在进行第三阶段的歼灭杜匪之邱、李兵团。

我们正在火线上欢度 1948 年迎接 1949 年，我们是在战备休整，并且休假三天（12.31—1.2）庆祝新年到来，然而被围之杜匪正是人吃人的在过着他的新年。

下午与十三纵廖政委闲谈关于中原野战军参谋工作，深刻地感觉中野对作战经验教训接受迅速，而且参谋机关对经验交流亦是非常注意，每次战斗后翌日即能在电话上、书面上发出昨日之战斗经验教训。这正是我们参谋工作之弱点。作战科精力集中掌握情况，部署作战经验，关于□□工作是大大的减少，这是正规参谋工作作风，殊堪学习。

谈及十八军军长对我军作战感觉：A. 我军步炮协同好。炮击之同时，步兵即能迅速地、不间断地跟接而上，使敌措手不及；B. 敌甚恐惧我近迫作业，我军作业动作迅速，深为敌惧。敌称，昨夜尚见我军在敌人前沿距离 5 里路以外，而今早即见作业已迫近前沿。C. 但对我军队形拥挤、不讲究队形亦有批评，蒋匪中□评语，亦确是我军之弱点，正是目前作战中部队伤亡大的很重要原因，颇值深入研究。

夜间司令部召集文化娱乐晚会，被迫参加跳舞，殊出意外，但因过年之欢乐，同时，群众民主推荐亦不能拒绝，勉强行之。

摘自山东兵团参谋处处长金冶的日记

华野一纵作战科科长的日记

1 月 1 日

元旦，见到新华社新年献辞《把革命进行到底》，的确是篇有历史性的文章，要好好学习。

另，体验到不好好学习不行，这几天并没有搞什么工作。

召各师参汇报准备工作情形。

摘自华野一纵作战科科长唐棪的日记

华野四纵十二师作战科科长的日记

1949 年元旦日

一个值得纪念的日子

今天又是元旦了，回忆起 7 年前的今天，我曾率着一群人那是整整的一个连参加了革命，参加了人民的军队——新四军，至今已是 7 年了。整整 7 年中，受着革命、受着党的教育，终算没有落后，在为着中国人民的事业奋斗着，要不是有那么一天，哪会有今天的进步，这是一个多么值得纪念的日子呦！

今天又在过年了，虽然当面敌人还未完全被歼，但相信不久即将会被我们干脆歼灭掉的。1948 年是过去了，而在这一年中，得到了很伟大的胜利，那么 1949 年的胜利一定会更大，根据中央所交给我们的三大任务——A. 向全国大进军，解放全中国。B. 加强生产，恢复交通。C. 成立中央政府，建立正规化的正规军。全军同志，当为此三大任务而努力。

我个人在今年一年中，也应该提高一步，特别在工作能力上，政治水平上，加强自己的努力，否则真是要落后的。

记于永城前线司令部

摘自华野四纵十二师作战科科长陈震的日记

华野六纵十六师作战科科长的日记

元月 1 日　于前赵家

今天是元旦日……

晚上看一时多报纸，其中有几段很感人，如由南京寄徐的一信中，充分暴露了蒋管区民不聊生，生活困难，特别说明许多学生挤拥在下关车站上，挣扎着等车，但无住无食，结果抢和求乞，但该寄信者不站同情可怜的观点上，反而讥笑他们这些人不顾面皮像疯子一样。

我看了野政发的连队讲话材料中，确实我们回忆下千真万确。我们是由弱而转强，但蒋匪由强而转弱，这主要是战争的性质不同，谁真正为人民着想与服务，谋幸福，谁就能生存与扩大，谁不为人民服务，而为少数的资本家服务，专制独裁，谁就灭亡，因他是倒逆施行。

但目前我的胜利离获得全国的胜利不远了。我们今天任务是打过江南去，打到南京去，求得根本打倒蒋介石，解放全中国。而目前任务是灭邱、李之残部，对此残部歼灭后，那对长江以北尽除江边的敌人以外，和天津、北平、塘沽等几个孤立据点以外，其余全被我人民解放军控制了。

但我们而不应这个胜利便自满懈怠，应百倍的努力，来乘胜扩大我们战果，使敌无喘气之余地，直追赶到江南去，而最后全歼蒋匪而奋斗。

摘自华野六纵十六师司令部作战科科长胡德功的日记

华野司令部作战股股长的日记

1949 年 1 月 1 日

1948 年在炮声中过去了，一个接一个的胜利，到处欢呼雀跃。大家都在努力争取 1949 年的伟大的新胜利。晚上，陈士榘参谋长、张震副参谋长召集野直机关干部晚会，因久雨路途泥泞，规模酌量缩小，在屋子里举行，并派汽车接送。会上陈、张都讲了话，鼓励大家在新的一年里努力完成自己所负责的任务，争取更大的胜利；努力提高自己，准备迎接新的局面的到来。

摘自秦叔瑾《战地日记》，江苏教育出版社 2006 年，第 112 页

华野代司令员粟裕机要秘书的日记

1949 年 1 月 1 日

今天是元旦，应该是热闹的一天，但是没有锣鼓声，只有"嗡嗡"的飞机声和战场上传来的大炮声。由于受战争的影响，过新年也就比较简单了。早饭后，去向诸位首长拜年。先是向粟裕首长拜年。因为我们去得早，首长还没有起床，结果也没有拜成。后来，我们去向张参谋长拜年。张参谋长已经起床了，见到我们去向他拜年，他很高兴，马上把我们引进到房子里去，叫我们坐下，请我们吃糖、吃桔子，很热情地招待了我们一番。张参谋长真好，他没有架子。从张参谋长那里出来以后，我们又去向粟裕首长拜年。他见我们来向他拜年，也是很高兴，叫我们到房子里面坐了一会，用茶水、糖、水果招待了我们。我们就这样高高兴兴地度过了元旦。

摘自鞠开《在跟随粟裕的日子里》，中国文史出版社 2007 年，第 193—194 页

华野一纵战地记者的日记

1949 年元旦　阳光初露

雪枫县后王新庄

连日风雪，泥泞阴冷，今天清晨起来，哈哈，太阳来给解放军贺年来了，20 日阴雨，23 日开始飘雪，足足 12 天没见阳光了。

被困杜、李匪帮连日来陷于饥寒绝境，天一晴，有气无力的飞机又赶着来空投食物、弹药了。杯水车薪，何济于事？重围中匪军，在我有力的火线政治攻势下，投诚者日众，10 余日来，已达 1000 余名。

再谈社论《将革命进行到底》。社论首先：①说明了"战争是走过了曲折的过程的"。战争第二年发生了一个根本变化——解放军由防御转入了进攻。战争第三年发生了另一个根本变化——解放军在数量上也由长期的劣势转入优势（蒋匪发动反革命战争时，军队的数量等于我们三倍半，就是我们以 120 万之众，面对着装备、资源优越的匪军 420 万以上，经过两年半血战，今天已经是我们 300 余万的大军，蒋匪军仅残存 200 余万了）。

伟大的淮海决战，把国民党的主力在长江以北加以消灭的话，将大大便利解放军今年渡江南进解放全中国的作战。

②说明中美反动势力不会自行退出历史舞台，除了继续与我们进行军事斗争外，特别加紧了政治斗争的方法，制造"和平"阴谋。美国政府的政策已由单纯的支持国民党反革命战争转变为二个方式的斗争：A. 组织国民党残余军事力量及所谓地方势力在长江以南及边缘省份继续抵抗。B. 在革命阵营内部组织反对派，极力使革命就此止步。

③再论述："将革命进行到底呢？还是使革命中途而废呢？"先是鲜明远景的对照："如果要使革命进行到底，那就是用革命的方法坚决、彻底、干净、全部地消灭一切反动势力，不动摇地打倒帝国主义，打倒封建主义，打倒官僚资本主义，在全国范围内建立无产阶级领导的、以工农联盟为主体的、人民民主专政的共和国。使中华民族来一个大翻身，由半殖民地变成真正的独立国。使中国人民来一个大解放，将自己头上的封建的压迫和官僚资本的压迫一切掀掉，并由此造成统一的、民主的、和平的局面，造成由农业变为工业国的先决条件，造成由人剥削人的社会向着社会主义社会发展的可能性。"

在历述人民公敌、卖国贼的血腥罪行后，生动地举了一个希腊寓言：一个农民救了冻僵毒蛇的生命，反被毒蛇咬死，来说明我们——中国人民、中国共产党，中国真正的革命民主派，听见了并且记住了这个劳动者的遗嘱。

在提出中国人民革命阵营必须扩大时，则特别强调了"在中国共产党领导之下……"这么肯定、有力。社论是在要竭力肃清今天还存在在人们脑子里的在胜利形势下的右倾情绪。

④最后社论展示辉煌的预言有三：A.1949年解放军将向长江以南进军。B.生产战线上将获得更大成就，解放军则将进入更高度的正规化。C.将成立在我党领导之下的民主联合政府。

《人民前线》的新年献词与华野首长告全体指战员书中提出六大号召：①英勇前进，再接再厉，坚决与完满地完成1949年作战任务，首先要全歼当面杜、邱、李残匪，争取淮海战役全胜。②全军上下要重视做群众工作，提出这是与歼灭并重的任务。③加强政策纪律教育。④加强军政学习，提高理论水平，研究党的政策，强化政治工作，提高军事技术、战术，学会新的作战方法……⑤内部亲密团结，互相学习。⑥加强纪律性，加强思想领导，贯彻克服无政府无纪律状态。

到处用电话催，总算把淮海战役的全纵人民英雄材料搞齐了。一级英雄1人庄德佳。二级2人赵亭、林文祥。三级26人。二次荣获奖章者4人：杨根思、陈太平、郭荣熙、韩臣根。"两年半人民解放战争中，我纵涌现人民英雄288人"，将以司令部、政治部联合令公布之。

摘自华野一纵《前锋报》记者张永的日记

华野二纵《拂晓报》编辑的日记

1949年元月1日

今天是1949年的新年元旦。不需要买鞭炮庆贺，蒋介石送的礼物真是够丰富的，枪炮声远比鞭炮响亮百倍！可能是过惯了艰苦的战斗生活，抑或心情关系，对于过年已不感到新鲜和重视。

一年来究竟干了些什么？今后又将怎样？前天晚上始终理不出个头绪来。我不禁想起了岳飞的《满江红》词中的前两句"三十功名尘与土，八千里路云和月"。我不敢和他比，但某些方面也类似吧！

昨晚张部长来，为了在除夕凑点热闹，大家提议要喝个"酩酊大醉"，他也非常赞成，并亲自到伙房弄来了一斤多牛肉。我切肉，老牛炒，老安烧火，宋琼烫酒，小蒋打杂，很快就弄好了！酒后是一阵闲谈，大家对于这次战后是否立即过江曾作了种种推测，至于明年此时我们这些人又会怎样，又发表了许多感想，但都一致认为像现在这样团聚肯定是不可能的了。半夜才睡，但睡在床上又是一阵好扯，我感到友情在这时特别宝贵。在长期残酷的斗争生活中，人们又能几回"月当头"呢！想起这些，在眩晕的状态中感觉全身被酒刺激得一直发烧，喉咙也干得要命，脑子总是不能休息。唉，又要失眠了！不久，老安吐了起来！过后又是老牛起来烧水，我都领略了全过程。几乎到天亮才睡着。

早起，雾很大，但飞机仍呼噜呼噜给敌人运送东西。被包围的敌人在前天晚上曾有一个营向我投降，这已比过去规模大得多，可能是这几天风雪严寒帮了我们的忙。

上午看到了中央《将革命进行到底》的新年献词。里边提到了1949年的两大工作，一是人民解放军过江；二是成立联合政府。新中国的阳光已透出云层了。

摘自华野二纵《拂晓报》编辑梁扶千的日记，见《淮海决战建奇功——纪念华野二纵参加淮海战役六十周年》，国防大学出版社2008年，第235—236页

新华社山东分社记者的日记

1949年1月1日

近周来天雪，南北两线无大变化。前月绥东我攻占察哈尔省会张家口，歼敌5个师又两个旅，现华北我军正对平、津、沽三地包围中。

困围宿永间杜聿明匪部10余万人，正受着饥寒交迫，他们只有一条生路，放下武器向人民解放军投降，其他一切再无出路了。

摘自新华社山东分社记者吴智扬的日记

国民党军某部军官的日记

1949年1月1日　星期六　陈庄

今日为三十八年元旦日，亦即民国成立之三十八岁诞辰也。在平时处于后方之安定环境中要举行一种仪式以示庆祝，且自政府采用西历后，元旦日即为农历之年节日，故每于是日举行一次团拜以示互相庆祝之意也。但此三十八年之元旦日，余等数十万人竟处于此冰天雪地漫无边际之困难环境中，大敌当前，天候为虐，衣

不能暖，食不能饱，饥寒交迫，人困马疲，对此佳时佳节实亦令人乏趣矣。但日月如流，光阴似箭，瞬时之岁序更新，令人知时光之不再，不知添人几许感喟矣。

昨夜战事甚为沉寂，绝少枪炮声，即有之亦作新年之鞭炮声闻而矣。今日整日中仅下午后有敌炮数发落于空投场内，他无若何行动。

昨夜午夜时天空气象转好，星月皎洁晴空万里，令人欢喜异常。但至今晨起床时，天空忽就乌云满布矣。阳光为之遮没，但未降雪，至 10 时许乌云稍散，阳光浅露于大地之上，不旋踵即又为乌云遮没，整日常有乌云来去，故太阳光时隐时现，未能令人一观晴朗之长空，虽然身心较之降雪时愉快多矣。

近三日来空运不时断续，今日又有不少飞机飞临投送，有大饼两包及食米一包，为本连士兵拾得，足可供一日之需。以战地烧柴缺乏之故，熟食最为适宜。连日来之粮以熟食为主最为得宜。晚饭后士兵等擅自分食大饼一包，实为不当，故连长给予申斥，此亦新年之佳兆也，士兵采柴未得而返。

摘自国民党第二兵团第五军某连军官的日记

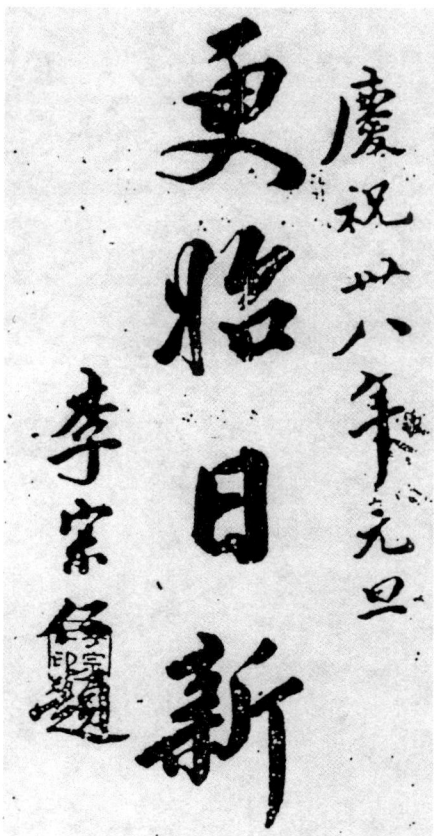

▲ 李宗仁为庆祝 1949 年元旦的题词："更始日新"，原载《中央日报》1949 年 1 月 1 日

第五章　包围圈内的国民党军

在华野的严密围困下，杜聿明集团陷入弹尽援绝、饥寒交迫的境地。自12月下旬起，淮海战场连降大雪，深达尺许，空投中断，国民党军各部队为争夺物资而互相残杀，死伤无数。大批士兵、伤员露宿旷野，在大风雪中冻饿而亡，无人问津，官兵中充满悲观绝望情绪。国民党高级将领一筹莫展，执迷不悟，拒绝投降，企图在获得大量空投物资后，以空军轰炸并施放毒气为掩护，实施突围。

文件选编

永城东北地区之杜聿明集团情况

一、杜匪突围经过：

自黄百韬兵团在徐东碾庄地区被我歼灭后，杜聿明恐慌万状，于本月5日仓促率邱、李、孙三兵团及剿总一部共约24万由徐州向西南逃窜，原企图经黄泛区到信阳，后又接蒋匪电令取捷径至南坪集尽速与黄维兵团会师。但该敌因辎重太多行动非常笨重，故方至永城东北李石林、青龙集地区即被我追击部队赶上。10日我包围圈形成，当时杜匪曾计划牺牲孙元良兵团，令其仍向正西突围，借以迷惑吸引我主力，然后他再率邱、李兵团向正南突，但孙兵团尚未冲出包围圈即溃不成军，结果遂被我全部歼灭（共2军4师）。

而企图乘机向正南突围的邱兵团也遭到严重的挫败（12日，七十军曾集中全力在大量炮兵、坦克配合下连续6次突破我鲁楼阵地，但均为我反击回去，结果突围未成伤亡惨重，据估计约在5000人以上），13日，敌重新调整部署并日夜赶修工事准备固守。

二、现被围的杜匪集团共2个兵团8个军21个师40个团，总兵力约14万左右，其番号位置具附图。

现共占村庄89个，南北、东西直径各约20里（包围圈内有3个临时机场，但均在我重炮火控制之下，飞机着落困难）。

三、现在该敌处境远较黄维为劣，特别严重的是粮食问题。因徐州突围时所带之粮食大部丢光，至今被围将近 1 月。包围圈内老百姓的粮食牲畜也早已吃光，再加上 22 日以后天候不好，飞机不能空援，因此敌人只好杀自己的牲口吃，有的部队牲口也吃光了，即用树皮、麦根、红薯藤充饥，有的甚至吃旧棉花。据投降的五军某连长称仅 26、27 日每天饿死的即达 200 人之多。

此外很多投降的官兵总是一见到我军即首先要饭吃，然后才能讲情况，有的甚至中途昏倒。八军一六六师某营长听到我战士喊"开饭了"即悄悄跑到我战壕里来吃饭，其饥饿程度由此可见。

其次困难的是烧柴问题。据了解，最近因将一切柴火都烧了，因此只好烧汽车轮胎、牲口驮架，甚至有的部队拆鹿砦烧。

第三个困难是没有房子住。该地区村庄大都很小，所有房子均被拆着烧了，故敌人几乎是全部露营，时值严冬，冻病的很多，特别是伤兵因无人管，大部冻饿而死，死后又不掩埋，弄得到处是死人，此点对其士气影响最大。

四、由于上述诸困难，整个敌人面临着冻死饿死与被歼灭的严重危机，因此向我投降者日众，据最近华野统计，全线每日平均在千人左右，其中尚包括不少中上级军官，特别是李弥之第八军（原荣一师，系十三兵团主力，战斗力较五军尚强）因多系胶东人，逃亡尤为严重。现该军各连人数均很少，27 日向我投降的一个连仅有 31 人。

五、杜匪为挽救危局，充实战力，曾令各部缩编（其缩编之具体情况尚不详，仅知二兵团之编余军官即有 12 个中队），并即将所有后方人员、地方部队、随军逃跑的男女学生及驻地之壮丁一律强迫补入部队（华野十纵前沿阵地即打死 4 个持枪的女学生），同时令师以上组织督战队，规定凡作战不力与投降我方者一律格杀勿论。但结果是作战不力的还是不力，投降的反是越来越多。

六、据敌军官供称：杜聿明、邱清泉、李弥等现亦感身临绝境，如不突围势必全军覆没，但又深知突围并不容易，特别是很多士兵饿得走都走不动还有什么办法去冲锋。故唯一希望寄托在"天快晴"，以便大量空投粮弹（主要是炮弹）与飞机掩护。现已令全军将棉裤拆成夹裤，以便突围时快跑，同时并在各部收买奋勇队，每人 5000 金元（但实际上是指派，不去也不行），并号召南方人"勿逃跑，拼命打"，将来过江后人人官升三级。由此可见连杜聿明本人也到穷途末路毫无办法的时候了。

摘自《敌情参考资料》，1948 年 12 月 31 日

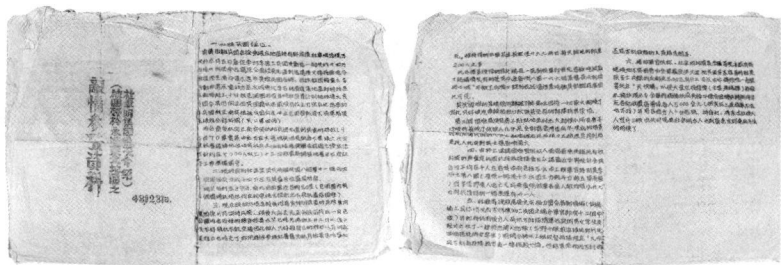

▲ 解放军某部 1948 年 12 月 31 日印制的被围于永城东北地区之杜聿明集团情况介绍

▲ 陈官庄徐州"剿总"前进指挥部旧址

徐蚌战报

蚌宿会战已成尾声

【中央社蚌埠 24 日电】"此次徐蚌会战，因为各方面没有配合得好，未能将共匪一鼓歼灭，实属遗憾，希望我们将来发动一次攻势，以竟全功。"以上为刘峙将军今在剿总接见中外记者所表示者，今在剿总晋谒刘氏者有伦敦《观察报》之杜诺文、伦敦《每日快报》之史密斯、伦敦《每日邮报》之麦唐纳，彼等系昨夜由京来蚌，及驻在蚌市之联合社记者杜平与本社记者阎海屏。刘氏于接见记者之前，曾由其主管作战之副参谋长章毓金少将说明淮北战局之现态势，据称：蚌埠 50 公里以内无匪踪，正北方面固镇至宿县间有刘匪残部两个纵队约万人，西北涡阳蒙城地区，有刘陈两匪残部约 3 个纵队，泗县灵璧一带，有陈毅匪两纵队，此外在永城符离集间与我杜聿明部相持之匪约在 15 万以上，杜氏现以濉溪口西北之青龙集为基地，占有 15 公里直径之地区与匪鏖战中。该方面原为陈毅匪部，现已加入刘匪约 3 个纵队，连日雨雪交加，双方行动均受限制，已呈胶着状态。蚌埠正面第一线，现在泚浍之间，澥河北岸日来仅有斥堠接触，并无较大战斗。最后章氏表示决把握此聚歼共匪良机，完成艰巨之任务，勿负中外民主自由人士之期望。

摘自《中央日报》1948 年 12 月 26 日

空运机昨向杜兵团投粮

【本报 28 日蚌埠电】连日大雪，气候酷寒，今日蚌北澥河北岸残匪与我仅有搜索战。永城东北战场，因积雪甚厚，活动不易，亦仅有零星炮战。唯我大编队空运机今日飞往杜兵团上空投粮。

摘自《中央日报》1948 年 12 月 29 日

杜兵团获充分补给即向周边主动出击
舒适存抵京谈永宿战局

【中央社讯】徐州剿总副总司令杜总部参谋长舒适存，8 日乘专机自永城以东青龙集防地飞京述职，当日下午晋谒蒋总统，对杜部及邱、李两兵团情况及部署有所报告。9 日晨，舒参谋长语记者称：杜部与邱、李、孙三兵团于青龙集附近地区，与匪陈毅部成相峙之势，已逾一月，虽补给困难，气候恶劣，而国军士气极为旺盛。给养多赖空投补给，于气候恶劣之时，常多日未能获得补给，有时每日仅得薄粥一餐，以官兵同甘苦，且弹药补充无缺，斗志始终坚强。反之，匪方以连朝雨雪载途，天寒地冻，匪军衣单被薄，粮食供应不继，见国军时获空投补给，每日携械向我投诚者数以百计。近日气候转晴，我空军连日出动，空投粮弹，轰射匪阵，匪士气益见低落，国军于获得充分补给后，即将主动攻击，以脱离匪围攻。舒参谋长复称：总统元旦文告在战地已获良好反响，总统文告实对作战目的作一明确说明，前方战士为战为和，将唯命是从，决不致以和谣频传而影响士气。舒氏将在京作较长时日之逗留，与空军有关方面就陆空联络，及空投补给问题，谋取更密切之配合，以发挥最大战果。

摘自《中央日报》1949 年 1 月 10 日

联勤总部空投家书　前方将士皆已收到

【本报讯】联勤总部特勤署举办之军人家书空投开始以来，各地寄来之委托信件甚多，据悉：第二批投往萧永地区信件已于本月 8 日投出，并已接到前方某长官电复，第一批信件（5 日投出）已准时收到，分别转致各收信人，战地将士异常感慰，深望继续空投，故凡该地区军人家属有信件者，可迅寄该署空投，以慰出征战士。

摘自《中央日报》1949 年 1 月 11 日

蒋纬国飞永城上空指挥

【中央社讯】陆军装甲兵司令部参谋长蒋纬国中校，于昨（4）日下午 2 时乘机飞临永城上空，曾以无线电话与当地驻军将领谈话，并与该处装甲部队指示机宜。据赵团长报告：我军士气甚为旺盛，对于剿匪战事，均抱必胜信念。

【本报4日蚌埠电】据自杜聿明所率兵团防区来蚌人谈：空投效果对杜将军所部影响至巨，唯因投掷地区不甚普遍，故有多少不均之现象，亟待改善。

摘自《中央日报》1949年1月5日

▲ 包围圈内的国民党军阵地

▲ 20多万国民党军挤成一团，没有住处，遍地是帐篷

▲ 杜聿明集团被围困期间，大批士兵逃向解放军驻地，此系逃跑未成的垂头丧气的国民党军士兵

▲ 随军西撤的徐州"剿总"政工处演剧二十二队被包围后，找不到机关，被哨兵赶出庄外，演员们露宿野外

战地报道

淮海前线通讯——围歼圈内的蒋匪军

记者8日在前线某部访问30多个先后从国民党匪军邱清泉、李弥、孙元良兵团逃出的下层官兵，他们叙述了蒋匪军在强大解放军包围圈内的狼狈与恐慌。

徐州"剿总"少尉文书周汉泉说："现在被围的总人数约20万左右，内中主力约15万，地方机关人员约5万，至本月7日已被解放军压缩于以丁枣园为中心，东西南北各约15华里的狭小包围圈内，人马拥挤不堪，每个村庄每间屋子都挤满了人，老百姓都被赶到屋子外面去，但绝大部分的人还无处容身，只得露营在田野里、河沟里。连'剿总'总部未及空撤的200个人员，亦只得在杜聿明的'前进指挥所'驻地庄圩子外的田野里露营了。每天早晨都可从露营人的身上，看到一层寒霜。"四十军（一一五军）三十九师一一七团受轻伤的少尉附员任森生说："我们住的小庄子不过几十户人家，不知塞进了多少单位，总计有1万多人，田野里河沟里都塞满了，我们去了200多伤兵，要找一个河沟也很困难，只好在人堆里挤挤，能够捞到一个可以躺下的地方就算好了。在一夜的露营中，就冻死了30多人。"

目前蒋匪军的粮食更为困难。据投诚的邱兵团独立旅参谋主任顾逸君说："这帮人马在徐州时，每日需要粮食90万斤，据统计，把徐州全市人民存粮集合起来，也不够我们吃半个月。"自逃出徐州后，从4日起，各机关各部队都开始抢老百姓的山芋与杂豆吃了。1日由徐州西逃时，规定每人发7天粮，但有些部队因在行动中未领到，有些被别的部队抢去了，因此大部分的机关部队所带的粮食在4日前就吃光了。李弥兵团八军二三七师七〇九团一营六连列兵宋庆怀说："我们开始几天是抢老百姓的鸡子吃，后来就吃小狗、小猫、牛、驴子，最近已在杀吃自己部队的骡马。有许多弟兄用铜盆、瓦盆、锅就在田野里点起火来烧煮山芋、黄豆，半生不熟就吃光了。有些自己不会动手的弟兄和伤兵等，一天只吃到一顿山芋，有些伤兵动作慢了，只抢到一块。"宋庆怀说着摸出袋里未烧熟的黄豆就放进嘴里，说："这在我们那里就算好东西了。"周汉波也说："'剿总'的200多人员，本由徐州用汽车带出8包大米，8包洋面，可吃一星期左右，但5日开到夏寨时，上面命令要烧毁汽车，于是把米面卸下来。就在这时，别的单位，一拥而上抢光了，所以'剿总'的200人，从6号起也是抢老百姓的山芋充饥了。"另据联勤总部第三分监部第二粮秣少尉军需沈才元说："三分监部汽车500多辆，专门载粮食供给十六兵团（即孙元良兵团），在路上人山人海，拥挤不堪，跟不上去，丢掉300多辆，余下的200多辆载粮食，在未发给十六兵团之前就给各部抢光了。所以十六兵团有些部队在一、二号就抢吃山芋、黄豆了。"

记者问起："南京不是用飞机空投吗？"他们叹了几口气说："别做大梦吧！总共空

投了七八包米，还都给杜聿明、邱清泉拿去了，其他的机关部队哪个分到一粒的！"

有些村庄连吃水也发生困难了，任森生说："我住过的一个庄上，挤了 1 万多人，水塘里的水已被吃干，虽有一口井还有点水，但井上挤满了人，你争他夺，你推他拥，所以井里的水也打不上来。"

30 多个俘虏很恰当的形容他们的被围生活说："我们就好像一大群鱼在一个快要干涸的小水塘里乱跳乱蹦，还有几口水，喝完就要死了！"

记者问到被围匪军的士气时，屋子里七嘴八舌的讲起来："到了这种地步，还谈到什么士气不士气呢！"任森生说："我们一一七团团长尤花文和一营营长董福生早开了小差，我们这次一起出来的有 9 个人，那边的弟兄哪个不想逃，有时因为查得紧走不出，偷偷地都三人一组、五人一群的哭哭啼啼。"孙兵团四十一军李花友等 3 个列兵和联勤三分监部的一个列兵说："6 号晚上，孙元良突围，你们的炮一打，我们就乱七八糟，官不顾兵，兵也不顾官，各自逃命，有许多人游不过河就淹死了，满路丢弃马、物资、衣服、弹药、武器。"

……

（淮海前线 11 日电）

摘自《大众日报》1948 年 12 月 16 日

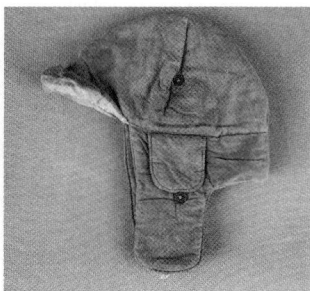

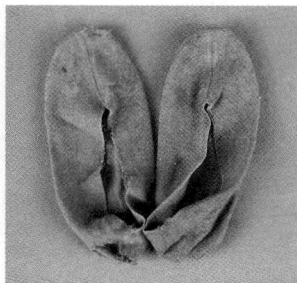

▲ 国民党军的部分军用品：头盔、帽子、军大衣、手套、袜子、皮带和水壶，均系缴获

被围一个月的杜匪部风雪严寒中断草绝粮

【淮海前线 5 日电】永城东北被围已达 29 天的杜聿明匪部，在风雪严寒中更陷入绝境。12 月 16 日起，包围圈里即断草绝粮，不少士兵已在风雪中冻饿而死。有的用降落伞撑在壕沟上勉强挡御风雪，奄奄待毙。从围歼圈内逃出来投诚的敌军士兵个个瘦得不像人样，脸色铁青，浑身泥水，说话无力，有的跑到半路中就昏倒了。24 日夜从雪地里投至解放军阵地的敌联勤第三兵站分监部监护连的 6 个士兵说："这两天下雪下雨，飞机不能来，俺全连一天没吃上饭，在野外宿营，天上下雪，地上上冻，连长和我们都哭啦。找分监部，好容易给我们一匹马，没有柴和盐，半生半熟就吃了，结果大家泻肚子。"25 日来投诚的敌九军二五三师七五九团二营营长张杰智、副营长王舒生和他们的妻子等一群人谈到围歼圈里的生活时，不约而同的从口袋里掏出一把红芋叶摔在地上说："这是我们五六天来所吃的东西，但就连这个也不容易，每天只分到 4 两。前两天还杀骡马吃，现在骡马也吃光了。"围歼圈中即使偶尔空投极少的粮食，也只能供杜匪及"剿总"高级官员、嫡系五军等喝点薄粥，其他部分大都剥树皮、拔麦苗度日，食盐在 13 天前就已告竭。饿急了的敌军士兵和家属、伤兵等，成群的在各庄上觅食，发现哪里有就一齐拥上去抢吃。由于连日雨雪，围歼圈里柴火恐慌更为严重。24 日至周楼阵地率部投诚的敌五军二〇〇师别动总队总队长李亚东，在其亲自写的书面报告中说："包围圈内数十个村庄的草木于 20 号已全部烧光，现在燃料有以下几种：一、汽车胎、电线杆、枪托；二、飞机投下的麻袋布片、降落伞、弹药箱，大家把成箱弹药拆开，把弹药倒掉，只拿木箱；三、牛、马、骡、驴的骨头，用麻袋布片裹起来烧；四、受伤和死亡的官兵遗下的棉衣、棉被、棉鞋、衣服等。"另据报告：敌又以榴弹木柄、死尸身上剥下的衣服，和炮弹里倒出来的火药，及用泥土拌了汽油等，作为燃料，围歼圈内所有坟墓里的棺材亦全被匪军挖起烧了。据敌九军营长张杰智说："我们这两天都是扒田野里的棺材烧，有的士兵冻急了就拆下工事上的门板烧，团长骂我："拆了工事打仗时怎么办？"我说："就是不拆又怎么办？"七十四军五十八师一七二团五连伙夫李振田说："现在里面一根草比一根金条还值钱，连长整天逼着特务长找，特务长就逼着俺们去找，找不到就要枪毙。在里边不饿死也要被逼死。"

摘自《大众日报》1949 年 1 月 6 日

当面敌情趣闻

官长"号"定剩余骡马

连日雨雪，飞机没来，这可把敌人饿熊了，一个排一天三碗大米也没得分，所有猪驴狗猫羊，都统统吃光了。于是就宰杀驮载机枪、大炮的骡马，但两顿一吃，剩下了为数极少的几头，又被官长们"号"定。

辣椒、凉水刺激肠胃

敌人的当兵的饿得撑不住跑去哀求营长，营长说："你们自己找不到粮食，我有什么办法？"士兵们没法，只好勉强咬口辣椒或喝口凉水，刺激一次饿瘪难忍的肠胃。

不吃饿死，吃了胀死

尽管那些善于翻箱倒柜的敌人会搜索，却再也捞不到一颗粮食。过去剥下的牲口皮，就成了饿鬼们的上等食粮。结结实实的驴皮马皮，虽经"小伙房"烧了半天，狼吞虎咽地吃下去，肚子却又膨胀起来。八军×天就这样死去了两名士兵。

烧破烂

敌人把老百姓的房屋、门窗、桌凳、家具以及田野里的树木、草根、麦秸全部烧光后，现开始搜集破胶鞋、旧军装、坏被套、牲口骨头，拆去前沿地堡、第二线鹿砦和汽车、马车、牛车上的木材作为燃料。但是，任凭种类如此多，下雪天，士兵滚成泥鬼也没火烤，烧一顿饭起码也要大半天。

空架子

敌人好多团营建制被打得剩下一副空架子。上士、文书升任连长，二等兵升任排长的一点也不稀罕。四十五师有一个连只有12个人，连部连长、特务长、文书、军需4个，排长3个，下面就是抓来的5个刚穿上军装的老百姓。所以3户人家就可驻上1个团。

穷极无聊

敌人的中级军官们实在有点穷极无聊了，整天消磨在各式各样的赌博里，猜一根火柴也赌上一枚银元，经常哀叫着："完了！完了！回不了江南了。"士兵们则公开叫嚷："投降吧！听八路指挥。"军官们也只好默认这一条生路。

摘自山东兵团《华东前线》第 70 期 1949 年 1 月 4 日

▲ 邱清泉兵团第五军在陈官庄用降落伞搭成的野战医院

▲ 淮海战场，国民党军伤兵生活一角

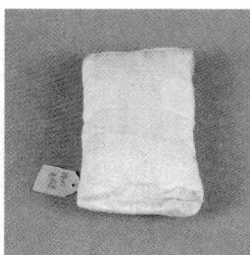

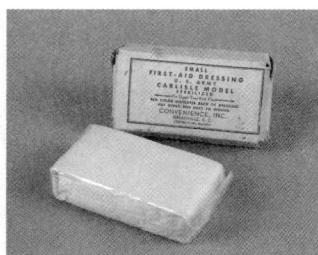

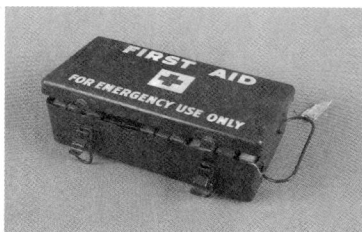

国民党军在战场上使用的医用品：胶布、绷带、药品、急救包等，均系缴获

看看铁圈里的杜匪正在饥寒交迫　如不投降不饿死也得冻死

【淮海前线 26 日电】被解放军紧紧包围于永城东北的杜聿明匪部，正在饥寒交迫。此间 19 日下雨，连日云雾弥漫，敌机断绝。雨后严寒，且又下大雪。大部敌军自徐州西进时，即已丢掉棉衣棉被。匪军如不投降，不饿死也将要冻死。据投诚及被俘的官兵称：包围圈内到处僵卧着尸体，无人掩埋，负伤的及饿的将死的士兵，就在地上移爬着，哀号呻吟，无人过问。饥饿的匪军，现在主要靠宰杀牲口过日。第五军一〇三团，规定宰一条毛驴要分配给一百几十个人做一大顿食料。老兵吃肉，新兵还只能啃点骨头。该团原在从徐州溃逃途中抢得毛驴 29 条，现已全部吃光。过去事实证明，所谓飞机空投实际毫不顶事，敌人为争夺那点空投物资而互相开枪火并的事，时常发生。杨窑庄的一场争夺，即伤亡 100 多人。水也

被喝得快干了，现已有许多人滤马尿作饮料。烧的也万分困难，牲口的驮鞍，汽车的破板及其他可焚的东西都拿来当柴烧。由于包围圈一天比一天小，被缩紧的人马拥挤不堪。在包围圈的中心从王庄通胡庄的一条小河沟里，充满了弹药、汽车和成万的人马。有一天，解放军炮兵发出的炮弹，一颗正落在这沟里的两辆弹药车上，一下被炸死炸伤了100多人。匪军各首脑机关，每天都要搬家两三次，但仍不保险。9日，解放军的大炮击中了杜聿明的指挥部。最近几天，杜匪又驱使着那些饥寒交迫的残兵败将，妄图突围，忽而把部队拉到东，忽而把部队扯到西，在那小圈子里像推磨似的转来转去。人与车相混，马与马相踏，乱得一团糟。敌人如此突围的结果，不仅逃不出解放军的铁圈，反使兵员因伤亡与逃亡而大量减少。许多团、营、连的建制，已只剩了一副空架子，有光棍营长，光棍连长。号称"王牌"第五军一三三团的有一个连，一共只有12个人，且其中除7人是连长、特务长、军需、文书和3个排长外，其余5人又都是在萧县路上被抓来的老百姓，穿上军服才几天。七十军一三九师的两个团，在第三次向鲁楼突围被击回后，也只剩下几十个人了。现在，杜匪的下级官兵当中已渐渐传开这样一句话："不投八路，只有死路。"孙元良兵团司令部一少尉书记官被俘后又自动回去对匪军官兵说，解放军待我们很好，已经给我们准备好饭了，要活命的就跟我走吧，100多名匪军官兵就跟着他来向解放军投诚。

摘自华野三纵《麓水》（号外）第147期1948年12月27日

末日景象
吃驴皮抢着互打

连日雨雪，空投断绝，被围的蒋匪军杜聿明部十余万人更加陷入绝望的深渊。

匪七十军九十六师二八六团雪后3天内，各连每日只能领到14碗米，二八六团团长召集各连特务长说："现在是困难了，飞机不能来，雪还在下，这就靠我们想办法：第一，14碗米分两顿，每顿两锅。第二，多放水多烧多煮。"特务长回去后就叫伙夫们依法照办，但7碗米分作两锅，再倒上满锅水后就不见米粒了，拼命烧还是和白开水差不多，开饭时，全连围在两口大锅旁，每人盛一碗，饿急了的士兵们很想多捞点米粒充饥，但水多米少，总是捞不到。

到第四天，14碗米也没有了，领来一条毛驴。毛驴因很久没草吃，已瘦得只剩皮包骨头，用汤姆枪将驴打死，剥了皮洗一洗，心肝肚肠全部在内，切成两锅，

4 只蹄子留作柴火。刚煮个半熟，士兵们就一趟趟来张望了，特务长蹲在锅边紧紧看守着不许大家胡来，但饿极了的人们顾不了那一套了，你抢一块他撕一片的乱成一团，最后特务长也抢了起来，抢到手的就啃着走了，没抢到的追逐着抢到的就厮打起来了。

终于匪兵团部把所有拖炮兵的骡子也发下来充饥了，跟着来了道通知："杀吃骡马时，一律不准剥皮，这样可以增加分量。"当骡马拉来杀吃时，当官的也说："骡子都吃了，炮等八路来拉吧！"

匪九军三师工兵已经 20 多天没吃到油盐，8 天没吃上粮食，饿得实在没有办法，只好到处挖青苗，剥树皮充饥。匪八军四十二师一二五团把拖炮的马吃光后，又重新把马皮用火烤了吃，十三兵团部野战医院每人分得了碗大的一块马皮。八军工兵营二连士兵丛海珠说："8 天前营长作战打死的一匹马，今天又重新从地里挖出来烧了吃。24 日，连里士兵们每人分了一块银元大的锅饼，连长叫大家不准一口吞下去，要搓成碎末泡在水里喝，过去丢的驴皮驴蹄子又被拾回来煮着吃了。"

空投场上开火

每次敌机空投落下来的时候，地面上守候已久的匪军就要展开一场剧烈的争夺战，每次都要互相打死好多人。

为了接受空投物资，杜匪在洛河南岸修了一个空投场，周围挖了一条壕沟，命他的警卫团密布岗哨，来制止互抢投下来的粮食，结果是越抢越凶。匪一二二师通信营二连文书阴庆法说："一听见飞机响，各部队就派去成连成排的武装，远了打枪控制，近了许多人一齐拥上去抢，为着一小袋米，滚成一团，有的就用刺刀戳，直到米袋扯破了，一个个就用手在地上拈，拈到一点，赶快往衣服兜里装，警卫团卫兵就开枪打。23 日投的那一次，四面枪声不绝，连"剿总"派出来调和的大官们，也打伤了几个，有的开着汽车混进去，抢上汽车就往外开。25 日，八军四十二师一二五团三营在青龙集发现了老百姓一个藏粮的地窖，九军也看到了，两头各不相让，双方都开来一个连，打了起来，一二五团团长赶来无法阻止，结果双方死伤数十人，但挖开地窖连一粒粮食都没有。匪首杜聿明有一次对军官说："空投场也变成战场了，今后再抢，一律枪毙。"但后来一直天阴，连飞机也不来了。

烧光拆光

围歼圈里什么都烧光了，驴蹄子、马骨头、破衣烂鞋，有两双胶鞋的，就拿出一双烧锅，除此，就是挖坟墓和拆工事，据阴庆法说：在临时飞机场附近，挖了

36 具棺材全烧了。25 日，匪九十六师二八六团挖到一具半新棺材，每班分到一片木头，匪七十军二八六团士兵成群偷拆鹿砦全烧光了，一天团长来检查工事大吃一惊，要他们立刻修复，可是附近连一片木头也找不到了，还拿什么来修呢！

（前线记者集体采访）

摘自《中国人民解放军淮海大捷纪实》，中原新华书店 1949 年，第 131—134 页

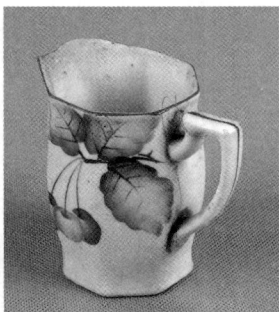

国民党军使用的部分生活用品：镜子、水杯、茶壶、盘子、牌九，均系缴获

北风紧　大雪飘　被围敌军饥寒难熬

（一）树皮马皮当饭，棺材板充柴火。下雪后，士兵饿得实在无法，只得挖麦苗剥树皮充饥，匪八军四十二师一二五团马肉吃光了现在把马皮烤来吃，十三兵团野战医院每 3 人分到一张洋碗大的马皮，现在里面老百姓棺材都被挖出来当柴火，胶鞋底和骨头也都充作燃料。

（二）争粮内斗，奸淫抢掠。25 日八军四十二师一二五团三营在青楼集发现了一个藏粮地窖，九军的一部也看到，互不相让开起火了双方死伤三四十人，医院里伤员的银洋和衣服被持枪的老总抢去。匪军们离其被歼灭的日子不远了，其疯狂地强奸妇女与女学生。

（三）伤员无人问，尸体触目皆是。下雪后"剿总"野战医院伤员冻死 500 多人，田里沟里到处是冻死的死尸，无人掩埋，十三兵团医院一夜冻死 200 多。伤员被

冻得四肢不能动弹，哀号哭声震天，到处乱叫："八路快点攻吧！""好了，不拖枪投八路有鬼呢！"

（四）士气更加低落，逃风更炽。由于饥寒交迫，匪军士兵们纷纷议论："不饿死也要冻死，不如投降吧！"匪五军一三八团士兵说："不想受这个罪了！"该团八连两天内就有 16 个士兵由带岗班长带头逃过重重封锁向我军投诚，七十二军三十四师一〇〇团一连二排两天内逃了 4 名。

（五）中下级军官动摇，无信心。匪八军四十二师一二五团团长刘正卿在排以上官佐会上公开讲："飞机无办法，我自己也难保，你们干就干五军，不干就各找出路。"团长本人起全部换了便衣。七十二军四十五团一连副连长陈恒君对其部下说："冻死、饿死、打死反正是死我管不了。"在找粮的路上对士兵张风伦讲："你去吧，遇到八路就当，没有再回来。"张就带出了 5 个（据七十二军八九八团二连排长张继光、八军四二师一二五团顾金标谈）。七十二军二三三师六九八团一营二连三排中尉排长（原为连副）周继光带了一个班及全副武器向我投诚，七十二军三十四师一〇〇团一排长率该排残部来归。

（张滨、丁固、王竞）

摘自华野十一纵《战线新闻》第 72 期 1949 年 1 月 1 日

◀ 国民党军每天出动飞机百余架次，向包围圈内空投粮弹，但杯水车薪，无济于事

▲ 国民党军向包围圈内空投食品时用的降落伞和竹篓

被围蒋军生活相之一

（一）沿街求乞

"活的没饭吃，伤的他们更不管"。紫楼逃出的群众陈淑表说每个被围的村庄，充满了拖着断腿断臂擎着怨沿街求乞的伤兵，但是蒋军们自己都快饿死了哪有东西给他吃呢？无数无人照管的伤兵就这样沿街冻饿而死，士兵和下级军官们睹此情景莫不狐死兔悲，灰心丧气。

（二）捣米的新发明

据前天（12 日）从吴楼跑出的匪五军二〇〇师六〇〇团的士兵和紫楼被蒋匪捉去的老百姓说：被围的蒋军已经四五天没吃饭了——初去时，还可从老百姓家抢点搜点，后来就满地乱掘……前几天偶尔还可在老百姓家里发现一点糠麸、高粱，由于有糠没法吃，士兵们就发明一个新办法，用两个砖头对磨成米，煮点米汤喝喝。大家觉得怪好，随后连一粒几粒也找不到了，于是这个捣米的新发明在一二天内就失去了作用。

（三）吃完了牲口怎么办？

匪五军二〇〇师六〇〇团九连的士兵徐东仁说："9 号我们一天只吃一小碗豆子，10 号每人只吃一小块马肉，昨天一天什么也没吃。"匪四十六师一三七团二连刘金海说："我们也是三四天没吃饭了，大前天每人只喝一小碗糊糊，前天用高粱烧点水喝，昨天也是一天没吃。"五军二〇〇师六〇〇团士兵陈焕美说："前几天还可弄到点打死和打伤的马肉，后来把老百姓的好驴、好牛和自己的驮炮的骡子、马也都快杀光了……这几天什么也没得吃，饿极了我们都是烧点开水喝喝，现在牲口也所剩无几，吃光了牲口再怎么办呢？"

蒋介石每天派十一二架运输机一天到黑在天空飞着，士兵们实指望这群"黑老鸭"能救他的生命送点饭吃，但是他们一直巴望了四五天，有的每天只分二两半米，有的竟二两半米也没得到（被当官的贪污霸占），随后他们就完全绝望了。

（四）比长春还难过的日子

"吃的困难烧的同样也是困难"，逃出的群众苦诉地告诉记者说："在这几天的围困之下，不用说烧草，就是连老百姓的门牌、家具也早光了，前几天他们竟把拉东西的大车做了烧柴，有的把枪托子也砸烧了。"

记得东北长春被困的蒋军曾把洋楼拆毁充作烧柴，今天邱清泉、李弥、孙元良的二三十万大军被困于东西不满 20 里、南北 10 余里的残破农村，竟把枪托子充作了燃料，绝望的困境，当比长春的日子更难过。

（温国华）

摘自华野九纵《胜利新闻》第 86—87 期 1948 年 12 月 16 日—17 日

被围蒋军生活相之二

一、包围圈里的太太们

这是被匪十二军一一二师某团捉去的老百姓刘继岭告诉的：

在师部住的地方，好多太太披着毯子，脏得很，在哭哭啼啼端着破瓢、老百姓的香炉喝红□稀饭，她们也没有房子住，和士兵一样的用降落伞撑起来挡着风雪，抱着孩子，冻得蜷蜷在一块，士兵看见了俏皮地说："嘿！这些太太们在济南、徐州时穿着旗袍、高跟鞋，戴着手表、金戒指，头油得光亮，还和当官的手牵手，真会摆臭架子，在徐州跑时还抓商家的汽车、黄包车，我的乖乖，这时候可该倒霉啦！遭点罪不屈！"

二、八路真厉害

前几天我们挖交通沟只离敌人二三十米远，甚至有的挖到鹿砦根，敌五团通讯连一个姓孙的中士说："八路真厉害，真有胆！"他的排长听了骂道："你真混蛋，你看着八路厉害你去干八路！"中士不高兴地说："不厉害！？挖到咱鹿砦根。"排长走后他就大骂起来："要是步兵早打你的黑枪了，妈那个 × ！"

三、抢米被捉当"俘虏"

敌二〇〇师投诚的班长赵荣庆说："我们现在饿得站起来眼前就冒火星，几十米远去拿榴子弹回来就昏倒了。前几天徐州守备团到二〇〇师的防区去抢米被打死好几个，有一些就被捉去补入了部队，还有的叫空中掉下来的大米包压死了。"

四、马肉煮不熟吃了冒肚子

里面一切能烧的柴草就快烧完了，民房也大部拆烧了，现在已开始拆鹿砦及地堡的木头烧，挖树根烧，当官拆下汽车轮带烧，当兵的就扒老百姓的棺材烧。前两天下雨也点不着火，据驻刘集七十四军五十八团逃兵说："伙夫天不亮起来做饭，一直烧到下午 2 点也未煮熟，马肉生吃了都冒肚子，现在有的都把前几天死了埋在地下的烂马扒出来吃了。"

五、他抓我，我拐他

住寇庄的匪军二〇〇师六〇〇团二营五连二班二等兵陈京带着一支崭新的〇三步和155发子弹过来了，他说："同志，我今年8月叫他捉去，他捉我，我拐他的枪和子弹，反正得叫他消耗消耗。"

（高朝阳、杨希明、孙灏、二科）

包围圈内——寒冷、饥饿在加速匪军的灭亡！

这是20、21两天内，根据前沿部队及侦察营同志从敌五军、十二军俘虏中了解的材料。

活的为夺食而亡，伤者为饥、寒、雨淋而死！

被我大军紧紧围困之邱李兵团驻村老百姓的粮食早被抢光、吃光，这两天连牲口、鸡、鸭、狗，凡是能吃的动物也都吃光了，头两天每排仅分到4碗（军用碗）大米烧水喝，连、排长捞米吃，士兵只有喝水。前几天每连尚可分到一头牲口，现在牲口吃完了，剩下的几头，全被连以上的军官号下了，士兵饿得叫苦连天。据孙元良兵团残部一个俘虏供：前5天十二军和五军的士兵在陈庄因夺飞机扔下的大米互相打死五六十名，伤员饿死的更多，五军野战医院的4000名伤兵，因挨饿和医药不足，最近每天都死亡七八十名，而十二军的伤兵则连住屋、医药都没有，遍野成片地躺着哀号，谁也没有去理的，昨天下了一宿雨，这些轻伤兵还可以用手扒个坑滚进去，而重伤兵就只有被冻死、饿死、雨淋而死，俘虏谈：这两天哪天都能死伤五六十名。

人烧马粪马吃树皮

在我军紧紧压缩打击下，包围圈愈加缩小，敌内部之烧草已成了严重问题，老百姓的房屋、树木、树根、野草全部烧光，现在已有的在拆鹿砦、拆工事及烧马粪，汽车上的木料也有的拆烧了，马草吃光后现在都是吃房上的麦秸和树皮。能动的老百姓尽被捉去当兵，敌伤亡惨重，部队建制多已破乱，敌为了最后挣扎补充缺额，现已将圈内之老百姓能动者全部捉去当兵，现在里面站岗的多半是老百姓而由老兵看着。

（侦察科整理）

▲ 包围圈里的杜聿明集团弹尽粮绝，割死马肉充饥

▲ 被包围的陈官庄战场的国民党军宰杀马匹充饥

阵中日记

国民党军某军官的日记

12 月 18 日星期六　1948　陈庄

因昨日空投场有大型运输机降下，故今日空投指挥官又命令空投场四周 150 公尺以内之部队及车辆应一律迁离，故本连今日下午又迁至陈庄之东北空地露营。时时迁徙，旷野露营，有如游牧民族。如非风雨相侵，此中亦自有其趣也！昨日运输机试降时情形甚为良好，降陆后不及 3 分钟即为敌炮所发见，连续数炮，均距飞机不远。故该机着陆不及 5 分钟即起飞而去。

昨夜之战事亦不激烈，仅不时有不成组织之枪炮声而已。故以此观之，共军包围我等之兵力当非其主力或是其主力而战斗力已成强弩之末矣。故我等之处境当已较前改善也。据传闻南面李黄等兵团已会师于宿县附近，不日即可继续北进，则余等解围之期当亦不远矣！

下午 3 时左右飞机至本连上空投下花生米罐头两麻袋，拾取该罐头时与二〇〇师便衣队发生冲突，初本连士兵误以彼等为老百姓而殴彼等，故彼等激起义愤，同声向本连寻衅，将本连助手杨天欣打伤，余以免事态扩大起见，委曲求全，与彼等商议，但几经劝告方始将彼等劝退，实亦不幸中之幸也。

空投场之东停有汽车甚多，今日上午为敌炮击中起火，一时光焰融融，燃烧至 1 小时之久，飞机投掷弹药时亦有一部分炮弹及手榴弹投炸，亦有死伤。

1948 年 12 月 30 日　星期四　陈庄

昨晚上半夜，天清气爽满天星斗，令人心旷神怡，但至午夜后，又复有乌云盖天北风呼叫。天有不测之风云，使人徒呼奈何。昨夜温度不十分低，但今晨则又入严寒状态。8时许又复飘雪，大地混沌雪花飞舞，以今年之冬雪观之，则明年当为大有之年矣。

上午9时，兵团司令官邱集合本军及十二军之官佐于陈庄东侧空地训话。共到官佐数百人，邱司令官首先明告以剿匪之目的及任务，并对各官佐之辛劳致慰劳之意，中述及敌我之现状及将来之行动，与对匪作战战法之探讨改进。对十二军三三四团在郭营之役战绩备致赞扬，誉为本兵团之模范战。述及敌我现状时称：共军合陈毅、刘伯承、陈赓三股之总兵力亦仅及20万左右，而本兵团现有兵力在25万以上，故共军决无攻击我之能力矣。加天晴以后，我将赖大批空军之掩护，大举向敌反攻之。又述及共军之损耗兵力已达三分之二以上，原为每纵队3个师者现已缩编为1个师。干部及士兵之补充十分困难，补给亦十分困难云。又云及首都现已到达美式装备20个军，如本兵团南下后，将改换装备云。

本日为农历12月初一日，适为余之诞辰。在民间之习惯，多于是日庆祝或饮宴或豪庆，但今日余处此环境中，平日生活亦难维持，实难以表示也。余在从前过生之时，绝少能记忆者，余在危难之中亦无法表示矣，又增一岁更添人之愁感。

摘自国民党第二兵团第五军某连军官的日记

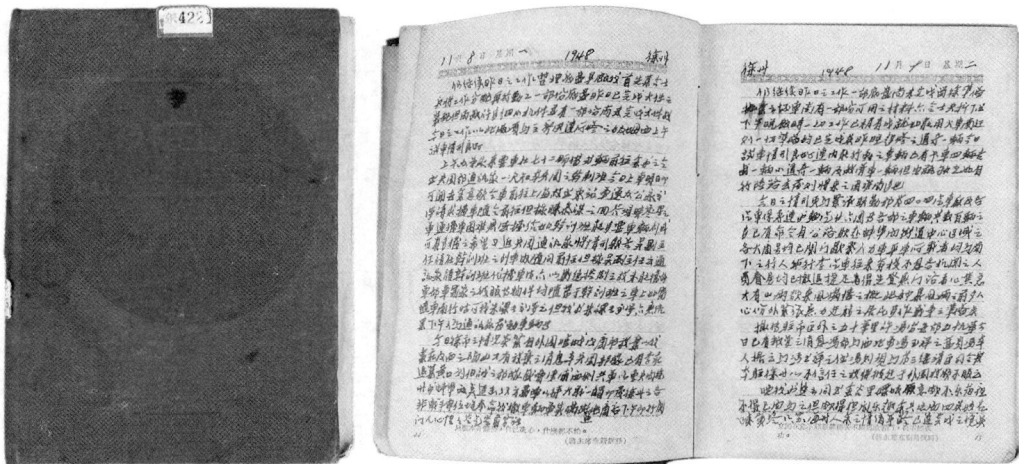

▲ 国民党第二兵团第五军某连军官的日记。日记生动而真实地记下了当年战场的种种景象，记录了他的经历与苦难、忧虑与希冀、幻想与绝望。战役即将结束时，这本日记被解放军一位营长缴获。营长接着他的日记，写下了淮海大战后的经历。同一本日记上，两种不同的笔迹，记述着两大对立营垒中的两个普通人的命运，前后相连，一页不空

国民党军某部副官的日记

1948 年 12 月 16 日　星期四

晴　东南风稍强　寒

我方大概是拂晓攻击，拂晓时分炮打得特别厉害，6 点多钟时喊伙夫起来煮饭，稍停我也起来，因为炮声特别震人。

米饭煮好以后总有生米在里面。所以营长叫煮浓稀饭吃，菜盐都放里面，今日的早饭就是这样做的，我认为很好吃。

士兵们吃饭时争先恐后地抢着，营长为这个申斥了他们几次。

每人每顿起码要吃 6 碗以上，平时是无所谓的，而战时正被困的当儿，我们不得不顾虑一下，仰赖空投米于我们是没什么希望，营长的意思是自明日起传令班、特务班官长把他分开，并且多放一点水。

现在这个营部是能做事的少，吃饭的多，除了大部分的老幼弱残兵以外还有几个懒而且滑的人歇儿。

过午时分我坐在驾驶室，东面又是一声响，三连车上的人都慌着跑下来，因为一颗炮弹又落下来，唉，我们的性命现在无时无刻不是风前烛。

农历今天也是 16 日，皓月东升，我们对着明月叹息着，这明月良宵时有炮弹打过来，有多么的难过啊！正慨叹的当儿，口的一声炮弹由我们的头上而去，落在我们的西北方，吓得大家又跑进防空壕，停了半天没有什么动静时，我们又出来站在汽车的旁边，希望这漫长的寂夜——只有炮声——能很快地过去，更祈祷着这夜里没有炮声。

今日到我们上空的有十数架输送机来投粮弹，有 2 架轰炸机，3—4 架战斗机，更有二架 B-29 航空堡垒。

1948 年 12 月 17 日　星期五

晴　东南风后西南风微　较昨夜暖

算是睡了一夜很痛快的觉，稀疏的炮声未有惊动了我们。

东方太阳已红，我于是起来，今天并不像昨日那样的寒冷。

面条食比什么我们都喜欢，因为没有菜，面是比米好吃些，一旦吃面人人都是拼命地在那儿吃，所以吃面的时候总须要多做一些，烙饼费的面太多，所以不能烙饼，多吃面条、面疙瘩。

犒赏金——我们营部领了 350 元整。

米——今天没有我们的份，三十三支部长准备明日有米时分配给我们一点。

支部的人们不但饭食比我们好而且菜蔬也强，我看他每人都有牛肉干和罐头吃，怪不得剿总他们分配米的时候对于后勤各部门几乎不给一点，可是苦了我们这些人了，后勤与后勤不同。

要用犒赏金大家合起来买一条牛来吃，我们当然愿意参加，据第八连连长说，牛还不大好买，一只价需 2000 元左右。

纸烟发生极度的恐慌，有烟嗜好者，银行一支愿意出 50 元买一支，前进牌最不好的香烟还要花 20 元，银行烟 20 支一盒的要 1000 元，以我们现在的每月所得每月还买不了半盒烟，闻新五军有的士兵背着冲锋枪来买烟。

酒也缺少，但不像纸烟那样的对人的困难，不过我们的营长因为酒有时想用酒精实验和水来喝。

像我没什么嗜好的，在这战场只有两怕：一怕死，二怕没有米吃挨饿，而好酒喜烟的人们可就比我多了怕无烟怕无酒的两怕。

傍晚时又来运输机十数架来空投粮弹，3、4 点钟时有轰炸机战斗机 2 架来。

不过自昨夜起至今日一天，四周皆很安静，不知是八路退了呢还是他们换防。

1948 年 12 月 22 日　星期三
午前小雪　午后大雪　东北风强　寒冰

一夜东北大风吹得你不能安睡，几次起来整理，哎！东北风哪里能晴得天气，虽然有时露月露太阳，但终于午前阵阵小雪，午后 1 点时大雪纷飞，雪景我很爱，我更爱降雪的景致，但此地此时又哪里有此心情呢。

早饭前营长往剿总部去给团长送柴火，待他回来时告诉我们想写家信的写好交到我这儿来，我也写了封信给仁杰、海良等，简单述说我这一段徐州至李石林鲁庄的经过。

李广恒以米换了个牛腿被赵连长从中拿去，他今天才煮食一半，我拿一碗去盛了些给李班长送去。李班长的米是在空投场拾来的，他昨天又给从他们部队来的几个人煮了一次干饭吃，并且今天又给他们换了点驴肉煮上等着他们。

这两天大家见了面后都叹声叹气地说，今年的阳历年不知道在什么地方过了。

刘干事到四十四军去访友回来说，有一个消息如果这两天天气好的话，我军准备以百架飞机来协同向前推进。

……

1948 年 12 月 23 日　星期四

阴雪　东北风　寒

昨夜的东北风较小，篷布响得不厉害，我还能安睡，唯有寒冷感。

营长喊我去领米和第十卫生队共领一包，领条已写好只少盖了个章，这一包米是散的，当然库里要揩油重量不足也是当然的。

饭后营长又到团长那儿，又带了些柴草去，叫我找了两个水壶到独汽一营去要油（香油），不晓得能否要来。

我军拟以百架飞机协助我们突围，如果天气好的话已在这两天开始，问营长这消息是否确定，营长点头。

营长昨天要我们改改口味，煮一顿干饭吃，我们同时都觉得奇怪，所以我问，我们大概几天可以突围呀，营长说那先不管它，原来营长想吃干饭的动机即在此。

今天的干饭在午后煮。

今天飞机又开始空投。

傍晚，5 点多钟风雪。

1948 年 12 月 24 日　星期五

大雪　西北风　寒

昨日《中国时报》载：

气象报告，西伯利亚寒流南袭，23 日黄河流域中上流域雨雪，24 日长江下流域雨雪，俟寒流重心过后，天气当转晴，东北晴。

新阁组成，各部易人……

平津大战序幕揭开。北平四周硝烟浓布，塘沽南北激战中……

饭后风雪又开始，已修出小路又被雪覆盖，饭于大雪中煮熟于大雪中食之，顶雪进食不易，而冒雪炊饭更难。

在 7 点钟上车入睡，车上原来 6 人现又加 3 人，大有人满之患，故夜里挤得出油。

圣诞节　1948 年 12 月 25 日　星期六

阴　西北风稍强　酷寒

我们今年想不到在战地过这多风多雪的圣诞，有生以来是第一次。在 1948 年前耶稣诞生时不晓得今天是大风抑是大雪，不过他降生后所经历的雪风比现在我们所经过的要大得多了。

今天请示营长我们吃一顿饭，原因是米无多柴难燃，加上恶劣的天气煮饭太难。

没有过不去的事，在平时吃饭，馒头还嫌不好吃，青菜加猪肉或牛肉尚嫌味不够，是不知足，而现在呢？日吃两餐稀饭也不觉得难受，像在今天的圣诞节日吃一餐饭也没有什么过不去的。

清晨起来雪已止，唯西北风尚吹，营长喊我们打扫雪……

1948 年 12 月 29 日　星期三

……空投下来的米、饼、咸菜人人都去抢，所以炮声大作，不晓得宛如第一线上的火线，被流弹击中伤亡的有不少。

有几包米和大饼落在我们的附近，本营的士兵也参加抢夺，前后抢来了两包，第二包米在营部车子旁边，和他部士兵开始了争夺战，结果还好，米终于到了我们的手里，但差点打起架来。最可惜的是，有一包大饼被许多人争夺得粉碎，有的落在泥土里，捡起来洗洗再吃啊！

柴已经难以设法砍来，据去砍柴的士兵们回来讲，每一棵无头树的旁边都有一个卫兵，他连你靠近那棵树都不许，似已到了山穷水尽的时候了……

1948 年 12 月 31 日　星期五

阴　东北风后西北风　寒

6 点多钟时，雪花还纷飘着，我打算卧到吃饭时再起来，9 点多钟时营长叫我起来看着他们士兵打扫雪，我已告诉曾班长叫他们打扫，但他们过于奴隶性了，不骂不成所以就把他们骂了一顿。

午前太阳出来和我们见了见面，正午时又阴了起来，午后又有一阵见晴，看天的四周比较着是清爽了许多，将或者能好转开来。

一群约有数百的老百姓（据说其中军人不少）成群结队地往东北方向去，听说他们都是回徐州的，路过我们停车的北面，部队里这一群丧心病狂的士兵们（或者官也有）三五成群的去抢老百姓身边带的礼物，远远望去也可以看出他们在挣扎着设法脱逃。枪声时起，有的是为吓掉老百姓的东西而鸣枪，但也有因为看不下去军人去抢夺人家的东西，所以对万恶的军人们而鸣枪。

有的人说，老百姓们太惨了，在国军这儿被掠劫了以后，经过八路步哨线时还要被检查，然而我以为不然，八路绝对要目前在人民的前面要个好，他们对百姓不但不检查，而对着国军这种情形一定要小心地维护着他们到希望的地点去。

1948年的除夕及1949年的新正，我们到底的在这里过了。

以天气来比较，去年的今天早晨看大地是被白色的严霜铺盖着，而今年的今天是被银色的白雪笼罩着大地。

以地点和服务机关来说，去年的今天我是在十四卫生汽车队驻新安镇，而今年的今天是在辎汽二十四团一营当副官，被困在萧县境内一个小的村落——鲁庄旁的田地里。

以国共的局势来讲，去年今年更是变化得非常。

在去年的今天我和十八兵站医院黄院长至临沂时，我们同在郯城北十里墩负伤。

由负伤而入院，而奔波着另一条谋生之路，而于6月1日来辎汽二十四团，当日就向徐州西段庄出发，随第三快速纵队游荡于砀山、黄口、丰县、鲁庄之路上。后三快纵队于豫东杨楼被围败溃，集结商丘整训，黄口伞兵司令部后撤南京，而我们也就于7月中旬回徐州了。在徐州首住云龙山云龙茶社楼上，各连车辆停于公共体育场。因天雨运动场上集水不能停车，后始移至老飞机场。我们大家住在车上跟随整训，受第一补区核阅。于9月初搬至鼎铭中学，住在日人建造之俱乐部舞台上（津浦铁路食堂），舞场内住了四五个单位，中间用竹竿席子间隔着，虽然算不上（在徐州）怎样舒适的地方，但还能过得去。由徐州被围受困之后，突于本年11月30日夜里，最后的一次慌乱，我们都几乎在不明究竟的迷雾中，于12月1日的上午随三十三支部撤退了（头一天已奉命配属给三十三支部）。12月1日至小刘庄又郝寨（夜半至郝寨）以后就糊里糊涂的一天二天的至第三天到了李石林。被围至今天整28天。除了八路的围困以外，还有天困（雪），致影响到不易空投粮食不足，战斗士兵听说已逃了近半，而由徐州跟来的百姓以及国军范围的未逃出去的百姓，四五天以前已开始的至剿总部去登记脱离这

▲ 连天大雪，空投中断，饥寒交迫，国民党军士兵靠麦苗、树皮度日。图为被砍光树枝、扒去树皮的榆树

不透气的范围，后勤机构的官兵想办法弄便衣登记而去的亦不在少数，他们都是为无食无靠即无人管，实在也无力量去管的而没办法的出去了。

天气仍无开晴的模样（现在 4 点多钟再看），我们的粮食尚能维持旬余，旬余过去而我们的命运又不知是走在哪一方向。

回想我有生以来，要算 1947 年 12 月 31 日—1948 年 12 月 31 日这一年间最不好。都是活在患难挣扎的生活中。

明日是 1949 年 1 月 1 日，从明天起以后的命运又不知是怎样，虽然我仍旧和每天一样的期待着明天，尤其这 1949 年的头一天。

1949 年 1 月 5 日　星期三

半晴呈一种混沉景象　西北风　严寒冰

……今日看到前两天国防部撒下的传单，略谓政府已准备了 300 余架战斗轰炸机和 180 余架输送机，一旦天晴当即空运粮弹定无问题，望大家忍耐最后的 5 分钟，以备空军助战……

摘自国民党徐州"剿总"直辖部队辎汽第二十四团一营副官徐夕夫的日记

第六章　解放军的后勤保障

中共中央、中央军委极为重视战役的后勤和人民支前工作，周恩来副主席专门派总后勤部部长杨立三协同华野后勤部部长刘瑞龙、中野供给部部长刘岱峰筹办后勤准备工作。解放军的后勤支前工作，在中央军委的高度重视与领导下，在总前委的统一指挥和精心筹划下，在华东、中原、华北三大解放区地方党政组织和苏、鲁、豫、皖、冀五省广大人民的全力支援下，组织严密，机构健全。共设立了运输干线10余条，粮站100余处，兵站90余处，医院30余所，伤员转运站40余处，以及油盐供应站、弹药库、被服库、补给所等。在物资补给、战场救护、伤员后送、粮弹运输、民力调集以及交通修复等诸多方面，形成强有力的保障系统。全体后勤人员不分昼夜忘我工作，将大批的粮弹物资源源不断送至第一线，使解放军在严寒的战壕中，枪不缺弹，兵有丰食。广大医务工作者奋不顾身火线抢救伤员，热心护理，精心治疗，对鼓舞士气和提高战斗力发挥了重要作用，从而保障了战役的彻底胜利。

中央军委电文摘要

必须准备全军部队及民夫130万人左右3个月至5个月的粮食、草料、弹药，10万至20万伤员的医治，必须争取全军各部队在全战役所需时间中有二分之一以上时间的休息整补，务使士气旺盛，精力饱满，对于兵员必须实行随战随补、随补随战的方针，对于人民必须实行耕战互助的方针。

摘自《毛泽东军事文集》第五卷，军事科学出版社、中央文献出版社1993年，第264页

文件选编

中央军委总后勤部部长杨立三在华野前委扩大会议上的讲话摘要
——后勤工作是战争整体中的一部分

一切服从前线，一切为了前线的胜利，解放战争进行到现在，和过去大不相同，

可以说现在已进入大规模的组织战争时期。这个战争规模是中国有史以来所没有的，全国几百万人马在各个战场上作战，往往在一个战场上就有几十万人马与敌人战斗。这是件大事情，责任极为重大，一个战役的胜负，对全局息息相关。所谓组织战争就是将前后方各种建设及各部门工作，都有计划、有组织地进行战略与战役的布置，几十万大军云集一地，加之装备的改进，重火器的加强，战争的激烈，而粮食、弹药、服装的供应，伤员和战利品的接收、转运，输力动员等等都是很大的。如果没有完备而有力的后勤工作，就不可能进行大规模的战争，更谈不到组织战争。过去几百人几千人打游击，到处可以吃饭，有少数的弹药就可以打。现在就不行了。由此可见，后勤工作是大规模战争整体中的一部分。后勤工作做得好，就能使前线更顺利的进行胜利的战争，否则，就增加了前线的困难，不能进行持久的连续的战役。因此前线指挥员必须精心布置与指导后勤工作。只注意前方打仗而不注意后勤的指挥员，是个不完备的指挥员。由此可见，后勤工作的一切都要服从前线，没有前方就没有后方，其理至明。因此，后方的一切布置，都要以适应前线需要，便利前线作战为依据，如供给上的保证及时供给，使部队有吃有穿有用，不挨冻、不挨饿；卫生上的保证部队健康，全心全意地治疗伤病员，使有生力量加强；兵站运输上的准确适时与完整，使前线随时得到供应；军事工业上的数量多，质量好，使前线源源不断地得到接济等等。如果不这样做，或者闹独立性，则是完全错误的。如果在一切工作中，不是时时刻刻为前线着想，周密地有预见地去布置，准确地去进行工作，而粗枝大叶，临时应付，就是对战争不负责任，就会影响战争胜利，这是不允许的。

摘自《杨立三在华野前委扩大会议上关于后勤工作的讲话》，1948 年 10 月

中原军区关于加强后勤保障的命令

（于本部　勤字第一号　1948 年 11 月 24 日）

为达到此次战役彻底歼灭黄维兵团之目的，对于交通联络、粮弹供给及伤员转运诸工作，均应加强组织以保障此次作战之胜利。为此决定：

第一、通信联络：甲、有线电话，由本部驻地架两条铁线，一条架到童亭集，由三纵负责设总机。另一条架到周土楼，由一纵负责设总机。并按以下规定架设皮线：一、三纵队直与本部通话，四纵向三纵架线，二纵与一纵互相对架，六纵向二纵架线。以上线路以战况之发展，随时向前延伸。乙、尽量利用骑兵与徒步通信，

并兼用汽车通信。丙、支前司令部应即架通雪枫至商丘长途电话。

第二、弹药交付所：一设在临涣集，一设在百善集。从上列两处向前线之运输由各纵负责派车接运（如二纵无汽车，六纵汽车不够用时，可由本部派车运送）。从商丘、亳县至交付所之运输统由支前司令部负责。

第三、粮食补给站：分设下列各处，一、西二铺；二、商口张集；三、临涣集；四、顺河集。规定西二铺站供给四、九纵，商口张集站供给三纵，临涣集供给一、二纵，顺河集供给六纵，以上各站，按各纵之人数，应常屯积 5 天以上之粮食，支前司令部须保证作战部队给养无缺。

第四、伤员转运站：分设下列各处，殷家庙、杨柳集、龙山集及桃园集（此站现已北移随九纵行动），各作战部队之伤员分送就近各站，本部野战医院分设在丹城、百善集。各部所需担架直向支前司令部交涉接领。

第五、兵站线及各地兵站暂时分［设］如下：商丘与郑州及雪枫县应组成兵站干线，商丘、雪枫县为主要兵站，应组织健全，以杨国宇同志在商丘统一负责，

◀ 刘伯承、陈毅、邓小平于战役中签发的命令

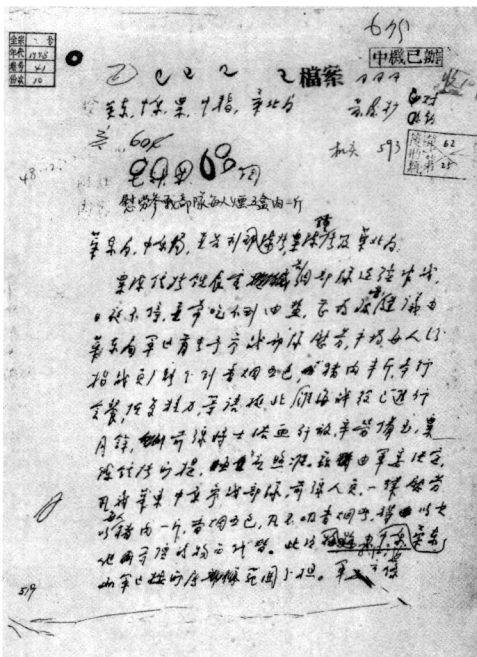

◀ 周恩来为中央军委起草的1948年12月17日致华东局、中原局并告中野、华野主要领导的电文。电文指出："淮海战役已进行月余，前线将士浴血歼敌，辛劳备至……兹由军委决定，凡我华东、中原参战部队，前线人员，一律慰劳以每人猪肉1斤，香烟5包，凡不吸烟者，得以其他等价的物品代替。"中央军委对参战将士细致入微的关怀，激发着解放军指战员的战斗热情

扶廷修同志在雪枫负责。亳州、临涣、百善三处由支前司令部指派专人负责。本部汽车分驻商丘、雪枫两站，受杨、扶两同志指挥。

第六、为了战时适应供给起见，各纵应即指派供给干部常驻粮站协同地方干部办理粮食工作。另派军械干部一人常驻弹药交付所办理接收弹药工作，但领取弹药均须经本部批准。支前司令部须建立保管收发制度。

以上各项望即遵照实行。

此令

司　令　员　刘伯承

副司令员　陈　毅

政治委员　邓小平

摘自中原军区《命令》，1948年11月24日

粟裕向毛泽东主席的报告——作战供应与前后方联系问题

（1948 年 12 月 31 日）

地方党政军民不顾任何困难与代价，以全力支援前线，这是战役取得胜利的决定因素之一，这不仅在物质上使部队得到充分的供给，因而取得胜利，而在精

神上给了部队以极大鼓励，使部队无所顾虑，使战士勇于杀敌而不怕负伤，这样使我军战斗力亦大为增强。在如此大规模连续战斗中，我们虽没有足够的近代交通运输工具，仍能使部队不感到补给困难，这是难得可贵的事，而后方党政军民工作同志确是尽了最大努力。此次淮海战役因敌收缩逃窜，使我们作战地区亦随之变更者数次，因而有接济不上之事。粮食困难，虽能在战区就地征借，但由于事先准备欠周（我们于战役前，曾经再三提议应预制借粮证，但以财粮处不同意而作罢），于是部队急速前进，粮食接济不上，于就地借粮时致有混乱事情发生，亦颇影响群众生计。弹药之及时补给，对争取战机以至于争取战斗胜利有决定影响，由于战役系决战性质，弹药消耗极大，一个战斗（或一个夜战），重弹消耗量至少一个基数，如需应付敌人之反击，一个基数则不够。过去由于纵队只保持一个基数，故常因弹药不济，于敌人反击时被迫撤离已占阵地。加之后方弹药仓库离前线较远，请领往返需时（因空袭关系只能夜间运输，计从仓库到野司，从野司至纵队，因汽车无公路，且不能开灯，各需一晚时间，而纵队送往前线阵地，又需一晚时间），常因此而失去战机。徐州缴获弹药中，本有可以供给前方者，但以整理乏人，仍狼藉各地，经雨雪已失效用。最近我们亲赴徐视察，才商得军管会同意，我们派军械人员协助收集整理，仍统归军管会领导。后勤同志负责认真，遵守制度甚可赞佩。但他们对前方实况缺乏了解，且某些干部有单纯财政观点，反而得不偿失，虽有高度之工作精神，致常有远水难救近火，接济不及影响作战。最近因大批新俘仍戴蒋军帽子，又无识别标记，致常发生误会，互有死伤，为数不少。我们曾请财办从徐州赶制 10 万顶军帽补发新俘，以资识别。但财办却坚持从远后方运来（后同意，但延长一周时始做），以致战场发生误会。为此我们建议，如不能给予前方以较多之预备基数，则请后勤仓库尽力向前推移，接近前线，以便补给及时，并拨给一定之修械修炮修车工厂，随军修理。同时为便交流工作经验，建议后勤部应常派人接近前线战地，了解实况，或采取前后方干部交流办法，使之适合于战争，免失战机。

摘自《粟裕文选》第二卷，军事科学出版社 2004 年，第 716—718 页

华东军区、第三野战军后勤司令部淮海战役后勤工作初步总结

在济南战役全胜基础上，曲阜前委扩大会议明确的决定了我军全线南进，求先歼黄百韬兵团于新安镇地区，再相机攻占新（海）连（云港）或两淮和进入淮

海区寻歼敌主力的作战方案，当时预计到参战部队的高度集中，战役进展的长期性和连续性，作战地区的水网、平原、丘陵等地形的不同性，战役过程中运动战、阵地战、追击战、阻击战与分割围歼战的相互配合的各种不同战斗手段，后勤工作部署即依此初步研究了大兵团集中一个战场与友邻部队并肩作战的情况和存在着各个地区部队不同的供给关系、标准的统一的物资补给，伤员转院，战场救护，粮弹运输，民力调集，交通修复等后勤工作，在华东局与前委指示，后方支前机关的强力支援下，首先集中力量在部队未出动前限期补给了冬衣、鞋子及部分其他装具，当时具体的后勤部署如下：

1. 弹药补给线与基数确定：

军携行轻重各两个基数，三野后司及兵团控制重二轻一基数，随部队前进。第一线屯集点，第一步预定临沂（野司直辖各纵）、梁邱（山东兵团）、邹县（十纵、广纵），尔后视战况前移。第二线由军区后司负责在三界首、临沂、梁邱、济宁四处屯集重二轻一基数，随第一线弹药跟进，计各种前后膛炮弹 20 余万发，炸药 18 万斤，各种子弹 200 余万发，手榴弹 40 万枚。第三线由军区以莒县、沂水、蒙阴、泗水为四个基数屯集点，以上前后共计为重十二轻四基数的弹药预备消耗量。

2. 运输分工：

一切物资弹药由军区后勤（并运输公司力量）前进指挥所负责担任，由第三线运到第二线屯集点，华野后司将第一线屯集之零基数运到临沂、新安镇之线，视战况发展前运或向后接运，为了分工具体，后来确定三野后勤负责担任由第一线屯集点运到前方补给站（距战地不超过 25 至 30 里），各军到补给站接运到战地，而第二线弹药亦视战况发展，而向前推进。第二线（军区）屯集点与华野第一线弹药库距离亦以不超过 60 至 80 里为限，这样才能前后照顾，便于随时调动运输力，适应战争随消耗随补充的要求，并可求得调度上之统一。

3. 兵站组织：

华东军区后司取消了兵站与供、卫、军械四大部的并列的组织形式，加强了以中站为主的兵站仓库（被服、药品、弹药分开存），每站配备一定的军械人员，华野兵站部（即现称运输部）亦如上述改变，使兵站与供给、军械、卫生部门的物资，在统一运输分工保管原则下协调起来。

4. 民工担架：

每纵队为担架 500 副（3000 人），挑子 500 副（500 人）合成一个担运团（干杂全部 3600 余人)。野卫掌握机动担架 1000 副，前后共担架 7200 副（每副 6 人），挑子 6900 副，后方伤员、粮食转运由支前机关（华支）掌握担架 7500 副，挑子 9000 副，小车 13000 辆，军区后勤小车 2000 辆，再加机动准备力量，总计当时前方第一线共担架 16280 副，挑子 17300 副，小车 20910 辆，共 146000 余人，第二线及后续民力，尚不在内。

5. 粮食布置：

华野全部及支前机关以 47 万人（包括已拨交到队之民工），参战民工 10 万人，共 57 万人至 60 万人，每人每天 2 斤加工粮及全部马料之供给，每月须粮 5200 万至 5400 万斤，当时以鲁中南全部存粮额可供给两个月，如秋征全数缴集，则可供到 3 个月。在补给上，部队开进前每人携带 3 天粮，并在开进途中，沿途设置了粮站，战地粮食则以沂河为界，河东集中 6000 万斤，河西集中 3000 万斤，再由第二线调运战地 1.5 亿斤，并由支前机关与华野部队，共同组织了粮食供应站（每军设大总站下辖 3 个分站随师），配备运输力量（民工、小车）随部队行动。在前后运输分工上，亦由第二线向前运到第一线随军粮站，随军总站则运到师的分站，这样保证了部队前进，粮食也随之前进的机动性。

6. 医院收容布置：

当时军区后方医院，尚有济南战役伤病员近万人，所能调前线收容者，仅 8 个院约 2 万人收容量。野卫当时尚掌握有 5 个野战医院，一个直属医院，约 1.3 万人收容量；华中工委有 5 个小型医院，仅 6000 人收容量；山东兵团两个院可收 4000 人，合计以上大小 21 个医院（不算纵队的），收容量不及 5 万人，并以华野各院第一步位于临沂、滕县、济宁及沂水以西，运河以东之线。军区各后方医院位于沂水以东，陇海路以北地区，苏北医院位于陇海路南淮北地区待命，视战况发展前进，接收前线伤员，并准备野院随时随部队前进，担任前线收容，便于机动，后方各院则比较固定些，便于医治休养，并准备了包尸布 18 万方尺。

7. 供应方面：

油盐站附设随军粮站，以便结合运输力量，由各工商贸易部门抽调干部，每站经常保持 3000 至 5000 斤油盐，按当地市价低 10% 至 15% 售给部队，菜蔬则主要依靠部队就地购买，后方则尽力搜购干菜前运，柴草则就地征集兑换。

8. 交通修筑：

依据部队前进要道及后续运输线由华支及鲁中南行署修筑半永久性的及临时

性的公路，在部队出动前已修通者，半永久性的计有滋（阳）临（沂）、临（沂）青（州）、昌（乐）潍（县）、临（沂）郯（城）新（安镇）、临（沂）赣（榆）、临（沂）蒙（阴）等公路，临时性的在部队出动中正抢修者计有：临（沂）梁（邱）、临（沂）涛（　）、兰（陵）郯（城）、梁（邱）开（　）等公路，长途电话之架设，运河船只之调度，均由华支责成各地支前机关在战役开始时完成之。

摘自华东军区、第三野战军后勤司令部《1949年工作报告》，1949年12月，第12—16页

华野通报——关于淮海战役第二阶段后勤工作部署的决定
（12月4日于本部）

淮海战役第一阶段，我获全胜，战役第二阶段已开始，敌放弃徐州向萧、雪间逃窜，我华野除配合中野全歼黄维兵团外，大部正追歼邱、李、孙兵团，我决心全歼该敌，这是我军在长江以北最后一次大战役，对全局具有决战性，战役的各阶段将连续进行。我为保证今后作战之供应，争取该战役的全部胜利，部署如下：

（甲）弹药运输补给

一、根据此次战役第二阶段之作战规模及可能消耗，已补部队者不计，必须准备八个基数之各种炮弹及炸药，两个基数七九机步枪弹现已运到，不足之数，由后方迅予补足，前方补给所应经常保持三个到四个基数之炮弹及炸药。

二、现已到达运西各仓库之弹药，由前方兵站部全部运到符离集附近存放，以后华东后勤前运补给南线弹药应延伸直送张大路交前方兵站部接收，前运现已到临沂、郯城，及其以西之弹药全部运张大路，其余弹药可沿运河及铁道南下，该仓库于铜山以东之大湖。

三、南线弹药仓库设张大路，补给所设符离集，准备续向濉溪口延伸，并接收各纵上缴之胜利品，补给南线各追击部队（计二、十、十一、十三4个纵队），另在固镇设补给分所，并接收各纵上缴之胜利品，补给六纵、七纵、十一纵（王张）、特纵，以上计8个纵队。

四、补给北线各部队之弹药由华东后勤前指直交东兵团后勤部分发（计一、三、四、八、九、鲁、渤、广8个纵队，冀鲁豫两个旅），仓库及补给所由该两部直接商定办理，原本部补给三、广纵之济宁后勤分部随广纵行动者亦由谭、王、李就近指挥统一调剂之。

（乙）粮食供给

一、全军已进入豫皖苏区，在该区粮食供应尚无保证的情况下，仍须由华中及华东负责，对部队今后休整期间及新战役的粮食供应必须先期筹备。

二、豫皖苏区对华野粮食草料供应除按部队行动位置自行调运供给外，并请即在永城薛家湖、大回村、五户张集、濉溪口分设粮站，要求每日集中各站加上粮草万斤，不足时须由部队依据华东局批准之借粮政策就地筹借一部，豫皖苏区粮草票如准备不足或未及时送到，可通用山东粮草票。

三、华东及华中支援路西粮食之运输线及数目，计分四线：①运河站或台儿庄，徐州到萧县。②皂河或窑湾、大王集、朝阳、张山、闵贤到瓦子口。③宿迁、大李集、时村、符离集、古饶。④泗县、灵璧、固镇。以上每天须运到固镇者 30 万斤，古饶 40 万斤，萧县、瓦子口各 60 万斤，第一第二两线由华东负责，第三第四两线由华中负责，此项粮食系指已在路上西运者，如路西已能足够供应，而铜山附近已有大批粮食，此项西运补助粮即行转往于屯粮区。

四、徐州、宿县、闵贤须各存放油盐各 10 万斤，屯粮区内睢宁及时村须各存放油盐各 10 万斤，并建议豫皖苏军区，于各粮站附近附设油盐供应站。

（丙）医院设置

①现有伤员仍住原指定位置治疗，南线伤员住高楼、灵璧间，北线伤员住运东运河站及窑湾、宿迁间，重伤员可利用运粮车辆、民工分别移往山东及华中后方。

②野卫李部长即率所属空院所转运站进到古饶集附近，准备向前派设转运站及收容南线各纵伤员。

③华东卫生部白部长即率后方派来空院进到铜山东北茅村镇、荆山铺一带收容北线各纵伤员。

④转运站线及收容量之分配由李、白会商决定并报本部，以便通报各纵。

（丁）民力调度

①由军支统筹迅将各纵原定随军担架挑子及运粮小车补齐，以增加部队本身之运力。

②设立两个民营处，一个随野卫，一个随东卫，各控制担架 5000 副，担任各站转运并及时抽补各纵缺额。

③为节省运粮民工计，建议主要粮弹应以运河及铁路南下，至陆线运粮，可组织运粮站线，临时民工按力包运。

④新的随军担架及运输民工须及时准备，以便休整时及时补入，以利新的作战。

⑤组织战区民力，以便临时机动使用。

（戊）赶运冬季补给品

①须赶运者，鞋子、袜子、民工冬衣、解放战士所需棉帽衣被及日用品。

②目前首须将鞋袜及民工冬衣及冬季日用品补齐。

③上述补给品补充南线各部者，运宿县以东地区，北线者运铜山以东地区，分由野卫及东兵团后勤部设立仓库。

（己）恢复交通

①迅速修复充临线铁道，迅速恢复以徐州为中心之铁路运输。

②组织运河水运。

③架通主要运输线上电话。

④弹药补给线上公路桥梁先行修通。

（庚）各部位置

①华东支前委员会移铜山，华中支前司令部移宿县。

②华中前办随野司，华东前办随东兵团。

③华野后勤部移符离集，华东后勤部前指移睢宁，建议华东后勤司令部之一部移新安镇，东兵团后勤部移萧县附近。

④华野司令部进入豫皖苏后，豫皖苏后勤司令部应另组一前办随华野服务。

上通报

参　谋　长　陈士榘

副参谋长　张　震

后勤部长　刘瑞龙

副后勤部长　喻缦云

摘自华野《通报》，1948 年 12 月 4 日

◀ 华野后勤部部长刘瑞龙在淮海战役中随身携带的文件包。刘瑞龙从 1942 年一直使用到 1949 年 5 月进入上海。文件包的灰色布套用新四军的军装布做成，黄色背带是到山东解放区后用八路军的军装布制成

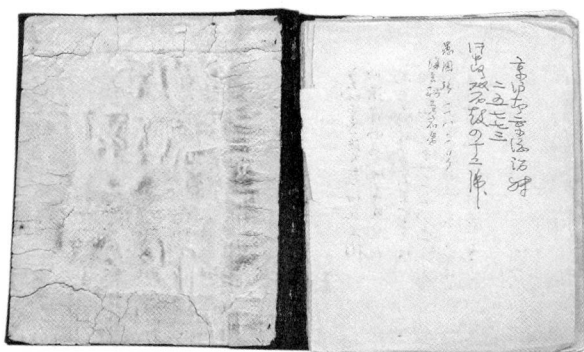

▲ 刘瑞龙的日记本

▲ 中野供给部部长刘岱峰 1948 年冬在郑州与妻子江冬、女儿刘向的合影

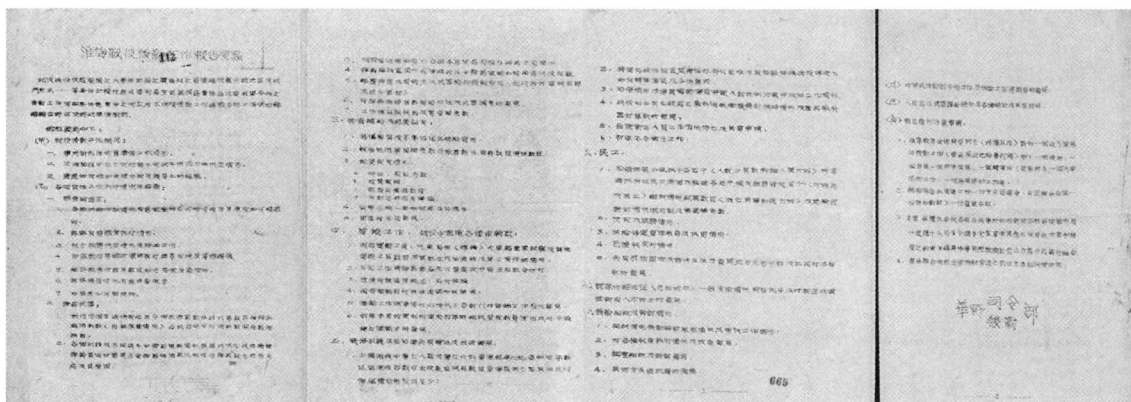

▲ 华野司令部、后勤部颁发的淮海战役后勤工作报告要点

◀ 1949 年 3 月 6 日，解放军第二野战军卫生部首届团以上干部会议在安徽亳州举行，图为与会者合影

中野作战中的支前与后勤工作

　　这次作战中的物资供应，是达到较完满之要求的，无论在粮食弹药的接济与医术救济诸方面，都未感受到意外的特殊困难，这是此次作战胜利的有力保障，

没有这种保障，要想取得这次的完满胜利，是不能设想的。因之在这方面的许多问题，也是值得我们陈述和总结的，特摘述如次：

（一）首先应特别指出的就是中原局对这一问题坚确肯定的方针指导和不断的督促。在开始组织作战时，中原局即指示各地要动员与组织一切人力物力来支援这一作战，特别一再责令豫皖苏以各种努力从各方面来实施这一工作，"一切服从前线，一切为了争取战争的胜利，要以不惜倾家荡产的精神与措施，来支援此次的作战，不许有任何犹豫与松懈的现象"。这就是当时中原局支援作战之最大决心的集中表现。

（二）在中原局的上述决心与方针指导下，中原局各直属机关先后抽集了大批干部去做支前工作，并组织了运输司令部以专司弹药和其他军需品的输送勤务，而豫皖苏则率先由分局行署以至区村政府都组织了支前机构，各级负责干部都全体出马不惜一切疲劳艰苦，不怕任何困难，兢兢业业地为支援作战而努力。

（三）这种剧烈的阵地攻击之作战，所需的弹药是如何巨多的，这种巨多的弹药之输送，在我们当时运输工作和道路条件来说，实感很难胜任，当时的运输机关除了尽量发挥汽车和铁路的力量外，最重要的就是雇用大量商运的胶轮大车，有些地方并将他们组成排连等单位，分派干部带领和进行政治工作。为使这些商车的人员与牲畜在输送途中不感受饥寒和敌机的威胁，我们的支前机关，又为他们设立了若干食宿站和草料站，教育他们以防空的方法等。于是这些商车，就减除了上述的困难，顺利遂行了艰苦繁巨的输送任务，这是值得记取的。

（四）在对伤员的救护与医疗上，一方面由豫皖苏动员和组织了巨大数量的民工担架队以抢救赶运大量的伤员，同时又将豫皖苏及豫西军区系统的医院抽调出来，以收纳和医疗转运来的伤员。因之就将所有的伤员都很快地由火线上救运下来，且都适时收纳与医疗，但还有以下的一些缺点，应该指出和纠正：

1. 由于组织机构不甚灵活，工作联系不够密切，以致有些伤员尚未及时发到棉衣，不少的作战部队也未能将伤员原有的衣物给他们（伤员）送院，致使一部分伤员受到了不应有之痛苦。

2. 有些救护所没有把通路和所在地加以修理和标识，以致有些担架队因不识路径而多所徘徊，未能将伤员适时送所；有些前线的救护所未将后送之伤员按轻重程度加以区别和标识，增加了后方医院处理伤员的困难，给伤员以可能避免的痛苦；有些卫生机关没有把牺牲的同志掩埋妥善，以致留下一些不良的影响。这些都是值得今后在工作中纠正和克服的。

摘自中国人民解放军第二野战军司令部《淮海战役中双堆集歼灭战初步总结》，1949 年

华野为统一打扫战场的命令
（12 月 22 日于本部）

一、为统一打扫歼灭杜、邱、李兵团的战场，严格维持战地纪律，使我军流血换来的战利品不至再有破坏，以使迅速整理，合理分配装备部队增强战力，特以本部后勤部及特纵纵直机关部队合组华野战地司令部，负责统一打扫战场一切事宜，并任命陈锐霆同志为该部司令，刘瑞龙同志为该部政委。

二、战地司令部应设置以下诸部门，分别掌管各有关事务。

1. 参谋处——主管侦察情况，整理交通与各作战部队之联系，警卫部队之派遣。

2. 政治部——负责战地纪律之维持及纠察队之分遣，党政工作组织及对内外的宣教工作与地方的联系，及必要时民力之动员。

3. 军械装备部——主管武器弹药器材鞍具之收集清查整理。

4. 摩托部——主管汽车坦克油类零件之收集清查修理。

5. 卫生部——主管卫生材料之收集及伤员收容，死尸掩埋。

6. 骡马接收队——主管接收骑兵炮兵骡马。

以上各部门机关的组成由后勤部及特纵抽调人员混合编组，其警备纠察部队由特纵派出，不足时呈请本部增派之，各部负责人选由战地司令部决定之。

三、各作战部队按各自战斗地境肃清残敌，在华野战地司令部警备纠察部队未到达接管前应负责保护战地一切军用物资，严禁各部无组织无纪律的人员随便进入战地破坏或私自运走一切军用物品，接管部队到达后，各部应很好交代并予以必要的协助，各部队看管交代情形由战地司令部根据实情报告本部评定功过。

四、战地司令部所收集之一切军用物资，应分类清查登记报告由本部统一处理，该部无直接分配之权。

五、作战部队及战地司令部之一切人员均应为此进行深入的加强纪律性教育，以保证打扫战场工作有效的进行以达本部预期目的。

六、该战地司令部现位王寨，工作开始时另行通知。

此令

代司令政委　粟　裕
副　政　委　谭震林
参　谋　长　陈士榘
副参谋长　张　震
主　　　任　唐　亮
副　主　任　钟期光

摘自《华东野战军为统一打扫战场的命令》，1948 年 12 月 22 日

华野六纵关于后勤工作问题

自濮阳大休整当时将后勤专门机构撤销以后，二次南渡黄河进行作战中，纵师团各部就未建立专门的后勤机构，因而在睢杞战役中后勤工作上遭受严重的损失，当时从部队思想上深感大规模作战中后勤工作的重要性。济宁休整中纵队强调把后勤工作作为三大任务之一提出，并着手从思想上、组织上的整顿与建设，决心抽调得力干部专任纵师两级后勤工作，并统一后勤工作的组织领导。济徐战役前，纵召集全纵后勤会议作了具体布置，迄至此次战役中，后勤工作在保证前线弹药粮食供应、伤员的转运、打扫战场收集物资等多方面已较前好得多了。

（一）首先由于后勤工作人员中，特别是后勤部门的领导思想上初步地树立了如下三种思想：1. 一切为了部队、一切为了前线的思想。2. 与地方党政支前干部密切协同、团结一致的思想。3. 独立自主克服困难，坚决完成任务的思想。因此在此次战役中，就能从组织上、工作上基本上保证了甚至满足了部队与前线的需要，但在这一基本的思想教育上，尚须继续提高，主要是克服后勤工作吃力不讨好的思想，对地方党政支前干部某些不够尊重、不够主动的团结和照顾其实际困难不够等现象。尤其是独立自主克服困难，有什么干什么，根据战争的需要，担负任何艰巨的任务教育等。

（二）在组织上建立统一集中的后勤工作机构，配备专任的得力干部负责，这是非常重要的。战役前纵队将后勤、供给两部建制合并，战役时就能调度使用力量，发挥很大作用，而有些师团由于组织尚未完全统一，以致在干部调度运输力的组织上尚发生步调不畅通、领导不统一的现象，增加了某些可能减少的困难，

今后应继续把组织与领导更统一健全起来。

（三）掌握运输工具，组织运输力量。科学的管理运输工具，这是战时后勤工作的中心一环。由于纵队后勤部在建制、运输工具上的限制以及在掌握与使用管理新的运输工具上缺乏科学的经验，因此未能发挥汽车运输的效能，因此今后必须着重在马车和驮骡的建设（减少地形和气候的限制），并熟练汽车的管理与使用，对调节运输力上做到统盘调度、上下互助。

（四）正确掌握民工的思想情绪，及时帮助民工解决具体困难。此次胶东民工初来时，我们针对其怕出山东，怕延长服务期，怕上前线，怕挨饿受冻，怕六纵不爱护等具体顾虑，反复进行教育，逐步提高其思想及完成任务的决心，并在实际工作上消除民工干部与部队的隔阂，提高其工作积极性，并在各种情况下进行及时解释、严正纪律、表功说好等积极方法的教育。

由于专门派遣了政工队员帮助其处理部队工作关系，解决筹粮及进行政治工作起了重大的作用，但另方面，开始以来未能很好注意防空，以致遭受20余人伤亡。对民工冬衣的解决不及时，粮食供应、病员治疗上不能满足其要求，就产生许多意见，以致逃跑等，这是我们今后必须好好改正的。

以上为此次战役中我们在后勤工作上主要的几个经验，详细的纵队后勤部另有专门报告。

摘自华野六纵党委会《淮海战役第一、二阶段综合报告》，第16—18页

保证前线作战胜利　中野九纵后勤部门加油工作

为保证前线作战胜利，纵队战勤指挥部及各级后勤机关与参加后勤工作人员，正以同样的艰苦顽强英勇精神，在后勤工作战线上克服困难加油工作。粮秣人员辛苦征借和运送粮食，医务担架同志昼夜轮流和救护伤员，事务人员同志积极努力完成自己任务。他们和前线部队一样，纷纷表态要为保证徐州大战胜利立功。北平部[①]卫生处特向部队写信，提出七项保证：（一）保证用一切的可能办法，尽力改善伤员生活；（二）治疗上做到全部换药洗血，保证不无故牺牲和残废一个同志；（三）做到10%的手术（开刀）；（四）给重伤员补充血液；（五）普遍做到注射破伤风抗毒素；（六）护理上做到随叫随到，坐夜班的不打盹；（七）不怕一切疲劳

---

① 编者注："北平部"为中野九纵二十六旅。

与艰苦，坚决完成任务。

黄海部[①]供给处提出四项表态，保证连续行动作战中供给部队粮食经费足用，想办法帮助部队改善生活，细心看管武器弹药，一切资财交啥是啥不打埋伏。

南昌部炊事班提出要保持过河以来没叫分班做过饭的好传统，保证战时大家吃上饭，喝上水。他们晚上做饭，白天同战士一样参加挖工事，战士们纷纷称赞。

摘自中野九纵《战场报》第 26 期 1948 年 11 月 29 日

一、粮弹运输　给养供应

解放军后勤部门集中力量进行弹药及其他物资的计划、筹措和管理、分配，战缴物资的收集、处理，以及在极端困难的条件下，组织前送、补充。为此，华东、中原军区，华东、中原野战军调整了后勤组织机构，增强了后勤力量，加强了对后勤工作的组织与指挥。战役中，共选定兵站交通线 12 条，沿线设置中站 20 余个，分站 60 余个，仓库 30 余个，弹药补给所 20 余个，筹措了大量的作战和生活物资，收集和处理了大批的战利品，利用铁路、水路、汽车、马车和人力实施了巨量的后勤运输，从而保证了部队作战的需要。

文件选编

华东军区后勤司令部淮海战役运输工作

当济南战役结束不久，淮海战役即行开始，因此就没有得到休整机会，且此次战役与济南战役又大不相同，如：

（一）机动性太大，起初系围攻，以后转而为追击，又转而为围歼，因情况复杂，致使战线延长。

（二）接近战区，交通多遭敌人破坏不便通车。

（三）连续战斗，时间较长。

（四）物资繁多，自己本身运输力薄弱。

上述四点造成工作中的很多困难，由于党与上级的正确领导连续动员及全体

---

①　编者注："黄海部"为中野九纵二十六旅七十七团。

同志的紧张的愉快的工作精神，基本上完成了我们所应负的运输任务……

甲、在此次战役运输中优缺点的表现：

A. 优点：

1. 在人员业务不熟练的情况下，基本上完成了运输任务，如前指人员奇缺（兵站科只一个科长两个服务员），但是大家都做到：

（1）在家的少睡觉多做工作。

（2）外出的人（押运物资等）没有，即将其他干部中抽出人来临时组成服务组，克服了人员缺乏这一困难，并且科长、参谋、政指、会计、排长、统计员等也一样出发押解物资。

2. 干部以身作则带头苦干，如汽车队冯大队副等同大家一起出发，为了运输日夜不睡觉，连续坚持三四天；二兵站处全体干部，物资一到，马上一齐装卸；外勤科员芦建叶同志带领民工出发，路上因一条宽河，他即与大家一起拖着牲口，扛着东西，来往的渡过河去；马车队长王茂生同志身体很弱，但在运输中遇到河水，他即脱衣探水，并扶着车子过河；教导员赵宗祥、排长张臻祥等为使物资不受损失，在雨中与大家争着扛箱子。

3. 同志们惊人的忘我工作精神，如前指汽车队杨立凡、陈学武、杨益山同志，因在运输中熬夜过多眼睛闭了光，更有的同志，将瞳神熬的固定不动了，但上级叫他们去休养，他们仍拒绝，直至三番五次说明，杨立凡同志才住了院，其他同志还在坚持工作。修理组吴二、老曲两同志，修车时不慎"千斤"落地，将吴二同志压成重伤，鼻管压破，头部青肿，但他稍事苏醒即又去工作。二兵站处仓库失火时，七中站上士李秀文为了抢救物资奋不顾身地救火，棉衣单衣都烧了，他就全部脱掉，直干到把火扑灭方息。马车队许多同志为了爱护物资在下雨时将自己的蓑衣脱下掩盖物资，宁愿自己受淋，像这样的例子实在太多了。

……

乙、站线布置：

（一）初期将博山一兵站处调赴临沂，负责北接蒙阴、沂水、南通新安镇华中站线，第二兵站处仍驻三界首，以便接运攻东海一带敌之弹药，南接华中站线，将蒙阴之六中站调来莒县，蒙阴由一兵站处之二中站接替，此时前指亦移去临沂。

（二）二期因东海敌已逃窜，战事中心转入新安镇西南方向，故调一兵站处去兖州，接运济南之下弹药等转向临沂、台枣、韩庄等地，供给各部队。调二兵站处去临沂接替一兵站处，南经新安镇向华中宿迁布站。自徐州解放后，战事中心又移向徐州西南地区，物资转向徐州、灵璧、睢宁等地，故站线一度伸过睢宁以西、以南附近之地区，此时前指即移去郯城。

（三）最后战事中心移向萧永地区，站线随而又前伸一步，一兵站处由兖调徐，二兵站处由临沂调新安镇，并在临沂、大湖车站等地设站。

摘自《华东军区后勤司令部淮海战役运输工作总结》，1949年1月

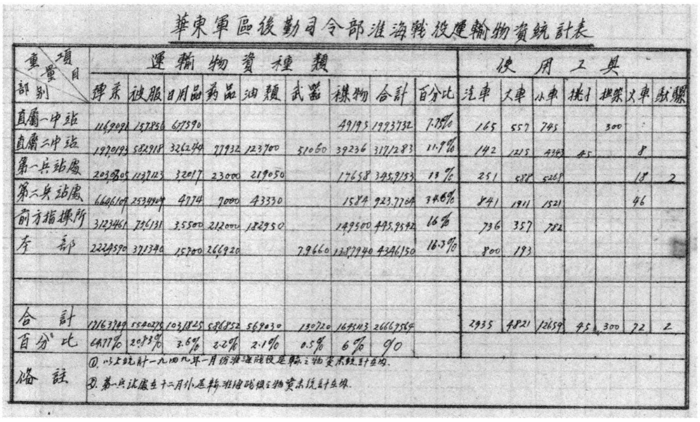

▶ 华东军区后勤司令部1949年
1月淮海战役运输物资统计表

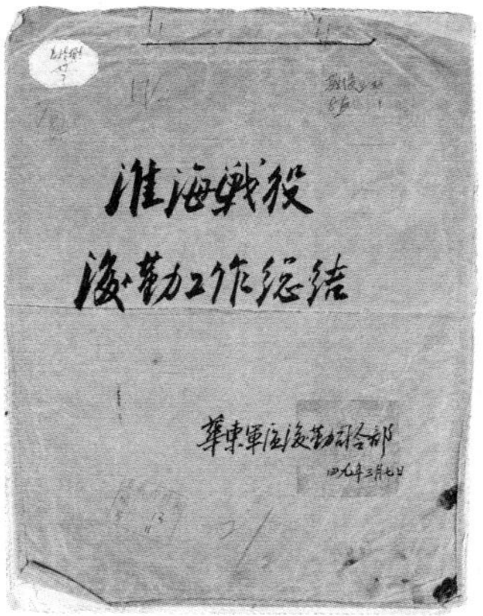

▲ 华东军区后勤司令部1949
年3月7日关于淮海战
役后勤工作的总结

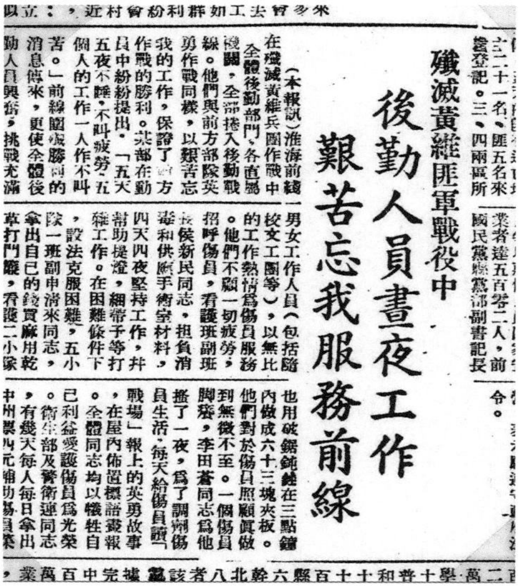

◀ 后勤人员昼夜服
务前线的报道

华东军区后勤司令部军械部军械工作

淮海战役军械工作，分为两部分进行的。一部分是补给工作，一部分是接收工作。在补给工作方面：我们根据上级的指示，按照13个基数为标准，共计

补给了各种炮弹 861342 发，各种子弹 13759760 发，特种弹药 1220681 发，炸药 725000 斤。工作进行的一般次序是先计算出应补给数，然后根据我们仓库所存的数目，作出调度计划，根据调度计划，再填写支付命令，交兵站部门进行运输。仓库见到支付令后，即照发弹药，进行紧张的上车工作，以后的押车工作和点交工作，均由兵站负责了。另外几种情况是在前方的急需下直接由接收的缴获数目中发出去的部分。这样发出的弹药是没有经过以上的手续的。

在接收工作方面：徐州解放后，即派军械大队赴徐州进行接收工作。敌人在逃跑时对弹药进行了破坏工作，烧掉一部分，埋掉一部分，还有一部分没有来得及破坏的，一般的从徐州接收来的弹药较为完整，这样一点对于随时的补充部队是起了一部分作用。先后共计接收了各种炮弹 247722 发（内有 9 万多发机关炮弹），各种子弹 11200454 发，各种特种弹药 162870 发，炸药 151931 斤，这些弹药大多数在战役进行中发出去了，所余者，大多为不完整的和不主要的弹药了。

摘自华东军区后勤司令部军械部《淮海战役军械工作总结报告》，1949 年 2 月

▲ 解放军工兵修架桥梁，确保军需物资及时送往前线

▲ 华野特纵工兵团架修的运河铁桥

◀ 华野特纵某负责人到现场研究搭建简易木桥，修复被损坏的道路

中野九纵特务团运送弹药物资

运送物资之工具由密县到郑县是大车，由郑县至商丘是火车，由商丘至宿县是一部分汽车，一部分大车。沿途凡车辆之转换时，装卸完全是押送部队负责搬运，并在行动与驻止时负责警戒看管。在动员民车时，先向群众宣传我军胜利和我们政策，并说服所需大车之原因，雇用价值等，群众很喜欢受雇用（战士周凤岐、宋二瞥同志能耐心说服宣传，他们动员的车辆就多）。到达驻地照顾群众吃饭、找草，二连战士替群众夜间喂牲口，排副梁星土给群众大衣穿、粮吃，在装卸车时争取装快、卸快。例如：七、九连在商丘朱集一早上时间把 3000 箱炮弹、手榴弹、炸药等运仓库里去。二连在黑石关卸船装车，副连长粟青珠带头搬运，自己衣服被汗水浸湿了，还继续搬运，大家一致愿意误了饭也把大车装讫，战士肖型贵、马根五运 14 次（每包 50 余斤，由船至火车约 2 里远），邢连水挑选大包扛，赵土子胳膊生疮也抢着扛，半天时间就把 1.2 万件被服装载在车上。七连三排由密县到郑州时，搭桥一座，七连九班在宿县搭桥一座，使汽车不受阻碍的顺畅通过。八连在泥泞里拉汽车，看守物资弹药。八连在商丘朱集看弹药，每夜放 9 个哨。排副邢旦孩在郑州看弹药，把仓库周围设上铁丝网。当战役急需弹药时因供给部牲口少，我团干部战士自动组织人力畜力往前线运送弹药，共参加 373 人，连夜运到前面弹药 663 箱。

摘自中野九纵队特务团（补充团）政治处《淮海战役工作总结》，1948 年 12 月 29 日，第 4—5 页

▲ 汽车运输队将大批粮弹物资运往火车站

▲ 大批棉衣集中在车站准备运往前方

▲ 火车满载军粮驶往前方

▲ 解放军后勤人员用火车装载大批粮弹物资源源不断运往前方

◀ 中野四纵十一旅供给处，在淮海战役中，为保证前方物资供应，组织了后方总站、前方分站，克服重重困难，保证供给工作胜利完成。这是该旅司令部、政治部授予供给处的奖旗

中野四纵十一、二十二旅将大批物资送往前方

在一切为连队服务，一切为前线胜利的思想指导下，后勤领导干部以身作则，共产党员模范带头，全体同志不怕苦、不怕累，勤勤恳恳，废寝忘食，日以继夜工作。在人民群众大力支援下，及时地将大量弹药、武器、器材送往前方。在围歼黄维兵团阶段，我两个旅的各级后勤人员，以人背马驮运输方式，给前方运送了可供20天的粮食约60万斤，马料10万斤，马草20万斤，蔬菜32万斤，肉10万斤。十一旅旅直统计，给前线送去门板680多块、木料1590多根、高粱秆17700多斤。

摘自《中国人民解放军第十四军解放战争史》，1988年，第147页

模范炊事班条件及教育提纲

（甲）模范炊事班的条件

1. 能克服一切困难，完成本身任务。做到：①稀饭、菜、馍（或米饭）做到三

熟、三热。②能不断细心研究，经常变花样，适合大家口味，大家满意说好。③任何情况下能按时送饭不误。

2.处处遵守纪律，人人不违犯。①爱护锅碗桶及借用群众一切家具保证不损坏，在可能条件下保证送还或赔偿。能宣传解释及安慰。②没有打骂群众现象。

3.全班能互助团结，事情争着干，没有打骂吵及不服从命令现象。

（乙）模范炊事班什么时候评定和评定的方法

1.从10月8号淮海战役算起，到战役结束时来评，现在可以来个初查，将来来个总结。主要还是从现在算起，因以前没有提出来。

2.评定方法：个人检讨，全班检讨，军人大会讨论，支部提意见，上级批准。

（丙）为什么要争取模范炊事班

1."兵马未动，粮草先行"，这就是说打仗离开了吃饭是不行的，因之，在前方打仗有功劳，在后边把伙食弄好对战斗贡献很大，也是有功劳的。

2.以前有不少的班很好，哪个同志都想把自己的班弄好，由于上级没有提，好也就马虎下去了，这次团委提出来，只要大家努力争取，好不会再埋没下去了。

3.这次战斗是最大的，而且在中国革命问题上有决定意义的。又处在冬天困难时期。个人能立功，能争取模范班，是你个人、全班历史上的光荣。

4.前方同志有信心在战斗中争取模范班、英雄班、排。我们也应提起劲来，争取模范炊事班。

5.英雄连、模范连要处处都好。前方都好，我们也要争口气，不能因炊事班使全连受影响，拖着大家落后。

（丁）如何来争取个人立功及模范炊事班

1.个人努力：①人人好全班才能模范。因之，要从个人努力着手，定计划，下决心。②人人有"一人不能影响全班"的决心。③想着全班条件，时刻检查个人。

2.大家互助：①不要各干各的，你不管我，我不管你。②要经常进行互相检查。③要服从上士、事务长及连首长的领导。

政治处
12月29日

摘自华野二纵五师十三团《关于模范炊事班条件及教育提纲》，1948年12月29日

▲ 华野一纵二师四团八连在淮海战役中获得"模范炊事班"称号

▲ 华野四纵某部二连炊事班荣获"战勤模范班"称号

华野二纵五师十三团六连炊事班模范事迹

在此次淮海围歼杜匪的战役中，全班同志团结一致，克服了种种严重的困难，使全连部队能得到饮食，虽在严冬，但战士们在冰天雪地里都能吃到较热的饭菜，因此获得全体同志一致赞扬，并评该班为集体二等功。

淮海战役开始时，全班同志都决心在战役中立功，并争取行军空隙展开讨论具体研究使部队能按时吃到热饭菜的许多办法，并一致表示，部队在前边拼命流血，我们要在后方能吃苦耐劳，保证前方吃饱饭。因客观条件所限，炊事房不得不放在距战地十余里的地方，加之部队多，天气冷，因之遭受许多困难，首先是人少，全班仅9人，除了做好三顿饭外，还得送三次，又得劈柴草等工作，由于路远天冷，部队很难吃到热饭，而后方的机关拥挤，借用具也困难。但他们的决心毫不动摇，班长张先庭马上领导大家讨论克服困难的办法，决定派周开友、穆现坤二人到战地的庄子上去烧稀饭，而保证部队吃上热稀饭，后面多做些包子和馍，便于携带又不易冷，薛爽金同志提出送饭要尽量走快，不要因时间长而冷了，他们又提出人虽少，只要大家多吃些苦，少休息一刻就行了，又用被子做成一个小被子，送饭时把小被子将馍塞紧，使饭不冷。

为使前方同志吃的满意，他们细心研究，根据现有物质条件，做成饺子、面条子、辣汤、肉包子（有猪羊牛肉）、糖果子、油饼等可口的菜饭。他们研究了部队战斗情况，再决定做什么饭，如早饭多吃油饼，白天一般战斗任务少，中午天气暖，因此可多吃干饭，夜里一般战斗任务多，干饭易饿，因此晚饭可多吃包子和馍。老薛说："我们要想办法，不要使他们对我们有一点不满意。"

在后方的 7 个同志，任务是艰苦的，每天送三顿饭，得走 70 多里路，至少得 3 个人送，而后面只剩下三四个人做饭了，但他们不因人少而影响工作，而把睡觉时间减少为 2 小时。副班长王一柱心脏病痛得很厉害，他一声不响的捧着心继续工作，后来直到支持不住，晕倒了才被送到医院。有的同志因为得不到休息，眼睛都红了，但还是工作，薛爽金说："派你到前方去打仗，你就要冲锋流血，派到后方就要能吃苦，有什么怕苦呢？"

下雪，没草烧，就拉鹿砦烧。要保证前边按时开饭，送饭也更加困难，但都争着送。王喜条没有鞋子，在雪地里来回送饭，脚冻僵了，他不说一句怪话。最后歼灭杜匪的一天，部队挖了一夜工事，第二天一早就打进穆楼，大家正在饿着的时候，张班长带着饭挑子笑嘻嘻的来了，大家都说："炊事班真好，挑着饭跟我们出击。"在前方烧稀饭的穆现坤同志被飞机炸破了脚，仍不肯到后面来，他说："我回去前边就吃不上热稀饭了。"他们在雪地里送饭，前边同志感动地说："你们太辛苦了。"而他们的回答是："辛苦什么，你们在前边才辛苦呢！"他们都是不活跃的人，但是每次送饭回来，大家都高兴地唱几句"活捉蒋介石"，情绪很高。

团结好，都像亲兄弟一样，做活争着去干，雪天争着送饭，从未闹过意见，老王有一次恐怕自己争不到送饭，夜里把扁担藏好，第二天一早把饭装好，大家找扁担，他已笑嘻嘻地将饭挑去了。老□胆子小怕飞机，大家白天都不让他送饭，中午化雪了难走，张班长争着送。薛爽金是打孙良诚才解放来的，一到班里老同志就同他闲拉，拉过去

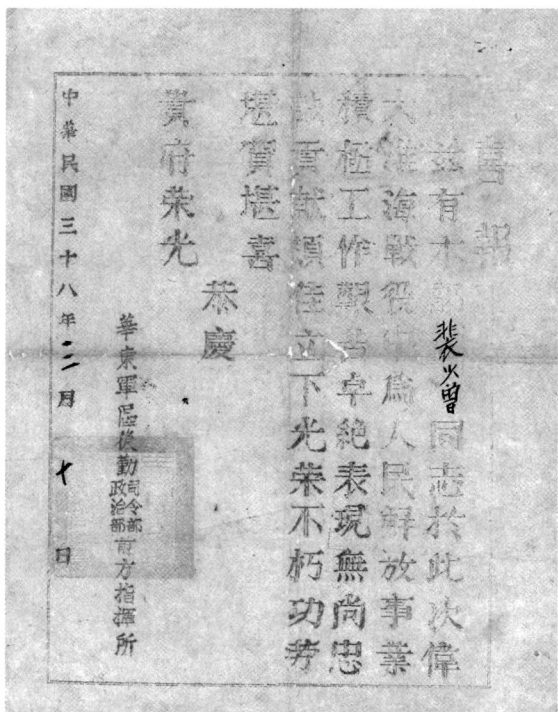

▲ 华东军区后勤司令部、政治部前方指挥所颁发给后勤人员家属的喜报

与现在情形，来教育他，使他很快安心工作。每次行军老同志争着扛东西，让新同志休息，一次老牛掉队了，张班长就帮他背背包。全班3个党员研究分配教育，不断帮助和团结新同志。因此，该□□阻战斗至今无一逃亡。

就是在紧张的战斗环境下，他们也未犯过群纪，如前面锅少，就到远处借，一次一个老大娘不肯借，张班长耐心说："你看前面这么多人，在雪天里挨饿"，大娘终于自愿的借给了，行军前总是先将东西送还。一个月来他们从未叫前边迟吃一次饭。

▲ 华野七纵二十师五十九团二连事务处，在淮海战役中发扬了高度的为战争为部队服务的精神，战胜各种困难和疲劳，想尽一切办法，部队打到哪里就将饭菜送到哪里。炊事人员积极开展"三热"运动，及时将热饭、热菜、热水送到前沿阵地。战后团党委授予该连"模范事务处"奖旗

摘自华野二纵五师政治部《十三团六连炊事班模范事迹》，1949年1月，第1—3页

华野二纵十四团的粮食供给改善

战役的发展神速，使整个粮食后运不及，我们□□处均自行筹借。因部队多，筹粮顿感困难，但由于供给处岳贺主任积极负责，计划筹借而得解决。全战役除师发给粮食46870斤外，我们供给处自筹128000斤（可供36天给养），其余由兵团粮站用的。

在伙食改善上，在战役后一阶段做得较好，全团以二、六、九连最好，他们饭做的花样多，有29种，就12月份讲，二连吃肉265斤、糖10斤、枣10斤、青菜2343斤、油163斤、粉丝92斤，尚节约81万元。六连吃肉403斤、油110斤、糖8.5斤、枣9斤、青菜2154斤、鸡12斤，节约33万元。九连吃肉202.5斤、青菜1745斤、糖29斤、枣55斤、粉面22斤、粉条100斤、鸡13个，节约53万元。

摘自华野二纵五师十四团《淮海战役之军事总结》，1948年，第11页

◀ 中野九纵二十六旅七十六团炊事员自制的火线送饭保暖箱。淮海战役中，解放军各部炊事人员积极开展"三热"活动，将热饭、热菜、热水及时送上火线。这种保温桶是他们用自己棉衣里的棉花包上汽油桶做成的，体现出了战友间的兄弟情谊

▲ 在阵地上做饭的解放军某部炊事员

▲ 华野特纵炮三团炊事人员赶往陈官庄前线送饭

◀ 炊事员及时将饭菜送上火线

战地报道

华野八纵供给部忘我工作不睡觉　汽车呜呜运弹药

供给部直属汽车队，日以继夜忘我工作，供应前方弹药。在全歼蒋匪黄百韬兵团后，该队以两天两夜运完上交战缴物资。因货多车少，便分两批装运。第一夜往返330里。因道路难行，河沟阻碍开得很慢，当第二批到达目的地时天已拂晓。

驾驶班长张培和与刘树生的车子发生了故障，等他们修理完毕时，天又黄昏，其余的同志为争取休息都没有吃饭，便都起来整装出发。当夜张培和等 4 辆车子在运送第二批的途中天已大亮。为了迅速赶上部队，遂冒两架敌机袭击，继续前进。刚赶到目的地后，又继续跟随部队前进。第二天，张培和又立刻拖着疲劳的身子出发。在归途中，因精力消耗过度，只见前面一片白茫茫的灯光，突然车子一抖，才被惊醒过来。从小沟中开出车子，又继续前进，一会车子又陷到泥水里，他与助手及押车同志，3 个人便将全部弹药卸下，开出车子再继续前进。全队 13 个同志，在接连十多天不辞劳苦的工作中，有 7 个同志累病了，驾驶班长张培和的脸被累得虚肿起来。司机刘树云的眼睛熬红□看不清方向，很多同志在方向盘上打着盹，坚持驾驶。驾驶班长张培和对大家说："为了保证供应前方部队得到弹药歼灭敌人，争取战役的胜利，我们忍受任何疲劳都是应该的。"

（海沙）

摘自华野八纵《战旗报》第 236 期 1948 年 12 月 15 日

▲ 解放军在冰天雪地中将大批弹药集中运往前方

▲ 后勤人员将大批弹药及时送上火线

▲ 后勤人员将大批粮食运往前线

▲ 军粮源源不断运到前线

华野三纵供给部辎重营昼夜往返完成输送任务

淮海战役第三阶段，供给部辎重营往返紧张转运着前方一切需要之物资，在 4 天中共输送各种炮弹 6405 发、子弹 40200 发、手榴弹 6020 发、发射筒 67 个、防毒面具 150 个、大米 6000 斤、花生米 1700 斤、秫秸 800 斤，完成了上级交的任务。任务来了各连都争着去，一次二连接收任务，正赶上吃饺子，三班的同志自动要求去，新同志何连生更加积极，他说："吃饺子不重要，还是完成任务重大，我们不吃饺子啦！这个也比前方同志轻松一些。"二连七班长李学芝同志在休整期间，被 1000 多斤重车子压着了，有好几天不能动，这次稍见好就争着执行了一次任务，这次普遍的情绪高涨。

（宋振荣）

摘自华野三纵《麓水报》第 440 期 1949 年 1 月 19 日

不怕艰苦忍受饥寒，华野十三纵辎重营五班是好汉

有一夜，后勤辎重营二连二排的五班，同一、二连行军到北□庄的路上，碰到一个很陡的大岭子，大车下不去，这时，全班在孙班长的带领下很快地脱下了棉衣，用大绳子绑着大车往岭下放。大家满头大汗地紧张工作到天色放明的时候，70 辆大车才都安全的放下去了，孙班长的脚脖子崴了，全班同志也都累得骨头发酸了，可是最后又一直帮着"峨眉山"部的 7 辆大车也放下岭后，他们才走了。

第二天晚上在冯庄，五班在一个钟头里就卸完了 4 汽车弹药，没休息，他们接着又开始把弹药装上船。弹药离船有 200 米远，每人一次扛两箱，来回又是开小步的跑着，在马知圣同志喊出"大家快装船，过河好跟蒋贼干"口号鼓励下，直扛到天亮，2 万多斤弹药装上了船。

在继续行军中，五班负责押车。一次，汽车翻在桥下，孙班长和马知圣、宋学贞等同志不怕寒冷的脱下棉衣，跳进水沟去，一气把 7000 多斤弹药搬上岸。天亮后，他们又碰到 3 座桥，车辆都没法通过，他们又一次的把弹药都搬过对岸，然后再装上车，继续前进。

五班在三天两夜的行军中没有睡觉了，只吃了两顿饭，但他们却终于顽强地战胜了艰苦和饥寒，胜利的完成了任务。

（后勤部政治处　刘玉正）

摘自华野十三纵《进军通讯》第 56 期 1949 年 1 月 7 日

雪地里送军粮

风刮得呼呼地响，天空里雪花纷飞。一伙伙的老大爷、老大娘和小孩子，就在这雪地里辛辛苦苦赶着一列列大车，给我们送军粮。当记者拍照这动人的场面时，他们齐声说："同志，你别看咱用大车送军粮，可比国民党的飞机还管用呢！这么大的雪飞机来不了，俺一天还能走上六七十里路。"他们把军粮送到粮站，在寒冷中显示出了微笑。夏邑县陇海区 78 岁的徐中兴老大爷说："前线的同志们可吃上点俺送的粮食，表表俺的热心肠！"他们在风雪中走了一百多里路，韩庄郑宝得拉车的牲口冻坏了，亲自扛着军粮赶车，大车不时地陷到泥里，他们又用力推。50 多岁的闫大娘被风雪吹得撑不住，但烤一烤火又高兴的走起来。因为，他们抱着一颗热情的心———一切为着给前方同志送军粮。陇海区押车的小同志在路上编了个歌谣唱着："风呼呼吹，雪花飘飘，黄牛尾巴两边摇；车轮辘辘转，小米白面送前方，同志们吃了打胜仗，叫五军这次见阎王（指'完蛋'的意思）！"

（邹健东）

摘自华野八纵《战旗报》1949 年元旦新年专号 1949 年 1 月 1 日

一个会解决了三个问题

炮兵连朱政指慎重地考虑了连里缺鞋、缺棉衣和粮食一时供应不上的情况。雪花飞舞起来了，明天又要继续行军，后勤不能及时供应，报告团里也无法解决……

朱政指又和几个领导同志碰头商谈了一下，他们决定马上召开支委扩大会（支委和班以上干部参加），大家来共同研究解决这三个摆在面前的急不容缓的问题。

会上，朱政指号召大家："……情况需要到会的每个干部、党员同志，发扬高度的革命友爱精神。有两双鞋、两件棉衣的同志自动地献出来，并带头到 25 里外的粮站去运粮食。"三排副赵清华同志随即提出他去运粮，朱政指自己献出穿在身上的棉裤，其他同志一致响应，有的一定献出来。

会后，各排便分头动员，一个半钟头内，全连一共献出了 17 双鞋子和多件棉衣、棉裤，运粮的同志也早已出发，三个问题基本上解决了。

（张余团政　宋子云）

摘自山东兵团《华东前线》第 72 期 1949 年 1 月 10 日

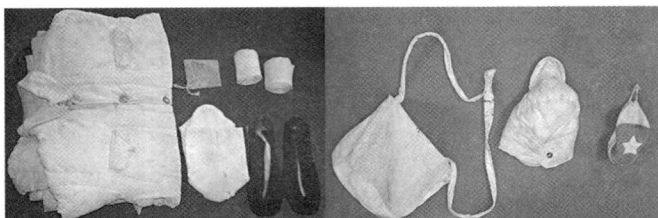

◄ 解放军在淮海战役中使用的部分行装——军装、军帽、布包、绑腿、布鞋、布袜、碗套、针线包等

▲ 淮海战役期间，济南市配备了大批财粮干部到各地建立粮站，管理军粮

▲ 为前线部队服务的解放军油盐站

华野二纵纵直各单位运草到前方

在纵政"保证战斗部队物资供给"的号召下，纵直各单位 70 余营以上干部献出大衣给前方部队。纵政战委会研究讨论帮助前方解决柴草困难，由民运部崇、黄干事及朱政指带 3 个小组，冒着风雪突击筹草，在地方政府协助下，不到两天搞来 3 万斤秫秸。26、27 两日，纵直警卫营、通讯营、司令部、政治部，均先后将柴草运送前方战斗部队。直工科张科长和司令部罗科长带领着一、二大队的同志们，挑的挑、扛的扛、驮的驮，把山样高的草堆立即变成长长行列送前方去了。电话队胡政指以自己模范行动要求每人背送 6 个秫秸。电台区队一个女同志也抢 4 个大秫秸捆起，和大家一样踏上泥泞道路。纵政干、什人员一天两趟，来回达 60 里，大家情绪极高。22 日后勤部担运支队 50 余民工，冒风雪扛送 2 万斤粮食到前方，回来摸 20 多里黑路，没有一个人叫苦。

（建群、董锐）

摘自华野二纵《拂晓报》新年号 1949 年 1 月 1 日

华野九纵司令部、政治部号召每人一斤草支援第一线

【本报讯】我第一线前沿部队于冰天雪地中围困瓦解敌人，非常艰苦，纵队司

令部、政治部等号召全纵每人节约一斤草，献给第一线部队。

【综合报道】自纵队发起"每人节约一斤草"的号召后，我第二线各部队、机关纷纷捐献柴草，送给在冰天雪地中围困蒋匪的第一线部队，表现了无产阶级的伟大友爱精神。

"济一团"一营在紧张的突击学习中，见到上级的号召，全体指战员当即纷纷响应，计一、二、三连及营部共献出木柴 750 斤，机枪连则把一个月的烤火柴 3500 斤全部拿出，后团里为了照顾他们又给退回一部分。他们并写信给第一线部队说："……我们知我们所以能够安稳的突击学习，是由于你们在冷天雪地中忍受艰苦换来的，我们愿将节约的木柴送给你们烤火用……"后勤担运团全体民工同志，共捐出节约的菜金 80 余万、烤火木柴 6 万余斤，他们提出："少吃点菜，用凉水洗脸，省下来送给前方同志们。"新年前他们到五六十里路以外去买了纸烟、花生等东西，于 31 日由各县区及功臣代表一起送往孙刘部前线部队。后勤机关看到纵队号召后，政治处的干事都自愿地献出一个月的烤火柴（510 斤），两个缮写员同志也献出了一个月的烤火柴 300 斤，接着各部门都纷纷捐献，通讯排要把 3 个月的都节约，后经上级动员，才先献了一个月的，连辎重营、手术队、医疗队共捐献 28970 斤。王方团前线战士收到后方捐献的礼物后，很受感动，特别是听到跑来的蒋军说，敌人的当官的都拿空投的香烟卖给士兵，要两块银洋一支，更加强了战士们对敌的仇恨心，二营写信给首长，决响应上级号召，完成守备与歼灭敌人的任务。

（徐敬保、王一峰、战动站、挺进团站）

摘自华野九纵《胜利》第 106 期 1949 年 1 月 7 日

"潍县团"首长致信慰问前线部队 机关纷纷捐献棉被、棉衣

【歼敌团站讯】"潍县团"首长于 24 日写信慰问在前线的一、二营各连，同时并动员机关捐献被服给前线的同志，各单位当即热烈响应，不到 3 点钟，团司政机关、后勤、侦通队等单位献出被子 69 床、大衣 3 身、雨衣 23 身、毯子 2 床，团政治处的同志们更提出"两个人留一床被子，拿出一床给前线"。机关炊事班长、共产党员李同一同志听说献被子，自动把自己仅有的一床被子送给管理排长，叫他送给前线。

团政治处特派杨、孙二干事亲带首长的慰问信和被子等分头到一、二营阵地

慰问。战士们都争着阅慰问信，六连四班长姜易洛感动地说："机关连被都不盖了，怕我们冻着，上级真关心我们。"并告诉孙干事说："你回去捎个信给首长，我们是人民的军队为人民服务，艰苦就是为了胜利，我们坚决能守住这个阵地。"班里的新同志见到被子和信后都惊奇地说："还有这样的事。"

（隋光）

摘自华野九纵《胜利新闻》第 98 期 1948 年 12 月 28 日

华野九纵王方团三营前线送烟包

为了解决第一线部队没有烟吸的困难，王方团三营刘副教导员号召后面同志自动捐助买烟送前方，接着大家便开始凑集起来，不论管理排长、上士、炊事员，只要有钱的都愿意自动拿，有的 2000，有的 500，八连伙房小赵没有钱，一定要借几个拿上，经大家劝解后他才罢了。全营很快地凑集了 55000 多元，由营直管理排到负责赶远集去买，共买了 40 斤 9 两黄烟、5 包洋火。回来后大家分头烘好搓碎，分别装袋，每袋重量不等，里面装上一盒或两盒洋火，并装有伙房同志的慰问信，还有的写了一些"黄烟香、黄烟甜，吃完了黄烟打的反动派快完蛋"，"黄烟黄，黄烟香，吃完了黄烟打的反动派见阎王"等口号。排下接到烟以后，大家又高兴，又感激，老同志不用提是很高兴，连刚解放过来的新同志都说："在国民党那里□死谁管，连作战打伤了都没有管的。"当时就有的同志写信给伙房："……我一定要使劲打敌人来回答你们，并望共同帮助，共同进步。"

（宣干　徐本刚）

摘自华野九纵《胜利新闻》第 98 期 1948 年 12 月 28 日

◀ 解放军后方机关用捐款买来香烟，慰问参战部队

◀ 在陈官庄战场，解放军清点登记缴获的物资

华野九纵"济一团"首长带头拿出棉被小皮袄

大批新解放战士补充到部队来，部分是没有被盖，天冷了增加同志们的困难，可是班里的老同志都发扬了高度的阶级友爱，帮助新同志解决困难，如"夜间睡觉两人盖一床被，还有三人四人盖两床，始终是坚持不叫苦"。

团首长为了减轻同志们的困难，各人都拿出了一件到两件棉被或小皮袄给同志们盖，并号召政治处机关干部及工作人员募捐，各股长同志首先响应号召，在各部门起带头拿，大家都纷纷响应，直属连指导员号召大家的时候，听说团首长对大家这样关怀，都说："首长这样关怀同志们，我们也应该发扬团结友爱，拿出几件来……"炊事班同志两人盖一床，余者拿出来，司养班，侦通队，后勤供、卫部门也都纷纷捐助。

（王彤臣）

摘自华野九纵《胜利新闻》第 98 期 1948 年 12 月 28 日

目前买东西以什么钱为标准？

冀南币、北币、华中币是我们的本位币，前因地区关系币值均不统一，现在全国解放区联成一片，因此我们的币制也就统一了，购买不是以法币及伪券作币值的标准的，而是以银元实际购买力来确定本币比值的。按前委指示：暂以本币（冀、北、华中币）1 万元等于银元 1 元的比值，就是说购买需银元一元，那就需本币一万元来计算购买，至于法币在我行动区域一律禁用，在边沿区应向群众宣传把伪金圆券推向敌区换货。

（民运部）

摘自华野九纵《胜利新闻》第 67 期 1948 年 11 月 24 日

战时如何调剂水饭？

保证战时水饭的供给及时，并做到改善，求得前边能吃上热饭，喝上滚开水。这里在统一分配与有手续的筹借下，尽量使饭、菜、水要做到统一的调剂，如小麦不多可不磨白面，将其推成煎饼，或与高粱及小米合一起推煎饼。将煎饼烙好，卷上菜，再入锅蒸，蒸热拿出入箱，送至前方，也类似如包子，直营经验：前边极为欢迎。另方面可动员后勤全体同志，通过大家自觉照顾前方，将细粮送给前方吃，后勤吃粗粮，现各连均已做到这点，值得表扬和继续这样做。水的保温有困难，可派专人至离阵地最近的村庄烧水，这样不但吃饭时可喝热水，而中间还可不断地得到开水喝。

这里必须注意，在战时一方面要保证前面吃上饭、喝上水，但又必须严格遵守政策纪律，不能乱筹乱拿，一切讲手续，未经允许的不准动，找不上头绪的不准动。做到秋毫无犯。

（炮团　李桥）

摘自华野九纵《胜利新闻》第 67 期 1948 年 11 月 24 日

▲ 围困杜聿明集团的解放军战壕餐厅里，战士们在吃饭

▲ 华野八纵六十四团二线阵地上构筑工事的指战员们在吃饭

战士们爱戴的中野三纵某部司务长刘元存同志

如果说在沙漠里水和珍珠一样珍贵，那末，在冬天的战壕里，热汤热饭就比珍珠还珍贵。

这就是四连全体战士一致要求给我们的司务长立一大功的道理。

司务长刘元存同志在动员大会上庄严地站起来，两只大手一挥就开口讲道：

"我保证同志们在战斗中吃饱吃好，你们攻到哪，我们把饭送到哪里。"

黄维匪部从孙疃集往南跑，20架飞机在头上掩护，我军战士们在后面拼命地追，刘元存同志带着两名炊事员，挑着菜和饭也在后面拼命地追，部队一停，就吃上饭了。

把敌人包围起来以后，炊事班的同志离前线3里地，通夜忙着蒸馍炒菜，天一明，刘元存同志就和正、副炊事班长挑起汤饭，送往前线。战士们一见司务长就拍手欢迎，纷纷地问："今天吃啥？""肉包子！"刘元存同志曾很费苦心地想过，往战壕里送饭，最好是肉包子，用几层布盖好，吃起来热腾腾的又方便。

每回送饭，敌人的飞机总在头上转着打，刘元存同志好像没看见一样，20多天，天天都按时把饭送到。

12月12日，我军攻击马围子，四连的战士冲上去了，刘元存的饭也送来了，黑夜里交通沟纵横交错，往哪里去找？刘元存同志心想："哪里枪声激烈，同志们一定在哪里。"他就往枪声最激烈的地方摸去，摸到阵地最前面还没找到四连，突然敌人打了一个照明弹，刘元存同志一眼看见了三排长，才把饭送给了部队。

在歼灭黄维兵团20余天的战斗中，四连每天吃一顿包子，一顿烙饼，一共吃了800斤肉，热汤热菜按时送，个个都夸奖说："还是数咱们的司务长！"

（杜宏）

摘自中野三纵政治部《会战纪实》第7辑，1949年1月12日，第10—11页

二、伤员救治　战壕卫生

为做好10余万伤员的医疗救治与转运工作，华东军区和华野后勤部共组织了21所医院，中原军区和中野后勤部共抽调1所总医院、7所医院和23个卫生所，还动员一部分地方医院，总计收容量8万余人，全力救治伤员。据不完全统计，战役中共构建伤员转运线10余条，沿线设置医院30余个，卫生所40余个，伤员转运站30余个。卫生部门克服困难，医院超额收容（各野战医院原来平均只能收2000至2500人，此时有的已增加到3000人以上），卫生员奋不顾身地在火线上抢救、医治伤员，医务人员在连续作战、条件艰苦、药品器材缺乏的情况下，挽救

了大批重伤员的生命。各部队在战斗频繁、风雪严寒的战场上，以战壕为家，因陋就简改善壕内避风防寒及必要的卫生设施，把阵地整理得清洁卫生，保障了指战员的正常生活和身体健康。

文件选编

华野后勤部战役第二阶段伤员收容位置及转运站线规定

根据战役部署，伤员转运收容分为南线北线两处。北线由华东新调之胶东院、野一重伤院、济南和平院、鲁中南院及东兵团抽一个野战医院收容，共收容量为13000名，统由华东后勤卫生部白部长指挥。

南线以野卫一院、三院、直属院及华中二院、三院、六院、七院，最高收容量为13300名，统由野卫李罗部长王政委指挥，南北线两处总收容量为26300名，医院使用原则先由东卫收足，次由华中医院收足，后由野卫医院收容（以便野卫医院机动），兹将医院调整和位置、转运站线具体规定如下：

甲、医院调整及位置：

一、北线白部长所率四个院设铜山东北茅村以东荆山铺一线（具体位置由白确定后报本部），务于本月10日前到达收容位置。

二、南线野卫所率一院、三院、直属院（现有伤员转华中三院）设古饶集一线，于4日至10日前先后到达收容位置，华中二、七院于百善集一线，务于7日至10日前先后到达收容位置，具体位置由野卫确定后报本部。

三、华中三院位睢宁南汤集，六院留一个队于宿迁原地治疗现有伤员外，院部率其余各队速移汤集以西高楼一线，以上两院负责收容追击李刘兵团于固镇一线之二纵、六纵、七纵现有伤员及王张十一纵伤员。

四、野卫于战役第一阶段收容之二院（位台儿庄西北马兰屯）、四院（位邳县北之鲁场）设法抽南线机动候用，该两院伤员由野卫七院冀鲁豫医院前往该两地接收，超额数由白处派院接收之。

五、华中一院随苏北兵团行动并负责设转运站，东兵团二个野战医院除抽一个到白处收容外，另一个随东兵团行动，并负责设转运站。

乙、南北线医院收容任务及转运站线分工如下：

一、一纵、四纵、十二纵、冀鲁豫独立旅及两广纵队伤员由东卫、白部长医院接收，并由东兵团卫生部于萧县设立转运站后送，另准备一个预备站视战况发展向前延伸，转运站担架由华东支前司令部新动员担架配备之。

二、鲁纵、三纵、十纵伤员由野卫医院接收并由野卫于濉溪口设立转运站，担架由鲁中南六分区现有担架配备之。

三、九纵、八纵、二纵、苏北伤员送华中二、七院收足后由野卫机动之二、四院收容，并由苏北兵团卫生部设转运站于柳子集（百善集西北），担架由华中支前司令部与野卫商决之。

四、王张十一纵及南线原固镇线追击李刘兵团现有未及后运伤员一律送任桥转运站经和尚王（芦庄集东北 20 里）、胡堆（张大路南）后送汤集医院。

丙、各院务于本月10日前到达指定位置，各线转运站于7日前建立，并报本部，在各院站未到达前由各纵卫生部暂行收容。

参　谋　长　陈士榘

副参谋长　张　震

后勤部长　刘瑞龙

副　部　长　喻缦云

摘自《华野后勤部淮海战役第二阶段伤员收容位置及转运站线规定》，1948 年 12 月

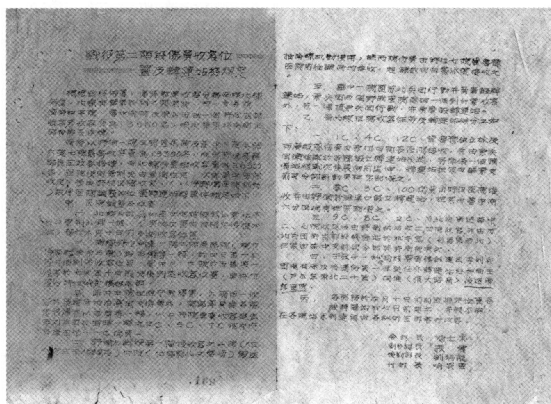

▲ 华野后勤部关于淮海战役第二阶段伤员收容位置及转运站线的规定

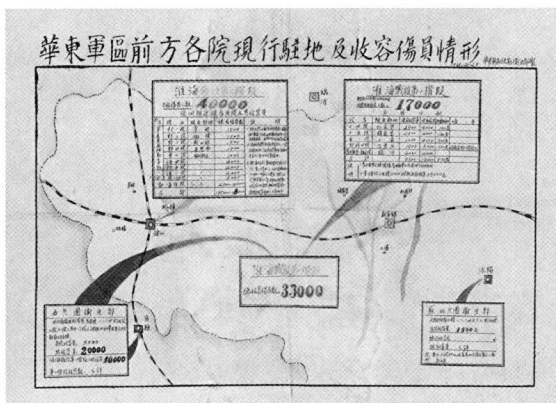

▲ 华东军区后勤卫生部 1948 年 12 月 27 日绘制的《华东军区前方各院现行驻地及收容伤员情形》

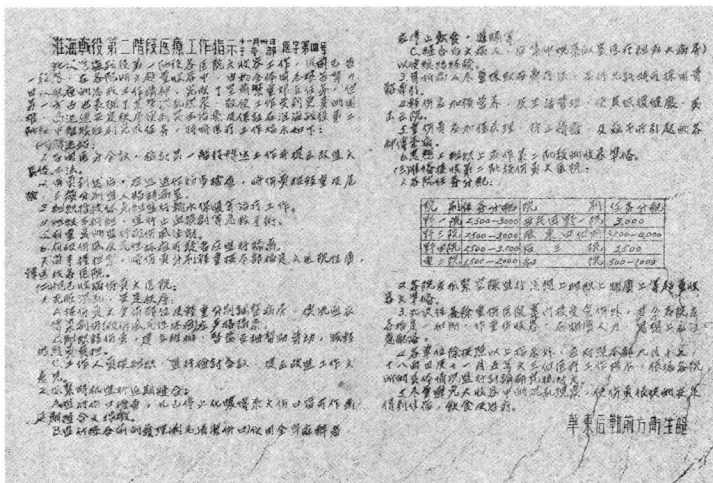

▲ 华东后勤前方卫生部 1948 年 11 月 30 日下发的《淮海战役第二阶段医疗工作指示》

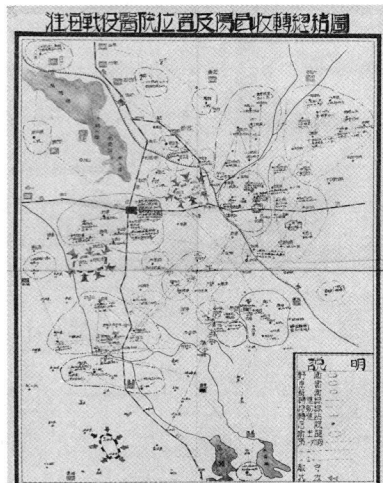

▲ 华东野战军后勤卫生部绘制的《淮海战役医院位置及伤员收转总结图》

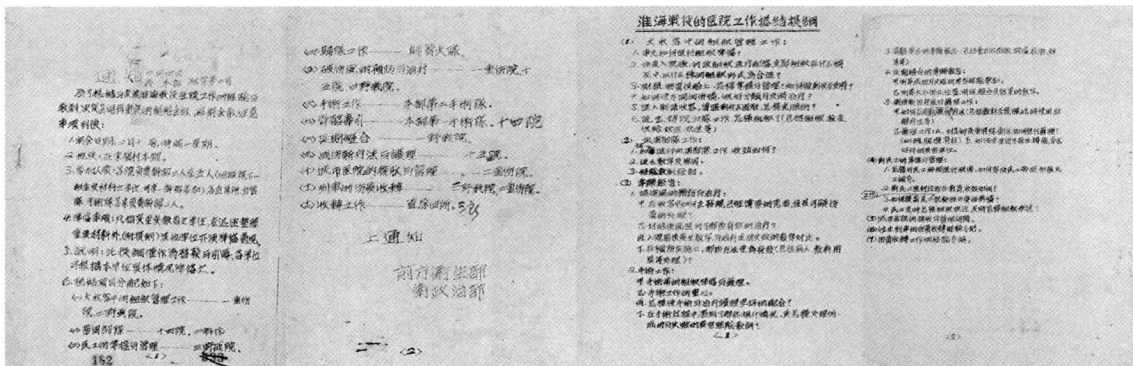

▲ 华东军区后勤部前方卫生部 1949 年 2 月 4 日为总结、交流淮海战役医院工作的经验与教训，下令召开重点会议的通知和所拟的《淮海战役的医院工作总结提纲》

中原军区卫生部卫生工作报告

（一）淮海战役第一阶段医院收容伤员 2100 余，第二阶段 21036，共 23136。其中华野伤员 3625，俘伤 1661，中原野战军伤员实数为 17850 名。

（二）纵队收容轻伤数目与医院专收俘伤数目均未得报告，数目不详。

（三）各院初步手术均已做完，自收容至 2 月中旬可有 8000 伤员大归队。

（四）各院为完成三项任务，全面开展徐州会战纪念立功运动，号召工作人员、民工、驻地群众人人立功，号召休养员创造模范。各方协助配合求得减少残废、死亡，提高大归队率，要求在 2 月 10 日前 40% 伤员大归队（医院收容期为 1—1.5 月）。

（五）此次战役物资供应在数量上充足，平均每人有 1.5 被、草包 1、鞋 1、毛巾 1。但开始时运输不及时，供应脱节。

（六）此次战役重伤超过 50%，死亡率大，各院收容迄今，死亡率已超过 3%。

（七）医院收容均超额，工作比例为 1∶6 左右，工作繁重，医院粮草、菜蔬供应较为困难。

（八）后全力组织直属院，来源从各院留守人员及军直全体医务人员组成，全力支援淮海战役。

附表：

徐州会战收转伤员部别统计

部　　别	第一阶段	第二阶段	总　计
一纵	700＋	1165	1865
二纵		718	718
三纵	700＋	3324	4024
四纵	700＋	4662	5362
六纵		1337	1337
七纵（华）		1993	1993
八纵（华）		141	141
九纵		2863	2863
十纵（华）		80	80
十一纵		510	510
十三纵（华）		1141	1141
快纵（华）		6	6
华总（华）		1	1
俘虏		1661	1661
民工		74	74
九纵（华）		343	343
豫皖苏		1017	1017
共计	2100＋	21036	23136

说明　1. 部队自收轻伤在外。
　　　2. 四院专收俘伤在外。
　　　3. 第一阶段统计不确，实数超过 2100。
　　　4. 本统计系 12 月 20 日以前报告。

附表：

级别 ＼ 时间 ＼ 数字	第一阶段	第二阶段	总计
战		12004	12004
班		4056	4056
排		1194	1194
连		577	577
营		104	104
团		8	8
俘		1661	1661
工		74	74
未明	2100+	1358	3458
共计	2100+	20958	23136
说明	开往唐集之医院专收俘虏，伤员人数不包括在此总数内。		

摘自《中原军区卫生部卫生工作报告》，1948 年 8 月—12 月

▲ 中野四纵十一旅野战卫生所由十多名医务人员组成，是一个深受广大指战员爱戴，思想、医术过硬的群体。在淮海战场上，经他们救治的伤员多达 1200 余名。有时手术时间长达 16 小时，主刀医生不能进食，小便在裤子里。许多看护员劳累过度昏倒在地。他们是解放军医务工作者的典型代表，此组照片反映了他们繁忙工作中的一个个场景，依次为迎接伤员、为伤员换药、为骨折伤员上夹板、给伤员喂水、为重伤员输液、看护员在清洗被污染的绷带和手术巾、给不愿转向后方医院治疗的伤员做思想工作

第十五后方医院工作汇报

（1948 年 12 月 20 日上午）

A. 收容情况

十五院院部与一个大队于 11 月 16 日到达杨山集一带（还有两个大队未到），即以院部所有人员组织了转运站，以医保科负责医务，招待所负责行政，手术队负责换药，临时成立此转运站的目的，以应付伤员的来到。在两个大队未到之前，转运站即收容了 1200 名伤员转去一大队，每中队 400 人（一大队下设 3 个中队），这时是初步收容的情况，待后面两个大队来了以后，全院即开始正式收容。兹将全院收容数字列下：

全院工作人员 1200 人，民工 200 人（工作人员中包括家属 28 人）。全院总共收容 4184 人（俘伤 98 人），出院 800 人（残废 70%，不能归队 150 人），逃亡 43 人（大部是聋子），死亡 140 人（包括转运站死亡）。现有实数 3085 人（九纵后司 12 月 20 日送来 60 人）。

1. 逃亡原因

①各纵慰问少（特别是八纵）。

②保命思想，认为战争残酷，怕再上前方。

③家庭观念。

2. 死亡原因

①因流血过多。

②中伤于头部与腹部。

③转运时没人照顾，全依担架民夫照护，虽然民夫同志很爱惜伤员，但由于他们对伤员照料的经验缺乏，以致受冻受饿而死。

④转运时手续马虎，如转运站同志将伤员交给了民夫，只告诉说抬到医院去，也不告诉哪一个医院与院的地址，以致民夫摸了很多弯路，也找不到医院，这样时间长了，伤员伤口得不到治疗，使伤口愈加沉重，以致到院后已经来不及治疗的很多。

B. 治疗情况

1. 治疗组织

①全院有 3 个大队，每大队下设 3 个中队（二大队两个中队），每中队设一大办公室（下有治疗小组），每天有两个总值班，其任务是负责行政与医务工作。每中队部并有一统计员，负责登记统计工作。

②每中队医生与医助成立治疗小组（一二十人组成）以便利进行治疗工作。

③为便利护理工作与护理人员的密切联系，特将护士与看护合编为一个班，这可使他们随时随地讨论关于护理工作问题（因他们生活、学习、工作均在一起），如吃饭、睡觉都可随时漫谈，以求及时解决伤员同志的困难或使少受痛苦。

2. 治疗的步骤

①急救；

②一般扩创与护理缝合；

③复杂的扩创与石膏绷带；

④防止传染（破伤风占五分之二）。

摘自《华野十五野战医院第一阶段工作简报（记录整理）》，1948年12月20日

谈当前战救工作

当前的战救工作是处在边打边组织、边抢救、边救治、边转院的环境中，特别是这一战役（阶段）尚未结束，又要布置下一战役（阶段）的工作，休息整理的时间几乎少到没有。为此，根据过去工作的经验与今后工作情况，对当前战役过程中的战救工作，特提出几点意见，供各卫生部门参考：

（一）伤员的保温问题：1. 各线应切实重视不使伤员的衣服鞋袜潮湿（潮湿能夺取温度）。伤后流血，本来就减低了体温，如再加上伤员衣袜的潮湿，将加深伤员的痛苦。2. 前线应开始建设连队的苏醒室，务使休克伤员得到专门的治疗。其主要工作为：A. 持续不断地保温。B. 适时地补给液体。C. 正确地使用人工呼吸法——过去的人工呼吸时间似嫌过短，今后必须正确地使用到3小时以上，如可能时，当可延长到3小时至12小时的持续时间。D. 清理咽喉黏液的障碍，救治窒息。E. 减少因痛苦所给予中枢的刺激。F. 实行进房三暖——空气暖、汤暖、砖暖。在转运途中要注意热砖的设备，保温袋应绝对防湿，担架的草要铺得厚。

（二）改进换药工作：1. 减少换药次数。2. 实行合理的更换敷料方法：A. 按手术室的规则，将敷料用器械取下。B. 更换敷料的人员须由医务长参加，并按手术前进行手的消毒。C. 伤员在手术台上处理步骤为：解除绷带；用肥皂水刷洗后，用生理盐液或无菌液清洗；然后铺上消毒巾，进行检伤处理；最后填写记录。D. 在无菌的环境下，可行下列处理，即处理气胸、血胸；取出成在性的异物；小面部伤之缝合；骨折固定，并合理地上夹板；简单的扩创术。

（三）轻伤突击治疗与抢救重伤工作：1. 轻伤仍执行原定的六项原则。2. 专门

组织力量研究重伤：手术分工（头、脑、腹、四肢等）；事前深沉精毅地组织预备知识的学习。3. 训练专门护理人员，特别关于神经系统症状的观察与脑部战伤的护理。4. 突击一点的学习，利用战斗空隙，从实际中检讨，由学习中改进工作。

（四）从基础医疗中转变工作作风：1. 认真地检讨工作，哪怕是极小的地方；力戒粗手粗脚的作风。2. 说了一定要做，做了一定要做好。3. 加强理论学习，以指导我们的工作。4. 利用空隙进行示范动作的业务教育。5. 开展普遍的实践机会，每打一仗进一步。

（五）纠正麻醉中的偏差：1. 吸入麻醉的用药要减缩到最少剂量。2. 过去用的哥罗芳及依打混合麻醉，对伤员的影响与药量的节省并不好；今后可改用哥罗芳及依打轮替滴入法（先滴哥罗芳，待兴奋期过去后即改滴依打）。3. 应尽量争取使用局部麻醉剂。

（胜利支社稿　耿希晨）

摘自山东兵团《华东前线》第 68 期 1948 年 12 月 29 日

▲ 在严寒的冬天，野战医院为适应战斗需要，经常分散地驻扎在数里范围内的许多小村庄里，房子很少，伤员不断地从前方转来，工作人员爱护伤员，就把自己住的宿舍让出来给伤员住，而自己移到木棚下或地窖里住

▲ 淮海战役中设在宿迁皂河镇的华野第四野战医院手术室

◀ 医务人员随部队连续行军，途中抓紧休息待令

▲ 解放军医务人员废寝忘食为伤员服务的报道

新的试炼

淮海战役之初，我院奉命于徐州东北某地担任收转伤员任务，后因战役迅速发展，又奉命绕过徐州远 300 华里的急行军，于徐州东南某地接收伤员。由于转运线的拉长，六、八两队又不得不退回约 100 华里设站。许多同志——包括男、女、老、小以及各种不同体质的同志在内，都身背很重的斤量。我曾问一位解放不久的小同志，除了私人行李外，还背多重公物？他愉快地告诉我："私人行李 8 斤，连公物在内 20 余斤。为了加速歼灭蒋匪军，哪有跑不动、背不动的道理？"

西追徐州逃匪时，我院奉命 3 天进至指定位置。六、八两队复从百里之外赶回。两天完成行军任务。有一天整整跑了 120 里，多数同志的脚上一次再次的磨起了泡，有些年幼的同志虽然跑得精疲力竭，身体几乎不能支持下去，但仍不肯掉队。有位小同志很天真地说："咱脚上起的是'胜利泡'。后方同志（指医院）不赶紧追上逃跑的敌人，前方同志怎能缴到敌人手里的大炮？"

我院于某地收容伤员约千余名。西进后，仅留下临时附属我院的一院五队和我院六队继续维持该地收容任务。许多复杂的如抬护、治疗、洗涤、采办、供给等工作，全部落在他们身上。

西进各队沿途陆续收容伤员。八队进至某镇附近，一周内单独收容伤员 800 名，任务完成回院时，院内伤员正不断增加，他们又接受千余名伤员。四队各事尚未准备就绪，1200 名伤员即一拥而至。手术队也收容了伤员 200 名。

在新区，粮食、房子、采办都是非常困难的，但在全院同志想办法、出主意努力下，都逐步克服了。粮食困难，就集中一切力量，分头到各村去借；细粮不多，工作人员就多吃高粱；菜蔬难买，买到就先仅伤员享受；房子太窄，工作人员就不妨住的挤一些……

我们这样一个原来担任后方工作的医院，在此次行动频繁任务紧张情况下，经历了新的试炼，在"机动不影响任务"的号召下，终于完成了半月余的收转工作。

（院长林伟　兵团二院通讯）

摘自山东兵团《华东前线》第 68 期 1948 年 12 月 29 日

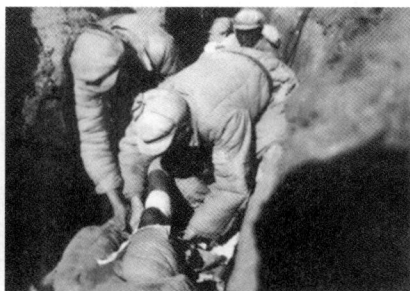

▲ 解放军卫生人员冒着生命危险往返伏行　　▲ 解放军卫生员在战地为伤员包扎　　▲ 解放军战地救护
于前沿阵地进行战地抢救和打击敌人

战救工作怎样做到四快——"济南第二团"① 卫生队工作总结

我们在今后战救工作上，应自上而下地掌握以下几个原则：伤员多了快分散，有了伤员快急救，处理好了快转走，部队发展远了快跟上。这就是说：战救工作要做到四快。

一、为什么要强调"四快"？

我们要认识火线抢救的主要问题在于快，使伤员得到急救，并迅速离开火线，不再受到敌火杀伤，及时转到后方得到适当医疗，否则即要使伤员受到更多痛苦和不必要的伤亡。因此，我们今后如果不从快的原则上出发，战救工作的效率是很难提高的。

二、如何来掌握快的原则？

（1）有了伤员快急救：甲、开展群众性普包运动。只有做好这一工作，才能使伤员更普遍、及时的得到包扎，以减少死亡率。乙、以卫生人员为主，组织进行战场抢救工作。我们应尽量把抢救员、担架员都训练得会适当处理骨折和止血。丙、卫生人员要做到熟练技术，特别是包扎、止血和处理骨折等要做得快而妥当。

（2）处理好了快转走：甲、各级卫生人员不应把"快转走"单纯看成是担架

---

① 编者注："济南第二团"为华野十三纵三十七师一〇九团。

人员的事，应从思想上重视并组织转运工作，把转运工作当成自己主要工作之一。乙、在担架转运上，应集中力量抢救已投入战斗的部队的伤员，但也应给予二、三梯队一部分担架，以备部队随时投入战斗时作抢救之用。主攻部队任务减少的情况下，应马上把剩余的担架掌握起来，以便随时补充二、三梯队。这一工作要做好，必须克服本位主义。丙、切实做到边打边补充担架人员。丁、战前应培养提高抢救组长及团营担架干部的单独指挥能力。

（3）部队发展远了快跟上：过去我们的经验是各级绷扎所之间，往往容易失掉联系。因而今后必须注意：甲、主动联系不等待。乙、各级绷扎所在组织上（营团在组织上也应设有两套），应准备交替前进。丙、团设机动组，准备接替主攻部队卫生人员的伤员。

（4）伤员多了快分散：在伤员多没及时转走的情况下，应特别注意分散开，把伤员放在隐蔽地方，尽量不使伤员重遭敌火杀伤。

（进军支社稿）

摘自山东兵团《华东前线》第 63 期 1948 年 12 月 14 日

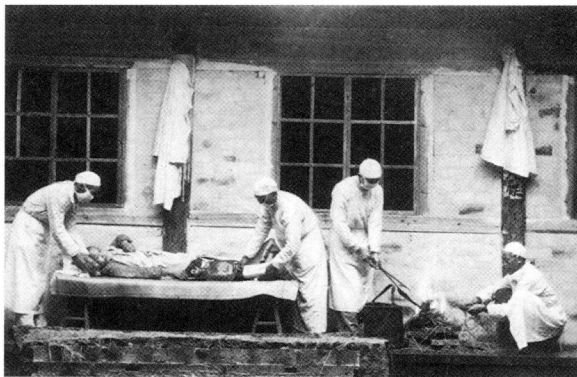

▲ 烧砖给伤员保暖

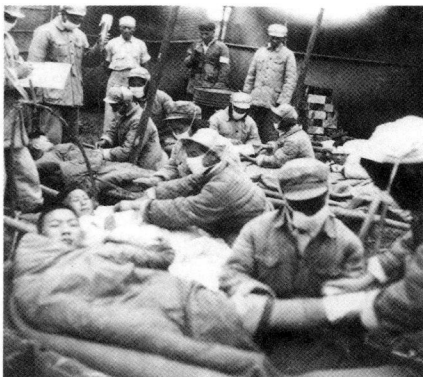

▲ 转运站的医务工作者能及时给前方转送来的伤员换药、输液，而后再转到后方医院

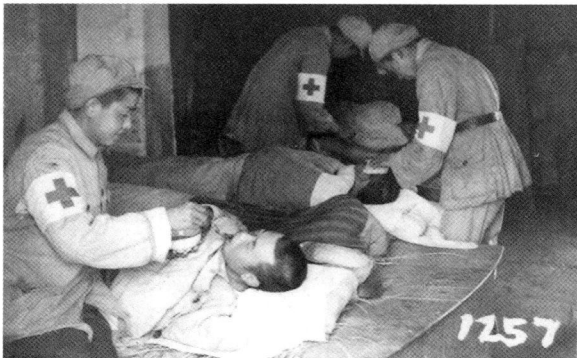

◀ 护士们爱护伤员如手足，当重伤员不能吃饭时，护士就一勺一勺地喂给伤员

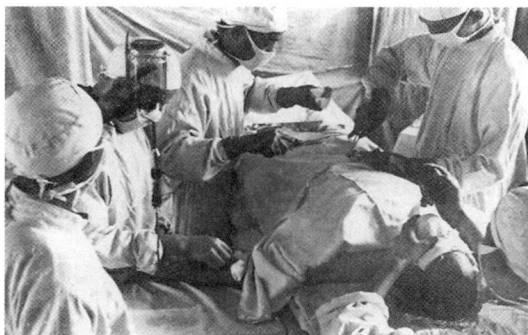

▲ 医务工作者为了伤员不致残废，早日痊愈，正在紧张地给伤员实施手术

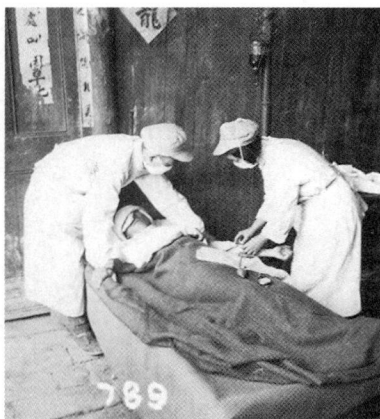

◀ 护士们在给伤员量血压、输液

◀ 战地手术室之外景

◀ 淮海战役中某输液组正在为伤员注射盐水

华野十三纵收转伤员的几点体会

在我全面胜利进军的机动作战中，对伤员的收容工作的要求是：既要迅速展开收容，又要及时机动跟进。因此，如何科学地使用收容的转运力量，便成为达到上述目的的重要环节之一。

当我周廖纵①收复台儿庄迅速渡过运河、不老河向曹八集追击时，我们是将几

---

① 编者注："周廖纵"为华野十三纵，司令员周志坚，政治委员廖海光。

个队的全部力量展开来收容的，但当部队攻占曹八集继续向前发展要求收容所跟进时，除一个队已收容足额外，其余各队虽未收容到应收容的数量，可是却又机动不开。因此，只得把卫校力量拿出来代替护理，抽出一定力量继续跟进，才克服了这个困难。从此，我们感到今后应：

第一、在机动作战收容中，事前应有目的的控制一定力量，准备随时机动，才不致影响部队的迅速发展。

第二、可根据战斗发展的具体情况，轮番使用力量。比如可先拿一个队来收容，其他的队（手术队除外）就充分做收容准备。要求一面准备随时机动，一面准备就地展开收容；待一个队收容满额后，再换另一个队收容。这时转运工作可集中力量先转第一队的伤员，转完后马上进行整理准备再收容。这样把力量轮番使用，便可避免都收容都不能机动的现象。

第三、转运力量切忌平均使用，要做到转运及时，并且不浪费力量，必须把收容与转运结合起来，将担架力量穿插开有计划地使用，使其成为两批在转运（三分之二力量），一批在休息，达到歇人不歇路。这样既能根据"先前后后，先重后轻"的原则，使伤员及时转到后方，又能使担架员得到休息。否则，即会形成有时担架堆积，无伤员可运，而且不能适当休息，有时也因担架员疲劳中途休息，影响了伤员的及时到院。

（进军支社稿　王子乔、刘明月）

摘自山东兵团《华东前线》第 62 期 1948 年 12 月 11 日

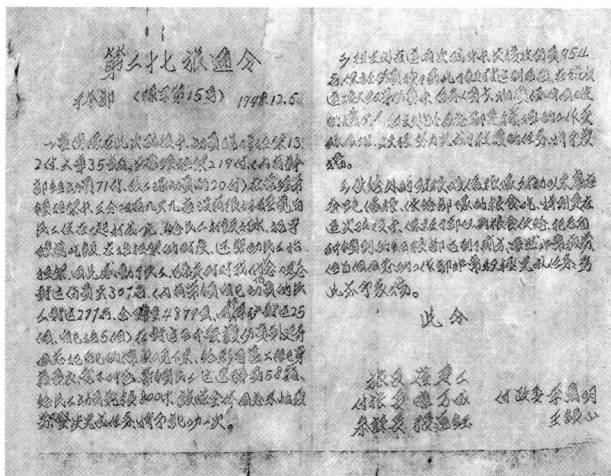

▲ 中野九纵二十七旅嘉奖后勤卫生人员的通令

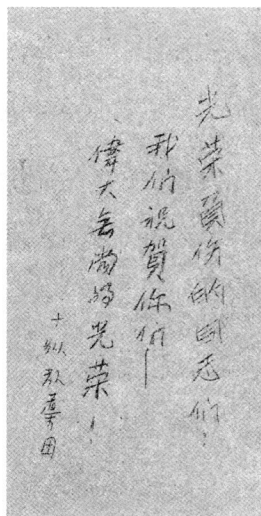

◀ 张兴俊同志在刘堤圈战斗负伤后，华野十纵教导团给他的慰问信

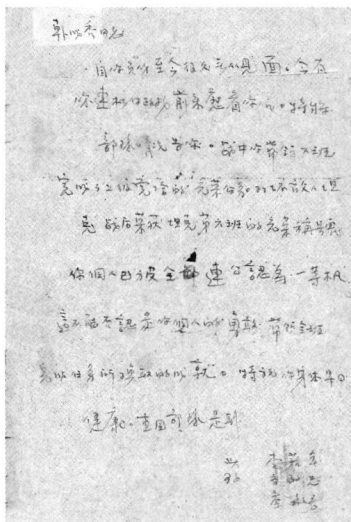

▲ 韩成秀同志负伤后营首长给他的慰问信

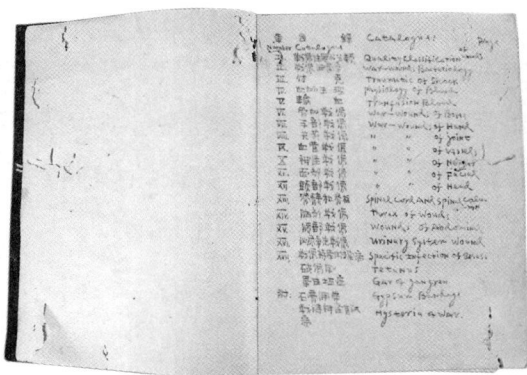

▲ 华东军区第一重伤医院高胡所长的笔记本。32 开大小，厚约 3 厘米，硬壳外贴斜纹布面，纯手工制作。已写成的笔记计 300 页，约 23.5 万字。笔记记录的是华东军区卫生部宫乃泉副部长关于战伤治疗的原则和方法等讲课内容。根据所记录的治疗原则，淮海战役中，高胡主持治疗了数百名伤员的破伤风和气性坏疽

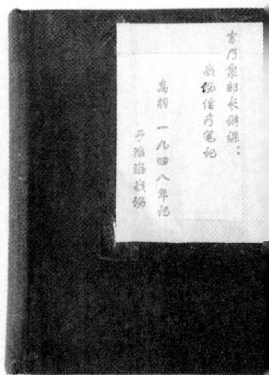

山东兵团司令部、政治部通知——关于给负伤同志输血的奖励规定

根据各卫生机关报告，给负伤同志施行急救，采用输血办法极为有效。为此，特呈报军委并经批准，对发扬阶级友爱慷慨输血的同志，除名誉奖励外，并实行物质奖励，规定每输血 100 cc，奖给猪肉 4 斤。此款由各级保健委员会按当地猪肉市价及时支付与报销。

特此通知

12 月 21 日

摘自山东兵团《华东前线》第 67 期 1948 年 12 月 26 日

战时部队卫生工作

战壕生活卫生条件好坏，对于保持健康，减少疾病有重要意义。淮海战役一纵、三纵、渤纵均重视了战壕卫生工作，从通过军政机关发动了后勤人员，战时运草到前方时，每人随带一把草，使战壕内保持了干燥、温暖。此外又在阵地附近挖洞，设锅烧开水，保持吃到热饭，战壕内以班为单位挖卫生坑，在战斗空隙部队下来（休整时）即突击卫生。

整理战壕卫生以一纵做得最好。

一纵的一、二师在打邱清泉兵团时感到在战壕内要住 20 天，卫生部门通过了军政机关提出了四个战壕卫生口号：战壕要"站起能打，坐下能休息，休息时能学习，睡时能睡觉"。卫生战士在这方面起了积极的作用，如在战壕内写卫生流动报、卫生标语，示范的打扫积雪、挖卫生坑等，纵队部号召与发动了每人节约 5 斤做草垫送前方。由于该纵军政卫的推动，一纵在 20 天的战壕生活表现着以下的特点：

1. 战壕挖得很深，壕沟内有小坑、小凳、小灶，一方面可烧开水，吃热饭，一方面又烤热了坑取暖。

2. 每个班挖有一个井及一个厕所，每连有一隐蔽部，带有一行军锅烧水，每人每天保证可喝到两次水，班内有小锅灶，每天可烧水洗脚。

3. 吃饭：饭烧好后，即用棉被盖起，挑至战壕再加工，有开水喝，因此战壕生活 20 天中未吃过冷饭，伙食营养据一个营的调查每天可以吃到菜 1 斤、肉 1.2 钱、油 7 钱、面粉 24 两，营养颇好。

4. 利用每天黄昏、拂晓时间打扫战壕卫生，致壕沟内经常保持清洁干燥。

5. 一师首长特别关心战士生活，常以电话询问前方战士生活情形，因此部队中爱兵思想颇好，如部队缴获的雨衣及大棉靴均运送前卫排穿，放哨的穿了大靴、雨衣，放哨回来后再喝一杯酒，再加上战壕生活的改善，因此 20 天的冬季战壕生活中就没有冻疮、裂口的发生。

摘自华东军区后勤卫生部《淮海战役简要总结报告》，1949 年 1 月

▲ 华野一纵某部卫生队在掩埋尸体、死马

▲ 解放军积极进行战壕卫生宣传，预防疾病，保证指战员身体健康

▲ 解放军战士在战壕里打扫卫生

▲ 华野一纵某部卫生员，在冰天雪地里把姜汤送到前沿阵地，确保战士抵御寒冷

▲ 华野一纵二师四团八连，在淮海战役中荣获"卫生模范连"称号，图为卫生战士合影

▲ 华野一纵二师四团八连荣获华东军区司令部、政治部授予的"卫生模范连"奖旗

华野一纵某部八连的战壕卫生

时间：1948 年 12 月中旬至 1949 年 1 月上旬，共 26 天。

地点：河南永城（雪枫县）东北李石林、高楼一带。

情况概述：

淮海战役胜利地结束了第一阶段后，敌即有总崩溃之形态，弃徐州逃命，本纵乘胜进击至永城东北地区李石林一带。敌结集了所有主力：新五军、第八军等固守待援，筑起了堡垒、鹿砦。那时我军以最小的代价获取最大的胜利，起先，采取围困战术，以堡垒对堡垒，鹿砦对鹿砦，交通沟对交通沟，战士们以地堡做家庭的生活，前后共 26 天，直到战役彻底胜利。现将其战壕卫生评述如下：

A. 公共卫生

初进战壕时，敌人遗弃尸体及本军个别牺牲同志，不及掩埋的纵横倒卧在战壕中。敌人食粮恐慌，把老百姓的牛甚至敌自己战马杀了充当粮食，血、骨、皮到处都是的，通壕沟的房子四周，大便和零星的军用品、乱□灰堆等等，堆□整个战场。我们进入阵地以后，立即发出通知，各部即刻掩埋尸体，整理战壕，建立隐蔽部。八连同志亦是很重视这工作，很快地进行起来了，并且接受了豫东战役的教训，很快建立了公坑，卫生战士能够选择适当地形，在交通沟内挖出支沟弯曲前进。所以在交通沟内来往的人，没有感到丝毫臭味。每班都建立了一只。当时发生了一个极严重困难就是缺水，当团卫□各营建立水井时，他们每班挖了一□。初挖时大家在战壕沟中挖下一二尺深即就算，后在用水时感到水混，但二班的一口井挖的较深，水也就较清。副连长发现了这问题，就叫大家去看，他们又想出办法，用破篮子深在井底，这样水不致混与平时的水井一样，后来吃水、洗衣、洗碗的水都得到了解决。烧开水选择最清的一口井，提了水以后，用盖把它盖起来。其次是在战壕中的吃饭问题，在一条直线吃饭很不方便，因此大家想办法挖了一个圆的泥桌，四周根据班的人数挖了每人一张椅子，所以好像屋子里的饭厅一样，战士都很欢喜自己的创造，用棉花嵌在□泥上，嵌出饭厅两个字，不熟悉战壕生活的同志，一看也就知道是吃饭的场所了。交通沟的建设渐渐完备了，但是天又下起雪来了，战士们为了保持这战壕里的干燥，八连的同志只要下雪，就拿起洋锹在交通沟里铲出泥雪，有时利用天未亮的时候，有时天黑了挖到半夜。所以到后来交通沟里可以抬担架，他们不断的挖去潮湿的泥土，把旁边的干泥削下，填在底下，所以在八连的防线上，只要雨雪一停在里面走鞋子是不会潮湿的，他们除了挖掉潮泥以外，在沟的旁边挖水沟（靠沟的旁边挖的小沟），每隔 10 步左右又有一个小塘，是积水用的。

B. 交通沟里的保暖

上面的布置是一样的：

①对草要特别爱惜，不浪费一根。

②搜集敌遗弃的棉花，放哨回来把脚包起来。

③友爱团结好，睡觉时颠倒睡，相互暖脚，把睡在一起的同志的脚裹在腋下。

④利用铁的子弹箱子和钢盔烧水，用破被单、麻袋遮门。

⑤战士一律不烤火，放哨回来的湿鞋子放在洞房口，穿了干鞋进洞。

C. 厨房卫生

①一天能做到吃两顿干饭，一顿稀饭，在挖交通沟时，晚上增加一顿，而且送到前面时保持热的，并能按照时间。在总结该连卫生工作时战士们一致公认，厨房有很大贡献，应该立功。

②厨房里组织情形，共计14个人，战斗时负责两副担架6个人，2个人专在家刷锅、烧饭水，饭一挑出家，这2个人就把锅子刷好，米淘好，待送饭回来即又打起开水，放米下锅，2个人是专门烧菜的，其他连司务长在内尚有4个人烧饭（不出担架时司务长上士不参加烧饭的）。他们很团结，在吃较复杂的菜时，烧饭的帮助烧菜的，烧简单的菜时，烧菜的帮助烧饭的，从来没有一人说怪话，前方的吃过早饭，厨房全体人员去搞柴火，他们厨房旁边还有一个石头碾，可以碾米，稍有空时即将小米重碾一下，所以整个淮海战役中，八连没有吃到过谷子和沙子。他们的阶级友爱精神是发扬到最高度了。副班长送饭到前方时，看见战士们脱在洞门口的湿鞋子，便拿回来趁烧饭的火烤干，再送上去。大部分炊事员送饭到前方，即拿起枪来帮助放警戒，使放警戒的同志也能吃上热饭。天下大雪时，把饭送到了洞门口，叫他们在洞里吃。他们的政治情绪上很高，普遍的要求入党和立功，领导上能掌握情绪，例如有一次挑开水的炊事员同志问"为什么人家可以不送开水，我们为什么要送呢？"司务长知道了在晚上召集开会时特别表扬一番，并且要求大家回忆出发前的保证书，这样大家情绪就特别高了。有一天，送开水正遇大雪纷飞，副连长说今天下雪了，送一点开水吧，挑开水的同志接着说，要多喝热开水才会暖和呀。

D. 个人卫生

在壕沟里能做到漱口、刷牙（极少数未做到），能两天洗脚一次，每天洗脸一次，同样可以洗衣服烫虱子（未完全烫）。

为了补救营与营之间、团后勤到前线之间的空隙地带无人管理的缺陷，团卫生队分出了一个卫生巡逻小组，负责管理和检查概述情况：①为什么要成立这个小组，因为营里搞的都不差，就是在这个空隙内较差，来往的人不够注意，随地解大小便，这是初成立时的动机。②人员共6个人，内见习2人，学员4人，分成二组，以见习为组长，因为我们包围夏庄，是二条路，口形的，所以一个组是来不及的。③工作任务第一阶段，以掩埋尸体扫除大便为主，前后共4天。第二阶段，因天气严寒下大雪，故以调查了解前哨寒冷情况，送生姜酒到前哨，并教育部队进行按摩。第三阶段是宣传为主。这三阶段都是以具体情况而划分的，形式上左臂上有一红十字套子为记号，初时他们害怕出洋相不肯带，经再三说服，方无顾虑。

在第三阶段中曾有一同志，害怕到前方去，后经连从政治上说服、解释和鼓励，并把各组长的责任明确起来，并规定了一定要到前哨去，但不能够有伤亡，这样他们就胆大起来了，并能很好完成任务。第三阶段宣传标语我们经集体讨论后，一同想办法，其宣传方法：①是用斧头削去被国民党锯掉的树桩上的皮用锅灰写。②用棉花嵌在交通沟旁边泥里，主动清除了空隙间尸体和大便，及时了解了前哨卫生的情形，进行了宣传教育，并对前哨战士有了鼓励。

《华野一纵二师四团三营八连战壕卫生总结报告》，第 11—15 页

战地报道

一切为了伤员！某部卫生工作者克服困难完成战地医疗转运工作

淮海战役第二阶段中，人民解放军某部队的医疗卫生工作者，在"一切为了伤员"的口号下，以奋不顾身、艰苦负责的精神克服了重重困难，完成了整个战役的战地医疗转运工作。听到前面战斗开始的消息，医生护士们就在艰难的条件下紧张工作起来。冒着敌机的轰炸，他们连夜从几十里外赶到前方，日以继夜地工作着。

某所的一个队，被分派到前线去急救转运，八天八夜不解背包，忙着给伤员们布置病房，一天之内，就把一个简陋污秽的村落，收拾成一所温暖的、设备齐全的医院。许多医生、护士，为了使伤员舒适，叫他们住到好的房子内，而自己住在草棚和工事中，并且抽出自己的大衣和棉被给伤员盖，某部卫生所，一次即拿出 300 多条棉被来。为了使伤员迅速医疗转运，少受痛苦，许多医生用尽一切办法，提高了工作效率。某旅医务主任冉再恒，创造了"手术演习"办法，当伤员们未来之前，他即领导着全体医生、护士演习给伤员动手术的各项动作；由医生们假装成各种受伤的伤员，然后逐一研究怎样动手术最快、最安全，怎样动作才使伤员的痛苦降至最低程度。为了提高效率，该旅卫生处又进行严密的、科学的分工，他们把全体工作人员分别组成了 11 个组：手术组、包扎组、消毒组、医药

检查组、转运组、注射组、护理组、登记组、慰问组、生活组。各组间并展开了"看谁给伤员服务得好"的革命竞赛。

由于分工严密，工作成效乃飞跃提高，如给伤员动手术，在洛阳战役时，四天四夜进行了80多次手术，此次仅42小时即完成手术185次，效率提高4倍以上。伤员的生活及护理亦大大改善，运伤员的每副担架上都垫了厚厚的棉被，伤员每顿饭都有鸡蛋、鸡汤等滋补食品吃。护理组同志不断慰问又大大提高了伤员们的情绪。

医生、护士们，在整个战役期间，表现了和战士们同样英勇顽强、艰苦负责的精神。某团一个12岁的小看护员王霞斌，一个人照护了五间大病房，每天给所有的人洗脸，给重伤员喂饭，夜里就整夜守在伤员身边，给他们盖被、照护大小便。一次飞机轰炸得很厉害，大家劝他去防一下空，但他回答说："为了伤员们我要负责到底，不能因为轰炸就不管他们。"全体伤员都十分感动，很多人说："就是我们的亲兄弟，对我们也没有这么好呀！"某旅看护员白国珍在包扎所进行包扎时，院门被敌人炮火封锁了，十分危险，但他仍不顾危急地工作着。他自己另外开辟了道路，冒着敌人火力，把伤员一个个地背了出去，一连背了八个，然后给二十几个伤员洗了血衣，又帮助所有的伤员安全转到了后方。为了发扬这种英勇负责为伤员服务的精神，旅提出了"开展白国珍运动"，号召全体医务人员向他学习。

（淮海前线10日电）

摘自《中原日报》1949年1月25日

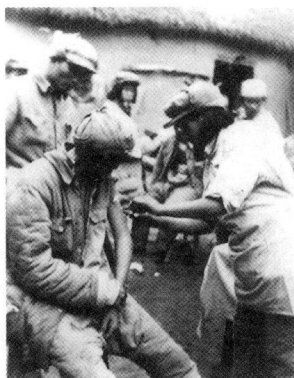

▲ 解放军医务人员日夜忙碌，为前线、为伤员服务　▲ 解放军野战三院工作人员纷纷为伤员献血　▲ 解放军战地救护所

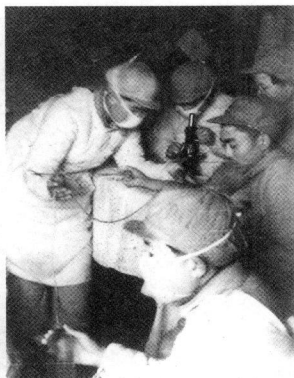

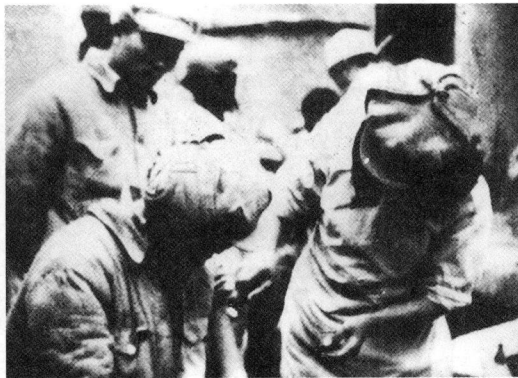

为了伤员同志的身体健康！
华野二纵十四团担架队的同志们踊跃报名输血

【十四团讯】在"一切为了英勇负伤同志身体健康"号召下，十四团担架队，以崇高的阶级友爱精神，踊跃报名输血，连部小邓才 17 岁，首先抢着要求输血 100cc，大家看他年纪太小，劝他少输点，他拒绝说："我这 100cc 血能救活一个革命同志，这样的好事能不叫我干吗？"接着高甲露同志报名输血 250cc，张队长、宋医务员、潘玉清、刘希胜等同志都报名输血 200cc，王泽聪、武有兴、程显州、吕炳庆、政指赵树堂等都报名输血 150cc，卫生队长向团委报告中称："全队百分之九十以上同志，在完全自觉自愿的阶级友爱上，共报告输血 8034cc，今后战斗中哪个伤员流血过多，即可立即抽出来给予注射！……"

（树堂）

摘自华野二纵《拂晓新闻》第 112 期 1948 年 12 月 2 日

华野二纵四师卫生处后勤动态

淮海战役中，四师卫生处在人少情况下仍积极工作得很好。总攻开始，他们从 6 号夜晚，直工作到 8 号上午，两天两夜没有休息，在正副处长模范行动的影响下均积极地完成了任务，并特别注意对伤员的保暖，如伤员一进病房即有火烤，转向纵卫时每副抬子还放 2 至 3 块热砖，有些伤员没带被子，医疗队的同志便慷慨地拿出自己被子给伤员盖，舒股长、张室长甚至把自己心爱的大被子、新大衣也全部捐献出来，此外，并给伤员注射了大量生理盐水，以增加伤员的血液和体温。

摘自华野二纵《拂晓报》第 927 期 1949 年 1 月 28 日

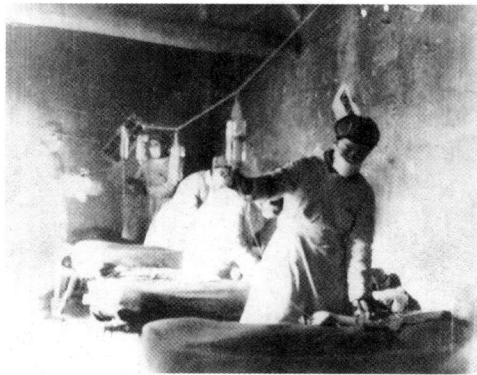

▲ 解放军医务人员为伤员注射

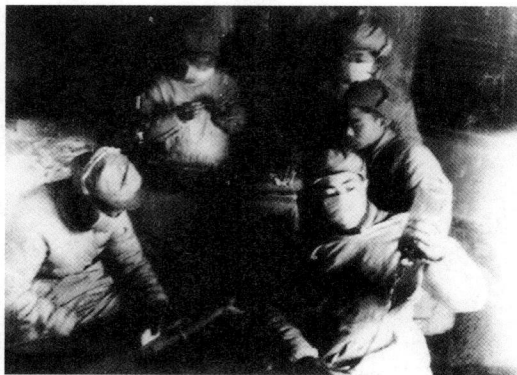

▲ 解放军医务人员日夜为伤员换药治疗

◀ 解放军医务人员自制夹板为伤员疗伤

华野九纵医疗一队要闻简报

医疗一队在收容中十分重视伤员的保温，每到一地即首先堵塞门窗，盘炉灶，他们认真地贯彻"进门一碗热开水，出门一碗热糊汤"的口号，伤员转走时也都能用保温砖、保温袋坚持保温，手术室中穿一件衣服都不冷。

（吴斌）

摘自华野九纵《胜利新闻》第 97 期 1948 年 12 月 27 日

几种保暖方法

（一）单人保暖

一、转进之伤员——解去裹腿，脱掉鞋子，湿了的棉衣更应迅速脱掉（或晒、或烤干），严密盖好温暖的被子，不使透一点风。另外在不妨碍伤情下可给伤员喝大量的开水。当伤员转进与转走时，尽可能做到"进门一碗热糊汤，转走一碗热米饭"，使伤员的内心首先得到温暖。

二、转走之伤员——首先是担架上的铺草要厚，防止底下透风；其次是避免转运路上的"休克"，可用暖砖、暖瓦、暖糠等装进保温袋里（其中以暖糠最方便，糠可用草票换，亦不致违反群纪）；再就是动员民工的被服盖在伤员身上。

（二）伤员伙房的保暖

一、食品装进暖缸——除前锅做饭后锅暖饭外，还可将做出的馒头或其他食品装进大缸里，此缸可放在几个锅灶之间，缸的四周围上热灰或草团，缸口盖上棉被，这样保暖时间较长。

二、盘带小锅的炉子——盘法与盘锅儿一样，烟道可用瓦接向房外。它的好处：小巧玲珑，在室内不占大地方，不妨碍担架进出，不侵占伤员卧位，放散热快，两个房间盘一个小锅炉就可使房间温暖，小锅炉上除可暖饭烧开水外，如做流汁饭还可在病室内做，使伤员能吃到很热的饭。

（陈泳）

摘自山东兵团《华东前线》第 67 期 1948 年 12 月 26 日

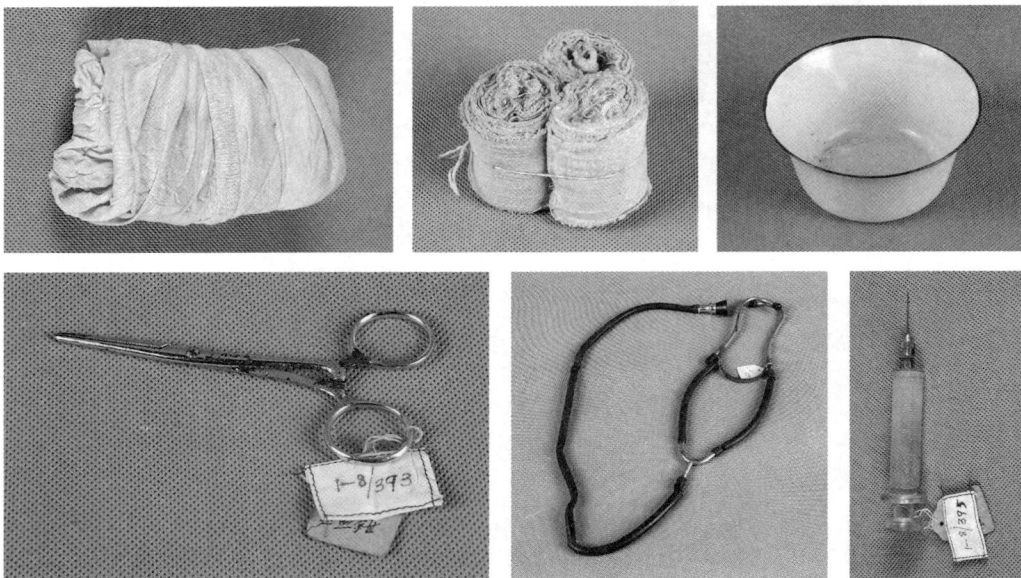

▲ 广大医务人员在枪林弹雨中抢救伤员，夜以继日忘我工作。战役中，华野有241名医务人员献出生命，完成了近10万名伤员的收治任务。这是医务人员当时使用的部分简陋的医疗器械。有听诊器、针管、剪刀、急救包、绷带等。在连续作战、条件艰苦、药品器械缺乏的情况下，他们克服困难，自己配制针剂，还创造了快速麻醉法，开展输液和石膏固定，保证了手术的顺利实施，挽救了大量重伤员的生命

▲ 在战斗空隙利用短暂的休整时间，大力开展普包（普通包扎）运动，培养卫生骨干

▲ 卫生骨干小组会上，大家在讨论如何搞好战地卫生、行军卫生以及学会包扎技术等

◀ 卫生员在行军、打仗中，每到一地便因地制宜开展卫生宣传

十二团卫生队研究加强战壕卫生工作

【四师讯】十二团卫生队为避免和减少非战斗减员，加强战壕卫生工作，特召集各营医务员、所长研究布置战时卫生工作，提出以下几点要求：一、每班在工事附近挖一卫生壕，大便到卫生壕去。二、每天下午晒一次工事内铺草，防止发生战壕热。三、每天洗脚一次，防止发生战壕脚。四、送饭时多送开水，保证每顿饭有水喝。现这些工作已开始进行，每天已有 4 次开水喝，二营首长并督促各连积极推行，卫生队亦分赴各营检查。

（运光）

摘自华野二纵《拂晓新闻》第 112 期 1948 年 12 月 2 日

华野四纵全心全意为伤病员服务的甘文英

在淮海战役之前，甘文英患了严重的黑热病，有时发高烧至 42 度，饭都不能吃，每天只吃一点蛋汤。部队要行动了，上级准备把她留在后方休养，但甘文英听说这次行动是准备去打一个大仗，她坚决不愿留下，最后上级决定她和其他 20 多个病员一起在后面慢慢跟上来。这 20 多个病员，只有一个医务员，一个照护员和一个炊事员负责，人少事情多，搞得饭都吃不上。甘文英拖着重病的身体，自动出来帮助，她和大家分了工，医务员管治病，炊事员管烧饭烧水，照护员领粮草，自己帮助烧饭、领粮、领草又帮助治病。病员同志见她也是重病员，整天忙个不停，都劝她休息一下，她总没休息，甚至半夜起来替病员盖被子，病员感动地说："你自己也是病员，需要休养，还照顾我们，真使我们惭愧！"

到了邳县沂河边上，天快亮了，河面那么宽，河水那么急，11 月的天气，水冷得像针刺似的，没桥又没船，大家身上都有病，不愿涉水。甘文英看看浮桥还没架好，河边上有几个被匪机打死的老百姓，她马上想到天亮之后匪机要来的，河这面是一片开阔地，没有一点隐蔽的地方，河对面才有坟包、小山和村庄，因此只有赶快过河。她不顾自己的病，脱下棉衣棉裤，首先走下河去，并鼓励大家说："不冷，水也不深，大家快过来！"病员见她能过，也就一个个跟着过了这半人深的大河。

到了前方，她一顿能吃半碗面条了，便参加前方的救护工作，别人劝她休息，她说："我的病已一天一天好起来了，不要紧的。"她整日忙着救护伤员，有时实在坚持不住了，头昏眼花了，她坐下来休息一下，之后又马上顽强的起来工作。匪机猖獗的时候，大家出去防空，她不去，仍沉着地替伤员换药，她这样地坚持工作了两个月，直到整个战役结束。战后，她被评为三等功。

（郭永锦）

摘自华野四纵《战地》第 1233 期 1950 年 5 月 25 日

▲ 华东军区第一重伤一院一所在淮海战役中立功人员的合影

▲ 华野八纵六十七团三营卫生员在淮海战役结束后合影

▶ 华野四纵十二师看护长、华东一级人民英雄甘文英

▲ 华野前方卫生直属野战医院手术队医务班的同志于 1949 年元月庆祝淮海战役胜利时的留影

华野八纵卫生部二所敷料员徐育英

月光照到绿油油的池水里，水旁坐着紧张搓洗敷料的徐育英，她已经 3 天 3 夜没有离开这里。水冷风寒，手被冻得裂开了一道道口子。但她仍摇动着一双染上菌并已经化脓的手，在冰冷的水中洗敷料。洗完一包又一包，她忘了疲劳和饥饿，从天黑洗到天明，又洗到天黑。双手冻得发麻，敷料从水里把上来马上结了薄冰，她为了热爱伤员，这一切在她面前好像很快消失了，太阳出来了，晒的她头晕眼花，嘴上起了泡。一天、两天过去了，脖子抬不起来，腿疼腰酸浑身无力。可是大家都在紧张地工作，再也抽不出人来换她。

上午饭到下午，下午饭到夜 10 点。还是班长送到池边上她才吃的。黑夜煮敷料、烧火，才是她休息的机会，在锅门口打着瞌睡。当醒来看到敷料，马上想到伤员："前方同志不怕流血，我能怕冷和累吗？"立刻又紧张地工作起来，洗完了再煮，用过再去洗。徐育英同志她是卫生部二所一个出色的敷料员，被选为二等人民功臣。

（金玉坤）

摘自华野八纵《战旗报》第 232 期 1948 年 12 月 12 日

第七章　全歼杜聿明集团于陈官庄地区

华野经过 20 余天的休整，充实了兵员，补足了粮弹，总结了经验，做好了一切战斗准备。此时，平津前线已完成对国民党军的战略包围和战役分割。1949 年 1 月初，经中央军委批准，华野以 10 个纵队和冀鲁豫军区部队组成东、北、南 3 个突击集团，于 1949 年 1 月 6 日下午，向杜聿明集团发起总攻。东集团为第三、四、十、渤海纵队及冀鲁豫军区部队，北集团为第一、九、十二纵队，南集团为第二、八、十一纵队，分别由第十纵队、山东兵团、苏北兵团统一指挥，担任主要突击。华野另一部及中野组成外围拦截部队，截歼可能突围之敌。华野采取各个歼灭与割裂突击相结合的战法，首先割裂邱清泉、李弥两兵团的联系，先歼李兵团，再歼邱兵团。经 4 昼夜激战，将淮海战场国民党军的最后一个集团全部歼灭，国民党徐州"剿总"副总司令杜聿明被生俘，第二兵团司令官邱清泉毙命，第十三兵团司令官李弥潜逃，淮海战役胜利结束。

一、总攻杜聿明集团

1949 年 1 月 6 日 15 时 30 分，华野集中炮击半小时后，按照预定部署于 16 时向杜聿明集团发起总攻。东、北、南 3 个集团从各自不同方向勇猛插向邱清泉、李弥兵团纵深，当晚即攻克据点 13 处，歼国民党军万余人。7 日，又攻克李弥兵团司令部驻地青龙集等据点 20 多处，歼灭李兵团主力及邱兵团

▲ 华野为最后歼灭杜聿明集团，指挥员（从左至右）张震副参谋长、粟裕代司令员兼代政委、陈士榘参谋长在指挥所研究作战方案

第七十二军大部。8 日调整部署加强西部防守并攻克据点 5 处。9 日，以更猛烈的炮火再次发起攻击，东集团在南、北集团配合下，迅速插入杜聿明指挥中心陈官庄，残敌陷入混乱状态，纷纷投降。6 辆突出重围的坦克被特纵骑兵团追获。10 日下午，残敌肃清，战斗结束。

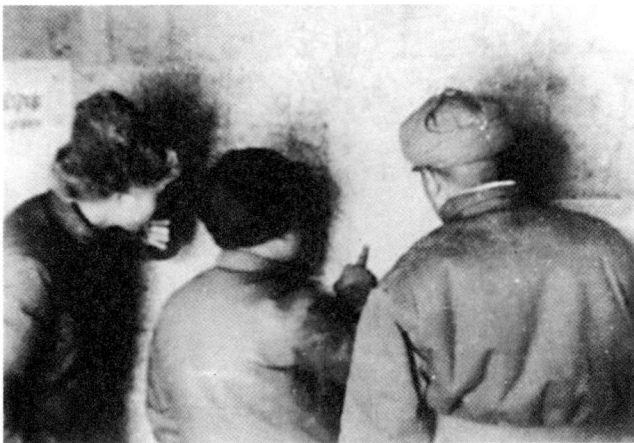

▲ 粟裕（右三）、谭震林（右二）等华野首长在前线指挥部研究总攻部署

战史摘要

华野司令部攻击全歼杜聿明集团概述

1.攻击布置

在我军休整准备之后，敌人尚未得到充足之补给，士气仍极度低落，动摇恐慌，广大士兵之体力尚未恢复，突围之准备还未完成之际，为迅速解决困守之敌取得淮海战役全胜，我决采取分割邱李两匪，首先歼灭东侧之弱敌李弥所部 3 个军，以割烂敌之整个防御体系，尔后乘胜由东侧暴露之薄弱部分直由邱匪侧后攻击，而全歼杜集团。我兵力区分：以一纵（3 个师 9 个团）、渤纵（2 个师 6 个团）、四纵（3 个师 9 个团）、十纵（2 个师 10 个团）、三纵（2 个师 7 个团）共 5 个纵队 12 个师 41 个团，而一纵一部与三纵之动作则为打开缺口及楔入敌邱李两匪之结合部，隔断其联系并对付西面来援之邱兵团，保障一纵主力及渤纵、四纵、十纵首先歼灭李匪之胜利，其中除一纵外均统归宋刘指挥。谭王指挥之九纵（3 个师 9 个团）、十二纵（2 个师 5 个团）、（并一纵）及韦吉指挥之八纵（2 个师 8 个团）、二纵（3 个师 9 个团）、十一纵（3 个师 8 个团），两共 5 个纵队 13 个师 39 个团采取积极的攻势钳制手段，首先各就当面歼灭确有把握解决之敌人，以策应东侧之主攻动作。以上共 10 个纵队 25 个师 80 个团使用于攻击方面，统一于 6 日下午发起总攻击。其余位置于第二线之各部，除六纵（3

个师 9 个团）于 3 日进至濉溪口、古饶集、百善集地区，冀鲁豫部队（2 个旅 6 个团）于攻击后刘园后 7 日晚进至铁佛寺地区外，七纵（3 个师 9 个团）、十三纵（3 个师 9 个团）、广纵附本部特务团并冀鲁豫三分区地武（5 个团）（以上均本部直接指挥）、鲁纵（2 个师 6 个团）并指［挥］豫皖苏独立旅（1 个旅 3 个团）附本部骑兵团（鲁纵则由韦吉指挥）、三十五军（3 个师 9 个团）等部，则均仍原地执行原定之纵深堵击与待令参战之任务。以上共大小 7 个纵队（包括非正式的）17 个师 56 个团，使用为外线堵击与预备队。总计第一线第二线之兵力为 17 个纵队（包括非正式的地方的小的约相当于纵或名之曰纵者）42 个师 136 个团。

2. 战况发展

经过了长期的准备，特别是对壕作业（均与敌前哨相隔仅三五十米远）及对前沿各村庄之地形特点、工事构筑、兵力分布有了很清楚具体彻底的了解，因此当炮击半小时后，步兵总突击开始，经 2 小时激战迄 18 时左右，大部攻击部队均已完成预定计划（仅一部延至 22 时至 24 时完成，个别的延迟至拂晓或未奏效）。总计 6 日之战绩为歼敌 4 个整团（四一六团、三三六团、九十六团、二八七团）7 个团的大部（一〇〇团、六九七团、六九八团、五三九团、五四〇团、四九六团、四九七团）两个团的一部（一二六团、四一七团），俘敌九十六师副师长田生瑞、一八〇师参谋长何觉哉以下约 7000 人，歼敌近万人，攻克并收复 13 个村庄。因敌遭此强大攻势之沉重打击，感于末路已临，尤以对李兵团之震撼为大，7 日上午 9 时李兵团在陈阁、马庄等 8 个村庄之阵地整数弃守，分向南及西仓卒逃窜。当我继续攻击之准备尚未完成之前，李匪各部盘踞之 11 个村庄如像青龙集等要点均不战而逃，20 时即开始向西收缩至邱兵团之防区，我 22 时尽占其所被迫逃弃之各村庄，至此杜集团之防御整体为我打破。西线九纵方面接洽好一一二师于一凡率两个团来降，除三三五团于 19 时将阵地交我七十八团接防后开薛家湖东南听命外，于一凡率另个团爽约未来。7 日总计歼敌三个整团（三三五团、九十四团、二二八团）另两个连，俘 3000 余人，占领 23 个村庄。8 日因东线部队拥挤，敌又有收缩集结突围之征候，西线进展不大阵地较宽，因此于当晚调渤纵（遗防交四纵）至八、九纵之接合部归韦吉兵团指挥。并着诱敌向西突围之部署，我大部均在调整部署。8 日总计歼敌 2 个团的大部（一一七团、六九九团）一个团一部（六〇〇团）另两个特种兵连，攻克并收复 5 个村庄。

9 日上午敌分向寇庄、郭营、刘楼、王花园、左砦攻击，企图夺路向西突围，均遭我迎头痛击不能逞其妄想，仅在我部交替间隙中侵占刘小楼西之左砦。

9 日深夜迅速惊人巨大的发展是全战役最重要最紧张最精彩的一个阶段，也是接近最后的一幕最生动的场面。下午敌人在已崩溃的东侧阵地上继续崩溃，当朱楼、邓楼等地守敌畏歼逃逸的时候，我四纵一部即尾追进击直向飞机场（竹安楼西南），崔庄敌四十二师残部投降后，四纵全力猛烈向西追击，十纵于解决并驱逐陆菜园等地之敌后亦与四纵并肩西击，三纵于歼灭陈楼守敌后，亦向西进击，24 时胡庄七十二军军部向十纵投降，午夜 2 时十纵又协同四纵攻下十三兵团部所在地之黄庄户要点。至此四、十、三纵三支强大箭头均全力指向杜邱先后之指挥中心陈官庄及陈庄。其他方面之我各部除一纵下午攻下朱小庄，继向丁枣园，遭敌施放毒气所阻与敌隔河对峙，十二纵午夜 1 时半攻击刘庄外，九纵、渤纵、八纵、二纵、十一纵等部原均着监视敌人拂晓攻击之准备，其各当面之敌亦无动静。当东线战况猛烈发展与守敌已达最后总覆没之时机，我全线各部务必即起施行总攻击及总追击之战斗号令下达后，全线战场于 10 日拂晓前后战斗的气氛更活跃起来了，战斗的情绪更高涨沸腾达于极高的高度。陈官庄及陈庄分别为十纵及四纵的勇士们插上了红旗，解决了敌人，于是全战场的敌军各部失却了指挥的中心，而四面八方强大的解放军又排山倒海压境而来。匪军的官兵们见大势已去，到处慌乱做一团，纷纷整师整团的放下武器要求投降，如丁菜园之四十五师及李楼之三十二师。有些顽固或畏惧的敌军，妄想突出重围，到处乱窜，如二〇〇师及三师之向西北遭九纵及十二纵歼灭与包围，再如七十四军 2 个师之向西南并分别侵占我渤纵尚未及设防固守之王花园、刘楼阵地，但王花园复被该纵于 9 时夺回。至 10 日上午 10 时止已基本上解决战斗，最后残存之刘集七十四军残部及周楼三师残部，分别于 14 时与 16 时先后解决，至此战役全告胜利结束。

10 日拂晓曾有一部敌坦克部队从周楼向西北突围，至奶奶庙被河沟所阻，复由北面绕过驰向会亭集以西，除 2 辆中途在胡桥为地方武装俘获外，余 6 辆均被我骑兵部队于会亭集西南赵庄等地全部擒获。

摘自《华东野战军司令部淮海战役经过概述》，1949 年 1 月

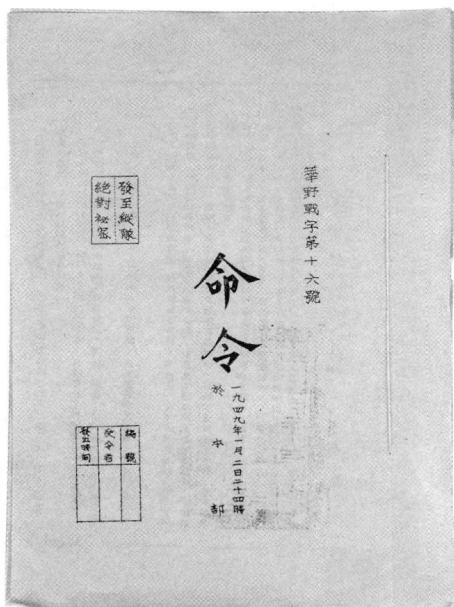

◀ 1949年1月2日24时，华野司令部发出了淮海战役最后一份重要命令——全歼杜聿明集团！命令分甲、乙、丙3个部分。甲讲国民党军窘境与动态；乙为命令的主要部分，即作战部署、各部任务区分；丙为7项注意事项。"决定统一于1月6日16时发起战斗（如阴雨则提前于该日13时发起战斗）"。命令由华野代司令员兼代政委粟裕、副政委谭震林、参谋长陈士榘、副参谋长张震共同签发，名为《华野战字第十六号命令》，共6页，油印，装订成册，封面有命令名、发至单位、发出时间、密级等内容，中心偏下部位加盖"中国人民解放军华东野战军司令部关防"

▲ 解放军某部紧张进行总攻准备

▲ 炮兵向前进，俘虏向后押

▲ 华野特纵炮兵严格检查炮弹，源源不断送往前沿阵地，准备总攻杜聿明集团

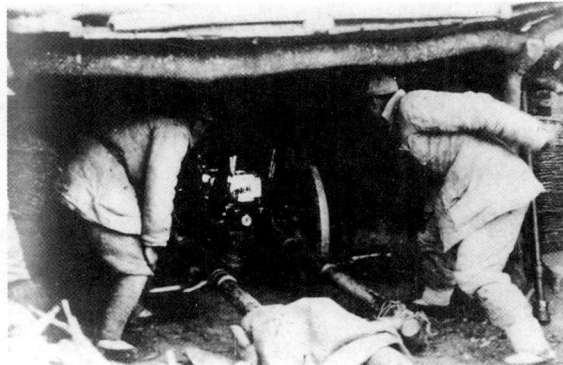

▲ 陈官庄战场，解放军炮兵在隐蔽部里向国民党军阵地轰击

▲ 华野某部炮兵在冰天雪地中前进

▲ 总攻前特纵炮兵进入发射阵地

战术研究

山东兵团对当面杜匪邱、李兵团工事之研究

（一）地形、村庄特点：

1. 地形平坦、开阔、土质松软，容易土工作业，并便于人马及车辆运动，少受地形道路限制。

2. 村庄密集，但大部为几十户之小庄，且房屋分散，不易屯集与隐蔽较大之兵力。

3. 村沿大多有小濠沟环绕，村内水湾较多，并常有积水，个别村庄利守不利攻。

4. 各村砖瓦房较少，泥草房较多，故不甚坚固。

（二）敌工事构筑一般情况：

1. 以村落为骨干，构筑守备阵地，在村外围100至200公尺距离内，根据地形，筑成多点、重叠之子母堡式工事，其火力可互相交叉。其构筑法是以一个母堡，周围环绕着三四个子堡，其间以交通沟互相通联，并有散兵坑、防炮洞设备。此外在子母堡周围设一二道鹿砦（此点多为两个排至一个加强连之守备），可单独进行战斗，以此构成阵地外之密集火网。

2. 村沿周围挖有深 2 米宽 3 米之外壕（有的以交通沟代替，或以原有壕沟加深加宽，现万庄即如此），翻土向里筑成 1.5 米高之土围子（无小梯子还不易上下），在每距 20 米左右筑一地堡，其两堡之间并有单人掩体，以发扬其短兵火器之能力。壕外二三十米处设鹿砦一两道，此线阵地与外围各点火力均可交叉。

3. 村沿家屋墙壁，均开设轻重机枪射口，可随时支援外围各点坚持战斗。村内挖掘纵横交通沟，墙壁均被打通，避免街巷地平面运动遭我火力杀伤，并于房屋内外筑较多隐蔽部，以隐蔽村内一切人员。

4. 有的利用较粗之树（直径四五十公分），利用其树叉，以木板、土、泥块等筑成树上鸟巢堡，并配有轻机枪，其视界开阔，可观察四方，又可在我接近时突然发扬其火力及封锁我交通沟运动之人员（此堡一七〇师于孔楼阵地即有）。

（三）工事构筑一般特点：

1. 以村落为骨干，周围环绕着各点，而重叠之子母堡，其工事低下隐蔽，虽然器材缺乏，但地堡构筑较为坚固，有的堡顶盖以粗木排列，上盖 1.5 米之积土，可抵山炮弹。另靠近地堡有鹿砦一道（射口处没有），以防我送上炸药。此堡不详细观察，不易发觉其火力点位置。

2. 地形平坦且开阔，外围子母堡较多，其各子母堡及村沿小土围子之火力均可交叉及互相援助，火力多为水平射击，死角较少，我攻击时如不严密组织火力及讲究队形与近迫作业，会增大我之伤亡，甚至难于完成攻歼任务。

3. 鹿砦设备较多，各阵地前沿均有，但较稀薄不甚坚固，由于鹿砦设备较多，故影响其向外观察，如我攻击时，动作肃静秘密，很易突然出现敌前，发起战斗。

4. 村与村，点与点均有交通沟通联（如张庙堂至王大庄即有两道），其中间有向我之射击设备，防我插其侧后将其切断（联络堡、散兵坑、集团工事，何庄至万庄交通沟设有鹿砦），以此便利其部队来往运动及通信联络、前后运输，同时亦利于我组织曲射炮火轰击，杀伤其沟内运动及河边隐蔽之敌。

5. 大部系小村庄，房屋较少，并不坚固，同时面积少人多，故守敌大部住于村外、纵深工事及隐蔽部内，因此应加强我之边打边侦察工作，了解情况，要向敌指挥位置及屯兵处打去，使其混乱，利我全歼。

6. 由于小村庄较多，并房屋分散、孤立，故多为敌利用构筑排、连子母堡式据点。

此材料仅根据各纵及本部派人了解之零碎材料综合而成，供大家参考，并望各部积极调查研究敌情、地形，于敌前学习中寻得有效之对策。

（兵团参谋处）

摘自山东兵团《华东前线》第 68 期 1948 年 12 月 29 日

国民党军防御作战的特点

敌众多兵力被我包围于横宽不足 20 里之狭小地区内，故即以最前沿接近我方之村落为要点，构筑工事，彼此相连，形成一道圆形防线，将主要之作战部队全部放在第一线，担任防守，各师军一级机关部队及其他地方游杂放在第二线，中间就是剿总及飞机场。

其防御配备特点如下：

1. 因地区小人多，所以每个庄子都住有一师以上之部队，同时该处村庄较小，敌人无法安住部队，不得不以庄子里只住指挥机关，而作战部队则以村落为核心，向左右方向展开，构筑工事，一面用以作抵抗，一面用以作房子住，庄庄如此，遍地是工事，遍地是部队，其主要部队及抵抗线不在村庄而在野外，炮位则分散配备在纵深。

2. 因部队展开于村落四周，故村落与村落间之间隙及接合部就很少，我不以近迫作业则部队无法楔入进行分割包围，同时因敌兵力火力已全部展开，相互皆能密切联系，打其一点而全线策应，造成面的防御体系，过去我对点线的攻击作战经验，在此已不能使用。

3. 敌工事构筑特点如下：因其部队全部展开，以工事为营房，同时地区又小，处处在我炮火射程之内，再加上柴火木料困难，因此敌之工事主要采取交通壕与地堡相结合的堑壕战术，交通壕纵横交错、密密层层，毫无规律，轻重机一般都按于地堡中以为火力点，在主要地点则有集团地堡，派一个连以上兵力扼守之，以作支撑点，各地堡间火力互相可以侧射，其构筑特点也是毫无规律，彼此相连，形成网形阵地，使我对敌侦察很困难，如部队接近后，敌到处射击，特别是能侧射封锁我之后路，对我威胁很大。

4. 以小集团使用三五成群的手榴弹对付我之炸药（即待我突进木城内以排子榴弹杀伤之）。

5. 小群的反冲锋动作来巩固其阵地，以六〇炮火来杀伤我之突击部队，以纵深的炮火拦阻和杀伤我第二梯队，使我第一梯队失掉突击效能，以为其纵深战斗达到其防御之目的。

其作战特点如下：

在我未攻击时，每日以冷枪冷炮向我射击，并派阵地哨三五成群伸至阵地前警戒游动，当我攻击时则：

1. 因事先我火力组织较好，对其一点攻击时，敌火力通常被我压制，不能开火，但当发现我部队向其冲锋时，则以一切轻重机枪与步兵短兵火力向我猛扫，使我无法接近。

2. 因敌前沿与纵深皆有电话联络，当我攻击一点时，其纵深炮火即在其前沿部队指说下向我射击，压制我们，其射击方法多以三五发同放，打梅花形。

3. 其步兵当我炮击时往往隐蔽不动，见我爆破时则撤出地堡向左右交通壕暂避，待炸后又回原地抵抗，待我突破成功，部队向村落纵深发展时，则四面八方（因都在野外）向我射击，并向我反冲锋。

若是我近迫作业迫近时，敌亦修筑专门地堡及火力点伸至阵地前封锁我们，如单独派部夺取某一集团地堡时，敌必不顾一切向我进行反扑。

当我在夏庄向罗河堤作战时，敌竟使用喷火器、火焰弹、毒气弹等作战，但反扑较差了。

摘自《中国人民解放军第二十军第三次国内革命战争战史资料选编》，1963年，第183—184页

邱兵团的一般战术原则

按：本文为缴获文件，系匪二兵团副司令邱清泉于本年10月14日在匪一〇〇军干部会上的"训词"。

一、攻击

1. 初战：搜索敌情，先派便衣搜索；次行威力搜索，先以三五人为一组，次分班，再分排搜索前进；逐次行正面之搜索，诱致敌火以明了敌之兵力大小、工事配备、火器位置等。

2. 火战：

甲、要领：集中使用，急袭射击，切忌火力分散、发射过早，应在我步兵前进至最近距离，非火力掩护不能前进时开始。

乙、任务：摧毁敌之工事、压制敌之炮火、杀伤敌之人马，掩护我步兵完成冲锋准备。

丙、效力射时机：在冲锋发起之前集中各种炮火对攻击目标行急袭射击。

3. 突击：

甲、要领：看破好时机发起冲锋，纵深要大，分波突击，分数处同时突击。步兵随时以本身火力摧毁敌之反扑，不得完全依赖炮兵。

乙、分段突击前进：攻击得手时，应整顿态势，布置火网，站稳脚跟，防敌反扑。敌人退却时，应不待命令而行火力、兵力追击，以继续歼灭逃窜之敌。

丙、如我在攻击前进中或突入敌阵一角而遭敌反扑时，应巩固不动，硬打到底，因敌在行动间易遭我火力消灭，如我后退则身体暴露，反遭敌火损害。

丁、如我突入敌阵一部而入夜时，应继续攻击，因敌已起恐慌，弹药缺少，援兵一时赶不上，工事加强来不及，容易成功。方法应妥为部署平射武器破坏敌之武器、曲射武器杀伤敌之人马；多用燃烧物体，如燃烧弹、引火物、油类等，逐屋焚毁、扫荡。攻击时间多在下午11时，有时延至天明才成功。

4. 村寨攻击法：多用平射武器火箭筒、平射炮等，或以山炮直接瞄准，以摧毁敌之工事围墙。进入村寨时，以轻重机枪封锁街道、空场，隔离敌人；爬屋上树，□制敌人；挖墙打洞，以平射武器、手榴弹等逐屋消灭敌人。

二、防御

1. 配备：应有面及纵深火网：三层火网，子母连环；立体三层，平面三层；上下掩护，内外策应；缩小正面，加大纵深；一堡三枪，交互射击；调防反射，埋伏逆袭；以诱敌入我火网内而歼灭之。

2. 战斗：首须极力判明敌之主攻、助攻、佯动各方面，讲求对策；充分发挥各自独立作战精神，在重要战斗中以突击决战队（由营长掌握）加强之；敌突入时使用突击决战队强行逆袭；对于战场要点务须反复争夺不可放弃；窥破好机派一部出击打击敌之侧背；摧破敌之攻势后毅然转移攻势。干部须随时以各种方法：宣传工作、阵地喊话、增加火力、加强兵力、适时奖赏等以巩固战斗意志。

摘自山东兵团《华东前线》第 59 期 1948 年 12 月 2 日

二、东集团作战

东集团第三、四、十、渤海纵队和冀鲁豫军区部队在华野十纵司令员宋时轮、政委刘培善的统一指挥下，向杜聿明集团防御阵地的东突出部实施主要攻击，相继占领李弥兵团部驻地青龙集、黄庄户等重要村镇，捣毁第八军军部，生俘军长周开成，歼灭李弥兵团。迫使第七十二军军长余锦源、第四十二师师长伍子敬分别率部在胡庄、崔庄投诚。协同南、北两集团歼灭了邱清泉兵团，并以勇猛的动作，直插杜聿明指挥部所在地陈官庄，生俘国民党徐州"剿总"副总司令杜聿明。

▲ 率部参加围歼杜聿明集团作战的华野三纵司令员孙继先（左二）、政治委员丁秋生（左三）和部分师以上首长

▲ 率部参加围歼杜聿明集团作战的华野四纵司令员陶勇（左一）、政治委员郭化若（右二）和部分师以上首长

▲ 华野特纵司令员陈锐霆（左一）、副政治委员刘述周（左二）等负责指挥坦克、炮兵、工兵、骑兵作战，参加围歼杜聿明集团

▲ 华东野战军特种纵队在淮海战役后编印的《淮海战役炮兵总结》

简介

华东野战军第三纵队

华东野战军第三纵队辖第八、第九师，约 2.7 万余人，由鲁南军区和滨海军区部分部队发展而来。1947 年 2 月，山东野战军第八师与滨海军区警备旅合编为华东野战军第三纵队。曾参加宿北、鲁南、莱芜、孟良崮、沙土集、洛阳、豫东、济南（担当攻坚）等战役。淮海战役时配合兄弟部队首战张公店，歼灭国民党第一八一师和曹县保安旅；参与徐南阻击战、歼灭黄维兵团和追击、围歼杜聿明集团等作战，共歼灭国民党军 3 万余人。1949 年 2 月，改编为中国人民解放军第二十二军，隶属于第三野战军第七兵团。

华东野战军第四纵队

华东野战军第四纵队辖第十、第十一、第十二师，约 2.4 万人，由在闽西、闽南地区坚持三年游击战争的部分红军游击队武装发展而来。1947 年 2 月，华中野战军第一师改称华东野战军第四纵队。曾参加苏中、鲁南、莱芜、孟良崮、豫东、济南（担当打援）等战役。淮海战役时参加追击围歼黄百韬兵团、徐南阻击战和追击、总攻杜聿明集团等作战，共歼灭国民党军 7.2 万余人。1949 年 2 月，改编为中国人民解放军第二十三军，隶属于第三野战军第七兵团建制。

华东野战军特种兵纵队

华东野战军特种兵纵队辖炮一、二、三团、工兵团、骑兵团、坦克大队等部，约 1.1 万人。1947 年 3 月，以华中军区骑兵团、炮兵团和滨海军区第三团、山东军区特务第二团、华东军政大学炮兵大队为基础，以宿北、鲁南战役中缴获的榴弹炮、野炮、坦克等为主要装备，在山东省沂南县组建华野特种兵纵队。曾参加泰蒙、南麻、临朐、豫东、济南等战役。淮海战役时配合华东、中原两大野战军参加攻克碾庄、双堆集、陈官庄等作战。1949 年 2 月，改称第三野战军特种兵纵队。后以该纵队为基础，分别成立华东军区炮兵司令部、工程兵司令部、装甲兵司令部和炮兵学校、工程兵学校。

华北冀鲁豫军区部队

华北冀鲁豫军区部队辖独立第一、第三旅等部，约 1.4 万余人，隶属华东野战军指挥。淮海战役时主要参加威逼徐州，迷惑牵制邱清泉、孙元良兵团，攻歼一八一师，徐南阻击战，歼灭孙元良兵团和追击歼灭杜聿明集团等作战，共歼灭国民党军 1.3 万余人。1949 年 3 月，与中原野战军第十一纵队合编为中国人民解放军第十七军，隶属于第二野战军第五兵团。

编者整理

战史摘要

华野十纵陈官庄攻歼

被围困月余的杜聿明集团，仅剩下 8 个军 21 个师，不足 20 万人，龟缩在西迄右寨，东达青龙集，南至李楼，北到夏寨的东西 20 里、南北 10 里的狭小地带。1949 年 1 月 6 日，我军向拒绝投降的杜聿明集团发起总攻。经过炮火准备以后，我第一线 10 个纵队、27 个师（旅），分成东、北、南 3 个集团军，向敌人纵深迅猛穿插。我纵同第三、四纵队、渤海纵队和冀鲁豫军区独立一、三旅，共 11 个师（旅），编为东集团军，在宋时轮司令员、刘培善政委指挥下，向敌防御阵地的东突出部实施主要攻击，在北集团军第一纵队的配合下，担负歼灭李弥兵团的任务。尔后由东向西南突击，协同南北两集团军歼灭邱清泉兵团。

1 月 6 日晚，我二十八师对青龙集东北方向的李庄、赵园发起攻击，7 日 10 时攻克，歼敌第九军 3 个连。二十九师八十六、八十七团于 6 日对小辛庄之敌发起攻击，在我强大攻势压力下，守敌四九六团三营被迫缴械投降。7 日下午，纵队特务团三营攻占金寺庙，歼敌一部，活捉敌第五军四十五师师长崔贤文。我军各部经一昼夜激战，扫清了青龙集外围村庄及据点。二十九师逼近青龙集以西的小孙庄、张庄，完成了堑壕工事。此时，李弥兵团屈于我强大压力，弃青龙集、朱庄、孙庄西窜，与邱清泉兵团靠拢。二十八师乘虚而入，夺取以上 3 点，并协同二十九师完成了对张庄、鲁庄之敌的包围。

9 日，二十九师攻占张庄、鲁庄，并在八十三团配合下攻克陆菜园，歼敌第七十二军一部。黄昏，敌外围据点全线崩溃。二十九师八十七团在团长雷英夫、政治委员宫愚公率领下，乘胜前进，将敌第七十二军军部包围于胡庄，敌军长余锦源走投无路，带领部下投降；随即在陈官庄飞机场一带全歼敌第八军军部，八十五团五连活捉敌八军少将军长周开成；该师在分兵西插中，又以神速动作包围刘集，俘敌第七十四军少将军长邱维达以下4000余人。是日，二十八师经罗店、李庄挥戈西进，积极穿插、分割敌人，协同第四纵队围攻黄庄户，全歼敌李弥第十三兵团司令部。尔后，攻占张楼，将邱清泉兵团司令部包围于花小庙，全歼该敌，敌第二兵团司令邱清泉在混战中被我八十六团击毙，并缴获邱战马、指挥刀和呢料军大衣。李弥兵团被歼，杜聿明集团失去左翼。我八十三团政治委员孙乐洵、副团长孙成才，率该团二、三营，抓住战机，果断指挥，以勇猛动作，大胆向敌纵深穿插。9日晚，如神兵天降，越过重围，直捣杜聿明集团司令部所在地陈官庄。为迅速打乱敌指挥中枢，部队不顾长途奔袭的疲劳，不怕孤军深入的险境，立即向师、纵队汇报战况，并请求攻击。纵队司令员宋时轮亲自与八十三团孙副团长通话，详细核实了情况，根据敌情的变化，果断命令八十三团，坚决行动，勇猛攻击。同时联络友邻纵队，支援八十三团作战。于是，营长曹文章、教导员王荣钦率二营在庄东，营长朱福修、副指导员王荣山率三营在庄北发起猛烈攻击。敌负隅顽抗，作垂死挣扎，战斗十分激烈。在紧要关头，该团一营于奔袭途中歼灭敌两个营，临时安置了200余名被敌胁逃的学生后，迅速赶来投入战斗，奉命从庄北发起攻击。一场你死我活的短兵相接在陈官庄展开了。我八十三团指战员浴血奋战一夜，于10日拂晓攻入陈官庄，占领杜聿明设在庄北一个民宅内的地下指挥所，缴获杜聿明一支三号左轮手枪、一枚石质篆字图章和一条黄绿色将军呢皮马裤。上午，我军全歼杜聿明集团，活捉敌徐州"剿总"中将副总司令杜聿明。淮海战役胜利结束。我八十三团单刀直入，捣毁杜聿明集团司令部，对整个战役提前胜利结束，做出了重要贡献，受到华野和纵队首长的表扬。

摘自《中国人民解放军陆军第二十八军军史》，1985年，第157—159页

华野三纵参加围歼杜聿明集团

八师二十二团、二十四团经4、5两夜土工作业，已迫近敌鹿砦，构成良好的进攻阵地。6日下午15时半开始炮击，敌发觉我意图后，即以一个团兵力由北向豆凹增援，我首以密集炮火将援敌阻住，而后各种炮火均集中向该敌猛烈轰击，敌伤亡惨重，被迫溃逃。16时15分经我密集炮火和炸药发射筒排击后，豆凹敌阵地已遭受毁灭性的破坏，我二十二团、二十四团即分东南、西南两路同时发起对

豆凹之攻击，经连续爆破后迅速突入庄内，18时战斗全部结束，除敌200余逃窜外全部歼灭，共俘敌团长以下400余，毙伤敌200余名。二十二团连夜继向刘庄近迫作业200米后，因刘庄东南有敌野外阵地，妨碍作业动作，该团当组织火力将敌驱退，7日晚以二十一团接替冀独立旅之后刘园防务。

敌十三兵团经我大军两天攻击，仓皇放弃原有阵地向西收缩，青龙集南北地区60余村庄均为我各兄弟纵队控制，其他方向我友邻也同时发起对敌二兵团之攻击，先后突入敌阵地歼敌一部，至8日晚已将敌压缩在周围不足10里的狭小地区内。9日晨，敌又向西收缩集结，企图向西突围。我纵又受命向西攻击，以八师二十二、二十四团首先攻歼陈楼之敌，而后配合二十一团围攻孙庄敌一〇二团，上述任务达成后，直逼陈官庄。

9日下午15时，我纵各种炮火猛烈轰击陈楼敌阵地，半小时后发起突击，至16时10分解决战斗，歼敌三十四师一〇一团大部，俘250余人。刘庄之敌曾于当日12时向我二十一团阵地反击，为我击退，陈楼战斗结束时，该敌仓皇向西北逃窜，刘庄为我控占。此时敌已全线混乱瓦解，各兄弟部队皆积极猛攻，我纵当即查明乔庄、胡楼有敌2个团，乔庄、穆楼间有野战工事，部署以八师二十一团首先将乔庄之敌包围歼灭，而后以全力攻歼胡楼之敌；九师以二十团、二十七团参加战斗，配合八师攻乔庄、胡楼。晚20时，八师二十一团一部已渡过乔庄东之小河，在河岸俘敌百余，乔庄敌仓皇西逃，该团当追至乔庄西南遇敌野外阵地所阻即发起攻击，全歼该敌，俘700余。10日晨，八师全部继向西追歼溃敌；九师二十七团于10日晨4时赶至鲁楼，因胡庄敌与十纵交涉投降无法插进，延至6时，该师全部配合八师并肩西攻。11时先头进至刘集一带，与各兄弟纵队汇合，至此溃敌集体缴枪投降，我纵俘敌2万名，淮海战役第三阶段胜利结束。

摘自《中国人民解放军第二十二军解放战争战史》（初稿），1952年，第283—284页

华野四纵参加歼灭杜聿明集团

为争取淮海战役全胜，迅速歼灭杜集团残部。上级决乘敌疲惫动摇之际，于1949年1月6日对敌发起全线进攻。首先分割歼灭敌十三兵团，尔后再歼敌第二兵团。我纵奉命由东向西突击，首先攻占鲁老家、臧凹、小阎庄，尔后向吴楼、秋庄方向发展进攻。

1949年1月6日16时，全军在统一时间内开始了历时30分钟的猛烈炮火准备，

▲ 华野四纵某部组织新解放战士构筑国民党军阵地模型，共同商讨对策

▲ 华野四纵攻克的陈官庄战场某村庄

◀ 华野四纵政委郭化若在观看被国民党军破坏的大炮

将预定目标大部摧毁。我纵十二师迅速攻占鲁老家、臧凹，歼敌大部。十师攻克小阎庄，歼敌一个营。7日，十师攻克吴楼，歼敌八军一二六团大部，并截击由陈阁西逃之三十九师一一六团大部。7日夜，敌十三兵团开始西窜，我纵乘胜展开猛攻，至8日拂晓，连克夏凹、秋庄、朱庄、孙庄、马庄等敌占据点10余处，俘敌数千。

8日夜，十师、十一师各向胡庄、贾庄逼近，十二师包围崔庄。9日，贾庄、胡庄之敌西窜，我当即展开白天攻击，十师克竹安楼，十一师克朱楼，歼敌一部。下午，崔庄之敌四十二师全部（残部2000余人）向我十二师投降。

9日夜，我纵乘敌溃退混乱之际，不顾一切，向敌心脏猛插，迅速攻克罗庄、李庄、黄庄户，俘敌3000余名，继续协同友邻十纵一部，向敌飞机场方向展开猛攻。拂晓4时，我纵十二师三十五团一部，首占敌杜集团总部——陈官庄，该团另一部协同二十八团攻克敌十三兵团部陈庄，缴汽车数百辆，火炮、坦克一部，俘敌万余。此时，杜集团残部已全线瓦解，纷纷缴枪投降，我纵继续向西勇猛攻击，连克郭庄、谢庄、花小庙等地。下午8时，我纵十师及十一师一部配合友邻先后攻占刘集、杨岩，最后歼灭了负隅顽抗之敌五军残部。我十一师生擒企图逃跑之徐州"剿总"副总司令战犯杜聿明。至此，在第三次国内革命战争中具有决定意义的伟大的淮海战役胜利结束。战役全过程中，我纵共歼敌 72863 名（内俘敌 58018 名）。我共伤亡 10637 名。十师二十九团政委郑克、三十一团副团长朱涛、二十九团参谋长马常胜、三十二团主任赖峰、三十三团副参谋长贺新奎等同志在此次战役中光荣牺牲。

摘自《中国人民解放军第二十三军第三次国内革命战争战史》（初稿），1960 年，第 72 页

渤海纵队参加全歼杜聿明集团

为了增强包围杜聿明集团的作战兵力，12 月 11 日，渤海纵队（欠新编第十一师）奉命将徐州警卫任务移交给鲁中南纵队，西进至萧山县城以西执行野战任务，归华野第四纵队指挥。12 日接替第四纵队十二师孙阁、于家庄阵地，以何庄、万庄为攻击目标，实施攻击作业。防守何庄之敌，为冯治安残部新编五十九军第一八〇师师部和五三九团、五四〇团及原三十八师一一三团两个连，共计千余人。防守万庄之敌，为新编第五十九军第三十九师一一五团及第八军一七五师五〇八团第一营 1600 余人。

自 12 月 15 日敌黄维兵团（十二兵团）被我全歼后，杜聿明集团 14 万余人，在我包围内，弹尽粮绝，突围不成，待援无望，唯靠空投补给，企图寻机窜逃。这时，杜聿明集团已成了瓮中之鳖，唾手就可擒拿。当全体指战员正在摩拳擦掌等待命令准备冲击之时，突然接到淮海总前委命令：前线部队停止进攻，就地练兵休整 20 天，并要积极开展政治攻势瓦解敌人，待命围歼当面之敌。这一决策是中央军委毛主席作出的，旨在考虑到华北战场上平津战役已经展开，对杜聿明集团采取围而不打，就可以麻痹蒋介石，使其不能迅速决策海运平津之敌南下。

自奉命暂时停止对杜聿明集团实施围攻后，淮海大地连天雨雪交加，敌军无法空投，被我军紧紧包围的杜聿明集团已断粮供应，士兵挨饿受冻，战斗士气极度消沉，加之我军向该敌积极开展了强有力的政治攻势，敌军向我军投降者逐日增多，杜聿明集团已成为土崩瓦解之势。自 1948 年 12 月 15 日至 1949 年 1 月 5 日，这 22 天内，仅向渤海纵队投诚者，就有 946 人。该纵队当面之敌何庄守敌，五四〇团两个连在元旦晚，向我集体投降，这对我攻克何庄战斗，创造了极有利的条件。

1949 年 1 月 6 日，华东野战军对杜聿明集团开始总攻。渤海纵队在华野统一指挥下，向何庄守敌实施攻击。当夜晚，该纵队新编第七师三团、二团相继突入何庄敌阵内。该师三团四连代理排长王立和同志带领一个班在冲击前进时，遇敌一个警卫排顽抗，王立和同志当即击毙敌人两名，接着高喊"缴枪不杀，解放军优待俘虏"的口号，使敌人全部投降。尔后，王立和同志率领 3 个战士，乘何庄之敌混乱之际，大胆迂回到何庄东南，遇到守敌一个机枪连的抵抗。王立和同志率领 3 个战士奋勇冲上去，当即俘敌一个排长，向其宣传了俘虏政策，令其向子母堡内的敌人喊话，以强有力的政治攻势，促使敌人一个连全部放下了武器。这是一个军政夹攻瓦解敌军的成功战例。

以新编第七师第三团和第二团为主，攻击何庄守敌的战斗，仅用了 40 分钟，在黄昏前，就全部胜利结束。俘敌师参谋长何觉哉以下 800 余人，缴获重机枪 7 挺，轻机枪 32 挺，长短枪 500 余支。这一战斗显示了在渤海纵队进攻正面上，已突破了敌人基本阵地，打的敌人四散奔逃，逼敌向纵深溃退。这时，陷入绝境的杜聿明集团不甘心死亡，仍图作困兽之斗，妄图在飞机、大炮的掩护下，集中主要兵力，孤注一掷，向西突围逃窜。华野前线指挥部，为确保全歼杜聿明集团，1 月 8 日命令渤海纵队，迅速绕道西开刘集、王花园以西孟集地区，归韦吉兵团指挥，坚决阻击企图西窜之敌，并相机向刘集方向之敌进攻。该纵队当夜 24 时前，到达指定地区，按照韦吉兵团指示，作好防敌向西突围和准备围歼刘集之敌的战斗部署。首先以新编第十一师位于王花园一带，向刘集方向进行进攻作业。接着又奉韦吉兵团命令，渤海纵队在王花园至孟集之间，组成三道堵击阵地，坚决将企图向西突围之敌堵截歼灭在阵地前或阵地内。以上部署完毕，工事构筑完成后，敌尚未向西突围，我即开始向刘集方向实施攻击。

1 月 9 日早，敌军数十架飞机，对我阵地轮番轰炸扫射，并投掷毒气弹。刘集、左砦之敌不断向我反击，曾以约一个团的兵力，向我王花园阵地进攻。另一股敌人向我刘楼阵地进攻，分别为我十八团、十九团击退。

1 月 10 日拂晓，敌七十四军 5000 余人，在数十架飞机轰炸、扫射掩护下，向我王花园阵地蜂拥冲杀，我十八团奋力抗击，坚守阵地，与突围之敌展开了激烈的争夺战。因敌众我寡，前沿阵地被敌突破，各营、连仍坚守要点抗击。团长朱宝承同志在指挥全团抗击突围之敌战斗中英勇牺牲。在这紧急关头，渤海纵队全力以赴投入战斗，在第九纵队积极配合下，经过第十八团、第十九团猛烈反击，歼敌一部恢复了阵地。溃败之敌，窜回刘集据点。这时，杜聿明集团总部所在地——陈官庄，已被我兄弟部队攻占，杜聿明集团完全崩溃，刘集已成敌人最后的一个据点。上午 10 时，华野第九纵队、第八纵队等兄弟部队，向刘集地区之敌发起了猛攻。渤海纵队新编第七师第一团同时投入战斗，突入刘集据点，协同兄弟部队全歼了敌人。伟大的淮海战役，胜利结束。是役，渤海纵队歼敌 5182 人，缴获各种枪 2029 支，大小炮 46 门，我伤亡 1090 人。

摘自《第三十三军建军作战史概述》（1947.10—1949.8）（征求意见稿），1990 年，第 23—27 页

▲ 渤海纵队第七师政治委员黎同新作战斗动员

▲ 华野渤海纵队某部机枪手使用捷克轻机枪掩护部队攻击何庄

▲ 渤海纵队新七师三团五连最先突入何庄。持锦旗者为该连指导员朱纪文

▲ 渤海纵队新七师三团五连一班在何庄战斗中荣获"战斗模范班"，四连一班荣获"军政夹攻模范班"。持旗者为该班班长

华野三纵二十四团第三阶段作战简要经过

敌 20 万余兵力，猬集于东西 20 里、南北 10 余里之狭小地区，经我一月围困，食粮早已吃完，唯赖空投一点，很难糊口，天气严寒，粮尽弹缺，完全陷于饥寒困境。官兵厌战逃亡，投降日益，该匪仍拒绝投降劝告。我奉命于 1 月 6 日开始全线总攻击。师令我团配合二十二团攻击常凹、陈楼，最后歼灭该敌。4 日晚我团进入前线，5 日组织干部至前沿看地形，晚一、二营进入阵地，构筑攻击阵地，一夜完成。6 日下午 3 时，在统一号令下开始炮击，1 小时后，一营一连发起攻击，以 3 包炸药爆开鹿砦后，突入集团西门附近，敌人沿交通沟溃退陈楼，我乘机突入西门，截断村内敌退路。向东北发展时，二十二团已由东门突入，敌人已形成混乱，黄昏顺利解决战斗。晚三营及特务连利用敌交通沟分东、南向陈楼近迫作业，未完成。7 日 10 时许陈楼敌向我反击，当时被我击退，八连跳入工事追击，特务连亦突击至村外，集团前沿敌已入村，展开火力均被压到于平地。我以火力掩护整个撤回原阵地，伤亡很大。晚二营替接三营（留一个连作侧翼警戒）及特务连阵地继续近迫作业，逼近敌前沿 80 公尺。当夜攻击阵地全部完成。8 日下午 4 时开始向陈楼炮击，约半小时敌工事被摧垮，即发起突击，五连突入该村，残敌一部向西逃窜，余均被歼。战斗结束后，当夜奉师令由二十一团接替阵地，我团撤离战场休息。待各路大军均已攻破插入敌阵，敌布置已被打乱，残敌分散突围。拂晓师令我迅速返回投入纵深，至我赶到，全线战斗胜利结束，至此杜匪全部就歼。

摘自华野三纵八师二十四团《淮海战役总结第一部分作战简要经过》，第 4 页

▲ 在解放军炮火轰击下，国民党军阵地硝烟弥漫

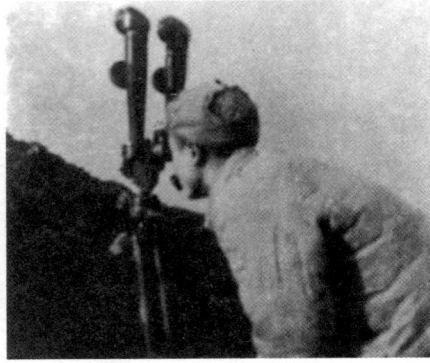

▲ 解放军某部炮兵观测员细心观察，准确地向陆菜园国民党军轰击

◀ 华野十纵八十二团的战士们擦拭武器，准备投入战斗

战术研究

冀鲁豫军区独一旅后柳园攻歼战

这次攻歼战斗，在我本旅来说，不但是淮海战役中最大的一次，而且在建旅以来也是最大的一次攻歼战斗，虽花费了许多同志鲜血的代价，但却得到了许多宝贵的经验及教训，在我们部队的攻歼战术上，提高了一步，因此也就增大了我们检讨的价值。

第一、敌情方面

1. 后柳园所住之敌，系十三兵团九军一六六师之四九七团全部，约六七百人，系荣一师改编，美械装备，战斗力较强，但士气不高。

2. 该团下辖3个营，每营4个连（内一机枪连），每连3个排9个班，团部原配有一个步炮连（迫击炮）及一个战炮连（战防炮6门，当时只剩两门），每营有重机6挺（当时每营只剩4挺至5挺），每连轻机9挺（有的不足）、六〇小炮两门，班长皆配有冲锋枪。

3. 敌之分布：团指位西北角墙根地堡下，一营在西北面，营指位西北角，二营在西南面及南面，营指在西南角，三营在东面及东南面，营指位东北角（整个分布见附图）。

4. 工事构筑情形：敌之防御工事乃"点面渔网式的设备"，地堡由点到面，可以互相侧射、互相支援，以组织成密集之火网，并且由高而低，以组成重层火网。地堡之间没有交通沟的设备（过去我们挖的交通沟都已填死），一方面可以增强其固守力，另一方面在我们占领前沿后也无壕沟可利用。地堡两侧，都有暗沟及小地堡（较大地堡低）以防摧毁大地堡后，则利用。地堡外达有一道鹿砦，不是组成的木城而是树枝子朝外的鹿砦，这样不易为我爆破炸开。

5. 政治情况：敌大部是南方人，以四川、安徽为最多，其他则以山东、江苏为最多（新抓的），反共法西斯教育较深，其班长以上干部都是南方人，新老不团结，矛盾很大。

6. 供给情况：敌人被包围后，开始还有由徐州带出之一部分弹药及粮食，不久粮食吃尽，即与民争食。挖抢老百姓所藏之粮食，以后杀马为食，以至官兵争食，每天每人只吃到一碗稀饭，尤其在十几天的阴雪中，敌飞机无法接应，饥寒更威胁了敌人，以致成群结队携械投诚者逐日增多（但后柳园之敌很少）。

第二、防御阶段（12 月 17 日至 12 月 30 日）

我旅于 12 月 30 日黄昏奉命接受桃园、吕庄、荒庄、郭王庄三旅所驻之防务，旅指设桃园村南坟地内，一团驻守荒庄，二团驻守吕庄，三团驻守郭王庄，主要任务是阻击敌进窜。阵地组成，由吕庄到郭王庄都连成一片，有陷阱、反坦克沟和鹿砦，在桃园村南，并有 3 门山炮附属旅指挥（阵地详情见阵地编成图）。

1. 防御中的主要优点：小组活动非常积极，能接近到敌工事前边，监视敌之行动，保证了我们阵地的安静，不断召开团干会加以研究，旅不断派参谋到各阵地督促检查及划分地段，在 14 天当中，部队在阵地中创造了爆破小组、□□和打坦克、攻地堡的小群战术，对阵地卫生工作也加以研究和执行。

2. 主要缺点：没有有计划有系统地搞清敌人之情况，如敌是荣一师编成的也不知道，工事构筑情形也不清楚（因未和敌接触故经教较少）。

第三、攻歼战斗

1. 部署

本旅以二团为主攻，由东面打入，一团为预备队，并由东南角佯攻，乘机攻入，三团由西南角佯攻，并与三旅八团对壕作业，防敌由西面及西南角逃窜，时间为元月 6 日下午 4 时总攻，炮击时间由 2 点至 3 点 40 分为试射，后有 10 分钟的效力射，主攻团之部署是：以一营为主攻，并以一、三连为第一突击队，二连和特务连两个排为第二突击队，二营为第二梯队。

2. 战斗经过

于1月6日（下午）4时发起总攻，我主攻部队（二团）即以一、三连向敌猛攻，因未将敌地堡摧毁，敌之火力封锁甚严，我方伤亡过重，遂未成，这时别处的攻击（十五团、七团）也未奏效，同时炮弹已尽，火力无掩护。遂令部队固守阵地组织力量，准备再攻。这时已将一团一营调归二团指挥，在深夜里寂寞无声，我二团二营之四、五连改变了出击道路，进至敌前沿近迫作业，加上二连、特务连的积极动作与敌逐堡争夺已控制数个地堡，这时敌见东面阵地已被突破，决心动摇，敌之四九七团团长给师长报告情况，师长要他固守阵地，该团长说："你要叫我固守我即投降……"遂于7日拂晓向西北逃窜，我部队即乘机而入，俘敌一部，缴战防炮2门及其他物品，战斗遂告结束。

摘自冀鲁豫军区独一旅司令部《淮海战役初步总结》，1949年2月18日，第6—7页

怎样对付敌人的反突击？

一、要防止轻敌大意，又不能把敌人看成"很顽强"而减弱我们信心，应全面了解敌人的处境、战术特点，细心研究对付办法，不要打糊涂仗。

二、不但在思想上要有充分准备，尤其在兵力火器使用上都应做很好准备。第一，必须有充分的预备队，置于侧后适当位置，并构筑防空、防炮洞掩体。分散隐蔽，并筑必要的火力阵地（地堡），以作进退作战；第二，准备机动火器，最好是轻重机枪、六〇炮，尤其应很好组织掷弹筒，以对付敌反冲锋的密集部队。

三、进一点巩固一点。当突破前沿后，第一线部队开始前进，二线应随即构筑工事（尤其注意两侧），先头部队前进时，应随时了解情况，如发现敌有反击企图，随即报告上级，并就地利用地形，用手榴弹、轻机、汤姆等自动火器，阻止与大量杀伤敌人。

四、强调孤胆作战，顽强坚守阵地，要小组、班、排独立作战，尤其刚突进突破口，不宜拥挤进去太多或不同建制的部队，因部队多，干部伤亡大，更易混乱为敌反击。另外，如有两个以上不同建制的部队，要有一个高一级的指挥员及时到前面统一指挥，才不易为敌各个击破。

（转自《战地新闻》）

摘自华野十三纵《进军通讯》第35期1948年12月8日

▲ 华野三纵八师师长陈士法（拿望远镜者）、政治委员王六生（中）在前沿阵地观察地形

▲ 总攻杜聿明集团之前，华野三纵八师各团的干部在前沿阵地观察地形准备攻击

▲ 华野三纵某部指挥员在下达命令

战地报道

华野三纵二十二团二营五天战斗中战胜种种困难完成任务
挖交通沟千余米、隐蔽部 800 余个

【本报讯】二十二团二营在此次淮海战役的最后阶段执行常凹、刘庄、陈楼等各次任务中，以高度的艰苦顽强的精神，战胜了连续作战、土工作业、吃不上饭喝不上水等等困难，从 5 日至 9 日的 5 天中，除作战外，挖交通沟千余米，单人隐蔽部 800 余个，保证了战斗任务的胜利完成。在战斗开始时全营即轮番紧张地参加了土工作业，在挖工事中动员起了全部的力量，营部担架排运完了伤员接着就运送修工事器材，营部卫生班、通讯班都毫不例外的参加，干部除了周密地计算人力科学的分工外，都作到带头作用，副营长刘成玉就亲自带领大家动手，推动了大家。在近迫作业时，各连则又担负了打击敌人反击与挖工事的双重任务，六连在构筑与改造几十米的工事的时间即连续炮击了敌人十几次反击，有的连队虽伤亡减员，仍然完成着惊人的数字，在攻击陈楼时全营仍然担负着 360 米交通沟的任务，六连刘庄战后虽有 4 个班的力量，仍然在几个钟头内完成了 80 米交通沟的任务。在敌人炮火下作业，不少同志受到了杀伤，但为了完成任务，其他同志仍然顽强地坚持着。四连的陈林宣同志负了伤仍然坚持挖。同志们的血和汗都洒在工事里，终于在努力下，用五夜四日的时间除了作战，挖成了 1050 米的交通沟，880 个隐蔽部，450 个散兵坑，21 个大地堡。

在这连续战斗的情况下，战士们以艰苦的精神战胜了种种困难。由于迫近敌人，饭菜的运送困难，吃不上饭喝不上水则是普遍的现象。从战斗开始除少数作战部队因战斗撤下去休息外，全营都没有捞到开水喝，战士们只好用铁锹挖沟沿上的积雪吃，雪化了，再用锹掘水井洞泥汤喝。五连在执行刘庄任务后，足足两天没有吃上饭，四连在两顿饭没有吃上后，第三顿吃的是又冷又硬的高粱窝窝。连日化雪与部队的运动，交通沟里满是泥泞，大多隐蔽部湿漉漉的连草都没得铺，战士们的脚泡在泥水里，鞋子湿透了，有的棉衣也湿透了，仍然还要面对着深夜的风监视敌人，六连升级来的共产党员席惠清浑身都湿透了，身上又负了伤，仍然监视敌人达 5 个钟头。同志们的脚冻更是平常的事，根据四连不完全的统计，全连冻脚的就有 43 个，其中肿得厉害的就有 19 个，化脓的就有 8 个。但是顽强的战士们终于忍受了这些困难，在冻极饿极时，大家互相鼓励着："这是江北最大的一仗，有决定意义的大仗，为了歼灭敌人咱受点苦算了什么。咬咬牙挨过去了！"高度的战役观念与胜利信心鼓舞着大家，保证了高涨的战斗情绪。在追击进歼时大家不顾饥饿、脚疼与连日战斗的疲劳，又勇猛的追上去了。

摘自华野三纵《麓水报》第 441 期 1949 年 1 月 20 日

▲ 华野三纵某部机枪连，利用战斗间隙擦拭武器，准备再战

▲ 华野三纵二十四团"郭继胜连"战士在捆扎炸药包

▲ 华野三纵某部机枪连在阵地上装子弹

华野三纵人民英雄连常凹战斗党员真正起到带头作用

人民英雄连在最后歼灭杜匪邱李兵团的常凹战斗中，发挥了支部的堡垒作用，保证了整个战斗胜利完成。在未发起攻击前，爆破班（一班）的党员即自动召开

小组会，讨论党员首先要带头完成任务，不怕牺牲流血，并要保证全班同志都完成任务。郑福清当场表示："有人在，炸药就能送去。"党员普遍在班内进行个别谈话，打破顾虑，小组长张振方一天时间曾向班内 4 个同志进行个别谈话，郑福清向最害怕战斗的杨集解放战士谷子同谈，告诉他我们的大炮能完全压倒敌人，不要着慌，要求他战斗上不掉队就行。谷子同马上表示：班长不要紧，我保证跟上队，而在这次战斗中表现很好、很沉着。当敌人打过两炮来，有的同志沉不住气，田德祥马上提出鼓动：敌人炮火不要怕，我们的炮火一定能压倒敌人！安慰了大家的情绪。警四团来的小陈，今年才 15 岁，被炮火吓哭啦，两顿饭吃不下去，田德祥马上安慰他：你没战斗经验不要紧，你在后面跟副班长发展，并拿饭烧茶给他吃喝。郑福清鼓励他说："咱班完成爆破任务，每个人都立个大功劳多光荣，你想想，好不好？"结果把小陈说得笑了。在爆破当中，党员起到带头作用，郑福清、鹿喜善、田德祥等同志带头，群众都漂亮地完成了任务，给突击队打开了大门。当未发起突击的一分钟，四班党员刘中立鼓动大家说："谁想立功就看你这 5 分钟搞得怎么样！"把全班的情绪更加鼓动起来，谁也不想落后，四班便紧跟着顺利突进去。二排副李福滨同志毫不犹豫地带领立训文选排勇猛顽强地突进，不顾一切向前发展，一分钟的时间即突进敌壕沟。当发现第一个地堡，班长舒常安（党员）马上提出口号："平时下决心都怪大，看看谁能把这个地堡夺下来！"杨福海听到后，不声不响地上去夺下了地堡。他们采取小群动作，每夺一堡不超过 3 人。副班长刘中全原来在后面，最后勇猛地冲到最头里。王立德表现机动灵活，顺着壕沟发展，一边走着一边用汤姆式封锁敌人地堡枪眼，连续拿下多个大地堡。当打到最后，全班只剩下班长邵长安、战士王立德、副班长刘中全、排副李福滨等 4 个人，他们仍积极地向前发展，大家都抱定了有几个人打几个人的顽强意志，谁不愿落谁的后，大家都认为：有多大伤亡都不要紧，只要能完成任务就行，最后，终于在许多优秀共产党员与勇士们的努力下，敌人全部歼灭了。支委刘福滨同志马上叫四小组开小组会选举小组长、整理组织，准备二次战斗，当时他们与六班合编，班里又充实了人数，在壕沟里就开起小组会来，因杨福海负伤，马上又选举李子太当小组长，划分了班内的战斗小组，确定了战斗互助小组长，每个党员下了决心，准备迎接二次战斗任务，刘中全在会上说："我们都是共产党员，是在党的直接培养下面，我们要胜利不骄傲失利不灰心，我们班里虽然有些伤亡，但是有代价，好共产党员我们还要准备再打。"更有力的鼓励全小组的党员，启发了每个党员的再战情绪，他们在整个战役中，前后共开过 3 次小组会，每次都强调党员带头，因此人民英雄连这次所以能漂亮地完成主要任务，支部党员的以身作则积极活动是起了决定作用。

（张振平）

摘自华野三纵《麓水报》第 440 期 1949 年 1 月 20 日

▲ 在炮火掩护下，华野三纵攻击窦洼

▲ 解放军对杜聿明集团据守的村落阵地进行层层拔除。图为华野三纵某部爆破组实施爆破途中

◀ 华野三纵二十四团"郭继胜连"突击队于常凹战斗中，30 分钟完成爆破，趁着烟雾向国民党军发起冲锋

◀ 解放军第三十五军炮兵开赴前线，参加围歼杜聿明集团作战

过去和现在——三十五军炮兵团访问记（片断）

在震耳欲聋的炮声中，我和炮兵团的战士们拉起了他们过去在蒋军中的生活。五连观通班董连珠同志说："解放军老同志每月津贴 6000 元，咱起义的新同志也是 6000 元，蒋介石那边当官的和当兵的饷不同，嫡系和杂牌又不同。"随即他便举出一个例子：他们过去在济南时，曾有一回接连吃了 4 天小米、4 天棒子、4 天荞面、然而王耀武的亲信部队却光是吃洋面。李金宝同志接着说："我们就是王耀武的杂牌。"围着烤火的营部同志也被勾引起对于过去黑暗生活的回忆，纷纷控诉。战士们对于今天的民主生活，表示异常乐意，都下定决心：现在是立功报仇的时候了。

战士们以无比的光荣心情，传阅了从兄弟部队转来的慰问信。好多同志要求到前沿去和步兵一起作战，六连一炮王排长说："步兵同志在前方平地上打冲锋，我们算什么苦！"

靳教导员准备到兄弟部队去借电话总机，营部许多同志说："人家缴获的东西肯给咱吗？"但是，没费多久时间，便拿回来总机和单机，小同志们咕哝道："国民党里借一针一线都困难。"

战中，"周村"炮兵营让出挖好的阵地，"青城"供给处送给观通班十几件大衣……都深深地感动了他们，说："只有解放军才有兄弟般的团结友爱。"

炮弹一颗颗打进包围圈去。兄弟部队以 50 分钟的速度突进何庄解决了战斗。石营长、一连宋副连长和五连赵副连长等谈论此次战斗的体会说："国民党的炮兵没有独立作战的能力，一个炮兵连，就要一个步兵营掩护。今天听到侧面枪炮声紧急，护炮的步兵一个也没有，就有些怕损失炮，后来传来何庄打开了，俘虏押下来了，才明了了，解放军按炮阵地有把握！"四连常连长对指导员说："我开始向敌人发射时，骡马不在一起怕丢炮，现在我相信上级了。"营指挥所被飞机投了 30 多颗炸弹，没炸伤一个人，同志们嘲笑道："飞机净胡扔！"

（步红）

摘自山东兵团《华东前线》第 75 期 1949 年 1 月 19 日

▲ 解放军使用重机枪掩护部队冲锋

▲ 华野某部占领袁庄后，用轻机枪射击逃窜的李弥兵团

▲ 华野三纵在鲁楼河战斗中缴获国民党军大批武器

▲ 华野三纵八师二十三团二营四连九班，在淮海战役中两次出色完成突击任务，缴获大量武器，战后获师司令部、政治部嘉奖，授予"突击模范班"奖旗

鲁楼河岸的一支神兵

9 日黄昏，当鲁楼河东岸陈楼一线敌人的最后抵抗被粉碎后，二十一团二营便迅速地向西南插去，沿鲁楼河岸选择渡河点，准备以偷袭动作，跃过河西，插向杜匪的指挥中心——陈官庄。

六连健儿轻捷地在全营最前头沿河岸前进，当全营大部队从一处零乱的木棒浮桥偷渡而过时，西岸漫长的河堤上尚冒着一股股青烟，显然的，这时敌人还在烤火，或烧汤。"不要出声，准备好手榴弹！"连长邵士林同志小声地向后传下了口令。一班长徐贵祥带领一个组，慢慢地爬上河堤，一步跳进敌人的掩体，"交枪吧！"烤火的敌人惊颤地举起两手跪着，洞外临近掩体的敌人惊恐地发觉了，整个河堤骚动起来，敌人昏昏地把手榴弹东西南北乱扔，解放军的战士却把手榴弹从敌人头上扔了下来，明晃晃的刺刀压着敌人的头皮，"缴枪不杀！"无数的敌人从洞里把枪扔出来，跑了过来，战士们马上占领了工事。少数敌人向西南与集团工事方向逃窜，"追呀！"战士们从河堤上呼叫着，追赶着，一排长张景岱的头和手两处负伤，战士黄忠脊骨上炸裂了一指多长的伤口，他们还是猛追敌人。张景岱一面跑一面回头和黄忠说："共产党领导的部队，有一口气就是不下火线。"当一排全部追至敌人三角形的集团工事时，乘敌人来不及布置火力，即从四面八方包围上去，猛打手榴弹，里面敌人被炸得一片哭叫，一班副彭和泉趁烟雾跳到工事边上，向敌人叫着："缴枪不杀！"一个不知死活的敌人，一枪把彭和泉的下颚连牙都打掉了，顽强的共产党员彭和泉同志不会说话了，但他却猛地向前一窜，"啊！呼！啊！呼！"乱叫着把口里的鲜血，直喷到这个敌人的头上脸上，一枪把这个敌人搠死在那里，然后他流血过多便壮烈躺下了。此刻所有的战士愤怒地一拥而进，集团工事的上空飞起了无数的从敌人手里扔出来的武器，这里七十二军二三三师特务营四、五两个连便全部被歼灭了。

英勇的六连没有喘息，但也不让敌人喘息，又向西面那个集团工事进攻了，整个河西的敌人防线，在这支神兵的偷袭下，陷入动摇和惊恐，在陈官庄的方向也同时响起了兄弟部队进攻的枪声。

（鲁若）

摘自华野三纵《麓水报》第 437 期 1949 年 1 月 14 日

国民党第八军军长周开成被我俘获

【淮海前线 13 日电】国民党匪军第八军军长周开成被我俘获。前线记者报道俘获经过称：9 日黄昏，发起总攻的强大解放军一举突破了匪李弥兵团在张庄、鲁庄、陆菜园的第二道防线，勇猛地直扑匪巢，李匪残余部队即完全混乱，慌忙拼命向杜匪"剿总"总部所在地的陈官庄逃去。这时解放军某团五连一排的勇士们，协同其他部队不顾一切地勇猛跟踪追击，追到陆菜园以西二三里的田野里，在前面逃命的一大群蒋匪军，迎头被另一路从西北方面兜抄包围过来的解放军拦住，于是又慌忙掉头向一排方向逃回来，一排长吴海钧立即命令战士们就地伏下，准备解决这股逃敌。这时对面有 2 个匪兵慌慌张张地跑近来。当他们发觉我预伏部队准备向他们射击时，便连连喊道："不要打，后面军长来了。"吴排长闻声，就机警地回答："好，来吧！"话刚说完，对面一簇人拥着一个中等身材的果然走来了，吴排长端着冲锋枪一个箭步扑上去，一把就抓住中间那个人，命令他放下武器，这位军长给这突然的动作呆住了，忙问："你们是哪一部分。"当吴排长回答他是解放军后，他吓得一下子说不出话来。这时，各路追击的解放军也已四面八方围了上来，他叹了一口气，无可奈何地吩咐他周围的卫兵们说："好，就放下武器吧！"于是吴排长就将他们交给押送俘虏的解送下去，自己又去继续追击。当夜，俘虏们被押到青龙集，集合点名时，解放军工作人员讲解宽大政策后，要被俘军官们自动报出姓名、职级，但那个中等身材的却挤在俘虏群中一声不响，于是解放军工作人员就用电筒照着检查，当照到这个穿着士兵衣服、中等个子、脸色苍白、镶着金牙的俘虏时，俘虏们的视线也都集中的向他看。他说："我是中尉副官，叫傅昌礼。"又接着重复了几句说："我确实是个副官，不哄你们。"但解放军工作人员心里明白，就把他放在一边。点名完毕后，这个"中尉副官傅昌礼"着急了，他慌慌张张地跑来找到解放军工作人员后，他说："我就是八军军长周开成，刚才因为在自己士兵的面前，才不好意思承认是军长当俘虏，所以……"在几天以前，周匪在包围圈内曾残忍地枪杀了准备逃出向解放军投诚的士兵，并在军官会上宣布"连长投降，枪毙营长；营长投降，枪毙团长"的"连环保"，要其部下坚决抵抗到底。可是现在连他自己也做了解放军的俘虏了。

摘自《大众日报》1949 年 1 月 17 日

杜匪部最后就歼前敌四二师副师长等率部 2000 余人投降

【淮海前线 12 日电】杜聿明匪部最后就歼前，驻崔庄敌十三兵团第八军四十二师副师长伍子敬、参谋长盛臻泰及一二四团团长李芳馨、一二六团团长李冠青等率部 2000 余人，于 9 日下午 4 时向解放军投降。该敌在投降前因空投大米全为匪二兵团独占，已整整绝食 3 天，经解放军 6、7 两日攻击后伤亡惨重，一二五团仅剩 200 余人，残兵溃守崔庄，部队都挤在郊野，没有器材无法构筑工事。解放军每发一炮敌即死伤数人，仅 9 日上午在某处即被炮击死伤 500 余人；解放军逼近后，敌军更混乱不堪，叫苦连天，伍子敬打电话问李弥怎样办，李弥说："我的头都给你们叫涨了，我有什么办法。"伍子敬于是召集各团军官讨论，大家都说："即使突围出去也不能活。"下午 2 时，便派副官手摇白旗，与解放军某部接洽投降。

摘自《大众日报》1949 年 1 月 16 日

▲ 在陈官庄战场被俘的国民党第八军少将军长周开成

▲ 李弥兵团四十二师官兵整理行装向解放军投诚

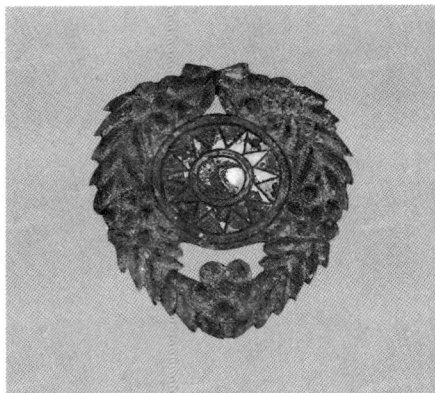

▲ 李弥兵团第八军四十二师副师长伍子敬率部投诚时用的白旗以及国民党军官撕下的帽徽

▲ 国民党第七十二军向解放军投诚后，华野政治部副主任钟期光在欢送会上向该军军官临别赠言

▲ 投诚的国民党第七十二军副军长谭心代表全体官兵讲话："在解放军这里生活一个月，给了我们一种新的力量"

▲ 率部向解放军投诚的国民党第二兵团七十二
军军长余锦源

▲ 国民党第七十二军部分人员被解放军遣送回家

阵中日记

华野四纵十二师作战科科长的日记

1月5日　天晴

下午4时开始对鲁老家进行外围据点攻击，因准备时间较为充分，我强大炮兵威力下，一经炮击，敌之当面堡群即被击毁，我步兵大摇大摆走上去，无一伤亡，占领该地堡群。整个仅用半小时完成第一阶段战斗任务。三十四团歼敌一个排，缴轻机枪2挺。三十六团，除10名向我投诚外，俘敌6名。当我四面八方发起攻击，敌惶恐万分，如当时我们继续攻击，则鲁老家之敌可达半歼。

夜12时，得悉敌已从鲁老家、臧凹，向西秘密撤退，此次无大收获，当即调整部署，以三十四团控制该二庄，继向西南秋庄近迫作业，准备继续攻击秋庄。三十五团由臧凹向南近迫作业。准备求得继续歼灭秋庄之敌。

是夜仍安稳睡了一觉，尚属不错。

1月6日　天晴

本拟今日下午4时攻击鲁老家，因敌已于昨夜撤走，故未有攻击任务。但各友邻部队攻击甚佳。下午5时，炮声激烈，我强大兵团从四面八方攻击困守之敌。至夜12时许，我已有10处左右攻击已得手，歼敌约在7个团另6个营之部队。

今夜攻击部队未得手之有 3 个单位，但据了解，十纵攻击李庄，未得手之原因：1. 炸药未炸开；2. 抵近炮火未能完成任务，致使敌能凭工事顽抗。

下午 3 时，纵队指挥部已移至我驻地，见到了陶、卢二位司令，于 5 时我们师指移至黄岳店来。

今夜接近最前线，炮声未熄，故使一夜未能整眠。同时飞机嗡嗡不绝于耳。不过敌方很少向我打炮，尚能安全于房子内休息办公，否则蹲防空洞那真苦死。

记于黄岳店前线

1 月 7 日

从昨天开始由三十四团、三十五团向邱庄近迫作业，准备明日攻击该庄。因各方攻击激烈，敌防御体系已垮，故敌在今日夜又向西溃退，当即为我占领，并继续向崔庄逼近，是晚无激烈战斗。

下午 1 时与副参谋长同至邱庄北一带前线壕沟视察阵地，至晚 8 时方归。在我三十五团阵地前沿，亲见一国民党兵持枪向我投诚，此情很有趣味。

从板凹起至邱庄全系交通沟，里面都等满了人，战士们已在此住了 20 多天，他们度过寒风雪天，交通沟已成为他们的课堂、寝室，布置得很好，他们在里面讨论问题、上课识字、烤火，真很不错，有人打趣地说："比我们防地，还好得多哩！"

记于黄岳店

1 月 8 日　天晴

昨夜邱庄之敌又被逃窜，我们仍继续向崔庄攻击，准备明晚攻击崔庄。

今日师指挥所移至邱庄北面之地堡群里，生活还不错，里面能容十余人，我及参谋数人。

今日飞机来得特别多，在我们指挥所南丢了十数枚炸弹，西边也打来不少炮弹，幸均未命中堡群。我高射机枪不断向敌机射击，可惜均未命中，故有些战士们在骂他们，其实 2 挺机枪真能有把握打下飞机，是一件困难的事。

今晚无攻击任务，师指挥所只留副参谋长及孙参谋 2 人，我们仍回后方指挥所休息，今晚无战斗，仅听到些零落枪炮声。

1 月 9 日　天晴

决定今晚攻击崔庄，因昨夜天冷，土已冻集〔结〕，近迫作业未能如愿完成，故只得一段，一段〔挖〕，不过三十四团，在崔庄南面对他威胁太大。

早餐后，率参谋与副师长至前方指挥所，准备下午 5 时攻击。同时南北友邻部队也正准备同时发动攻击。因敌几日来已被攻击，恐慌异常，有向西南突围之说，但总未见突围。上级指示，不给敌突围，决定在包围圈里消灭敌人。

下午 3 时，得三十四团报告，敌阵地内有一人手持白旗向我阵地来，系说代表敌四十二师师长来谈判投降事宜。我当即派文化教员一人进去代表谈判，半小时后该师副师长之代表及师参谋长出来与我谈判放下武器。至 4 时 50 分，敌全部放下武器，我三十四团当即占领崔庄。同时敌竹安楼、邓楼也向西撤，我三十五团立即出击敌人，此时敌已成混乱状态，我配合友邻乘胜追击该敌。

夜 10 时许，与副师长至崔庄西大河堤前线指挥所，是夜三十五团进展很快，连克黄庄户、陈庄，直捣敌指挥总部。

摘自华野四纵十二师作战科科长陈震的日记

三、北集团作战

北集团第一、九、十二纵队，在山东兵团政委谭震林、副司令员王建安的统一指挥下，于夏庄至左砦一线展开，自北向西南方向进攻，与东集团会合，切断李弥、邱清泉兵团之间的联系，协同东集团歼灭李弥兵团。尔后西进，参加聚歼杜聿明指挥部及其主力邱清泉兵团。各纵队紧密配合，连克夏庄、夏砦、郭营、张庙堂、周楼等重要据点，在丁枣园迫使国民党第五军四十五师投诚，生俘第七十四军军长邱维达，并于 1949 年 1 月 10 日下午攻克了淮海战场国民党军最后一个固守点刘集。

▲ 率部参加北集团作战的华野十二纵司令员谢振华（左）、政治委员李干辉（右）

简介

华东野战军第十二纵队

华东野战军第十二纵队辖第三十五、第三十六旅，约 1.3 万余人，由新四军华中军区第五军分区部分部队发展而来。1947 年 2 月，华中野战军第十纵队改称华东野战军第十二纵队。1948 年 3 月，转隶苏北兵团。曾参加苏中、盐城、益林、涟水等战役。淮海战役时参加侧击徐州邱李兵团、徐南阻击战和追击、总攻杜聿明集团等作战。1949 年 2 月，改编为中国人民解放军第三十军，隶属于第三野战军第九兵团。

编者整理

战史摘要

华野一纵参加围歼杜聿明集团

我纵进攻方向为杜集团向北防御的正面，亦是邱兵团右翼的屏障。敌以罗河堤为依托，以夏庄、夏砦、朱小庄、丁枣园等村落为核心，以集团地堡群为支撑点，构成密如蛛网的防御体系。集中兵力、火力，以两个师在不足 4 平方公里地域内，实施点点据守。其兵力部署为：主力第五军之第四十五师扼守夏砦、丁枣园一线，师部位丁枣园；以第七十军之第一三九师师部及第四一七团位朱小庄，第四一六团守夏庄，第四一五团位朱小庄东南。

1. 首战夏庄，打开敌防御缺口

夏庄系十余户之小村庄，敌沿村挖有一道宽 3 公尺、深 2 公尺的外壕，外壕内则有土围墙，高 1.5 公尺，庄子周围四五百公尺内，筑有密集地堡群，并以交通壕贯通。敌第四一六团指挥所及第三营位夏庄，庄东 500 公尺内之集团地堡群为第二营，庄西之集团地堡群为第一营。

我纵决心以第二师加强特纵榴弹炮 1 个连、纵属山炮 3 个连，全力夺取夏庄。该师以第四团自正北、西北攻击，第六团由东北攻击，第五团夺取东南角各地堡群，并规定攻下夏庄后，继续向朱小庄、邓楼方向发展进攻；以第三师第八团加强纵属山炮两个连，攻取夏砦、夏庄之间的集团地堡群，切断敌之联系，保障第二师右翼安全。

　　我第二师在战斗发起前，进行了艰巨的近迫作业，将进攻出发阵地推进至距敌前沿仅几十公尺处，完成了对夏庄之敌的三面包围。同时，上至师、团干部，下到突击连队的战斗小组长，都进行了3次以上的现地勘察，确实弄清了敌情、地形和防御部署；并通过开展军事民主、敌前练兵等，反复地研究了攻击部署，确定以敌人的两翼侧后，作为主要突击方向。在火力组织上决定以4门山炮进行直接瞄准射击，摧毁敌集团地堡群与明显目标，为步兵开辟冲锋道路；以3门山炮及榴炮、重迫击炮各一个连压制敌纵深炮火；团营火力队直接随伴步兵突击。

　　1月6日16时，我山炮在80至250公尺距离内，以直接瞄准射击，连续摧毁敌6个火力点。我第二师在强大炮火支援下，利用事先挖好的交通壕，从夏庄两侧对敌发起突然进攻。各突击连均以小组动作轮番前进，并用一点两面战术，实施多头攻击、多头爆破、连续爆破、连续突击的打法，逐点夺取敌人阵地，迫敌无法机动兵力与火力。我第四团当即攻占了西北角地堡群；第五团占领了东南角地堡群，以火力封锁夏庄、朱小庄之联系，并继续向邓楼方向前进；第六团亦攻占了东北角和东侧地堡群。第三师第八团亦攻占了敌夏庄、夏砦之间的集团地堡群，有力地保障了第二师攻击夏砦的翼侧安全。17时，我第四、第六团攻占夏庄，守敌大部被歼。

　　夏庄残敌向南逃窜时，为我第六团第五连发觉，该连即主动勇猛出击，并乘敌混乱之际，攻占了夏庄以南150公尺处的地堡群。接着，该连又迅速调整组织，边打边鼓动，沿着敌人的交通壕向朱小庄猛扑，接连解决了敌人9个地堡群，且打垮了敌人一个多连兵力的两次反冲击，占领与巩固了朱小庄北侧约100公尺处的前进阵地。

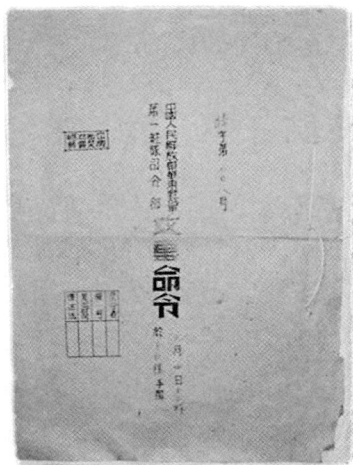

◀ 华野一纵司令部1949年1月4日12时于王白楼颁发的攻击命令（胜字第〇〇八号）

▲ 华野一纵向夏庄实施突击

2. 争夺罗河堤，攻占小朱庄

我攻克夏庄后，为继续歼灭朱小庄之敌，纵队决心以第三师第七、第九团首先夺取罗河堤，割裂朱小庄、丁枣园之敌的联系。同时以第六、第八团积极做好攻击朱小庄的准备工作。

罗河堤是杜集团防御阵地北面的天然屏障。堤高 2 至 3 公尺，堤上地堡林立，壕沟纵横。丁枣园、朱小庄位于河堤南北两侧。堤北地形开阔平坦，易守难攻。

7 日 16 时，我第九团第二连，乘夏砦东南角敌人脱离地堡群抢夺空投物资的有利时机，机动地发起冲击，攻占了地堡群，歼守敌一个连大部，予夏砦之敌侧后以很大威胁。此时，又适值我友邻攻占夏砦，守敌惧歼南逃，该团即乘机夺取夏砦东南河堤一段，并沿河堤继续攻击前进，连下 5 个地堡，遭敌优势兵力、火力的猛烈反击而被迫撤回。

8 日 24 时，我第三师再攻罗河堤。由于对敌工事地形了解不够，火力又未能压制敌人，而敌则凭借有利地形和纵深炮火的支援，进行顽抗，致使该师第七团连攻 7 次均未奏效。第九团从正面攻击的一路，亦是几次攻击未成；第九团另一路向朱小庄以西河堤攻击，接连拿下 2 个地堡群，并登上河堤向两侧发展，连续打垮敌数次反扑，占领了河堤约 100 公尺，后因遭敌猛烈炮火与火焰喷射器严重杀伤而撤回。此时，因第九团伤亡甚重，师决定将其任务交由第七团接替，继续与敌对峙。

与此同时，我第五、第六、第八团，对朱小庄之敌，边打边进行近迫作业，逐步将其压缩，得到进展。第五团在攻下朱小庄正东地堡群后，奉令将阵地交给第六团接替，继续向邓楼进行近迫作业，并攻占邓楼以北一个地堡群，切断了朱小庄与邓楼之间的联系；第六团从东、北两面积极压缩朱小庄之敌；第八团攻占朱小庄西北 200 公尺处两个地堡群。这样，形成了对朱小庄三面包围的有利态势。

▲ 华野一纵向国民党军发起冲击

▲ 华野一纵三师七团政委徐放在战役中使用的指北针

此时，李弥兵团主力，已被我兄弟部队歼灭，残部向西收缩，进入邱兵团防区。9日，获悉敌将主力集结于陈官庄西北地域，似有突围企图。纵队乃决心在白天对朱小庄之敌发起攻击，令第六、第七、第八团分由东北、西北、正西三面实施强攻，以求彻底粉碎敌向北的防御体系。

战斗于 14 时发起，我第七团第二连在优势炮火掩护下，不顾罗河堤敌猛烈侧射火力的威胁，全连同志紧密协同，边打边组织，前仆后继，奋勇前进，连续攻占朱小庄正西 4 个地堡群。最后，该连并编为 2 个班，仍继续向庄子攻击。第八团首先由西北角突入庄内，积极向纵深发展，经一个多小时英勇战斗，占领了庄子西半部。尔后，第六团亦由正东、东北方向突入庄子，直插敌指挥中心，敌拼死抵抗，战斗甚烈。此时，第八团为策应第六团行动，即主动派部向该敌侧后攻击。敌在我两面夹击下，顿形混乱。第六团即乘势攻入敌指挥所。战至 17 时，我全部占领朱小庄，夺取了敌人河堤以北的要点。此时，第五团亦连续攻占朱楼、邓楼，紧紧压缩敌人；第八团则乘胜攻占朱小庄南之河堤一段，直插王庄及飞机场附近，威胁丁枣园敌之侧后，并和友邻纵队会师。至此，杜集团北面之防御体系已为我完全粉碎。

3. 围攻丁枣园，迫敌第四十五师投降

据守丁枣园之敌第五军之第四十五师，是敌精锐主力之一，是蒋介石打内战的老本，也是我纵的老对手。自我攻占朱小庄，进至王庄附近后，该敌已陷于孤立突出。9 日晚，纵队决心以第三师攻歼丁枣园之敌。该师以第七团由河堤以北攻击，第八团以河堤以南向丁枣园攻击。22 时半，战斗发起，第七团攻占河堤一段，歼敌一部。第八团第一营从罗河堤以南，猛攻直插，攻至丁枣园东南地堡群约 60公尺处。敌为解除翼侧之威胁，以猛烈火力连续组织 4 次反冲击，均为我一一击退。此时，我第三师即一面施以军事压力，一面展开政治攻势。并以第八、第九团各一部绕至丁枣园侧后，断其退路。至 10 日 6 时许，敌第四十五师师长、副师长以下 3000 余人，终于被迫向我第七团投降。

10 日晨，敌已处于全线崩溃状态。纵队即令第二团加入战斗，令第二师迅速包围陈庄，令第三师攻击谢庄。我各师奉令后奋勇出击，大胆猛插；第二师直至陈官庄附近，第三师向谢庄、刘集方向挺进。是时，残敌惊惶失措，纷纷举枪投降，战场上展开了大抓俘虏的竞赛。

摘自《中国人民解放军第二十军第三次国内革命战争战史》，1963 年，第 124—127 页

华野九纵向杜聿明集团发起最后攻击

1949 年 1 月 6 日，在敌人疲惫、军心动摇、恐慌之际，我华东野战军主力在中原野战军一部配合下，向杜聿明集团发起全线总攻。我纵在山东兵团指挥下担任西及西北方向主要突击任务。此时包围圈内之敌经我 20 余日严密围困，弹少粮绝，人员冻饿而死者相望，战斗力大大降低。1 月 6 日，我第二十七师奉命首攻郭营。师为争取首战全胜，乃以第七十九团全部附八十一团一、三营以及师特务营一部担任攻击任务，4 辆坦克配合作战。攻击发起前，我首先以炮火对敌实施猛烈轰击，给其心理上造成震慑。6 日 13 时 40 分，部队开始爆破，第七十九团一营迅速扫清外围工事并突破敌前沿；第八十一团二连突入后，直插郭营村东南角，将敌逃路截断。主力投入后迅速分割敌人。至 16 时，全歼郭营守敌第十二军一一二师三三六团，俘敌上校团长杨英华以下 680 余人。7 日，东线李弥第十三兵团在我兄弟纵队猛烈打击下首先溃败，向西逃入邱清泉第二兵团防区。我纵乘敌部署混乱之机再度发动猛攻。当日下午，左砦守敌第一一二师三三五团团长韩福山率全团向我第七十七团投降。我第二十六师控制左砦后，当即以第七十七、七十八两团向王大庄近迫作业。当夜，第八十一团在师特务营配合下攻寇庄，九连首攻失利，至拂晓未下。8 日 8 时 30 分，第八十一团乘敌人天亮后麻痹松懈之机，在坦克配合下突然攻击寇庄。我炮击尚未停止，第八十一团四、五连已突入村内，七连迅速攻占村东南地堡。前后仅 20 余分钟战斗，即全歼第五军二〇〇师六〇〇团一个营又一个骑兵连。

自 1 月 6 日我全线发动总攻起，包围圈内的杜聿明集团不甘束手就歼，仍试图突围南逃。随着我包围圈的逐步缩小，残敌垂死挣扎也愈趋激烈。9 日，为配合地面部队行动，敌空军出动 20 余架飞机对我一、二线阵地进行狂轰滥炸，并灭绝人性地投掷毒气弹，企图在我西线打开一个缺口。敌空军副司令官王叔铭飞临陈官庄地区上空指挥突围。当日 15 时，杜聿明"剿总"机关以及邱清泉第二兵团指挥所移至第五军防区内的陈庄；第二兵团两个"王牌军"第五军和第七十四军已经开始突围。我纵在敌人突围正面顽强固守既得阵地，坚决断敌逃路；同时，以主力向敌尚据守的村庄频频发动猛攻。9 日下午，我第七十七团二营冒着敌机轰炸攻至刘集西侧王花园以北，俘敌一部，控制了该线阵地，进逼敌第七十四军据守的刘集。同时第二十七师统一指挥第七十五团，积极向王楼、李庄、周楼一带作业，10 日拂晓，第七十五团在第八十一团一营配合下攻占王楼、李庄，随即奉命协同第八十团直插张庙堂。6 时许，我各团由北向南对张庙堂之敌实施猛攻。几乎同时，困守张庙堂之敌第五军二○○师在坦克及骑兵配合下倾巢向西北方向突围。我第二十七师和第七十五团奋勇阻击并多路楔入敌阵，将突围之敌队形打乱，迫使走投无路之敌纷纷投降。我生俘敌第十三兵团少将参谋长吴家钰、第九军少将参谋长顾隆筠、第九军一六六师师长萧超伍以下官兵数千，仅第八十团一、三连即俘敌千余人；同时击毙由陈庄窜来张庙堂的敌第二兵团司令官邱清泉。8 时 30 分，张庙堂战斗结束。小股残敌乘坦克冲击我一线阵地，被我第七十三团和坦克队追至倪双楼一带歼灭。在张庙堂激烈战斗中，我第八十一团三营副教导员、华东一级人民英雄王本刚不幸牺牲。

张庙堂之敌解决后，我第二十七师迅速调整部署，集中兵力进逼周楼。第二十六师以第七十七、七十八两团于 10 日 7 时许由坦克配合攻击王大庄。第七十七团一连仅十余分钟即突破敌前沿，战至 8 时，全歼敌第十二军、第四十七军残兵各一部。随后，第七十七团乘胜攻占王大庄东侧之刘庄、赵庄，俘敌第十二军少将副军长于一凡（原第一一二师师长）以下残兵一部，并向东南方飞机场发展。此时，敌第十三兵团司令官李弥已随其第九军第三师指挥所窜至周楼，并指使第三师师长周藩继续顽抗。我第二十七师责令被俘的第十三兵团参谋长吴家钰和第九军一六六师师长萧超伍写信给周藩等，劝其放下武器。至 10 日下午 16 时，周藩集结残部向我第二十七师投降。老奸巨猾的李弥借周藩投降为掩护，得以化装成伤兵只身逃脱。

10 日凌晨 2 时许，据守刘集之敌第七十四军两个师企图交替掩护突围，很快被我第二十六师协同友邻击溃，击毙敌第五十一师师长王梦庚。第五十八师、第八军残部、"剿总"空军司令部等残敌退守刘集阵地继续负隅顽抗。上午 9 时，我以第七十七团首次攻击未果。下午 14 时 30 分，第七十七团八连首先突破刘集，第七十六、七十八团随之投入战斗，协同友邻激战半小时全歼守敌，拔除了淮海战场最后一个敌人据点。我第二十六师俘敌第七十四军中将军长邱维达以下 2000 余人。自 1948 年 12 月中旬敌前休整至此，我纵又歼敌 1.58 万余人。

摘自《中国人民解放军陆军第二十七集团军军史》，1999 年，第 225—228 页

战术研究

华野九纵二十五师七十五团王楼、李庄、周楼、张庙堂战斗详报

1. 情况：略

2. 团 1 月 9 日上午 12 时接师命令归二十七师指挥，攻吉李庄、王楼之敌。团接指示后，团长即去二十七师指挥所领受任务，后面组织部队准备去李庄、王楼作业，并命二营去周庄看地形，等待接受战斗及作业之任务。

3. 团接受任务后处置如下：

①二营全部移驻周庄，一方面作业，一方面防敌突围。团并附给担架连、炮连之一部进行作业，在半夜时，上级又派工兵二连又附给二营指挥作业。

②其余部队仍未动，只一营从练楼移驻孙厂，并去二连到前边作业。

二营于当日黄昏即去周庄，将十二纵部队接下。部队在 7 时即到周庄，未等接防，先派六连去前边向王楼作业，后面五连将防务 10 时才完毕（从仲姓庄到周庄）。当晚团没有很好看地形，加上地又冻，只作了一百四五十米，尚有的地方未接连起来。一营因去的时间太晚，加上工具准备得不好，只修了几个地堡和修改了一下交通沟。

4. 10 号早晨，团又召集一营、二营之干部，反复进行看地形，根据当天晚上作业之情况进行研究。同时又用二营五连之部队及工兵连一部，仍然进行将未挖通的地方，求得白天挖通，晚上好继续向前挖。下午 4 时发现王楼、李庄、周楼之敌来往调动，当时报告师，并派参谋进行专门观查。师当时指示："根据敌飞机活跃及敌人来回调防，估计敌可能逃窜，要准备应付敌人逃窜之情况。"团指示二营前面作业部队仍继续作，村内之部队迅速布置防敌逃窜，打击敌之突围。

5. 10 日晚二营六连仍按指定之方向（王楼东北）继续作业，并命炮连在周庄村东头做一阵地，应付敌人突围之情况。一营仍用一个连，除改 9 日晚未修好对李庄东北之地堡外，另对周庄正东对周楼方向河岸上修一集团工事，防敌人从河内过来，并保护二营作业及将来攻击时之安全。

6. 夜间师不断指示，东边兄弟纵攻击非常顺利，并歼敌人很多，又告二十六师捉敌副官，敌人开始想突围。我们当面二营报告：李庄、王楼敌人很乱。当时敌

人的山炮对周庄又打得很急，估计我们当面之敌人也要有变动。在 3 时，师接派一小部队靠近王楼、李庄，一方面侦察敌人的活动，另一方面牵住敌人。团即令二营速派一个排对王楼、一营一连对李庄，如敌混乱离开阵地，则坚决攻击之。3 时半一营报告李庄东北角之集团工事仍有敌人，团又命从西北方向靠近之。4 时二营报告，六连已攻进王楼，无有很多敌人。团即令坚决向张庙堂攻击，配合八〇团消灭该村之敌。4 时 15 分一营报，一连也进入李庄，未有敌人。团即令其 2 个排进占李庄，等后边部队来到时，全连都去。团在 3 时半即令一营轻装赶来周庄，6 时已到达，留三连在周庄，其余部队全部开到李庄。

7. 二营全部占王楼后，敌人已向张庙堂方向逃窜，按团指示即着六连直插张庙堂西南方向，截断敌人向西之逃路，另一方面和友邻部队联系。六连将到张庙堂时，敌人的学兵团过来，被阻向西北下来，后边即是一六六师也跟下来（沿河岸），到王楼正东被四连截住，敌人即全部交枪。六连沿张庙堂西南角和东南方向野外敌人之工事后，敌人坦克、骑兵和二〇〇师又从西方向窜过来，被二十七师之部队打乱，有的已向周楼、周庄之间向西北窜去。一营到李庄后，即又着一连迅速向张庙堂前进，配合二营肃清残敌。

8. 战斗到 8 时已经结束，只剩下周楼之九军三师未歼，我们即派二营五连配合十二纵兄弟部队将敌人包围，一方面准备攻击，另方面布置开展政治攻势，下午 4 时敌人已全部投降。

9. 向西北突围之坦克到孙厂以南地区，被三营、后勤截住，打下 3 辆并俘敌人四五百人。

10. 这次战斗之检讨：

一、敌人之特点：

①敌人的高级军官能自动向我报告，并主动告我情况。②士无斗志。③抢东西吃。

二、我之优点：

1. 根据师的指示和当时的情况，决心下得快、坚决。

2. 部队的大胆突击，插入敌人的中心，打乱敌人，迫使大批敌人交枪。

3. 部队的艰苦精神好，特别是六连和一连，一连两夜晚上的作业，天冷地冻，而发起战斗又担任主攻任务，歼灭大量的敌人。

4. 战场上的收容工作有进步，一方面没有和兄弟部队闹出不团结的问题，同时又收容了大批的俘虏和枪支。

缺点：

1. 部队虽经过短时间的敌前学习，小群动作有进步，但在战斗情况下，运用得尚不熟练。

2. 四连的一排插到周楼西南集团工事跟前，上又不上、下不下，而受到大的伤亡。

3. 作业的组织指导尚不熟练，所以比兄弟部队一夜作的距离很大。

4. 战前对个别干部思想掌握和认识不足，而战场上发生自伤（六连一排副孙所著）。

5. 对受降无经验，警觉性太低，警戒不周，自己方向也有些紊乱。

摘自华野九纵二十五师七十五团《王楼、李庄、周楼、张庙堂战斗详报》

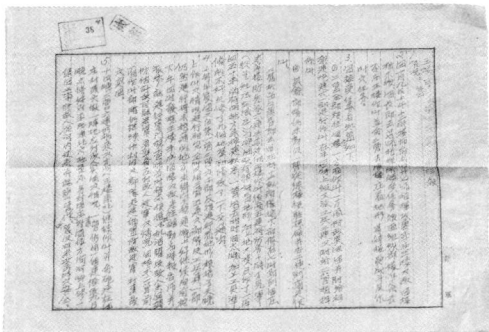
▲ 华野九纵某部王楼、李庄、周楼、张庙堂战斗详报

▲ 华野某纵的重机枪阵地

▲ 围歼杜聿明集团的"莱阳"部队在冰天雪地中构筑反坦克工事

▲ 伪装的解放军阵地

罗河堤上作战的一个典型小组

九团 1 月 18 日晚以二营攻击罗河堤，战况甚为紧张，当时四连有一个战斗小组动作很好，特将其介绍如下：

（甲）堤上放警戒

二班出击占领河堤时有了减员，班长伤亡不明，全班整理后，只有 7 个战斗员，当时指定谢西丙（系窑湾战斗解放的）代理班长，在河堤上担任警戒。当初他布置是这样的：自己亲自带一个组放在最前面，把其他 4 个同志放在他的后面，他亲自带一个组连他自己共 3 人，1 挺汤姆，1 根步枪，另外一个空手。空手的徐道吉同志对他说："我们班里只有几个同志，晚上叫我们怎么打呢？"谢马上阻止并解释说："不管它，叫我们打我们就打，你们两个准备好榴弹，敌人不到 20 米处不要打……"话后，敌人有一个排从河边的堤埂反击出来了，徐与小于一发现，马上一排榴弹打过去，把敌人打回去了，谢又嘱咐地说："敌人不到 20 米远内不要打，如到 20 米远内，你们打榴弹，我用汤姆机枪扫，一齐动作。"说后，他又上来几步，到他 2 人前面，此后敌人两次出来都被打回去。

（乙）打地堡群

连决定打第一个地堡群使用一排二班担任主要任务，从右侧打，三班向左侧打。到离鹿砦七八米左右摸到起伏地的地方，二班就摸过凹地，到右侧鹿砦边上。谢的一个小组就接连打了两个排子榴弹，都打在第一个高地堡顶上，里面敌人还没有动静，排长叫"冲"，谢说"上"的统一号令下，徐第一个跳鹿砦，一齐冲到地堡边上，徐马上从地堡眼里塞进一个榴弹，一包小包炸药，觉得没有问题了，3 人马上迅速机动地向前发展，徐站堤左侧，于站堤右侧，谢在中间，3 人齐头并进，打到第二个制高点地堡跟前，被第三个地堡与右边堤埂麻袋工事里的敌人已发觉，用榴弹反击出来，于挂了重彩，一声不响，谢迅速的动作，用汤姆枪封锁住地堡枪眼，徐在地堡左侧门口打进一个手雷，4 个俘虏出来了，缴出 1 挺英造机枪后，徐报告谢说："于挂了彩。"谢坚决地说："不管他，上！上！"很快又继续向前发展，打到敌人沙袋工事的第三个地堡跟前。看到前面占堤埂的河边上，敌人成群地反冲锋出来，他俩马上打了一个排子榴弹，把敌人打得滚回去了，那时看右边部队没有跟上，身边的榴弹也打完了，缴来的枪不会打（打不叫），只有 1 挺汤姆，他俩只好退到第二个地堡，徐在装机枪，准备反击。那时敌人第二次反冲锋又过来，谢西丙同志在敌人榴弹及自动火器扫来时光荣牺牲了，徐提着打不叫的机枪无法坚持而下来了。

（丙）该组的主要特点

1. 执行任务机动。占领河堤之后，部队立足未稳，敌乘机反扑过来时连并未明确指定该班担任警戒，该组在代理班长亲自率领下，自动向敌来扑方向，严密放出警戒，而后且打垮了敌人 3 次反扑，同时在攻击地堡群过程中，没有排副的具体指挥，而在发展顺利的情况下，不断自动向前积极发展。

2. 不怕伤亡，前进的决心强。在反击敌人时二班已有伤亡，班长伤亡不明，全班只有 7 个人，当接受任务继续攻击河堤堡群时，组员徐道吉信心不强，向代班长谢西丙提出意见，认为自己有伤亡，不能再打，谢马上解释，第二次小于负伤时徐又提出意见，谢还是坚决向第二个地堡发展。

3. 动作一致，配合得当。一个口令下，3 人同时踏过鹿砦，占领第一个地堡，一停未停，又迅速向第二个地堡猛扑，当敌反扑时，谢用汤姆机扫，徐、于分左右从两侧夹击上去，徐一把拉住敌人的 1 挺机枪向旁边一丢，谢徐 2 人乘势占领了第二个地堡。

4. 小组动作、排子榴弹、小包炸药三者结合得好。始终保持小群动作未曾紊乱，不是前三角就是后三角，交换变动，打地堡时先以小群动作接近七八米处，即打 1 个至 2 个排子榴弹，利用烟幕以小群动作跳进地堡，如敌顽抗，再用小包炸药打，冲锋枪扫，使敌招架不及。

5. 班长以身作则示范带头的精神好，前面有情况有困难总是亲自跑在前面了解情况，解决困难带头向前冲，或用自己的冲锋枪掩护小组前进，在敌人反冲锋来时立足不住时，一面用自己的榴弹和冲锋枪，连续向敌人猛打，一面指挥徐迅速退到第二个地堡准备反击敌人，真正做到及时克服困难，冲锋在前退却在后。

摘自《中国人民解放军第二十军第三次国内革命战争战史资料选编》，1963 年，第 180—181 页

战地报道

勇猛、顽强、机警、迅速　华野十二纵王李团[①]攻击刘庄经过

【本报消息】9 日刘庄战斗中，在"北平"部队及山炮的密切配合下，王李团以机警勇猛迅速的动作打退敌人数次反扑，迅速突入敌纵深，造成全歼新五军 4 个营的有利条件。战前各连分别动员，说明淮海战役的重要性，尤其是歼灭蒋介石最后的一支王牌军——新五军的意义。一营二连班排长纷纷向连部保证完成任务，爆破组长王思尧在组内动员说："指导员说的要歼灭敌人就要看我们的本领，我第一个去爆破，若我负伤了没有完成任务，你们就拿我的炸药继续完成任务！"各班各组在自己的阵地上分别进行了深刻动员。

12 点钟团部发出了攻击的信号，在机枪火力掩护下，王思尧抱着炸药通过百多米远的开阔地，冲到鹿砦附近，仔细观察地形，发现地堡西边鹿砦很少，可以直接上去爆破地堡，他确定了自己行动后，一跃而去，爆破了地堡，二班第一突击组员迅速占领了工事，二组随后跟上，立即向纵深发展，均未爆炸，被王思尧炸晕了的敌人清醒过来便开始了反扑，汤姆、机枪、燃烧弹向二班猛射，二班同志并没有恐慌，战士韩进贺大喊："不要怕，是我们立功的时候了！"敌人又投出毒气弹，马上大家都感到呼吸困难，两眼流泪，燃烧弹烧坏了排副张志来的左手，他和二班副赵兴才眯着眼睛凭自己的熟练技术向敌人射击，打死敌人 8 名，二班伤亡了 4 名。敌人的攻击是打退了，后续部队还没上来，敌人又进行第二次反扑，但二班仍始终坚持阵地，最后只剩下排副和二班副 2 人，班副赵兴才去同连长联络，中途又负了伤，只剩排副张志来单人独枪坚持了。正在决定胜负紧要关头时三班上来了，又打退了敌人的 3 次冲锋。这时候敌人一个连被消灭得差不多了，一连便迅速向敌纵深发展。二排是向右边发展的，被敌人机枪火力封锁在开阔地上不能抬头，已有部分同志伤亡，五班副郁国才想："不能在这里停住呀，还没有完成任务，一定要拿下这个地堡！"他一个箭步上去顺手投出一包小包炸药炸死敌人五六名占领了地堡，剩下 3 个敌人正要还击，郁国才从敌人死尸里拖出一挺加拿大机枪，对准敌人大喊："动！打死你，你是什么人？""我是排长！""给我上去！" 3 个敌人走出了交通沟，连副立即命令二排全部上来，敌人都被压缩到右边

---

① 编者注："王李团"为华野十二纵三十五旅一〇三团。

的地堡里。郁国才继续向右边运动，敌人的机枪又挡住了去路，特务连上来一挺轻机枪，还没有封锁住敌人的机枪火力时，机枪手就负伤了，郁国才接过机枪连打 5 梭，敌人的机枪不叫了，他一跃上去投了两包炸药，毙伤敌 20 多名，又占领了第二个地堡，敌人开始动摇了，与此同时山炮大量的杀伤了敌纵深火力，"北平"部队由东南攻入敌纵深，王李团特务连四班又占领了工事，打退敌人数次冲锋，二营八班经 4 次爆破亦突入敌纵深，我军从四面八方围攻上去，敌人终于喊叫"缴枪"！战斗于 3 时结束，守敌五军四十五师一三四团及一三三团一个营，全部就歼。

▲ 华野十二纵三十五旅叶挺团警卫连战斗组组长、淮海战役一等功臣王立富

（副政委张福远审阅 阮维馨作）

摘自华野十二纵《战号》第 80 期 1949 年 1 月 16 日

华野一纵某部英雄炸开朱小庄大门

三级人民英雄农荣吉同志（现任三连十班长），他是窑湾解放的，刚到革命部队的时候，思想上是很模糊的，以后经党的不断培养教育和同志们的帮助，却是有了很大进步的。从此，他也认识了"为谁当兵，为谁打仗"。农荣吉同志自从懂得初步革命的道理之后，工作上是一贯积极负责的。

淮海战役朱小庄战斗，二连勇猛的把朱小庄前沿敌人的工事打破了，但第二道敌人的地堡群，它机枪火力的配备，地堡构筑的紧密，很不利于我们攻取的，况且敌地堡群的前面，又是一块开阔地，这时我们部队已经杀上去了，但敌人交叉着的轻重机枪火力，在同志们头上身边呼啸地掠过去，部队被敌人的火力压在开阔地里，正在这个时候，班长命农荣吉同志炸开前面的一个敌堡，在三连同志将敌堡封锁下，农同志毫不犹豫地带着炸药迅速地把地堡炸开了，部队就很顺利冲进了朱小庄，一直向里发展，配合友邻歼灭了朱小庄的守敌，威胁着杜、邱、李匪赖以空投维持奄奄一息的飞机场。战斗结束，农同志被评为三级人民英雄。

摘自中国人民解放军第二十军七七一团《挺进》第 159 期 1950 年 1 月 6 日

▲ 华野一纵三师七团在欢送济南慰问团的大会上展示战役中缴获的美造武器

▲ 淮海战役中组建的华野特纵高射机关枪部队，与其他火器组成对空射击火网，国民党军飞机被击伤 9 架，击毁 1 架

华野特纵某部炮击夏庄

夏庄位于炮一团五连阵地之正前方，是敌邱兵团前沿据点，工事较强。本月 6 日午后 2 时五连任务：配合二师攻击。

全连经 20 多天休整，一听要打炮，阵地立刻活泼起来，将炮口帽一拔："喝点油吧！润好了嗓门好叫唤！"

经几发试射之后，夏庄已被浓烟遮住了，一声巨响，弹体像颗大黑豆经炮口里蹦了出去，连本用于试射和掩护之烟幕弹都将敌人困守之房子打着了。仰度逐渐加大了，不用问，准保是我步兵即迅速向前发展了，某部突击部队五团三营教导员见榴炮打得这样神气，炮也看不见个目标，却发发都中了敌人的要害，在突击开始时，在电话中问："你们的炮打得我佩服，能不能再给我们打两发，如果你们这两发打的好，那我负责报功——你们是神炮！"观测所立即精密地对该营之攻击路线前沿之敌决定打两发，炮弹正中敌人阻击核心，该营突击部队顺利突进。

整一个钟头光景，夏庄已被我全部占领，俘守敌 800。二师师长在电话说："你们炮打得有功！"

（纪航）

摘自华野特纵《特种兵》第 95 期 1949 年 1 月 4 日

◀ 缴获的国民党军的坦克，参加围歼杜聿明集团作战

为革命牺牲是光荣的，要坚持到底！

淮海战役第三阶段，围歼匪邱、李兵团时，敌人夏寨、夏庄两个据点，本来上级准备先打夏寨后攻夏庄。当时六连就在离夏寨100多码处设立观测所。后来上级下命令先打夏庄。情况一变，原设的观测所不适用，必须到掩体外面才能观察夏庄的距离。但在100多码的开阔地里，敌人的炮火严密地封锁着，要出掩体是非常危险的，射击任务却又急不容缓。王工一同志在紧急情况下，马上抱了器材，直奔出去。电话员阻止他，他好像没听到似的跑在一棵小树旁，用潜望镜观测敌阵地地形，敌人排炮的炸片乱飞，打得树枝乱掉，尘土四起。六七码远的一个步兵同志，已为人民解放事业流出最后的一滴血……这些更激发他对敌人的愤恨。

敌人的炮火更猛烈地轰击过来，电话员又劝他回到掩体里隐蔽一下，王工一同志告诉他："现在正当我炮射击，是修正方向距离的时候，要压倒敌人炮火，就得坚持"，直等到观测试射完成之后，才回入掩体，继续进行观测，搜索敌情。"轰轰"……敌炮向我观测所掩体打来，掩体上盖的土都炸飞了，掩体里的钢盔、饭包、手巾被弹片穿成大孔小洞。这时在掩体里的另一位参谋同志及两位侦查员都说："这是敌人射击目标，不能蹲了！"就慌忙的向后跑。王工一觉得炮兵的"耳朵"和"眼睛"都在这里，不坚持就无法战斗。于是他就向电话员进行鼓动工作："上级没有命令，我们不能退，为革命牺牲是光荣的，要坚持到底！"镇定了其他同志的情绪。由于他勇敢顽强地坚持观测和指挥我炮准确射击的结果，给步兵扫除了障碍，有力的支援了步兵，占领了夏庄。

摘自中国人民解放军第三野战军特种纵队政治部《炮兵英雄代表王工一同志事迹》

▲ 解放军向杜聿明集团发起攻击

▲ 华野某部突破国民党军前沿阵地向纵深发展

▲ 华野某部教导员给送信的国民党军俘虏指示
　去刘集的道路

▲ 华野九纵攻占郭营全歼守军

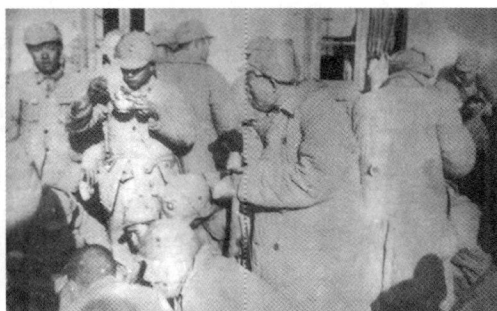

▲ 华野九纵八十团在攻克郭营后，把饭送到俘
　房集中的地方供其就餐

◀ 华野九纵"济南第一团"攻占刘
　集后，用缴获的武器在驻地操练，
　引来群众围观

▶ 华野九纵"潍县团"二连，在全歼国民党第十二军
一一二师三三六团的郭营战斗中，以英勇顽强的动作
大胆插入国民党军团部，活捉团长杨英华，促使另处
守敌一个团投降，荣立集体三等功并荣获师司令部、
政治部授予的"勇猛机智"奖旗

杜部全部覆没前华野九纵宋耿团 ① 猛攻王大庄

宋耿团继压迫匪十二军一一二师三三五团全部投降后，不顾严寒冻土，冒东、南、北敌三面火力连夜向王大庄进行作业，构成纵横 7000 余米的交通壕，从西南角到东南角把王大庄包围起来。10 日拂晓 5 点 50 分离攻击时间还有 10 分钟，政指唐生金同志跑到前面爆破班的位置上，紧紧握着爆破班长许德山的手说："二班长，第一炮的成功全靠你们啦！"二班长许德山同志坚决地说："指导员放心吧！血能流在围子里不流在围子外面，保证完成任务！"他虽然是第一次带领着一个班作战，但由于 20 几天的敌前学习使他满有信心，5 点 55 分……姜连长和唐政指最后再一次审查每个爆破员及向爆破员指明爆破点、爆破道路……

拂晓 6 点，攻击信号发起了，在兄弟部队有力配合下，分为多支箭头对固守王大庄之敌七十四军一七三团发起猛攻。一连左侧之三连同时冒着敌人三面火力向王大庄进攻，刘集及王大庄之间敌集团工事的炮弹不停息地疯狂地封锁着他们

---

① 编者注："宋耿团"为华野九纵二十六师七十七团。

的发展道路，当一连一、二班的勇士们跳进胸膛多深的水湾向对岸围子前进时，对岸围墙上敌之手榴弹和刘集打过来的炮弹落在湾里开花似的爆炸着，一、二班强渡过 3 丈余宽的水湾后，10 余分钟即突破王大庄前沿工事，接着三排从左侧的壕沟里也爬上了围墙，侧翼助攻的三连以积极的动作亦同时爆破鹿砦突破前沿工事。围子上的 5 个地堡之敌没命地封锁着，三连一班爆破员马俊胜抱着一包炸药紧随发出的一排手榴弹向第一个地堡冲去，很快地解决了。此时马俊胜左右侧的一、二班亦将 4 个地堡用手榴弹完全解决了。此时，马俊胜左、右侧的一、二班亦将 4 个地堡用手榴弹完全解决了。他们越过围墙向纵深发展，打过去一排手榴弹接着就喊："交枪不杀！解放军优待俘虏！"一群敌人驯服地当了俘虏。王大庄的敌人动摇了，被压缩分割得一堆一簇，三连和一连胜利会合，将全村占领，百余敌人拼命地向正东飞机场及东北赵庄窜去，一、三连趁胜分为两路追击逃匪，一路当追到赵庄时，敌一一二师师部及三三四团两个营发觉勇士们一拥而上，匪师长于一凡从一个隐蔽洞里钻出来，恭敬急促地说："我是一一二师师长于一凡，我要交涉起义！"一连文干刘延才气愤地说："你这时候才起义，我们已经打进来了，赶快交枪投降！"匪师长再也无言可答，低着脑袋随在解放军的背后一步一步地走着。追敌的另一路发展到敌飞机场，缴下榴弹炮 3 门，杜匪邱李兵团的残余满山遍野混成一团，宋耿团和北面打过来的兄弟纵队像南北两支铁钳把残敌完全分割，即迅速直逼刘集准备最后歼灭敌人。

（王克华）

摘自华野九纵《胜利》第 112 期 1949 年 1 月 16 日

阵中日记

山东兵团参谋处处长的日记

1949 年 1 月 6 日

午后 3 时半发起对当面之敌炮击，4 时开始攻击。九纵在一小时内即攻克郭营，全歼十二军一一二师三三六团。一纵攻占夏庄，歼敌七〇军一三九师之四一七团全部及四一六团一个营。渤纵攻占何庄歼敌两个团。十二纵攻击夏砦未奏效。敌似乎麻木，出敌意表的袭击，实施强袭，使敌措手不及。南线攻击亦收效甚大。敌在我攻击后，估计可能促成敌更加动摇，或早日实施突围。敌之逃窜计划已早确实，但能否逃出我之罗网，将使杜匪难能想象。今日攻击成功，一为作业接近敌前沿，准备充分；一为抓住战机，我炮火未熄即发起突击，使炮火突击密配一致；一为敌之麻木，我于白天发起攻击，出敌意外。

前委扩大会继续进行，讨论无组织无纪律问题。下午谭政委进行简要总结，讨论宣布结束，明日休会，后日继续进行对前委领导提出意见。

1949 年 1 月 7 日

前委会今日休会，夜奉命去华野研究兵团编制，因夜间此地演出平剧，直到11 时从此出发，到达华野驻地瓦子口以东蔡洼，将已天亮。

1949 年 1 月 8 日

在华野研究兵团编制，均认为兵团为行政机构，因此，在组织上必须不能过小，应该照顾指挥 3 个至 4 个军的情况，而且要照顾以后进军长江以南情况。必须设立与增大警卫团、设立侦察营等。研究以后，我到一科，诸同志闲谈，隔离年余大家均感十分亲热，回忆离别，一天东西奔波，各人均十分辛劳地进行着，对参谋工作，事业的博见与感慨，只有在参谋工作熟练过程中，才会发觉与改进参谋工作制度与作风。

1949 年 1 月 9 日

被围之敌，今日企图突围。今晨大量飞机轰炸，部队纷纷西靠。我东线部队积极迫近，促成敌人土崩之势。到夜间，敌大部就歼，杜聿明乘战车西逃，我以坦克尾追该敌。淮海战役伟大胜利即在一二日即可实现。

摘自山东兵团参谋处处长金冶的日记

华野一纵作战科科长的日记

1 月 4 日

①下午三师因敌收缩而占夏庄、夏砦间地堡。

晚二师四团四连拿下夏庄西北角地堡 8 个，俘敌 30 多，战斗结果极好，并击退敌 4 次以上的反击。

②上午起草攻击命令。目标是夏庄，以二师主攻，三师助之，命令于晚全部发出。下午研究班的作战动作问题。

1 月 5 日

①整天飞机丢物资，闻敌准备明午 12 时突围。

三师八团一、二营交通壕已超过夏庄至西南，敌集中 5 辆坦克及 4 个多营反击，夏庄之敌亦多次反击，朱小庄四一七团亦上来反击，皆击溃，阵地已巩固，敌反击体力及动作皆不行了。

②上午草将战斗部署报告全兵团，并派周、陈、潘参谋下二师。

③下午第二遍看"革命到底"，有了新的体验。是的，学习不用脑筋不行。

1月6日

黄昏4时全线攻击，二师半小时即占夏庄，伤亡小，缴俘大，主要是准备工作好，且用小组动作，山炮能平射，但可惜未能跟踪追击，在这个问题上，他们还是希望再来做近迫作业，充分准备，但情况根本不许可了。他们歼四一六团大部及四一七团一个营，俘约800多，缴六〇、九二炮各10门，重机16挺。

1月7日

敌十三兵团西撤与二兵团合并起来，地区又缩小了，2天攻击已歼敌10余个团，夜间二、三师续向朱小庄做近迫作业。

夜间值班，将淮海战役以来纵队部署予以登记。

1月8日

昨晚六、八团已将朱小庄外围夺取，九团并要夺取夏庄，敌一连投降，约30余人。因朱小庄、丁枣园间未切断，今晚仍攻击，求两面切断之，明日攻击。

1月9日

九团二营伤亡149，正副营长、四连连长、五连副政指、机连政指皆负伤，排干9。一营33，四营38，五营78，九营27，机枪连80人。

到三师，沿途空军大炸，释放毒气，敌企图突围，下午2时半三师、二师向朱小庄攻击，4时半全占，晚八团乘胜占河堤向王庄发展，七团断河堤。

摘自华野一纵作战科科长唐棪的日记

四、南集团作战

南集团第二、八、十一纵队，在苏北兵团司令员韦国清、副政委吉洛的统一指挥下，由南向东北陈官庄方向进攻，协同东、北两集团歼灭李弥、邱清泉兵团。南集团采取攻其要害，歼其一部的战法，以八纵攻魏小窑、魏老窑，二纵攻李明庄、范庄和王庄，十一纵攻徐小四、李楼等地。在国民党军垂死挣扎、飞机轮番轰炸扫射、残部拼命向西突围的关键时刻，华野令渤海纵队快速西进，归苏北兵团指挥，于王花园等地挫败其突围企图，夺取了最后胜利。

战史摘要

华野二纵总攻歼敌

野指发出"1月6日总攻"的命令后，我纵在总攻前召集各师首长开了作战会议。经过充分讨论，区分了各师的任务。四师6日发起攻击，以十一团、十二团攻击李明庄、范庄，以十团插入李明庄、王庄、李康楼之间截断敌人的退路；六师7日发起攻击，以十六团、十八团攻击王庄；五师9日发起攻击，以十三团、十四团攻击穆楼。最后纵队指出两个问题：一是死老虎要当活老虎打，从重兵集团中分割歼灭敌人，这是虎口拔牙，不可麻痹大意，必须集中兵力、火力逐个歼灭敌人；二是对壕作业，是敌火下的强行作业，一定要有火力掩护，组织严密，随时准备打退敌人反击，并要求3个师同时展开作业，以分散敌人的火力。

1949年1月5日晚，3个师同时展开作业。由于天寒地冻，地表层很难挖开，以致各部作业时暴露的时间长，各团都有些伤亡。尤以十团受敌三面火力射击，伤亡200多人，仍然秩序井然地完成任务。6日，完成攻击准备后，冲击出发阵地只离敌人100米左右，火器都能抵近射击，九二步兵炮可以从炮管中瞄准，加上全纵的火炮集中使用，大大地提高了准确性和火力密度。

四师十一团、十二团于6日17时首先对李明庄发起攻击，仅用70分钟便全歼敌二八七团。遂动员俘虏写信向范庄敌人劝降。敌九十六师副师长田生瑞接信后，正在举棋不定的时候，十二团七连像一把尖刀插入敌师指挥所，迫使田生瑞率二八六团一个营投降。经继续战斗，全歼守敌二八六团。7日16时30分，六师对王庄发起攻击，10分钟的火力急袭后，一举冲入敌人阵地，17时30分，全歼守敌二八八团。至此敌王牌中的王牌九十六师，被我全歼。此次战斗进展神速，炮兵的功劳很大。四师重炮连配合六师打王庄时，一排长李树清将九二步兵炮推到距敌前沿60米，亲自瞄准射击，一炮一个地堡，有力地支援了步兵的冲击。战后俘虏普遍反映："解放军的炮真厉害！"

8日，全线歼敌十几个团，包围圈东西只剩10里，杜聿明心急火燎，只盼望蒋介石用空军施放毒气救他突围逃命。当日敌机猛轰我包围圈西南各阵地，突围的迹象已明。野指令各部抓紧时间攻击。9日晚，我纵令四师攻陈官庄南公路上的据点，五师攻穆楼，六师攻地祖庙。10 日凌晨，陈官庄南公路上有敌两个排向十一团投降，空出缺口，该团乘机攻击李康楼。经过激烈战斗，歼敌三十二师九十五团及炮兵、工兵共两个多团。4 时 30 分，纵队发出全线出击命令时，先头各团已经自动出击了。五师、六师歼灭了穆楼和地祖庙的敌人后，分别冲向陈官庄、刘寨。天明后，大批大批的俘虏押送回来，到处是胜利的欢呼声。震惊中外的淮海战役胜利结束了。

摘自《中国人民解放军陆军第二十一军军史》，1988 年，第 284—286 页

▲ 解放军的炸药发射阵地

▲ 陈官庄战场，风雪中的解放军电话兵　　▲ 用迫击炮发射炸药摧毁国民党军前沿工事

华野八纵张司令在师团干部检讨会议的发言摘要

在 20 天休整中，部队进行整顿组织，配备干部，恢复疲劳，补充弹药，加强防爆阵地，战术上加强技术教育，干部着重战术研究，对敌人加强政治攻势，瓦解争取敌人，在 20 天以内，瓦解敌人 1 万人放下武器。

在华野统一部署下，6 日下午开始对敌总攻，先以东线部队分割围歼李弥兵团，西线及西南线部队求得配合攻坚消耗邱兵团有生力量，6 号及 7 号晚各个战斗奏效，我魏老窑、魏小窑战斗亦奏效，只是干脆彻底地歼灭敌人。9 日我奉命坚守大回村、魏小窑一线阵地，将刘集以西及西南阵地交予渤海。上级意图，如敌人向西突围，

即由渤海放至丁集一线歼灭之。9日夜下1点，兵团命我配合二纵打下李康楼及宋小窑，我们电二十三师以两个团兵力，一个团攻李康楼，一个团攻宋小窑，并视友邻发展配合之。电二十二师以两个团兵力监视左寨、刘小楼、张毛庄之敌。结果，友邻部队包围陈官庄，拂晓前，接总部电令，决定不放，配合友邻，坚决消灭敌人。当时我们对敌人估计不足，前边部队又未及时掌握敌情，勇猛发展，敌人已在全线崩溃，我们还在打击，坚守阵地，结果失掉时机，敌全部被歼，而我纵战果甚小，至此，全役结束。

摘自第三野战军第二十六军司令部《淮海战役专刊》，1949年1月，第2—3页

▲ 华野八纵政委王一平（中）、政治部主任李耀文（右）、宣传部部长赖少其（左）于1948年12月合影于永城

▲ 华野八纵颁发的总攻杜聿明集团作战命令

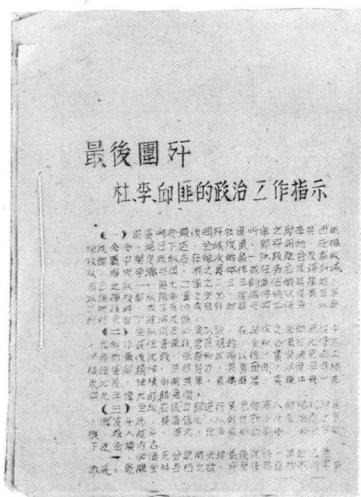

▲ 华野十一纵关于最后围歼杜聿明集团的政治工作指示

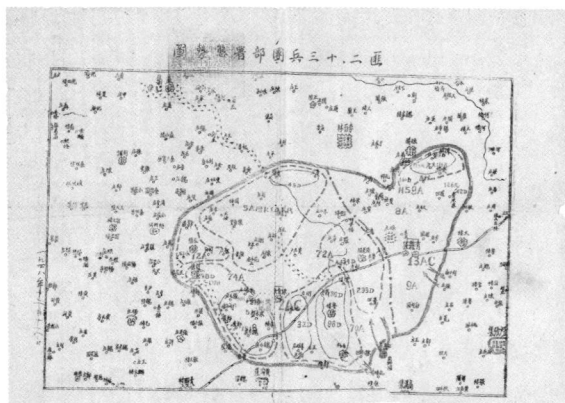

◀ 华野八纵1948年12月16日绘制的陈官庄地区国民党第二、十三兵团部署态势图

华野八纵参加全歼杜聿明集团

1949 年 1 月 6 日，淮海前线我军集中 10 个纵队的兵力，向杜聿明集团发动了总攻击。我纵奉命同华野第二纵队、十一纵队组成南集团，由苏北兵团指挥，由西南向杜集团总部所在地陈官庄方向进攻，协同东、北两个集团歼灭被围之敌。

我纵根据所受领的任务，令第二十三师以两个团向魏小窑发起进攻，得手后继续向魏老窑进攻，尔后视情况发展战果；令第二十二师派一部兵力向部窑之敌佯攻，配合第二十三师作战，并掩护主力近迫作业，构筑工事，尔后视情况发展战果，同时以一部兵力佯攻刘集，以策应第九纵队作战。

6 日 18 时，第二十三师以第六十七团、六十九团在纵队炮兵团支援下向魏小窑发起进攻。第六十七团以迅猛的动作扑向敌阵，连续爆破两道地堡群，仅用 24 分钟就突破了敌人防御。19 时，第六十九团也摧毁了敌防御工事冲入村内，协同第六十七团将敌分割包围。战至 21 时许，将守敌第三十二师第九十六团 1600 余人全歼，俘敌副团长卓洪义、林禄昌以下 800 余人。纵队司令员张仁初、政治委员王一平、参谋长陈宏、政治部主任李耀文联名向第二十三师陈忠梅师长、董超政委、岳俊副师长、魏伯亭主任发了贺信，祝贺该师"打响了 1949 年的第一炮，并光荣地立下了新年胜利的第一功"。

第二十三师继魏小窑战斗后，于 7 日 17 时 40 分以第六十八团、六十九团，在纵队炮兵团一部的支援下，又向魏老窑守敌第三十二师第九十四团发动进攻。我很快突破敌前沿进入村内，经半小时激战，全歼守敌 1000 余人，俘敌 600 余人。

经 6、7 日战斗，我协同兄弟部队将杜聿明集团残部压缩于方圆不过 5 公里的狭小地域内。

9 日晨，残敌在 20 多架飞机的支援下向西突围，我纵不顾敌机狂轰滥炸，冒着敌人施放的毒气迅速出击，协同第九纵队将突围敌人阻住，并继续对敌实施压缩。

10 日凌晨，我军向残敌发起全线攻击。我纵奉命向刘集、张毛庄敌第五军和第七十四军第五十八师残部攻击。该敌后撤北逃，我第二十二师跟踪追击，会同友邻部队将敌全歼。我纵俘敌第五军副参谋长温顺凯、第七十四军参谋处长张洪维以下 2300 余人，毙伤敌 800 余人，缴获坦克 3 辆，各种炮 21 门。

与此同时，我友邻部队全歼了徐州"剿总"及所率之残敌。杜聿明被生俘，邱清泉被击毙。

摘自《中国人民解放军陆军第二十六集团军军史》，1989 年，第 221—222 页

华野十一纵参加围歼杜聿明集团

奉南集团指挥部命令，第十一纵队的任务是配合友邻部队攻击敌第十三兵团，歼灭徐小凹、李楼之敌，尔后向鲁楼、齐庄发展，协同第三纵队作战，保障第三纵队左翼安全。1月3日，纵队召集各旅干部研究作战方案，决定由第三十一旅首先攻歼李楼之敌，第三十二旅攻歼徐小凹之敌，尔后两个旅协同向鲁楼攻击；攻下鲁楼后，以第三十二旅附第三十一旅1个团向乔庄、胡庄之敌攻击。

为保证战斗任务的完成，第十一纵队政治部发出了《最后围歼杜、李、邱匪的政治工作指示》，号召全纵队指战员发扬我军不怕牺牲、不怕困难、英勇顽强、连续作战的作风，与兄弟部队密切协同，并肩作战，出色地完成上级赋予的战斗任务。

李楼战斗

李楼守敌为第七十二军第二三三师第六九八团团部率第二、第三营，李楼西侧为第六九七团。

第三十一旅首长决心以第九十一、第九十二团担任主攻，第九十三团担任助攻。第九十一团从李楼东南、东攻击，并以第一营由东向西北攻击，断敌逃回鲁楼的退路；第九十二团从李楼西南、西攻击，并以第三营由南向东北攻击，断敌逃向鲁楼的退路；第九十三团以2个营从李楼正面助攻。

1月4日19时，各攻击部队按任务分别调整了部署。旅长朱云谦到第九十三团第二营前沿阵地视察时，被敌发现，打来炮弹，该营副政治教导员周卫伸头观察时，遭敌冷枪击中，当场牺牲。

1月6日15时，第九十一、第九十二团炮兵群开始对李楼南面敌前哨据点李庄实施火力急袭，并以轻重机枪火力封锁敌地堡射孔和战壕，掩护爆破组接近敌前沿铁丝网，开辟通道。此时，敌人使用了催泪弹。第九十三团第一营和第九十一团第二营第四连指战员，戴上防毒面具，跃出战壕，冲向敌阵地，顺利攻占了李庄，歼敌一部，余敌纷纷向北逃窜。接着第九十二团第一、第二营也趁势发起攻击，直逼李楼。第一连突击排攻击李楼西南角敌一支撑点，占领了河北大堤，敌向李楼逃窜。第九十三团第一连第三班突击组用手榴弹杀伤20多个企图顽抗的敌人后，乘胜追击，将交通壕里的敌人全部歼灭，直打到预定的大堤上，和第九十二团会合。

第九十一团第七连第二排在歼灭李楼南堤敌人时，勇猛突击，占领圩堤，歼敌一部。余敌向北溃逃，第五、第六班跟踪追击。第五班消灭了交通壕内企图反扑的 20 多个敌人后，逼近李楼，迫使 200 多敌兵举手投降，尔后插到鲁楼附近，截住敌数十人，并切断了李楼之敌退路。第六班爆破组将前进道路上的子母堡炸毁后，协同其他班将逃向李楼村庄的几个敌人歼灭。经过 10 分钟左右的战斗，李楼被我攻占。战后，第七连第二排荣获"一等功臣排"荣誉称号，第五班班长秦登俊荣立特等功。

徐小凹战斗

1 月 4 日 19 时，第三十二旅主攻徐小凹，守敌为第七十二军第二三三师第六九八团第一营。第三十二旅作了如下部署：第九十五团担任主攻，该团的三个营分别从徐小凹东北面、东面和东南面，采用近迫作业的方法接近该敌，限于 6 日 15 时开始攻击，得手后立即集中兵力，配合第三十一旅攻击李楼；第九十四团用一个营切断敌向李楼的逃路，并伺机配合第九十五团攻歼徐小凹之敌；第九十六团负责扫清窦凹、徐小凹之间潜伏于堑壕内的游动敌人，保障主攻部队的侧翼安全。

从 4 日下午开始，第三十二旅各部采用近迫作业的方法，将工事修到敌阵地前沿约 50 米处；6 日 15 时，第九十四团已接近徐小凹、李楼之间地区，但未到达旅指定的地点。第九十五团用炮火猛烈轰击徐小凹守敌，16 时发起猛烈攻击，迅速占领了徐小凹外围阵地，歼敌一部，敌大部沿交通壕逃往鲁楼。

鲁楼战斗

第十一纵队在攻占徐小凹、李楼之后，决心以第三十一旅和第三十二旅第九十四、第九十六团攻击鲁楼。鲁楼除驻有敌第七十二军第二三三师师直、第六九九团外，还有从徐小凹、李楼逃来的第六九八团一部。

第三十一旅以第九十二团向鲁楼东南偏南攻击；以第九十三团向鲁楼西南角攻击，并以一部分兵力沿鲁楼外大堤向北攻击，切断敌人向乔庄逃路；以第九十一团从鲁楼南面助攻。

第三十二旅第九十四团 2 个营向鲁楼以东及东南角攻击；第九十六团插向陈庄、鲁楼、乔庄之间的三角地区，切断鲁楼之敌向乔庄的逃路，并阻击可能由陈庄、胡庄南援之敌。

8 日 16 时，2 个旅开始协同攻击。第九十四团经过激烈战斗，迅速占领了鲁楼东南角集团地堡及其外围的交通壕，歼敌 1 个连。攻击中，第九十四团副参谋长陈彬、第一营代营长缪增培不幸牺牲。第九十三团第八连突击排占领了庄外独立民房，第九十二团占领了鲁楼东南敌外围据点，歼敌一个排。

9 日 8 时，我对鲁楼守敌发起总攻，一举突入庄内。敌除部分向乔庄方向逃窜外，余均被我歼灭。

攻占鲁楼后，第十一纵队决定由第九十二团控制该点，其余部队向乔庄、胡庄攻击前进。乔庄之敌企图乘我立足未稳之际夺回鲁楼，用 1 个营的兵力向我发起反击。敌 4 次进攻均被我击溃，第二营营长严兴在战斗中光荣牺牲。

1 月 9 日黄昏，华野各纵队积极向陈官庄之敌发起总攻，多路插向敌阵。敌全线动摇，并向西溃逃。10 日晨，第九十二团发现友邻第三纵队已将乔庄之敌包围，遂主动出击。第十一纵队得悉后即令第三十一、第三十二旅向陈官庄攻击前进，俘敌一部。

10 日 16 时，杜聿明集团被全歼，淮海战役胜利结束。经过 65 天的连续奋战，华东野战军和中原野战军共歼国民党军 5 个精锐兵团、22 个军、55 个师、55.5 万余人，解放了长江以北广大地区。第十一纵队在这个伟大战役中，毙伤敌 6508 人，俘 6326 人，共歼敌 12834 人，缴获了大批轻重武器及军用物资，我伤亡指战员 4500 余人。

摘自《中国人民解放军陆军第二十九军军史》，1997 年，第 246—251 页

▲ 淮海战役华野十一纵九十六团（战后改编为二五八团）一、二等功臣合影

▲ 华野十一纵九十六团（战后改编为二五八团）功臣班合影

战术研究

关于近迫作业

平原地区的村落攻坚战斗中为接近敌阵地实施攻击，近迫作业已成为重要步骤，是避免前沿过早伤亡，保存有生力量，便于突然猛烈迅速进行攻击任务之重要手段，甚至在某种条件下没有近迫作业，实施攻击即有很大困难，近迫作业即

等于战斗的开始，是攻击战斗中的第一步，但亦易暴露我之企图，故作业中力求隐蔽秘密。

（一）近迫作业要领

1. 根据作战任务的区分，首先轮番了解地形、敌人工事状况，精细制定计划，然后再区分作业任务。

2. 利用黄昏和夜间或以火力掩护部队接近构筑工事。

3. 作业的步骤与方法，若时间急迫，一般是先前后后、由点而线、由线而深、由狭而宽。

4. 根据各部队诸火器不同特点，原则上要掌握以适合攻击部署而又能击退敌之反扑。

5. 强调干部深入指挥加强通讯联络，加强警戒。

（二）近迫作业之实施

1. 首先派出警戒掩护部队，并由一定干部负责、带领，与作业部队规定通讯联络事项，秘密隐蔽靠近敌人，利用地形选择适当位置，首先筑成个人掩体及火力阵地，严密对敌人警戒。

警戒位置通常选择敌人两侧——因敌往往从两侧出击以驱逐我警戒部队，破坏我近迫作业计划，若两侧或翼侧有友邻部队可取得密切联系，协同配合加强自动火器或冲锋枪、手榴弹，主要以□火力来反击敌之出击，保证部队作业安全。

2. 作业部队依区分任务序列规定隐蔽疏散，迅速向前运动，第一线部队接近敌前沿，构成横的抵近阵地。

3. 第二梯队即跟随前进，同时构筑纵深（交通沟火力阵地等）工事，并与第一线部队打通前后联系。

4. 步骤上应先浅后深，先狭后宽，先简单后复杂，先主要后次要，如第一步构成卧射工事，次成跪射，再成立射，尔后彼此打通联系，再构成各种掩体及重轻火力阵地。

5. 因第一线部队距敌较近，随时准备应付情况以投入战斗打击可能出击之敌，每人分担挖交通沟之距离应较第二线或纵深部队略短，以便迅速构筑阵地。

6. 在必要地点上或敌可能由坦克等兵器配合下出击时，可斟酌当时情况、地形，构筑一部障碍工事。

7. 干部力求深入了解第一线情况，掌握作业，并须有分工——指挥火力警戒作业部队。

（三）近迫作业中应注意事项

1. 火力阵地不宜过于拥挤，并尽量构筑较多之隐蔽部以防敌炮火杀伤。

交通沟要尽量开阔并尽量多开阔几条，以便前后来往运输的方便及时，及使兵力上机动。

2. 作业前对工具器材要准备充分，若作业工具缺乏时，应先配齐第一线部队。

3. 前沿阵地交通沟弯度可略小，以能运动部队为原则，惟通后方之纵深交通沟须加宽，要求 1.5 公尺，1 公尺深，再加积土即能自如地运动部队、转运伤员，必要时并能运动炮兵。

4. 干沟筑成后根据当时情况，再向两侧开成数条支沟，纵横贯通联接起来，支沟主要是打通两侧出击道路，前沿抵抗阵地也应向前开出数支沟设法楔入敌两阵地之间，切断敌之后路，包围敌人达成从敌侧后实施面的攻击，不使敌人收缩逃窜达到全歼守敌的目的。

5. 参加作业部队进入作业后，随时应有高度战斗准备，武器放在身边，免贴泥土发生故障，隐蔽、肃静、动作迅速，不得有任何响动，如敌打照明弹，除应进行隐蔽外，应利用照明火光观察情况及友邻部队动作，依据经验证明，照明弹在 150 公尺以外，如能确实隐蔽即不易被敌发觉，挖土声音在 100 公尺以外也不易听到。

摘自第三野战军第二十六军司令部《淮海战役专刊》，1949 年 1 月，第 38—40 页

华野二纵王庄、李明庄战斗攻坚获得成功的主要因素

1. 战前准备工作的充分，对战斗迅速取得彻底胜利有着决定作用。首先表现在各级精确的侦察，在风雪寒冷之夜，多次的组织各级干部夜摸，甚至多次行至李明庄、王庄据点纵深侧后侦察，每次回来互相介绍对比，各级司令部除在前线设立观察组织，亦不时派遣参谋人员夜摸，和根据俘供调查，完成各种据点阵地的配备了解，绘成图供给作战参考。第二，周密进行了敌前之学习，解决了战士很多思想顾虑，尤使新俘对我之"人海战术"怀疑打消。在战术研究上，对野战筑城之敌——主要夺取交通沟作战，除实际演习外，辅助采用沙盘教育，订出许多不同的情况，发扬军事民主，大家研究攻击办法，如何跟进？如何发展？怎样防敌反击？致使每个战士在战斗前有了准备，感到战阵中能使用自如。第三，在

弹药准备上较历次战斗充裕，执行了每日消耗报告制度，使纵队每日晨8时即可以掌握第一线部队昨日消耗数目，迅速提出补充请领意见，促使补发迅速。第四，因时间充裕，各部充分准备了很多木料器材，致使5日夜全线作业包围时，保证迅速地完成工程浩大的三角据点，防坦克壕、附防地堡、交通壕及各种火力阵地。

2. 出敌意表的集中展开纵队主力（四、五师），以四师由黄沟崖及崮上之西，六师由崮上及郭楼之东，并五师一部，同时并肩相互依靠的向北展开隐蔽作业。5日夜敌虽有些发觉声响，不以为然，待6日拂晓才发觉已被为我大部作业包围，九十六师副师长田生瑞惊慌地供称："真是意料不到，你们的工事不仅筑到李明庄的东北与西北两角，且构成了据点，设起了木桩，挖掘了防坦克壕，首先给我们（敌自称）士气打击（大意）。"确实，当时李明庄及王庄除仅一条向北开的交通沟外（我曲射火力白日可以封锁），已形成了绝地，而我虽有防敌反击顾虑，但此种大胆插入作业的战斗行为，造成了我有短促优越的冲锋出发与火力抵近射击的四面攻击的阵地，对保障战斗的迅速而较彻底解决起了决定性作用。当时在部署上为更集中火力与兵力打一二个漂亮的攻坚歼灭战，除以五师主力控制郭楼及其二线阵地防敌突围外，第一步以四师全力附属全纵重炮火，先行攻歼范庄、李明庄之敌，第二步转移全纵火力配合六师全力攻歼王庄之敌，并达成了彼此掩护攻击之目的。

3. 强大炮火支援，炮火集中绝对优势，弹药充足，只王庄据点，我集中六〇炮20余门，7个轻迫击炮连，1个重迫击炮连，5门步兵炮，7门山炮，9门野炮，炮火之猛烈完全压倒敌人，使敌吃不消，因此俘虏均反映："只说五军炮火利害，你们更利害，炮击时根本不能抬头。"当时的炮击情形，确实弹如骤雨，烟似朝雾弥漫，成为一片火海，对我士气莫大鼓励。

4. 部队士气高涨，灵活地掌握了突击时机，采用白天攻击，趁敌准备不及迅速突破敌阵，同时动作协同比以往成功，兹举出以下数例说明一般。

（一）掌握战机，动作迅速——如十一团九连、十七团五连、十八团三连、八连均能利用我炮击烟雾和炸药响声，当敌将隐蔽时发起突击，发觉敌混乱，跟踪向纵深发展，插断敌人，迫敌无喘气机会。

（二）动作协同，向前看齐——如十一团助攻箭头首先突破，钳制箭头之六连亦接着突上，主攻箭头并不依赖亦完全突上。再如十二团之八连原是牵制任务，见敌注意力专注十一团方面，机动地勇猛突入敌阵，掩护了助攻与主攻箭头，四、

五、七连相继突上，其他如适时插截交通切断敌退路，和纵深配合发展均较好。

摘自《第二十一军司令部淮海战役初步总结》，1949年9月，第19—21页

华野八纵魏小窑战斗的胜利经验

魏小窑战斗，仅2个钟头就全歼守敌九十六团，现把迅速歼敌致胜的初步经验作一介绍：

战前认真调查研究敌情，实地沙盘学习

①战前各级干部都分别对魏小窑进行了阵前的观察，并从询问俘虏中，进一步了解敌人的兵力部署和工事构筑情形。我们在5日夜里进行了近迫作业，主攻部队靠到距敌人仅50米左右。

②根据实地情况摆沙盘，四大队张副团长亲自指导展开研究，营里研究时并吸收连的爆破班长参加。哪个排、哪个班向哪里发展，都作了明确分工，增强了主动配合的条件。

③反复审查了战斗组织，充实准备了器材弹药。安邱连二班（突击）12人，由副排长曾照明带领，附有机枪1挺和7支冲锋枪，并每人带手掷炸药2包，手榴弹4个，加强了突击班的配备。

互助主动联系，步炮密切协同

①战前步兵和炮兵指挥员曾具体研究过两次，并拟定了三步射击计划。以至每次射击几发，都作了很认真地研究。

②各种炮兵有了明确的组织分工。远射炮群的任务，为压制敌人火力与射击明显目标；近射炮群主要是摧毁敌地下工事，和其密切的协同步兵的进攻动作。主攻四大队干部，对步兵动作、抵近射击炮群等任务，都明确分工掌握。

③除互相畅通电话，并规定了联络讯号。在步兵开始攻击、占领阵地等情况下，以不同讯号加强联系，这样步兵攻击时，炮火延伸跟进，使敌人不能发扬火力，便于我乘机解决敌人。

队形疏散，小群动作，两点爆破，小组突击

四大队安邱连四班，攻取魏小窑东南公路上的地堡群时，班长姜起录、副班长李德合各带一个战士，同时分两个箭头分两点向地堡爆破，这样可以使敌人两头着忙，便利完成任务。两个点都成功后，二班紧接着分两个组突击，先后从两个突破口占领两个地堡。

动作勇猛迅速，分割敌交通沟

①炮击后，安邱连 6 点 11 分就发起攻击，到 6 点 15 分占领东南角地堡，6 点 25 分就占领了庄东的独立家屋，同时，二、三连在 7 点钟包围敌团部，至 8 点钟全歼敌人。

②安邱连二班以迅速动作沿敌人的交通沟发展，班长孙景成在前面用手掷炸药和手榴弹向交通沟里排击，后面跟进的小组源源供给手榴弹，下半班则分组搜索交通沟内掩蔽部的敌人，并以冲锋枪火力扫射排除交通沟两侧的敌人。

③攻击前都有准确目标，安邱连突破成功后，便与四、十二班，顺村南交通沟向西，十、十一班向西北独立房屋发展，各连积极配合，二连同时顺交通沟压缩敌人，三连直插入第二道交通沟向西，最后二、三连以神速的动作，截断了敌人的交通沟，全歼敌人。

敌人的守备特点和暴露出的弱点

（一）敌人的阵地经过一个月的构筑，有序列的由点到面的分布守备，企图顽抗固守，但由于工事繁多，就兵力分散，这样我们如能迅速动作，把敌部署打乱，敌人的兵力就难以调动或组织向我反击（但必须充分准备打垮敌人的反击——编者）。

（二）敌人前沿修筑了所谓"地堡群"，并穿插有纵横的交通沟，以便运动部队和运送弹药。但这种交通沟一旦被我们切断控制，则有利于我们发展。这次四大队发展的顺利，主要是借此交通沟争取了时间，因而伤亡减少，迅速完成任务。

（三）敌人守备的村庄不大，兵力拥挤，为避免我们的炮火杀伤设有大量的掩蔽部（单人或小组的），当我炮火轰击时就钻入。这样就造成了敌人指挥掌握上的困难，同时，我们的步兵如能乘机在我优势炮火下勇猛迅速突击上去，就能使敌人很快溃乱，顺利解决他。

（四）敌人地堡与地堡之间修有篱笆式鹿砦一层，把地堡死角堵塞，并在堡与堡之间有鹿砦和交通沟连接，地堡外 10 米远处，有一层树枝鹿砦，以阻滞我前进。但敌人搞得多不坚固，如安邱连四班正副班长姜起录、李德合第一道鹿砦拉开通过，第二道就爆炸开缺口。

（五）敌人每个地堡都为轻重机枪巢穴，其大部兵力则散布在堡与堡之间的交通沟内。因此，我攻击时应加强组织短兵火器，首先杀伤驱逐该敌，则更便于最后解决地堡内的敌人。

（李智）

摘自华野八纵《战旗报》第 261—262 期 1949 年 1 月 9 日—10 日

战地报道

李明庄战斗中华野二纵王黄团[①] 七连迅速完成突击任务后
积极向前看齐机动大胆插入敌后

【四师讯】在攻克李明庄战斗中，担任左翼突击的王黄团七连，动作勇猛积极，在友邻部队与炮兵的有力协同下，迅速完成突破任务并机动发展，大胆插入敌后截断敌人，对歼灭据守之敌二八七团起了很大作用。

在攻击之前，担任突击之第三排，虽因在敌火下进行一昼夜的作业，而遭受了相当的伤亡（排长、排副、九班长、八班副等均负伤）与极端的疲困，但排长杨远合仍坚持不下火线，并在连的指示与协助下立即把九班合并到八班，又临时指定一个班长王德胜担任排副，迅速调整了组织。炮击声中，排副率领了突击班紧跟着第一包炸药的轰响，迅速扑入了敌阵，左翼的敌第一个地堡刚打出一排手榴弹后，即被陈善兰的第一组消灭了。与此同时，曾流的第二组，也奔向敌人的第二个地堡。几个敌人沿着交通沟冲了上来，曾流即大喊一声"缴枪不杀"，就迎上了去，并趁敌冲锋枪瞎火的间隙勇猛追了过去，连续缴了一支冲锋枪、一挺轻机、一支步枪，俘敌4名，解决了第二个地堡。至此七连仅以不到10分钟的时间就占领了敌坚固的前沿——三个地堡和全部交通沟。

但三排同志没有满足既得的胜利，虽然他们没有担任向纵深发展的任务，但仍以高度的战斗积极性和向前看齐的精神灵活自动地向纵深直插；一排也打进来了，两支箭头便在敌营部防地前会合，一排向敌营部的小圩子发起了攻击，三排又机动地迂回到敌后，在友邻部队的四面八方攻击下，因守在西北角营部的敌人被解决了，三班抓住了敌正、副营长，火箭筒也属于七连了。混乱中，一大股敌人企图从敌团部后面沿南北交通壕向陈官庄方向逃窜，刚好又遇到大胆迅速的第三排，一梭子机枪扫过去，二三十名敌人连滚带爬地跌入了壕沟，小李的第三组又摔过去一排子手榴弹，火光下看见敌人始终没有起来，后续的敌人回窜了，三排就这样插断了敌人的退路，有力地配合了兄弟部队，使敌二八七团迅速就歼。

（化达）

摘自华野二纵《拂晓报》第 927 期 1949 年 1 月 28 日

---

① 编者注："王黄团"为华野二纵四师十一团。

华野二纵十二团五连在李明庄战斗中英勇突击顽强守备

【本报讯】李明庄战斗中十二团五连出现了许多英勇突击顽强守备的范例，在坚决歼灭敌人的决心下，同志们都英勇地守住了自己攻击的前进阵地。黄昏前敌7辆坦克向他们攻击时，最近一辆离工事只有四五米远，并把木城、机枪掩体、交通沟大部摧毁，有的同志被土埋了身。但大家都非常沉着地喊："坦克来了，准备好小包炸药手榴弹！"机枪手们则专等打敌步兵，当坦克向一营阵地被几个手榴弹打回去后，战士们都兴奋地喊："坦克开小差了，你再来呀！"敌步兵未敢露头，在攻击中，第一名爆破员姜红先同志扛了8斤重的炸药，在连长指挥下，飞也似的跑到鹿砦边，但鹿砦已被我炮火炸毁了，他便机动地跑到第二个爆破点，完成了任务，还未等到回来，第二名爆破员孙忠江听见了响声又按原定任务跑到了地堡前，发觉被前名炸倒了后，就机动地把炸药靠上了第三个爆破点——壕沟边上，保证了全连仅8分钟时间即占领了前沿。

战斗中□□□□苏中的新同志也表现得很英勇，如一班新同志时见美，当班里只剩他和副班长与一孙部解放战士3个人时，他仍和副班长一道向纵深发展，并沉着用手榴弹威胁解决了在工事里向他打枪的4个敌人，又缴了2支冲锋枪。三班新同志周义高，缴了1挺机枪，得意洋洋地扛着乱跑，八班王国富（孙部解放）很勇敢地跑到头边搜

▲ 在强大炮火配合下，华野二纵十八团某部掩护突击队冲锋

索敌人，一个人缴了3挺加拿大机枪。当英勇的二班长高自友向里发展，遇敌诈降被击伤时仍忍痛把缴获的4支枪背了回来，最后甚至爬到连长跟前，把枪交给连长，并告诉里边情况，叫别的同志小心。此外，在战斗中，许多同志负了伤临下去时还带信给连首长致歉，如三班长郑贵三下去时遇见政指，还说："我对不起党，没有完成任务。"战士孙宗喜、范义水负伤下去时，还叫宣传员带信给连长说："这次实在对不起，我没有最后完成任务。"

（礼）

摘自华野二纵《拂晓报》第 924 期 1949 年 1 月 19 日

▲ 淮海战役最后阶段，华野二纵六师十八团炮兵连的阵地位于小王庄后面。某日下午3时许，国民党军一个团兵力向兄弟部队攻击，前面一个营已迫近鹿砦，另两个营也开始攻击了，该连炮弹虽然不多了，但为支援友邻，不顾一切向敌密集队形猛烈轰击，把敌人压缩在兄弟部队前沿，陷敌于进退两难之境地。兄弟部队趁势出击，该连又以猛烈的火力轰击纵深，切断了敌人的退路，掩护兄弟部队歼灭了敌大部。战后该连被评为二等立功连，并荣获华野二纵六师授予的"密切协同"奖旗

震裂敌胆——华野二纵四师重炮连在李明庄战斗中

6日下午的李明庄、范庄战斗中，四师炮兵连二、三排以准确射击向李康楼轰击，压倒敌人的炮火，并打垮向李明庄增援之敌。下午4时，经过观察地形和距离后，蒋政指发现李康楼的敌人乱窜，便立即指定了七班试射的目标，第一炮即命中了目标，接连又是几炮，都落在敌房子上，蒋政指到二排对五班说："七班打得很好，现在看你们打得如何啦！""我们一定同样命中目标。"这话刚说罢，炮弹就在敌人地堡中间爆炸。

开始轰击时，重迫击炮对准了李康楼，从东头打到西头，又从西打到东，把敌人在李康楼的炮完全打成了哑吧。当李康楼后面的敌炮刚打出来3发炮弹，二排副杨传将下了命令："对准刚才的炮出口声打！"连续几发炮弹打出去，从此该处敌人的炮已成哑巴了。

企图向李明庄增援的装甲车出动了，炮手们以极快的速度观察了地形距离，马上就对准装甲车开始轰击，炮弹接连落在装甲车附近，装甲车慌忙地掉头向北跑了。

参加攻击李明庄的该连一排，在敌火下进行了艰苦的土工作业，抢着挖炮阵地，一班长赵文海负伤了仍坚持挖，班副余本相洋锹把被子弹打断了，但他没有被吓住。

开始轰击的第一炮即命中在敌地堡上面，接着又是一炮，地堡随着炮声开了天窗，炮手们高兴地跳起来喊着："打得好再给他一炮！"一班长赵文海和炮手黄清素、马荣富忘记了伤口的疼，忙着擦炮，搬运炮弹，接着又是一声怒吼，右边的一个地堡又掀翻了。攻击的步兵同志们鼓起掌来欢呼着："打得好呀，再来几

炮！"连续十几炮，全部打在地堡群里，地堡大部分摧毁了，敌人慌乱地钻进了掩蔽部，突击队的健儿们趁着炮声未停突上了前沿，一排长李根清马上命令："向敌人纵深打！"猛烈的炮声压得敌人头也不敢抬，当突击队冲进敌工事里，从洞里把敌人三营正、副营长往外拉时，敌营长恐惧地说："现在不能出去，你们炮打得太厉害啦！"

（环克军）

摘自华野二纵《拂晓报》第 924 期 1949 年 1 月 19 日

攻击李明庄、范庄奏捷　全歼国民党第七十军二八七团
生俘副师长、团长以下官兵 1000 余人，缴各种炮 29 门机枪 62 挺

【本报讯】6 日晚 5 时 45 分，我四师主力向据守李明庄之敌七十军九十六师二八七团发起攻击，十一团首先攻占李明庄西面、西南的前沿阵地。5 时 50 分，该团 5 个连即全部突入村内。与此同时，十二团亦从东北突入，并以两个连切断该敌向北、西北伸出之交通沟。经过短促战斗，即将敌二八七团团长生俘。7 时，敌一、三营残部即交枪投降，在我军政治攻势配合下，由匪九十六师副师长亲自率领据守范庄之该匪第二营全部，亦于当夜 12 时缴枪投降，至此匪二八七团全部被歼，计生俘敌九十六师副师长田生瑞、二八七团团长李启龙，该团一营营长李贯亚、二营营长杨风阁、三营营长周炎全等以下千余人，毙伤敌 200 余，缴获火箭筒 4 门，美式八一迫击炮 6 门，六〇炮 23 门，轻重机枪 62 挺，汤姆、卡宾 110 余支，详细战果正清查中。

摘自华野二纵《拂晓报》第 917 期 1949 年 1 月 9 日

▲ 华野二纵六师十八团一营三连，在围歼杜聿明集团的王庄攻坚战中，以迅猛动作突破国民党军阵地，为后续部队开拓了前进道路，被评为一等战功连。图为全连合影

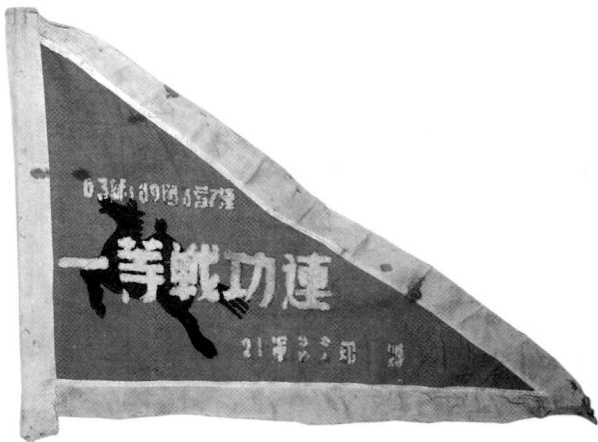

◀ 华野二纵六师十八团三营七连荣获
的"一等战功连"奖旗

华野二纵歼敌二八八团经过　勇猛神速 50 分钟解决战斗

【本报讯】本报记者白艾报道歼灭据守王庄敌九十六师二八八团经过称：自四师打下李明庄、范庄，全歼守敌之后，敌二八八团据守的王庄阵地，更暴露在解放军面前。我六师部队经两天两夜的作业，已完全接近到王庄前沿，7 日下午 4时 40 分，我强大炮兵开始炮击，此时部队士气空前旺盛，战士们一致要求不等炮击结束，提前发起攻击，提前完成任务！当炮击刚 10 分钟，战士们即纷纷提出："打他个措手不及，拿上去喝掉它！"当即在烟雾中发起了攻击。担任主攻王庄东边的胡姜团[①]三、七连，一个以 7 分钟，一个以 10 分钟的短促时间，扫清了王庄东北及东南两个地堡群；担任主攻的该团二连，没有等得及营的最后命令，已开始了对鹿砦、外壕、地堡的连续爆破，插入了王庄东敌二八八团二营阵地。另一箭头八连亦同时插入，不到 40 分钟已打到与孙周团[②]的分界线，全部解决了该敌二营全部。与此同时攻击王庄西段的孙周团五连于占领了西南的地堡群后，与二连同时攻入敌二八八团一营阵地。三连则以神速的动作，在一二百米远开阔地上及敌三面交叉火力下，不顾一切，以百米赛跑的快速动作，由王庄西南插向西北，迅速占领了王庄后交通沟及地堡，突然出现在敌二八八团作为预备队的三营屁股后，切断敌之退路，并迫使这个预备队来不及预备上，即大部作了俘虏。由于战斗是如此神速勇猛地发起，而又是这样干脆、神速的结束，使得敌七十军

---

①　编者注："胡姜团"为华野二纵六师十八团。

②　编者注："孙周团"为华野二纵六师十六团。

九十六师二八八团，除了少数的逃脱外，其余的就在这样短短 50 分钟内全部的覆灭了。

摘自华野二纵《拂晓报》第 918 期 1949 年 1 月 10 日

英雄第八连五班火线政攻歼敌获胜

王庄战斗时，"英雄第八连"的任务是：牵制敌火，掩护兄弟部队突击，当兄弟部队猛插进王庄时，敌人混乱了。徐副政指即命令五班："冲上去，把敌人吃掉！"肖怀玉带着二小组首先冲了上去，一面占领阵地，一面对敌人展开了政攻。肖怀玉喊："缴枪吧，缴枪不杀。"七十四师解放战士桂彦法也喊道："快缴枪吧，解放军宽待俘虏，我就是七十四师解放来的。"就这样一枪未放的解决了 3 个地堡。当他们继续向前面的敌人喊话时，敌人不打枪也不缴枪，肖怀玉同志打过去一包炸药，随着厉声喊道："快缴枪，再不缴枪就送炸药！"十几个敌人被迫缴出了手中的武器，五班仅以一名轻伤和一小包炸药的代价，俘敌 20 名，缴获汤姆 2 支，步枪 16 支。

（李新兴、钟志伟）

摘自华野二纵《拂晓报》第 928 期 1949 年 1 月 28 日

王黄团李康楼歼敌经过　勇猛顽强机智两小时歼敌近两个团

【本报讯】王黄团在攻歼敌七〇军九十五团（按第一营已在上月 29 日向我投诚）及军直野炮营、特务营、工兵营据守之李康楼战斗中，动作迅速勇猛，坚决顽强，继李明庄之后，又一次创造了光辉胜利。9 日晚该团开始近迫作业，战士们虽经过了连续战斗的疲劳，四五天来没有好好合眼，但大家情绪越打越高，各连争着要求担任突击任务，他们说："打下李康楼，好再去捉杜聿明！"作业中，虽时有伤亡，但仍不顾一切，继续向前挖掘，当掘至敌东南角外围小据点百多米远处，匪九十五团第六连两个排 70 余人慑于我军神威，即在连长李之晔率领下向该团一营投诚，我军当即占领该处，并决定提前发起攻击。担任主攻的第二连即在爆破声中，以 3 分钟时间突破前沿，排除敌人交通沟、子母堡群的重重抵抗，打退并歼灭反扑的敌一个排，即迅速向纵深发展。与此同时，该团另一主攻箭头八连也从正东前赴后继的突入，九连则在机枪手平端着机枪掩护下从 200 多米远开阔地上展开赛跑前进，像一把飞刀一样把敌人后路切断，连续打垮敌人两次集团反扑，突击班长陈水□紧握着冲锋枪，一边前进一边扫射。二排正、副排长皆负伤了，全排仍继续向上猛扑，连长李明友带一个通讯员冲进敌人窝里，抓住一个俘虏喝问："哪一个是连长？"俘虏立即指给他看，他紧接着追问："谁是营长？"该俘虏又马上指着蹲在隐蔽部的野炮营长，李明友同志当即命令他下令集合站队，于是成群的俘虏钻出隐蔽部，站队投降。就在这时候，各路大军迅速会合，如同无数支尖刀，纷纷猛插入敌阵，把敌人的防御体系完全裂碎，成班、成排、成连……地受歼，约一个连敌人企图向东北突围，可是没走多远，即被教导员马贝示率两个班追上歼灭。至此，匪九十五团及军直野炮营（有野炮 11 门）、工兵营，仅仅经过 2 个钟头即为我干脆彻底歼灭。

（村）

摘自华野二纵《拂晓报》第 920 期 1949 年 1 月 15 日

► 华野二纵攻占王庄，迫使地堡内的国民党军缴械投降

▲ 华野二纵某部向陈官庄南之关王庙冲锋

◄ 华野二纵在陈官庄战场缴获的国民党军武器

华野八纵四大队二营配合兄弟部队攻占李康楼

四大队二营配合兄弟"泗阳"部队，攻击匪三十二师师部驻地李康楼。10 日拂晓前"泗阳"部队十一团开始夺取东侧公路上的地堡群，四大队二营机枪连和五连，即以密集火力予以援助，攻击奏效后又继续向东北发展。这时兄弟部队炮火，正向庄南头敌地堡群猛烈轰击，待炮火稍息，我五连二排即趁机发起冲锋，迅速占领敌人前沿，放出联络讯号，炮兵立即停止射击。五连二排立即向东侧地堡群发展，与兄弟部队互相呼应，以哨音联络前进。六班在班长王根木带领下，以机枪掩护，迅速占领了第一个地堡，又向第二个地堡猛突。正打得激烈时，机枪发生故障了，机枪射手王福成即端起冲锋枪继续掩护攻击，从魏小窑解放来的新同志姚庆春，端起刚在第一个地堡里缴来的弯梭子机枪说："我会打。"班长王根木即趁着机枪火力的掩护，勇猛夺下第二个地堡，俘虏了 6 个敌人。接着他们占领了第 4 个地堡，俘虏敌人 20 多名，缴获重机枪 1 挺，轻机枪 3 挺。当向第 5 个地堡突击时，敌人慌忙的向庄内逃窜，恰好被我兄弟部队的一个排截住去路，敌人全部就俘。这时两支部队便向庄西北发展。当二排向东发展时，一排也顺利从南门打进庄里，俘敌 100 多，与从东门进庄的兄弟部队会合，并肩向庄北发展。我二营另一支箭头四连一排从庄西侧突破了一个地堡群，歼敌一个排后，便从西向北发展。从战斗开始到结束约半个多钟头，这几支箭头同时在庄北会合，继续向西北正在逃窜的杜邱匪军追击。

（海沙）

摘自华野八纵《战旗报》第 267 期 1949 年 1 月 15 日

华野二纵刘施团 [①] 五连在攻击穆楼外围据点中
涌现不少打到底的英模人物

【本报讯】9 号拂晓，刘施团五连攻占穆楼外围据点，全歼守敌后，在打垮敌人 10 余次反扑的战斗中，涌现不少坚持到底、打到底的英模人物。政指叶超亲自带突击排，突破前沿，占领敌阵地。打敌人反扑时，适时有力提出鼓动口号："实现决心计划在今朝。"虽负两次伤仍坚持不下火线，指挥部队直到炸药打光，还指挥附属他们的六连二排与敌人拼刺刀，最后撤下时又负重伤一次，仍在最后下来。

---

① 编者注："刘施团"为华野二纵五师十五团。

六班长李全绿突击冲锋时冲在最前面，敌反扑时带领本班堵在最前头，冲锋枪子弹打光了，又抱着一挺机枪向敌扫射，直到牺牲没离阵地一步，对打垮敌 10 余次反扑起很大作用。七班机枪射手陈树山机枪打坏打步枪，步枪打坏打小包炸药、炸弹，撤退时又走在最后，并在敌火下背一个伤员下来。一班新参军战士张兴负三四次伤，还坚持不下火线。爆破班陈子松完成第一包爆破任务又配合班长完成了两包，在密集敌火下来回运弹药 3 次，子弹把抱在怀里的炸弹柄打断一棵，小袄被子弹打穿了洞，但他连手也未松的照样完成了任务。

（礼）

摘自华野二纵《拂晓报》第 924 期 1949 年 1 月 19 日

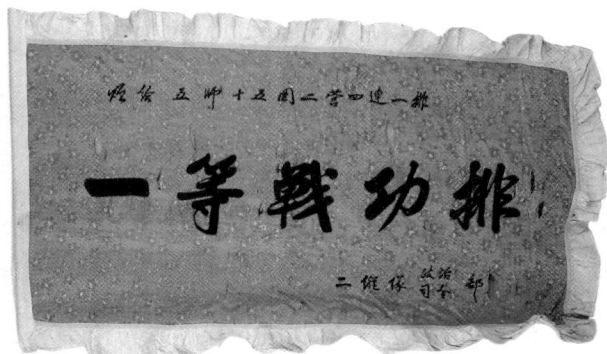

▲ 华野二纵五师十五团二营四连一排，在围歼杜聿明集团战斗中，连续打退国民党军 5 次冲锋，毙伤 100 余人，缴获轻重机枪 5 挺，步、手枪 100 余支，弹药一部，荣获纵队授予的"一等战功排"奖旗

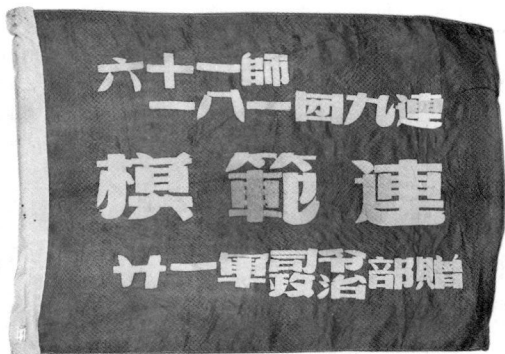

▲ 华野二纵四师十团（战后改编为六十一师一八一团）九连在淮海战役中被评为一等战功连，战后荣获二十一军司令部、政治部授予的"模范连"奖旗

华野八纵四大队攻占魏小窑歼敌一个团经过

【前线记者海沙报道】四大队一营，在兄弟部队和强大炮火的有力配合下，从炮击到解决战斗仅用了 1 点 50 分钟的时间，以神勇动作攻占满布地堡、交通沟蜘蛛网式的魏小窑据点，全歼敌七十军三十二师九十六团的全部。6 日下午 6 时战斗打响，炮轰 10 分钟后，安邱连首先猛扑敌人前沿，四班正副班长姜起录、李德合二人，当先抱着炸药把敌人庄东南公路上的一个地堡群前的鹿砦炸开了一个缺口；紧接着指导员高荣木带领二、八两个班冲上去，用榴弹、小包炸药排向敌人；三排副排长朱佐亭同志带领全排，沿着一条西北通庄的交通沟，插入第二个地堡群，敌人没来得及逃跑就被活捉了。这时一排从左侧，三排在右侧，配合

二排解决了敌人庄西北角的一个独立大地堡。到 6 点 25 分，就全部歼灭了敌人的二营。

同时，二连一排在副排长王宝贵的带领下，机动灵活地迅速切断了敌人通向师部交通沟的退路，占领两个迫击炮阵地；该连二排趁此向庄中压缩，逼近了敌人的团部。三连也从庄南交通沟包抄过来，这时敌人的机枪顺着交通沟扫射，但同志们都不顾艰险，勇敢的越过了 2 米多高的壕沟翻上，以猛烈的排子手榴弹和小包炸药最后歼灭了敌人团部的残余。这时恰是 7 点 50 分，就全部胜利地占领了魏小窑。

摘自华野八纵《战旗报》第 260 期 1949 年 1 月 8 日

▲ 华野八纵某部炮兵准备向魏老窑攻击

▲ 总攻陈官庄，华野八纵某部排长宋作良负伤不下火线，继续坚持作战

华野八纵魏小窑战斗初步战果

【本报讯】四大队一营在兄弟部队配合下，攻占魏小窑据点，歼敌七十军九十六团全部，初步战果如下：俘敌副团长卓宏义、团副兼二营营长林录昌以下 800 多人。毙伤敌 300 多人。缴获迫击炮 4 门、六〇炮 11 门、重机枪 6 挺、轻机枪 33 挺、冲锋枪 30 多支、卡宾枪 20 支、自动步枪 1 支、步枪 350 支、电台 1 部、电话总机 2 部、单机 3 部、马 5 匹，及其他物资一部。

摘自华野八纵《战旗报》第 260 期 1949 年 1 月 8 日

华野八纵攻占魏老窑据点毙伤俘敌 1100 名

【本报讯】继 6 日晚攻占魏小窑，歼敌一个团的胜利后，我五大队在六大队密切配合下，于 7 日下午 7 时向魏老窑据点发起攻击，经一个半钟头的激烈战斗，全部歼灭守敌七十军三十二师九十四团。据初步统计：俘敌副团长以下 640 名，打死打伤敌 460 名。缴获迫击炮 3 门、六〇炮 21 门、小炮 4 门、重机枪 10 挺、轻机枪 43 挺、冲锋枪 14 支、卡宾枪 27 支、长短枪 336 支、炮弹 170 发、子弹 27000 发、冲锋枪弹 500 发、手榴弹 300 枚、骡马 5 匹。

摘自华野八纵《战旗报》第 261 期 1949 年 1 月 9 日

▲ 在淮海战役中被评为"一等功臣班"的华野八纵六十九团九连五班

◀ 华野八纵二十二师某部卫生员、代理连长刘继祯在淮海战役中荣获"一级战斗英雄"称号

◀ 华野八纵某部于 1949 年 1 月在淮海战役魏小楼战斗中缴获的美式照像机

迅速勇猛 10 分钟突破敌前沿　华野十一纵"四一"大队攻克李楼经过

我纵"陕西"支队以 30 分钟战斗，即粉碎困敌七十二军二三三师点点相连的碉堡群，神速攻占李楼。在沉寂了近半个月来的淮海战场上打下了最后总攻歼敌的胜利开端。5 日晚，该部即自原与敌对峙之阵地向敌迫近，半个月来，他们已充分地完成了一切攻击准备，仔细地研究过敌人的碉堡群工事，演习了各个战斗动作。与此同样重要的，在连天风雪的日夜，对敌人不断进行了政治攻势，在敌人

的精神上，也给我们完成了攻击准备。当 6 日下午 4 时，在我强大的炮火与兄弟部队协同动作下，"四一"大队六连一排 23 位突击队员，用熟练的动作，对李楼守敌第一座碉堡群开始了冲锋，突击队员们一个一个连续跃进，不到 10 分钟即打开突破口，同时在沿李楼前之大堤左侧向西攻击之三营七连，沿堤右侧之五连二排也都迅速地打进了敌人前沿。如出山猛虎一样的战士们，带着他们新年立新功的计划，不让敌人有喘息空隙，敌人沿交通沟向李楼败退，我们跟踪向李楼猛追，敌人逃进李楼，我们也追进李楼，已经惊惶失措的敌人，来不及抵抗又自李楼向东北的鲁楼奔逃。战士们谁也不肯放松敌人，立即又跟踪追过李楼，在李楼以北的野田里，终将这股败敌追了下来。这股号称七十二军主力二三三师的六九七、六九八团大部人马，放着战壕不敢争夺，放着点点相连的碉堡群不敢站脚，只想狼狈逃命，但在解放军的铁锤下，上天无路入地无门，逃不掉做俘虏的命运，只好乖乖地放下了武器。

（陕西记者组）

摘自华野十一纵《战线新闻》第 77 期 1948 年 1 月 7 日

▲ 华野十一纵九十三团三营机枪连向施放毒气的国民党军射击

▲ 华野十一纵九十六团（后改编为二五八团）在淮海战役中缴获美式武器之一部

李楼战斗敌曾放毒　我有准备未受阻碍

【陕西记者组报道】"四一"大队攻克李楼战斗中敌曾施放毒气。我该部二营在突进敌前沿子母堡时，守敌即大打化学手榴弹，放出催泪性和喷嚏性两种毒瓦斯，地面上当即蔓延着乳黄色、白色和黑色浓重的气体，幸我早有预防，突击部队大部均有防毒面具，同时因动作极度迅速，很快冲过毒气地带追近敌人，使敌不及再大量放毒，并未影响战斗进行。敌人这次放毒，是早已蓄意施行的恶毒计划，据为我生俘之匪六九七团有线电台台长邵海清谈：匪每团均发到 40 个毒气迫击炮弹，每班并发到 5 个化学手榴弹。

杜匪此种战争罪犯行为，必将受到他应得的严厉惩罚。

摘自华野十一纵《战线新闻》第 79 期 1949 年 1 月 9 日

五、杜聿明集团的覆灭

1949 年 1 月 9 日，杜聿明集团残部连续向西突围，国民党空军副总司令王叔铭亲率大批飞机到陈官庄地区上空助战。当晚，杜聿明向蒋介石发出最后一封"各部已混乱，无法维持到明天，只有当晚分头突围"的电报后，即与邱清泉、李弥等各自分头突围。10 日凌晨，解放军攻入杜聿明指挥中心陈官庄，邱、李残部失掉指挥，见大势已去，纷纷缴械投降。下午，解放军攻克了国民党军最后一个据点刘集，截获了突围的 10 余辆坦克，生俘国民党徐州"剿总"副总司令杜聿明以下 10 余万人，第二兵团司令官邱清泉毙命，第十三兵团司令官李弥化装潜逃。

徐蚌战报

杜兵团展开大规模攻势

【本报讯】杜聿明将军所率兵团获充足补给后，显已开始大规模进攻。前昨两日空军几竟日出动投弹，每架飞机于每 3 小时内可投弹 600 枚，足证战况之激烈。大批驱逐机也自前方某基地起飞助战。据参加轰炸之机上人员谈，彼等飞至前线处，曾见地面炮火较前猛烈。

摘自《中央日报》1949 年 1 月 11 日

杜聿明部分路出击

【中央社蚌埠 11 日电】永城以东青龙集一带与匪鏖战匝月之杜聿明部，及邱、李等兵团，近以天气晴朗，已获得充分补给。据空军侦查报告：我杜部各大兵团，士气旺盛，连日出击，歼匪极众。

【本报讯】奋战宿永地区经月，牵制匪军大部主力之杜聿明将军所领导之国军兵团昨（11）晨已突围成功。据有关方面昨日下午所接获来自战地之情报，其自西南突出之一部业已越过蒙城向南移动中。此一强大之国军兵团于前（10）日即作突围准备，在机群掩护下与匪激战竟日，匪蒙受3倍于我方之伤亡，前日下午6时，国军即分3路突破顽强之包围圈。据空军侦查报告，突围国军二路向东南推进，一路向西南推进，昨日白昼已无激烈之战斗。据接近军方人士，昨语记者："夜间最利于突围行动，今晚此5万余已破重围之国军，定将有更重要而令人兴奋之发展。"

摘自《中央日报》1949年1月12日

刘峙昨日晋京

【本报讯】徐州剿匪总司令刘峙昨（11）日上午9时许自滁县抵京，刘氏前日即至滁县一带视察防地，昨系顺道来京检查身体。同行者有剿总副参谋长章毓金，剿总总务处长胡佛，据陆海空军医院检查结果，刘氏患神经衰弱与痔疮，惟不严重。刘氏定今（12）日返蚌，昨日下午曾分别谒见国防部长徐永昌及参谋总长顾祝同。

摘自《中央日报》1949年1月12日

杜兵团苦战突围

【本报讯】国防部顷发表1月6日至12日之一周战况如下：

……杜聿明副总司令，自从11月6日，由东北经过南京，转赴徐州以后，即指挥邱清泉、孙元良、李弥三兵团与优势之陈毅匪主力连续作战。作战期间，已两个月零6天，最初一月，在徐州附近与匪激战十数次，曾击破匪将近10个纵队，从未休息整补，就奉命由徐州南调，阻止陈毅、刘伯承二匪的合力南进，于12月到达永城宿县中间地区，与匪开始主力作战，经过一月之恶战苦斗，除孙元良兵团一部早已突围外，邱李两兵团月来均在陈官庄、青龙集一带狭小地区被优势之匪围攻，全靠空运补给，其间10天遭遇风雨冰雪之恶劣天候，官兵粮食燃料补给不济，饥寒交迫，在悲痛情绪下赖杀战马充饥，驻地已无树皮草根。杜副总司令和邱李司令官等高级将领，仍都与士卒同甘苦、共患难，常竟日不得半饱。杜副总司令且于半月前即卧病，国防部两次派飞机接他就医，他均以愿留与所部共患难为辞，不肯出来。直到本月6日清晨，陈匪集结新经补充之第一、二、三、四、八、九、十、十三、两广、鲁中南、快速及渤海等15个纵队和另外3个独立旅，以及由郑州、开封、济南开来的民兵，总数约有30万人，倾巢进犯，我杜部官兵协同空军与匪浴血奋战，连续5天，战况激烈空前，在此期内匪军死伤于国军还击，及飞机炸射者达5万余名，国军伤亡亦达3万余人，以主要阵地尽成焦土，我杜副总司令率部于10日晨向外突围，由于匪军在四周曾掘5道以上之长壕，并满布地雷及排炮，突围部队牺牲损失，自在意中，刻尚有队伍数部正向西向南行进战斗途中。总计1个月以来，我杜兵团奉命固守萧永地区，以1个月的时间牵制匪军之南进，杜兵团于超过限期5天之后，才开始突围，在战略上已完成其争取时间、掩护江淮国军部署任务，并且取得伤毙匪10万以上的代价，全军艰苦作战，壮烈牺牲之英勇事迹，堪为国军之模范。

摘自《中央日报》1949年1月14日

杜聿明被俘说未证实

【本报讯】昨（13）日记者招待会中，有外籍记者询及共匪广播杜聿明将军于突围时被俘消息，据国防部政工局长答称：杜副总司令两周前即卧病，国防部曾两次派机往接，但杜副总司令决心与所部士兵同生死共患难，故拒绝飞出。至于杜氏是否被俘，目前尚难证实。

摘自《中央日报》1949年1月14日

战地报道

困匪的覆灭——最后全歼杜聿明残部之战的一角

匪首们妄想以各种方法去摆脱业已迫近的最后覆灭的命运。9日从清晨到黄昏，他们用了100多架飞机，沿包围圈内的刘河、寇庄、刘集一线，一直向西南到几十里以外的和平村庄，滥施轰炸、放毒。被俘虏的匪李弥兵团部的少校副官李崇湘供说：这天杜聿明亲自带领突围，足足转了15个阵地，始终没有转到一个可以跑出包围圈的缺口。

也是在这天晚上，我军的排山倒海的全线攻势，把本来就很狭窄的包围圈，紧缩得剩下一块纵横各 10 里左右的地方，为数 10 余万的匪军，就像枯海里的鱼虾一样的慌乱起来。

第二天拂晓，我军王方团^①特务连迅速占领了包围圈内西北角的张庙堂村。战斗刚告结束，妄图西窜的匪军，以 18 辆坦克当先锋，从东南跑过来。王方团的勇士们急急奔到村西头，手榴弹、小炮和轻重机枪都一齐向坦克打去，一辆"三〇四号"坦克的履带被打毁停住了，后面的一辆装甲汽车，被五连小炮班的吴孟行同志一炮打在项上，上面的匪徒们连滚带爬地跳了下来。跟在坦克后面的是 30 多个配带着冲锋枪的骑兵和一些汽车。某连机枪手冯竹玉同志接连打毁了两辆汽车，打倒了 3 匹马，吓得骑兵们纷纷滚下马来。这时，纵横三四里的地面上，只见人海般的匪军拥将过来。八班机枪组邓名堂、魏丙祥和冯竹玉等同志掩护着部队突进人海。前面的一群匪军们举起双手跪在我军面前哀求道："我们交枪啦！我们交枪啦！"接着，后面成千累万的匪军都自动放下武器，高声叫道："欢迎八路军！""我们等你们 30 多天啦！这回可好啦！"像疯人似的向我军战士们要饭吃："八路军同志，我们放下武器啦！快给我们饭吃，我们有日子没东西吃啦！"匪军军官们也自动跑过来请求赶快把他们带走，或指定方向让他们自己去……

好容易从村西头把敌人窜逃的浪头截住，大群的匪军又从村东头向北窜逃，我军王方团五连王副连长带着一排飞快地插到村东面，还没走出战壕，上万的敌人都举起手来"噢噢"的叫："庆祝大胜利！庆祝大胜利！"一齐拥至，放下了武器。

漫长的俘虏行列，被押解着走出战场，远远望去，分出无数河川样的向着我军阵地流去。鏖战月余的战场上，狂妄的匪徒集团像遇到阳春的冰雪一样，彻底崩溃了，溶解了！

（温国华）

摘自山东兵团《华东前线》第 74 期 1949 年 1 月 16 日

---

① 编者注："王方团"为华野九纵二十七师八〇团。

▲ 在强大炮火轰击下，国民党军阵地烟雾弥漫

▲ 戴防毒面具作战的解放军战士

▲ 在解放军的攻击下，国民党军举手投降

▲ 在解放军连续攻击下，国民党军纷纷摇动白旗投降

华野九纵最后的战斗

10日杜匪邱李兵团满山遍野被我军分割歼灭，整个淮海战场只剩下最后的一个孤守点——刘集。当宋耿团对刘集发起攻击时间已到，指挥所的电话铃又响了，纵队、师的首长都在亲自组织指挥这最后的战斗，宋耿团八连的战士们一切准备就绪，大家在战壕里相互地流传着说："歼灭黄百韬兵团最后是咱们八连突破解决的小费庄。""这次刘集又是邱李兵团最后的一个孤守点，上级叫咱们结束这一战。"他们是许多兄弟部队中的一支最突出的箭头。

下午1点50分炮兵们对守刘集之敌开始轰击了，战壕里每个人都瞪着眼睛看着每颗炮弹落在敌人之地堡盖上，不由地喊出："打得好！"八连在我之炮火掩护下，一、二排跟随着八班冒着敌人的封锁，一直通过300余米之开阔地，发展到刘集的西北角第一道围墙的跟前。敌人的手榴弹冰雹似的从围子上扔下来，他们刚爬到一丈高的土围子之半腰，围墙上的一个地堡又疯狂的射击着，土墙光滑十分难上，在这千钧一发之际，勇士们乘着一颗炮弹的烟幕，一个一个搭着肩爬上了第一道围子，八班长杨保平同志首先爬上，将一面小红旗子插在围墙顶上，为时仅 7 分钟。八班发展到第一道三角工事里以后，一、二排亦相继爬上了围墙，第一道围墙里之敌 500 余人即战栗的放下了武器，当了俘虏，其中有一个小俘虏向三排副张学言同志喊着："这回可好了，我早就盼望你们来解放我呀！"这时敌之 14 个地堡已被我之炮火摧毁了 13 个，当八连的勇士们要突破第二道围墙时，弹药已完全打光，他们每人用夺下敌人的手榴弹，一颗一颗地又打进敌之心脏里去。第二道围墙仍然光滑得很，大家正在考虑如何突破第二道围墙时，碾庄解放战士李炳安扛来一口大铁锅，勇士们踏着铁锅爬上了第二道围子。这时敌人还在挣扎，用三面火力向八班射击，但是机智勇猛的勇士们却分为多支箭头直插进敌人心脏，将第二道围子之集团工事占领后，接着即迅速的突破最后的第三道围墙工事。当勇士们爬上了第三道围墙时，敌人的一门美式战防炮孤零零的，没有一个人照管它。拂晓以前从四面八方败退到刘集的一群匪军，再也无路可窜了，如数就歼，历时 31 分钟，伟大淮海战役的最后战斗就此结束。

（王克华）

摘自华野九纵《胜利》第 112 期 1949 年 1 月 16 日

▲ 华野九纵在友邻部队的密切配合下，攻占了国民党军最后一个固守点刘集

▲ 华野八纵六十四团于刘集战斗中歼灭国民党第七十二军五十八师一七三团大部，俘虏300 余名

华野三纵二十团六连配合兄弟部队歼灭最后刘集顽抗守敌

二十团六连，在配合兄弟部队会攻最后退守刘集之杜匪时，表现了高度积极旺盛的战斗情绪。10 日晨，部队接受出击的命令，涉过蜘蛛网似的沟道、鹿砦，一气奔到杨庄，奉命停止在庄西工事里。在这里，他们看着大批大批的俘虏群从

火线上拥下来，兄弟部队扛着刚缴到的各种美式武器，胜利消息也不断从各个战沟传过来。六连的同志早已等急了，他们每个人的战前决心和立功计划，好像在向他们说："立功的时候到啦，快打吧，再不打就没得打啦！"大家瞪着他们对面还在挣扎的敌人，恨不得跳出工事去吃掉他。许多战士向指导员问："咱为什么不打？"下午2点，当受命配合兄弟部队攻击刘集时，每个战士都高兴极了，甲等战模副营长杜希森带头跃出工事，冒敌炽烈炮火，向敌人扑去。解放军像风起云涌似的从四面八方向刘集涌进，"缴枪不杀"的喊声，响成一片。当六连攻进庄头时，二三十户人的庄子，已挤满了兄弟部队和他们捉到的俘虏，这个小战场，比开会还拥挤、热闹，那些溃乱的不成建制的敌人，在我战士的刺刀下，演着他们熟练的"跪倒"、"拍手"、"举手"、"求饶"等各式各样的缴枪动作。七班同志在两个地堡里，捉到了6个俘虏，缴到5门迫击炮。

该连是最后围歼杜匪战役的后备力量，他们在"待机"投入战斗的空隙里，在冰天雪地里，日夜进行着突击、爆破、拿群堡等军事演习，他们并不断积极地要求上级："把我们开到前边去吧，和兄弟部队换换班。"这次他们投入战斗不到两小时，配合兄弟部队打下刘集，并俘匪军40名，缴迫击炮5门、冲锋枪4支、步枪26支、手枪1支。此次战斗，大大地鼓舞了全连情绪，七班新参军战士王金堂说："开始打，我害怕，一看兄弟部队那么多，怎能打不胜呢？我也就不害怕了……"

（王传贯）

摘自华野三纵《麓水报》第442期1949年1月21日

▲ 在解放军猛烈攻击下，国民党军纷纷放下武器

▲ 国民党第五军四十五师投降官兵集中待命

▲ 被俘的国民党第五军四十六师上校参谋长夏鼎（左一）、少将师长郭方平（左二）、上校新闻室主任李亭林（左三）

▲ 被俘的国民党第五军二〇〇师少将师长周朗

敌群中的华野三纵某部九连

二十一团九连指战员的棉衣，被鲁楼河深夜的寒风吹透了，每个同志都鼓着一股没处使的劲，静坐在河堤上看着。一、二营突破了鲁楼河敌人的防线，向敌人进击，大家巴不得立刻来一个"三营九连出击"的命令。拂晓（10日）战士们一眼望见陈官庄以东以北的开阔地上，满是野猪样的敌人，成千成万，漫天遍地，无数兄弟部队正从里面穿梭似的分别插开，把挤在一团的数万敌人分割为数十列，千百人的俘虏队走下战场。

"九连出击啦！"一班长罗雪福带着一班一蹦老高，"呼"地向西南方向扑去，后面二、三、四、五班……按序列跑步前进，从一列一列的俘虏群中矫捷地穿插而过，战士魏郊玉的脚冻裂几条大纹，如果是在往常，连走路也是会一颠一拐的，但是他在今天这种伟大胜利场面的鼓舞下，跑得并不比别人慢。面前一个残余的群堡挡住了罗雪福的去路，罗雪福大喊："缴枪吧！到时候啦！"敌人喊叫："打呀！"机枪子弹正要上膛，罗雪福、刘忠福、刘长安等4个同志早已跳到敌人工事里，连打三梭子汤姆式，打死9个敌人，五六十个敌人投了降。但这一个障碍只耽搁了罗雪福班二三分钟的进击时间，他们跳出工事，又马上向邱兵团司令部陈官庄方向奔去。

3000余米的激烈跑步，身上背着10余炸弹、4天的干粮、枪支、子弹、铁锹等40余斤东西的战士们，已汗流浃背。但是，什么也挡不住战士们这股胜利的勇气，一股劲从兄弟部队刚突破的南门，涌进了陈官庄，从南面大街上杂乱的敌人当中，一气插到庄西北角。"预备——放！"这时百余米的前方，敌人的榴弹炮还在盲目地吼叫了一声，罗雪福带领全班连翻三道墙，到了敌人的榴弹炮阵地。"预备——放！"罗雪福开玩笑一样地讽刺着敌人，一面命令全班开枪，"呼呼"，敌人的炮兵被打得连拍手掌投降过来。一班7个勇士立即跃进了榴弹炮阵地，很自然地一个人站在一门炮的下面守卫着这个伟大的胜利品。保护榴弹炮的匪五军四十五师警卫营还在离炮阵地10余米远的群堡里昏昏涨涨地烧汤做饭，几个敌人从工事里把头伸出来说："喂！看炮的，还不来吃饭吗？""吃你妈的饭，一会儿叫你到外面集合！"战士们回答他。"集合？伤员怎么办？"此刻机枪班7个同志在堆积如山的枪堆里每人提了一挺加拿大机枪，向这个群堡跑步而来，一齐跳进了群堡前沿，7挺机关枪一齐向群堡吼叫。敌人一个排长跳出工事来，忙叫："不要打，不要打，我带领缴枪。"60余人驯服地走出了群堡。在俘虏来说，方才知道这是解放军。但是在邻近的大型掩蔽部里的敌二兵团司令部的3部报话机，2部电台，还在"喂、喂""滴滴答答"的发报，当连长贾继平同志跳到门口时，一个敌人仓皇的说："快砸机子，来了八路！"贾继平同志斥责道："混蛋！砸什么，还不出来集合。"二班插到一个官太太的大掩蔽部里时，叫她们集合，宣太太说："四外圈都是八路，上哪集合？""是八路也要出来，老子就是解放军。"官太太们连忙颤抖着两手，拍着巴掌投降，并说："女人们没有枪呀！"战士李祥芝狂笑着说："真是国民党的天性，男的女的都会拍手投降，咱是弄不出这一手来！"惹得战士们哄然大笑起来。

在7门榴弹炮和7个守卫它的解放军战士，在晨光中，相互传送着胜利的欢笑，罗雪福和刘忠福在分析着为何敌人被歼的这样快，甚至于他还不知道就来了解放军。罗雪福凑近了刘忠福说："敌人这样糊涂，不是敌人熊包，主要是咱上级指挥正确，这回从连到营、团、师、纵，掌握得积极，猛追猛打！"刘忠福手舞足蹈地说："打一庄，上级就命令追一庄，敌人根本没有喘息的机会，追回去的敌人还没站住脚，咱们又插他头里去了。把防线给他打乱了，无怪连兵团司令部也稀里糊涂。""再说，咱们这样猛冲、猛打，什么敌人也叫咱打晕了脑筋。"

当榴弹炮身正闪耀着朝阳的光芒时，数十列漫长的俘虏群已走下战场，留在战场上的是蒋匪军狼藉的尸体，憔悴的伤兵，庞大的汽车群和堆积如山的胜利品！

（鲁若）

摘自华野三纵《麓水报》第438期1949年1月15日

▲ 王引河畔的俘虏群

▲ 华野三纵在陈庄外缴获的榴弹炮

胜利的欢笑

"敌人动摇了，混乱突围了，冲上去啊！"10日拂晓，昨晚刚压过鲁楼河西岸正在土工作业的二十七团七连的全体同志们，听到这个消息狂喜的跳出阵地，飞也似的冲向敌人。混乱了的敌人潮水一样的向四面八方涌出来，七连的同志们一面命令他们放下武器，一面穿过汪洋无边的俘虏群，像一支箭一样直向敌人的心脏插去，那里正炽烈的响着枪炮声，战斗已在进行。七连自从在对杜匪邱李兵团完成包围时打了个刘庄、木厂战斗以后撤下休息，到现在一直没有打上，大家都急得要命，四班一连写了几封要求任务的请求书，但任务还是没有给，四班的同志说："南下打黄维没有用着，现在这股敌人又快完了，为什么不给我们任务呢？难道我们的请求书写的不好吗？"大家渴盼的任务终于来到了。

9日晚大家准备得充充分分的挑着柴草带着锅进入阵地，可是阵地还没有修筑好，敌人已经最后的溃败了，七连的同志们不顾一切地向溃敌冲去。敌人最后挣扎的枪炮正炽烈地向这里打来，子弹嗖嗖地从身边飞过，战士们跑得满头大汗，张口气喘，但没有一个稍停一停，避一避子弹。副连长段洪禄带了张彦喜班冲在最前面，他们插到敌邱匪司令部陈官庄附近的炮兵阵地上，大炮、小炮排列了一大片，敌人的炮兵们还老躲在工事里煮着半生不熟的马肉和大米饭。副连长段洪禄喊他们缴枪，有的回答说："缴枪，问问俺排长看。"段洪禄拿过刚缴来的卡宾枪向他们头顶上"叭叭叭"咧了几梭子，吓得他们连忙扔下武器，从工事里走进俘虏群中。张彦喜班长、张振文穿过炮兵阵地向前冲去，他原是大青山班的副班长，自焦山战斗下来和八连合编，他才到了张彦喜班，编后又参加了刘庄、木厂、孙庄等战斗，他班又是伤亡最大，在这些挫折中，这个从小雇工出身的参军战士终于没有灰心，部队经过整理后他又积极地领导军事学习，不分昼夜地用麦秸垛当地堡演习爆破。现在他一马当先冲在前头，敌人一辆汽车满载各种武器开着要跑，他跑上去一梭子汤姆式，汽车停下了。从五军解放来的沈小洪也跟着班长冲上来，他今年才17岁，8月间到南京来做生意被迫当兵，解放以后进步很快，这次战前他下决心说："我第一次为人民服务就打这个最伟大的战役，这次我不怕牺牲完成任务。"这次他果然紧跟着班长一步也没拉下，他冲到了一辆汽车跟前就喊："缴枪不杀。"汽车上的敌人回答的是一阵排子枪，沈小洪并没有害怕，他扔下马大盖就地捡起来一支汤姆式朝着汽车上的敌人"嘟……"就是一梭子，汽车上的敌人慌忙把手中武器2挺重机枪10多支汤姆式从车上抛下来。大青山班班长于金看到七班上去了，他也急急地带了全班打开一条道路和七班并肩插进去。大青山班是七连的突击班，但自从淮海战役以来都没有得到担任突击任务，这次战前他们一再的向四班挑战，向连里要求突击，他们说："焦山反击是七班和一班打的，刘庄木厂的突击又是四班完成的，难道这次最伟大的战役中我们大青山班就是吃冤枉的吗？"现在他们看七班跑到前面去了，他们可着了急，于金飞快地跑上去，"咣咣咣"几个炮弹落在他们身边，理也没有理的就冲上去。四班正在挖工事，听说敌人突围了，他们扔下铁锹冲上去，副班长胡佩华带了9个跑得快的，先头插进敌群。胡佩华是济南解放来的，淮海战役他已经负了两次伤，打崮砦他的膀子被炮弹炸伤，棉袄打得稀碎，但他两次都没有下火线，刘庄战斗后，他们班里10个人剩了两个人，钢铁的胡佩华没有畏惧，他说："这次是拼掉敌人主力的时候还能没有伤亡吗？"他们冲进敌群，混乱了的敌人前面已经放下武器，后面的还有的持枪顽抗，胡佩华举起汤姆式朝天打了两梭子，敌人把武器哗啦哗啦地扔在地上，看不到头的俘虏被四班押解下来。一阵混战过去，七连集合了，每人身上背满了卡宾、汤姆式及各种武器，押着一队队的俘虏从各个方向走回来，大家望着数不清的俘虏和武器——他们两个月来艰苦作战的成果，每个同志都胜利的欢笑了。

（王玉章）

摘自华野三纵《麓水报》第 450 期 1949 年 1 月 28 日

两发炮弹

炮一团六连前进观测员王工一和宋文顺两同志，正在修理工事，刚架上方向盘，从镜子里突然发现了敌机一架降落在新修的飞机场上，王工一同志即打电话告诉了计算所："发现敌机一架，在丁枣园、朱小庄之间，从西北向东南降落。赶快打炮！"计算所立即将老早计算好的方向米位，打电话告诉了炮阵地。阵地上丁副连长的口令下达后，不到 15 秒就打出去了第一发炮弹。观测员报告方向偏右，接着又"轰——嗵"的一发，这时飞机即狼狈地起飞逃命了。听着观测所的报告以后，炮手们很快地把自己最心爱的炮伪装好，这时正是下午 2 点，天上还有两架"小流氓"在哀悼哭丧地乱飞着。据这次五军携械向我投降的士兵訾步高、曾永志说：你们的炮弹打得真准，那天一架运输机，正落在才修好的飞机场上卸东西，你们打了两发炮弹，一发落在离飞机不到 50 码的地方，他妈的，吓得它像狗熊一样，还有三分之一的东西没卸下来，就吓飞了。

（张冲）

摘自华野特纵《特种兵》第 90 期 1949 年 1 月 8 日

▲ 蒋介石接杜聿明回南京的飞机被解放军缴获

▲ 解放军坦克手登上了缴获的国民党军战车

◀ 陈官庄战场，被俘的国民党军坦克兵

一炮打下一辆坦克

10 日晨，一大群坦克从东面跑来，不断地打枪打炮。

营长的命令下了："快打，是敌人的坦克。"接着八班长陶仁祥、战士李洪各、李彪抱着火箭筒和炮弹勇猛地尾追。在离敌最后面的一辆坦克 40 余米远处，八班长很快跳入工事里将炮弹装好，瞄好了准，只听得轰一声，打中了坦克，坦克立刻着了火，但是它还在挣扎着跑。八班长火了，赤手空拳冲到坦克跟前，接着就向上爬，喊了一声"交枪不杀"，4 个坦克手举着手交了枪，另外的一个射击手被击毙在里面。

（迟浩田）

摘自华野九纵《胜利》第 112 期 1949 年 1 月 16 日

15 辆坦克的毁灭

解放军的战士们，对活捉敌人的坦克，是很感兴趣的，在战场上战士们若逢到了敌人的坦克，不但不会感到惊恐，反而能以超越的打坦克技能，打得坦克无路可奔，直到最后将坦克生擒活捉，才感到格外的兴奋与骄傲。

10 号晨 5 时许，匪杜聿明就企图以坦克来壮胆，掩护逃窜，然而就在坦克逃窜的一幕中，解放军的战士们又显示了其无比的神威，将敌逃窜之 15 辆坦克，全部打烂和生擒活捉。

当坦克掩护着步兵从包围圈向外突围，还未及逃出包围圈时，跟在坦克后面的敌步兵，即为解放军卡住歼灭了，剩下的"光腚"坦克仍由东向西跑去，在孙厂的以东，首先即被兄弟部队打下数辆，剩下的 15 辆在孙厂又被张丁团三营打上。七连三班长宫锡涧一个人拿着手榴弹，就飞奔跑了上去，敏捷地爬上了正在滚动着的坦克，先打烂了机枪观察孔，但坦克仍没有停下，他又接连地用手榴弹打烂炮的观察孔，至此，坦克即很驯服地接受了三班长的命令，停止了，车里的 7 个驾驶员向三班长交了枪投降。敌坦克继向西跑，在陈楼阵地上张丁团担架队的同志们，举着手榴弹就冲近坦克，驾着近代化的匪坦克手，就在担架队的手榴弹下弃了坦克逃跑了，一辆水陆坦克和一个驾驶员，又驯服地被生擒。就这样接二连三的在张丁团的阵地上顷刻间将匪送来了 3 辆坦克，作为对解放军的献礼。

感到惊慌万状的坦克，再也不敢在路上施展它的"威风"了，只得避开村庄道路落荒向西奔逃，马达发出"轧轧"绝望的悲鸣，似乎感到在解放军的面前，唯有钻进地里，才是安身之地。然而就在向西不及数里的王孙团阵地上，战士们爬上了坦克，又将其活捉一辆。

当它逃出 20 余里，爬进了"济南第一团"的阵地时，已经只剩下 11 辆了。该团三营机枪连火箭筒射手陶仁祥，扛着火箭筒就迎面冲上去，坦克在惊慌中接连地向他打出了几炮，可是陶仁祥同志已沉着的靠近了坦克！以坐射的姿势端起了火箭筒，只发出了一个穿甲弹即准确地击进了坦克右侧的前端，此时坦克里冒出了火光烟雾，匪坦克连长陈荣基率 4 个驾驶员掀开了坦克门高举起手枪投降了。他们告诉记者说，他们乃是战车一团第三连，当解放军的驾驶员张强同志来驾乘刚缴获的坦克时，忽然他摇着刚才解放的一个叫黄克华的肩膀，两个人似很熟悉的谈起话来了，张强同志很温和地说："我是在前年春天鲁南战役解放来的，这里很好，解放军有宽大政策，你别害怕……"原来张强同志过去和他在一起，离别已将近两年了，如今就在淮海战场上重新会见了，彼此感到无限的欢欣，就在刚缴获之三一二号战车的一侧，记者将他俩共同摄入了镜头。

8 点多钟时，"济一团"集合了所有的火箭筒，开始登车追赶仅剩下 10 辆向西逃跑的坦克，战士们坐在 2 辆大卡车、6 辆坦克上，随着敌逃跑的痕迹，紧紧尾追，势必追它到天涯海角，直到活捉它。

沿路很多老百姓见到自己的坦克来了都亲热跑来看，他们告记者说："敌人的坦克来到这里，我们也只当是咱们自己的了，都跑出来看，结果敌人就向我们老百姓开了枪炮！"他们都纷纷指点敌坦克逃跑的方向。

随着追赶战车的急急行驶，马达轧轧地摇撼着大地，我们的战车已追击数十里了，在战车上，记者曾留意地看着、数着，在数十里以外的解放军阵地上，敌人共又留下了 5 辆，有的在燃烧着冒着火花，有的完好无损干脆被活捉了。

在我们战车的前面，还有强大的骑兵劲旅，在紧紧地追逐着敌剩下的 5 辆坦克，当太阳西沉，我们追到夏邑城西南 20 余里时，忽然传来了一个消息，5 辆坦克又被我们英勇的骑兵打下了 2 辆，剩下的 3 辆，又往西追出不远，亦在夏邑西南 20 余里全部被我强悍的骑兵捉住！

（望阳）

摘自华野九纵《胜利》第 113 期 1949 年 1 月 18 日

▲ 华野特纵骑兵搜索逃敌

▲ 逃窜的国民党军坦克被特纵骑兵大队击毁

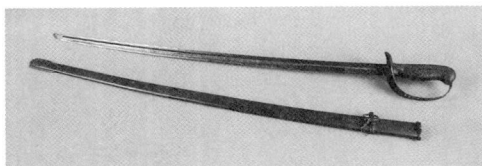

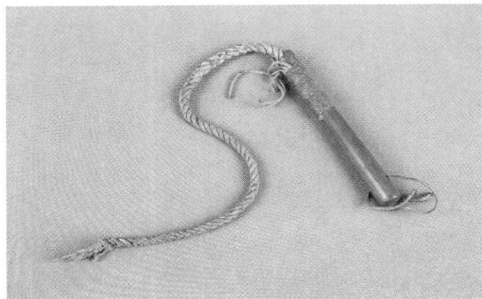

华野特纵骑兵在战役中使用的马刀、马鞭、马蹬

华野特纵铁骑一部以快速追击捕获敌"快速"逃窜之坦克6辆

【本报讯】我骑兵一部以快速追击捕获敌"快速"逃窜之坦克6辆。本月10日上午12时杜聿明匪残部被我最后歼灭时，敌战一团 M3A3 轻型坦克6辆，狼狈丢下来被我俘获的另外7辆坦克，梦想逃出我解放军布下的天罗地网，当逃窜至夏邑南8里崔桥附近时，即为骑团跟踪追击，敌虽有机械化的"快速"逃窜，但总逃不出我铁骑的勇猛追歼，6辆坦克先后在会亭西北至西杨园长约120里野地里被我俘获，生俘官兵30余人，冲锋枪、短枪及弹药等甚多。至此，杜匪残部已全部就歼，无一漏网。

（杨玲、小黄）

摘自华野特纵《特种兵》第 97 期 1949 年 1 月 12 日

俘虏如潮物资如山　前线记者报道杜部覆没情形

【新华社淮海前线 13 日电】前线记者报导杜聿明匪军在解放军强大攻击下最后覆没时的情景称：经过 3 天激战，9 日黄昏，各路总攻的解放军指向杜匪"剿总"总部及匪第二兵团司令部驻地的陈官庄一线。解放军攻到那里，乱成一团的战士指定他们一个放枪的地方后，各式枪支立刻就堆了起来。俘虏群如像泛滥潮水一样，一眼望不到边的由解放军押着向东走去。当记者问起："你们是哪一部分？"他们立即报出了各种的番号，有的则回答："提不得啦！我们一个一部分。"这些长久陷在饥饿里的敌军士兵们，偶而发现地上有一块解放军掉下的干粮，立刻就有一群人拥上前，以至厮打起来，几百辆缴获的汽车，在杜聿明临时筑的机场上由解放军战士押着，忙着搬运物资。从陈官庄至鲁集一线，到处停放着敌军士兵们用降落伞撑起用以挡风雪的棚子。巨大口径的榴弹炮、美式山炮和各种枪支弹药，夹杂在才缴获的坦克与装甲车之间堆积如山。前来"空投"的蒋机还在急忙的抛下罐头、饼干和弹药。一个身背 12 支步枪的战士俏皮地说："不要丢啦，我已经拿不了啦。"

摘自《江淮日报》1949 年 1 月 17 日

▲ 陈官庄国民党军战俘集合场

▲ 解放军将国民党军俘虏押送去后方

▲ 被俘的国民党军向指令地点集中

◀ 1949 年 1 月 10 日，近 10 万国民党军战俘被解放军押出战场

▲ 杜聿明集团被全歼后的陈官庄战场

▲ 战后陈官庄战场一角

▲ 陈官庄战场，国民党军的物资遍地堆积

▲ 解放军打扫战场，技术人员寻找可用机件

▲ 解放军战士在陈官庄国民党军工事内搜集战利品

▲ 在陈官庄战场，解放军清点缴获物资

◀ 杜聿明集团被歼后，遗留下的大批汽车

▲ 国民党军陈官庄飞机场一角

▲ 国民党军大批汽车和物资被解放军缴获

▲ 缴获杜聿明集团之汽车千余辆

▲ 缴获之国民党军汽车群

▲ 解放军缴获的迫击炮之一部

▲ 解放军缴获的马克泌重机枪

在杜部全军覆没的战场上

10 日拂晓，记者们由鲁楼进入这一最后全歼 10 余万蒋杜匪的大战场，十数路漫长的俘虏行列已在晨雾中押下来，行列的先头隐没在五六里远的村落里，后尾却还在战场的中心集合着未动。零散的敌军官兵还不时从各个角落奔出来，自动加入到俘虏行列中。有数路俘虏队伍并没有解放军看押，他们也自动地朝着大队俘虏的方向走去，并不时问走过的解放军同志："官长，到俘虏营走哪条路？"有些俘虏替解放军扛着胜利品，一面走，一面大口地嚼着解放军给他们的馒头。另处一群俘虏则在围着一个解放军战士争讨纸烟头。敌七十二军三十四师一〇一团五连士兵赵怀成，从战场上帮着拖下 1 门迫击炮，解放军炮手送给他馒头，他非常高兴。不少俘虏士兵因饿乏了，走不动步，就要停下休息。

这时，战场上还响着一片稠密的枪声，无数路的解放军后续部队跑步奔向正在进行着最后战斗的战场中心，鲁楼河岸上喧腾着争先过河的解放军战士，他们踏着新搭的小桥奔向河西。各路解放军都向着陈庄的残敌扑去，某部三营插进了陈庄附近的敌群中，敌人完全紊乱了，一齐喊着："别打啦！我们缴枪。"紧接就听到一片哗啦、哗啦枪支抛到地上的声音。蹲在工事里的敌人把枪一放，也跳出工事，钻进漫长的俘虏行列。解放军七连副连长段洪禄带着七班神速冲到匪五军榴弹炮阵地上，敌人一个连就做了俘虏。三营各班战士分头奔向指定的目标，冲到哪里，哪里就是一大群俘虏跟了出来，不到半小时，仅七班就压下来 800 多人。无数的俘虏黑压压拥挤成一团，战士们好容易才把纷乱庞大的俘虏群分开了，分批带出来。

战斗最后结束了。记者路过鲁楼河向陈官庄走去。四野没有一根麦苗，也没有树木，在庄东的临时机场上，还停着一架被击毁的小型飞机，同时上空 3 架蒋匪运输机仍在投掷着弹药和大米。匪二兵团驻地陈官庄和匪五军驻地陈庄周围，排列着数不清的各式车辆：十轮卡、大小吉普、水陆两用汽车、水陆两用战车、坦克、装甲车、救护车、炮车……一眼望不到边际，有的汽车和装甲车被用作了掩蔽部的顶盖和卧室，许多载满胜利品的车辆正由解放军战士指挥着驶出战场。野地上也堆满了一片弹药武器，解放军战士从四面八方向这个中心区奔来，每人都背着好几支枪，各部的随军记者也都纷纷赶到这里，打开各式摄影机摄取这杜匪最后覆没的历史镜头。在堆积如山的缴获物资中，有一部分已为匪军破坏，有 3 辆满载武器的汽车还在燃烧。在陈庄楼东南角匪军榴弹炮阵地上，有 3 门榴弹炮和 7 门小炮的零件与炮镜亦被匪军毁坏了。解放军都一一记录了这些战犯行为。饥饿不堪的敌军俘虏和伤兵，把汽车上找到的大米，用茶缸、洋铁罐、洗脸盆各式工具就地煮起饭来，有的饭未烧熟，边上的伤兵拥上抓了就吃。还有许多伤兵在撕割着残余的马肉。敌七十军九十六师二八八团九连伤兵李卓然一边指着马肠子，呻吟着："唉，饿死了，饿死了……"一个敌军俘虏领着解放军从土里扒出 5 挺重机枪。匪"剿总"医院的车夫陈玉贵自愿开汽车，他只要求给他馒头吃。在陈官庄西南角一个地堡上，记者遇到了被杜匪自徐州撤退时劫来的3个临沂师范学生和十几个蓬头垢面的女学生，有的赤着脚，有的披着破麻袋，她们提到一个月来的痛苦和受侮辱，眼圈都红了。天下着大雪，匪军们逼着她们去看护伤兵。把100多男同学强迫补充了杜匪的警卫营，匪军又不给他们饭吃。女同学魏荣珍4日因抢米被空投米袋打死。一个女同学凄然说："杜匪原来是骗她们到江南读书去的，这次在这里也算读了一课，这一课使他们对蒋匪的幻想最后破灭了！"

记者巡行围歼圈内，十余里村庄一片泥瓦砾，绝大多数房屋都被匪军拆毁，修了工事；在被匪军挖开的坟墓周围，散漫枯骨，棺材被他们作了燃料。陈庄化万生大爷哭着向记者说："他们（指杜匪军）扒了我的祖坟，活人受罪，死人也不得安呵！"解放军每到一庄，留在庄上的村民就悲喜交集地拥出来，哭诉杜匪军的暴行。陈官庄孟宪五大爷抓住记者的手，眼泪滚滚，他说，他全家12人被匪军关在一处，不给吃喝，侄儿、孙子被匪军撵到野外活活冻死，说着，旁边的儿媳侄媳也都哭了起来；四十几天中他们一直在地洞里叩头祷告，希望解放军早日进来解救他们，今晨听到枪声近了，大家悲喜交集，知道解放军终于到来了。正说着，村民张三臣大爷把一个俘虏从家里追出来，嘴里骂着："你们多狠心哪！地上地下不给老百姓留一点……"

黄昏，新月上升，陈官庄周围田野里的汽车满载了弹药、枪支和拖曳着野炮、榴弹炮开动了，电灯光闪来闪去，照耀得如同白昼，解放军号兵吹起了雄壮的号声，奉命在一个广场上打扫战场的部队的战士们，休息时吹奏起口琴，跳起了秧歌，围聚在周围的民工们不禁也唱起了各人家乡的山歌、小调，随即扬起一片胜利的欢笑声。（淮海前线12日电）

（前线记者集体报导）

摘自《大众日报》1949年1月17日

◀ 被围月余的陈官庄国民党军阵地已无一草一木

▲ 战后陈官庄

▲ 国民党李弥兵团部驻地青龙集之隐蔽部

战犯杜聿明落网记

战犯杜聿明化装"俘虏"，企图逃跑，结果真正当了俘虏。

本月10日，天才发亮，14个手持武器的士兵，慌慌张张地跑到永城张老庄。他们在村边碰到了一个老乡，就迟疑地不敢进村。其中一个鬼鬼祟祟地问道："你们庄上有队伍吗？"老乡回答说："周围几十里几百里都驻满了解放军。"那个士兵连忙从口袋里掏出一个金戒指塞在老乡手里："你拿去吧！我们在这里，你不要告诉他们！"老乡看他们慌张的神情，心中十分诧异，晓得他们来路不正，转身赶回庄上报告解放军某部。某部马上派了范正国、崔喜云等前往追赶。那14个人看到后面有人追赶，立即伏下准备抵抗。追兵们就散开前进，范正国大声喝问："什么人？上来一个！"那14个人当中来了一个自称是"队长"的，问范正国："是哪一部分的？"范正国说："咱是×纵××师，你是哪部分？"那个"队长"回答："我是×纵××师，我们同你们都是一个师的！"范正国便问："师长姓什么？"他说："我从后方才回来，师长命令我押俘虏去后方的，师长姓名还不知道。"说时指了指在他后面两手反绑着的一个"俘虏"。范正国看他们穿的服装不像解放军的样子，神情又很不自然，身上挂着一支快慢机，便马上把他身上的枪夺下来，将子弹推上膛，对准他的胸口，要他叫其余的人交枪。后面那12个家伙一听"交枪"，就都很驯服地把4支汤姆枪、1支卡宾、3支快慢机、4支加拿大枪都丢下来了。这时那个"俘虏"还站在那里不动，身上也挂着一支快慢机，范正国上去把他枪下了。

范正国、崔喜云和一个连的战士，把这14个人押回张老庄，转送到某部政治部。政治部陈主任一打量那个所谓"俘虏"：凹鼻梁、唇上有着不整齐的胡根，尽管他穿着士兵的衣服，但一望而知是个国民党高级军官。再看一看其他 13 个人，也决不是普通当兵的。他便看穿是那个"俘虏"带着一群卫士企图漏网的。于是他便盯住那个所谓的"俘虏"审问："你是干什么的？""我是十三兵团的军需。"他回答。"他们兵团有几大处？""六大处。""六大处的处长叫什么名字，写给我看。"他拿了一支钢笔，在纸上写了半天，却写不出来。"你到底是什么官？老实说。"陈主任看他神色惊慌不定，继续审讯。"我实在不是一个官，是个军需。""你到底是什么人？还是快点说出来，你是隐瞒不了的，黄维、吴绍周不都查出来了吗？"他又支支吾吾哀求说："我确实是个军需，你们以后会查的清的。"这个"军需"被送到另外一间房子去休息，给他饭吃，他不吃，在房子里唉声叹气，呆了一会，故意自己碰破一点头皮，闭起眼睛，躺在地上假装死。以后，解放军的战士拿了一张杜聿明的照片和他一对，完全一样，就是少了一簇小胡子。当天晚上，又从被俘获的徐州"剿总"汽车副官张印国的口中，证实这个假装死的家伙，就是头等战争罪犯国民党徐州"剿总"副总司令杜聿明。张印国对解放军说："杜副'剿总'司令从徐州一出来，他就换了士兵衣服，昨天他又把心爱的小胡子剃掉。但是还是被你们捉住了。"经过人民解放军的严厉审讯和对证，那个"军需"最后无法抵赖，才绝望地低下头去，胆怯地说："我……我是杜聿明！"（新华社淮海前线 21 日电）

（王英、吴健人）

摘自《江淮日报》1949 年 1 月 23 日

▲ 俘虏杜聿明的华野四纵十一师通讯员范正国（左）、崔喜云（右）

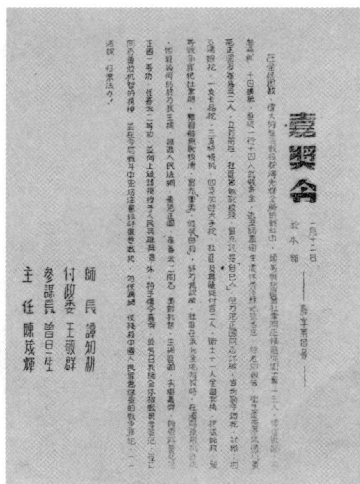

◀ 华野四纵十一师为范正国、崔喜云等勇敢机智俘虏杜聿明颁发的嘉奖令

▲ 国民党徐州"剿总"中将副总司令杜聿明被押解到华野司令部

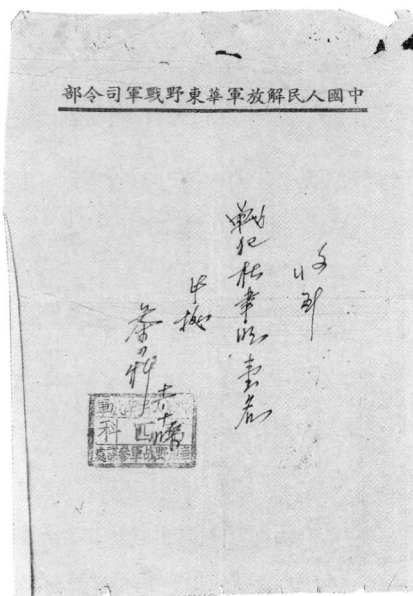

▶ 华野参谋处第四科写给四纵的收据："收到战犯杜聿明一名"

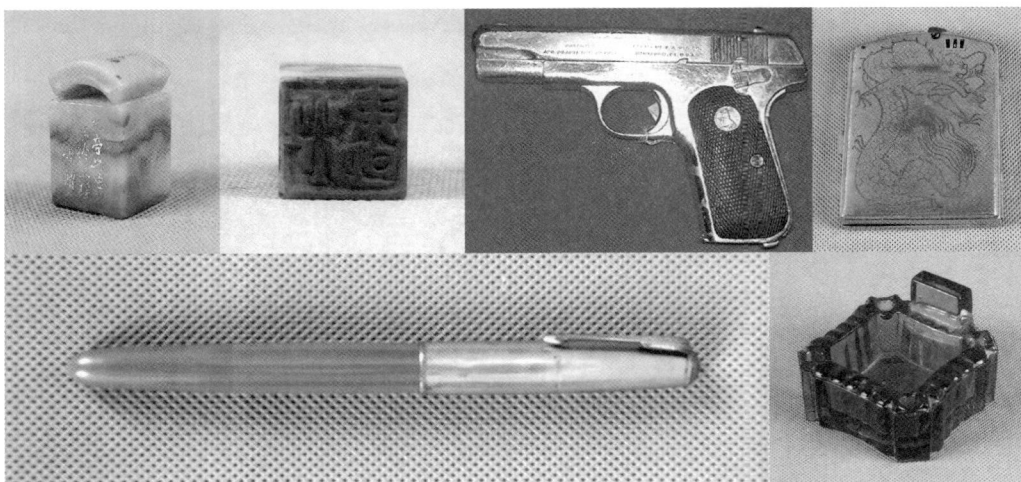

▲ 在杜聿明指挥部缴获了杜聿明的私章、钢笔、手枪、烟盒和烟灰缸

◀ 华野十纵二十八师八十三团于淮海战役中缴获邱清泉兵团部的 120 照相机，上面的英文翻译后为：美国俄亥俄州特拉华沃林塞克—罗切斯特公司

▲ 1949 年 1 月 9 日夜，华野迅速直插陈官庄。杜聿明和邱清泉离开指挥部分头突围。邱清泉在河南永城张庙台西南 400 米处毙命。华野一纵二师派员与当地老百姓一起，将他的尸体从张庙台运到安徽萧县王汉集乡单庄，净身换衣入棺成殓（左），予以掩埋，并立标识牌以便其家人日后寻找或迁葬

▲ 华野三纵某部缴获的国民党第二兵团部的报话机

简介

被全部彻底歼灭的邱、李两兵团介绍

【淮海前线 10 日电】敌邱清泉、李弥两兵团介绍：

一、邱清泉第二兵团辖五、七十、七十二、七十四、十二等 5 个军及新四十四师、骑一旅、骑兵团。其中七十四军、七十二军均先后曾在孟良崮、泰安两役为我全歼，后又重建；十二军是以被歼后的残部扩编而成。五军下辖四十五、四十六、二〇〇 3 个师，是蒋匪所谓"五大主力"之一，全部美械装备，杜匪聿明曾任军长。蒋贼发动内战后，该敌即进犯华东解放区，奸淫掳掠，屠杀人民，去春曾在鲁西南制造"无人区"。该军屡遭解放军惨重打击，豫东战役其主力二〇〇师被歼三分之二。淮海战役第一阶段，邱清泉兵团与李弥兵团曾由徐州增援黄百韬兵团，遭解放军坚强阻击，伤亡惨重。

二、李弥第十三兵团，去年 8 月由八军扩组而成，下辖八军、九军、二十五军 3 个军。由第八军军长李弥升任兵团司令。八军为全部美械装备，1943 年调云南整训时，归杜匪聿明指挥，后开缅甸，1944 年于云南装备美械，并以美国军事顾问参加训练，日寇投降后空运青岛，以后即沿胶济路向山东解放区进犯，所至之处，十室九空。八、九两军在山东临朐、掖县诸役迭遭解放军惨重打击。济南战役前，李弥兵团由烟台调蚌埠；淮海战役开始，北开徐州与邱兵团增援黄百韬兵团，遭受重创。去年 12 月 1 日又与邱清泉、孙元良兵团弃徐州西逃，当被全部包围在永城东北地区，终于被彻底歼灭。

摘自《大众日报》1949 年 1 月 13 日

阵中日记

国民党军某部副官的日记

1949 年 1 月 7 日　星期五　旧十二月八日（腊八节）
晴　西北风　寒

移至河西岸（空投场内）。

三十三支部长来借营长的吉普车要去侦察路线，准备过河至空投场驻扎，看情形战势是不大好，我问明了营长现在整理行装，所以在营长和支部长去侦察路线时已准备妥当（因吉普车修理中，他们坐道奇车去了）。当时因三十三支部属下的杂牌部队太乱，动作已迟缓，目标太大被敌人容易发现，以致敌炮火猛烈的向此射击，幸而我营部车辆跟营长前进很快，未受若何损伤，而后来的三、八连皆有多少死伤。

技工郑振周昨在空投场拾来熟米一包，今天是腊八节，吃两顿稀饭，晚饭就在河岸上埋锅煮食。

今天敌我战斗听来非常激烈。

1949 年 1 月 8 日　星期六
晴　西北风强　严寒

早饭后去鲁庄十四卫生汽车队，和张震国、萧书记都见了面，现在，见面后的头几句话都要问问你们能否吃饱。

大家围谈了半天，他们要我在他们那儿吃晚饭（干饭），震国说他还有一罐头盒，拿出给我吃，我也不客气的，在那儿饱饱地吃了一顿。

本来想到野战医院去要点酒精来，因为预先我叫震国问了问胡院长（204 院），说是没有，于是也就算了。

和震国一同到防地。远望车上已装上芦苇草，想是要出发（移防）。刘干事一看到我说，等了你半天，某部队来占领河堤构筑工事赶我们走，营长去剿总亦尚未回来，驾驶兵罗铭德负伤，宋文礼伤亡（被飞弹）。

大家无不叹息着，好人命不长！宋文礼在营长的伙夫中算是最能苦干的一个，其余的伙夫皆是老弱残兵，而他的情性又算温和，所以我们无论对他的为人或者做事都很痛惜着。

营长去剿总现在还未回来，大概战情不大好，我是这样推测。

1949 年 1 月 9 日　星期日

快晴　西北风　寒

昨夜东西的枪炮声非常激烈，再加上营长昨天回来对战局悲观的表示，我们更悲观了。

但是今朝营长笑嘻嘻的，大概由三十三支部回来时样子，我就对刘干事说，大概有好的消息带来，于是我就问营长是否有什么消息，他说大概今天要前进，又取出两个大饼来分了一个给我们。

根据昨天的情况，一定今天要吃米干饭。在作米干饭时，看左右部队已有移动，空中除了十几架输送外还有 6 架轰炸机并几架战斗机，已在开始隆隆地炸射，这时我们的心情实在开朗极了。

饭后我们打行李。

摘自国民党徐州"剿总"直辖部队辎汽第二十四团一营副官徐夕夫的日记

六、第三阶段的胜利

战役第三阶段，华野经过 20 余天的战场休整后，向杜聿明集团余部发起最后总攻，经 4 昼夜激战，全部、干净、彻底地歼灭了包围圈内的国民党军。这一阶段共歼国民党军 1 个"剿总"前进指挥部、两个兵团部（不含孙元良兵团）、8 个军部、22 个师、1 个骑兵旅，共计 17.6 万余人。至此，淮海战役胜利结束。

淮海战役第三阶段战绩统计

消灭国民党军兵力	生俘	177040 人	缴获各种武器装备	火炮	1699 门
	毙伤	61110 人		枪支	85240 支
	投诚	24000 人		坦克	141 辆
	1 个"剿总"前进指挥部、3 个兵团部、10 个军部、26 个师，共 262150 余人，其中高级军官 83 人（含第二阶段被歼的孙元良兵团）。			汽车	1216 辆
				炮弹	77171 发
				枪弹	8673076 发
				通讯器材	2077 部
				马匹	2593 匹

编者整理

战史摘要

华野司令部全歼杜聿明集团小结

徐敌自 12 月 1 日西窜，由于我九、八纵队的由南兜击和北线一、四纵的追击，终于 3 日晚完成对敌之包围，当时敌为了不肯采取分散突围，而缩集一团，采取三面掩护，一面突击战法，由于我十纵、二纵的有力阻击，给敌以重大杀伤，加之我北线一、四纵及西东两线的各纵猛加攻击，终将敌压缩到东西不满 20 里，南北不满 15 里之狭小地区。至 12 月 10 日我各线攻击进展均不大，南线黄维又未解决而李延年兵团又急于增援情况下，我即适时抽出三、鲁纵南下首歼黄维兵团，尔后再转兵围歼杜聿明集团，我十纵在窦凹、李楼，二纵在郭楼坚决抗击敌之突围，给敌以数千人之杀伤，使敌无法南窜。于 15 日黄维兵团为我中野全歼，李延年兵团星夜缩集蚌埠，我转兵北上，布置在第二线堵击阵地，12 月下旬，雨雪交加，即采取困敌，部队进行战场休整，待机攻击。

自 6 日 16 时起至 10 日 16 时止，经过整整 4 昼夜 96 个小时的激战后，全部肃清了陈官庄、青龙集地区 88 个村庄中据守之杜匪所部邱李两个兵团及孙兵团之

▲ 捷报：淮海战役完全胜利结束　　▲ 新华社 1949 年 1 月 10 日急电：淮海战役彻底胜利，全歼杜聿明匪部　　▲ 淮海战役胜利后，刊载在《中原日报》上的"投降被俘军官名单"

残部，计 1 个战区司令部、两个兵团部、8 个军部、约 20 个师部 16 余万，这是在淮海战役中消灭的兵力最大、时间最后的一批敌人，也是收获最大与消耗较小的一个阶段。

摘自《华东野战军司令部淮海战役经过概述》，1949 年 1 月

战地报道

淮海前线司令部发言人畅谈淮海战役巨大胜利

【新华社淮海前线 20 日电】本社记者曾于日前往访人民解放军淮海前线司令部发言人，他对永城东北地区大歼灭战的巨大胜利发表谈话说："被我军包围在永城东北的约 30 万国民党军队，已经于 10 日被完全歼灭了！头号战争罪犯杜聿明已经被我军活捉。淮海战役第三阶段胜利结束。至此，我军在徐州战场上，经过 2 个月零 5 天的作战，共歼灭（包括起义）国民党 5 个兵团全部、1 个兵团大部、2 个兵团各一部、22 个整军、55 个整师以及其他部队共约 60 万人，赢得了全战役的彻底胜利。"发言人接着说："在永城东北地区被歼灭的敌军共有邱清泉、李弥、孙元良 3 个兵团、10 个军、25 个师以及许多特种部队和非正规军，共约 30 万人。这些敌军系由敌徐州'剿总'副总司令杜聿明所指挥，于去年 12 月 1 日自徐州向西南逃窜，12 月 4 日被我军完全包围。其中孙元良兵团 2 个军、4 个师及为我在碾庄全部歼灭而重建之四十四师，是在战役第二阶段中被我军歼灭的。邱清泉、李弥 2 个兵团、8 个军、20 个师，及其他一切部队，则是在战役第三阶段中被我军彻底歼灭的。"发言人分析："永城东北地区的歼灭战的大捷，是在战役第一、第二阶段已得胜利的基础上获得的，是连续作战大量歼灭敌人有生力量的结果，特别是全歼了黄维兵团，对保证此次大歼灭战的全胜，更是有决定的意义。在战役第一阶段中，敌军最多时，徐州战场上的敌军曾有邱清泉、李弥、黄百韬、黄维、孙元良、冯治安、刘汝明、李延年等 8 个兵团。而到了战役第二阶段结束，黄维兵团被全歼以后，李延年、刘汝明两兵团逃回蚌埠，随后并继续南逃，徐州'剿总'也从蚌埠搬到滁县，这样就使得被包围的杜聿明匪部邱、李两兵团和孙元良兵团的残部完全孤立无援。自 12 月 16 日起，我军休息了 20 天，仅用一部兵力围困敌军，并对杜、邱、李及所属军、师、团长发出数次劝告和警告，令其缴械投降，

恰逢连日雨雪纷飞，天寒地冻，敌人空投不易，饿死冻死的很多。在我军强大政治攻势下，敌军纷纷投降，到 1 月 5 日为止，敌官兵向我投降者即达万余人。6 日下午 3 时，我军继续发动攻势，当夜即突破敌人外层坚强阵地，7 日夜间攻占李弥兵团内部阵地。8 日继续紧缩包围圈。9 日夜间，我军乘胜继续以坚决的猛打、猛冲、猛攻的动作，迅速插入敌人纵深及其中心阵地，使敌人来不及重新调整部署，大批敌人被俘的被俘，逃命的逃命，把敌人完全打乱。9 日下午 2 时，打下杜聿明指挥所与邱、李两兵团司令部所在地的陈庄、黄庄、陈官庄及数十个据点，激战到 10 日上午 10 时，我军摧毁了敌人成千成万个地堡、散兵坑及蛛网式的壕沟，攻克 90 多个村镇据点。敌人全部被歼灭了。全淮海战役遂告胜利结束。"

发言人谈到 6 日开始的总攻说："这次大歼灭战，从攻击开始到最后解决战斗，只经过 4 昼夜，残敌十几万人就全部覆没，平均每天消灭敌人四五万人。这么多的敌人，被歼灭得这样快，正好比一个雪球，投在烧滚的水里一样。我军坚决、迅速、干脆、彻底、全部歼灭了大量敌人，是这次歼灭战最显著的特点。在杜聿明部被歼灭的前后共 30 万敌军中，包括蒋介石嫡系精锐兵团邱清泉的第二兵团，蒋匪在黄维兵团十八军被歼后仅存的一支所谓'王牌军'——第五军，还有蒋介石的儿子蒋纬国指挥下仅存的战车团。这许多部队，都是美械装备，经过美国军事顾问团的训练，由美帝国主义者所宠爱的和蒋介石所亲信的干部、国民党著名的高级将领杜聿明亲自指挥，是在国民党匪帮的南线主要战场——徐州战场上进行决战。决战的结果，这些部队都覆没了，连杜聿明本人也被我军活捉了。杜聿明的失败，连同黄百韬、黄维的失败，连同北线锦州、长春、辽西、沈阳、张家口、天津的失败，这就是等于蒋介石已经输光了内战最主要的本钱。国民党反动派即将灭亡的真理，连国民党军的不少高级将领和许许多多的官兵们也看到了，他们不愿意跟国民党统治集团一起走进坟墓，因此在淮海战役第一、第二两个阶段中，有何基沣、张克侠、廖运周率部起义，有孙良诚、黄子华、赵璧光率部放下武器，而在战役第三阶段最后 4 天的大歼灭战中，蒋介石嫡系部队邱、李两兵团更是成营、成团、成师地向本军放下武器。据已知道的，即有五军四十五师师长率两个团官兵，八军四十二师副师长和参谋长率 3 个团官兵，九军军长率第三师残部，七十二军军部率 1 个团，七十军三十二师师部率 1 个野炮营（带 12 门野炮、3 门美式山炮）及 1 个辎重营，以及十二军——二师三五五团团长率全团官兵，都向本军放下武器。这是敌人内部的新变化，是此次大歼灭战之又一个特点。"

发言人接着说:"现今我们向一切尚未被歼灭的国民党军队敲起警钟——他们应该从永城东北地区大歼灭战中取得三个悲惨的教训:第一,人民解放军已经取得了绝对优势,而国民党的兵力已到了山穷水尽的时候。像邱清泉、李弥、孙元良这样的 3 个兵团及许多特种部队共计 30 万人在一起,结果都被歼灭了,则国民党的其他军队,更逃脱不了被歼灭的命运。第二,不论是国民党哪一个军队,只要被人民解放军一旦包围了,便再也不能突围逃跑,再也没有一个援兵来增援了,唯一的生路是迅速缴枪投降。如果不迅速投降,结果不是饿死冻死,就是被彻底歼灭。第三,绝对不违反人民解放军总部所公布的惩处战争罪犯的命令,如果违反了,一定要受到严办。既然已经成了战争罪犯的人,如果能幡然悔改,戴罪立功,当可将功折罪,譬如被包围时,下令停止抵抗,有秩序地缴枪投降等等。反之,如果杀害俘虏,施放毒气,破坏武器等,则人民解放军一定要坚决将他拿住严办。黄维被活捉了,是一个活生生的例子,头等战犯杜聿明被活捉了,也是一个活生生的例子。他们曾经几次向我军放毒气,但证明放毒气丝毫不能挽救他们。"

发言人谈到人民解放军作战表现时,他说:"在全淮海战役中,我军连续作战两个多月,自始至终保持着旺盛的士气。在战役第一、第二两阶段中,我军曾以一夜 120 里到 140 里的急行军追击逃敌,渡河涉水,忍饥耐寒,不顾疲劳,不怕艰苦。而在战役第三阶段中,我军在冰天雪地里进行敌前学习,开展政治攻势,艰苦地进行近迫作业,冒严寒奋战,均表现了高度的顽强坚韧的精神和艰苦奋斗的英雄气概。我军在政策纪律、战斗与军事技术、作战指挥、战时的政治工作、参谋工作与后勤工作等方面,也都有很大的进步。在作战方面无论是阻击或攻坚,我军已能够进行近代化的正规作战。伟大的淮海战役,已在严重地和光荣地考验了我军。在这一次有历史意义的大决战中,由于中共中央毛主席、朱总司令及中共华东局与中原局的正确领导,中原、华东两大野战军和中原、华东、华北地方军并肩作战,各战场兄弟部队协同配合,华北、华东、中原三大解放区千百万人民全力支援,我军终于获得了空前的伟大胜利。"

摘自《中原日报》1949 年 1 月 21 日

七、难忘这一天

淮海战役历经三个阶段 66 天的激烈较量，以人民解放军的完全胜利与国民党军的彻底失败宣告终结。66 个大悲大喜的日子，66 个含血带泪的日子，66 个在战火硝烟中出生入死摸爬滚打的日子，66 个改变着每一个中国人命运的日子，终将在胜利这一天——1949 年 1 月 10 日定格。

▲ 1949 年 1 月 18 日华野代司令员代政委粟裕送给其机要秘书鞠开的照片

▲ 华野参谋长陈士榘 1949 年 1 月 10 日全歼杜聿明集团时摄于陈官庄战场

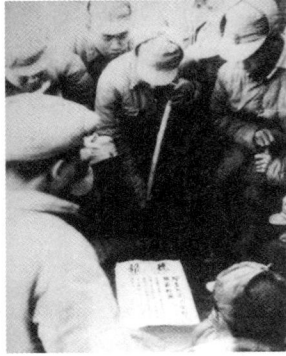

▲ 华野某部在战壕里争相传阅消灭杜聿明集团的捷报

▲ 1949 年 1 月前进报社彩色油印宣传画"恭贺新禧，庆祝胜利，继续努力，解放全国"

阵中日记

华野后勤部部长的日记

1 月 10 日　于蔡洼

今天，淮海战役全胜。

……

出乎一切人的意外，从昨晚开始攻击，到今晨，只一个夜间，即将杜聿明总部、8 个军部、17 个师部、36 个团全部解决，44 个庄子全部为我占领，6 辆坦克从十二纵阵地上窜逃，也被截住了，个别小庄上还有少数零星部队顽抗。下午飞机照往例在战场上空巡视一遍，然后来回扫射，以示凭吊，还丢了不少粮食弹药，都被我们拾了。军工部李部长、张政委来，徐州、符离集弹药即停运，并疏散到安全地带，集中力量打扫战场。部队休息三天，再定休整位置。通知李振湘、白速定转院计划。淮海战役从 11 月 6 日发起，中经 3 个阶段，至此以全胜结束，前后歼敌 50 余万，为我军空前大胜。现在即需休整及加紧进军准备。晚上，随粟副司令、张参谋长驱车去陈官庄战场。月光照着大地，胜利的战士们在向宿营地行进，受伤的俘虏三三两两，打扫战场的汽车到处奔驰，乱射着逼人的灯光。路上遇着当地乡长，即请他带路，祖老楼以西，只见工事纵横田间，有几段路也挖断了，汽车只好从田里绕过去。金丝庙的敌人工事已被毁了，地洞里狼藉不堪，纸片、瓦盆、抛撒的粮食，敌人的尸体还趴在崩了的工事旁边。外围的工事多些，从胡庄向西，很开阔了，敌人的炮兵阵地上，地下满丢着子弹和炮弹壳，炮都被烧毁了，我们同志在修理着缴获的汽车。走到胡庄看了一下，房子打坍了不少，已经有个别居民回来抢东西，到处都是敌人破坏了的汽车。工事旁还安着行军锅，有些敌伤员还在工事里哼着。一个多月炮火连天的战场，就只几天工夫，忽然寂静起来，我们的人在忙着搬胜利品，只远处战场边上间或发出几颗信号弹或是零零星星放几枪几炮，在试试缴来的武器，表现胜利者内心的欢欣。像过去的几次战役胜利之后一样，今晚敌机又飞临战场上空，转了几转，再也看不到有人摆信号灯和它联络了，丢了一颗照明弹，带着失败的悲哀飞走了。回宿营地时，等着找房子，快天亮了。

庆淮海战役全胜

徐宿肖永大战场，自古兵家决兴亡。

蒋贼陈兵八十万，妄图顽抗逞强梁。

主客攻守时已变，解放军威势大张。

百万军民齐协力，长围猛击力如钢。

贼军饥寒交迫日，我逸以暇气昂扬。

四晚总攻同捣蒜，贼军穷蹙终败亡。

一战全胜定江北，整装待发渡长江。

摘自刘瑞龙《我的日记——淮海、渡江战役支前部分》，解放军出版社 1985 年，第 149—151 页

山东兵团参谋处处长的日记

1 月 10 日

在拂晓的时候，被围之杜匪已算基本解决。刘集、周楼两点似为济南战役之千佛山、四里山，敌虽据隅抵抗，但兵无斗志，终于下午 2 时全部解决。逃窜

之杜聿明正在追击中，杜匪虽乘坦克逃命，经广大人民与广阔之解放区，似难能逃脱。

摘自山东兵团参谋处处长金冶的日记

华野一纵作战科科长的日记

1月10日

4时半敌四五师派人接洽投降，后即全师停止抵抗。拂晓时我全线猛攻，7时许敌即大部投降。

想不到杜邱兵团就此迅速解决了！整个战役也胜利结束！

晚北移张庄，三天休息。

摘自华野一纵作战科科长唐楙的日记

华野四纵十二师作战科科长的日记

1月10日　天晴

天刚拂晓，我出击部队，均已会合于飞机场，敌约7万人，顿成大乱。千余辆汽车几万俘虏，大批由前线押解下来，双方混乱状态，真不可言状。很多敌人，尚未来得及放下武器，也夹着俘虏群里向后开，其中也有不少男的女的学生、商人、地主，真有意思。我师因三十六团、三十四团均未全部出去，故俘虏不多。不过我师之攻击部队是未落在人后，可以说一直在最前线。

心痒痒，想去前面看看，但副师长未去，也不好轻易行动，只好作罢。至下午1时左右，此战役告全部解决。说不出兴奋。

夜8时许，抵兴庄师后方，今晚开始休息，部队都撤下来休息，进行战后工作。

从今天起，部队在此休息3天，准备向后方开进安全地点休整，这种胜利心情充满了大家愉快活跃的表现。

记于兴庄
摘自华野四纵十二师作战科科长陈震的日记

华野六纵十六师作战科科长的日记

满面笑容　元月10日

……到了上午10时，便听了邱、李被我全歼的全胜消息，当时看到每个人面上都突然添上喜容，都很快乐地谈长说短，是多么的快活啊！

整个战役前后二月零三天，便歼灭了敌人 5 个兵团有 60 余万人，这个胜利真是伟大。而全国和国际都有很大的影响，特别给反动派和帝国主义者严重的警告，并说明人民解放军的伟大。

当这个战役刚结束，下午我们便向东移，到达初集地休息，但我当时很愉快……

摘自华野六纵十六师司令部作战科科长胡德功的日记

华野二纵《拂晓报》编辑的日记

1 月 10 日　多云

真是意料之外，昨晚五师是否攻打穆楼听说还未最后定下来，但清早还未起床，李科长即说我四师、六师已同三纵共同攻下了陈官庄（邱清泉的指挥部）而且四个纵队已经会师。我兴奋地从床上跳了起来！吃罢早饭，在繁密的炮声中又听到了更令人振奋的消息，敌人只剩下了 3 个庄子，我纵在昨夜战斗中共俘虏敌人 20000 多，缴获了 1000 多辆汽车，1 门榴弹炮，许多美式山炮、小榴弹炮，并在攻击地祖庙时，敌整整一个野炮营向我投降。在胜利消息的鼓舞下，全村上的人都沸腾了起来。虽然敌机更加疯狂，但人们都不顾一切地站在庄外向远处眺望，等着这场伟大战役画上最后一个句号。

晚上老牛等从前方回来，述说前方战士们的情绪简直高到极点，纷纷把新缴获的美式机枪、卡宾枪、汤姆枪对着飞机乱打，红绿的信号弹、照明弹在白天也放起来。战斗早在上午十点钟以前即已结束，但枪声却响了一天，前线胜利后的狂欢情况，使人感到比白热化的战斗还来得激烈。

摘自华野二纵《拂晓报》编辑梁扶千的日记，见《淮海决战建奇功——纪念华野二纵参加淮海战役六十周年》，国防大学出版社 2008 年，第 241—242 页

战地记者的日记

1 月 10 日　晴

后王新庄—××—马楼（20 里左右）

天刚拂晓，南面枪声响成一片，似乎更近了，通讯员来叫江部长，说有好消息。赶快爬起来，原来自我 6 日发起对包围圈的总攻，逐步将敌更紧紧压缩在方

圆 10 里左右地区，昨晚又猛攻进入敌纵深，兄弟部队四面八方摸进来，（我攻占夏庄、朱小庄后，9 日白天夺取了庄南的河堤阵地，使敌五军四十五师师部丁枣园所在地直接暴露在我之火炮下）敌人再也没有抵挡的力量了，成师成团向我缴械投降，蒋匪嫡系号称最精锐的主力五军四十五师也毫无例外的向我三师集体投降了，战斗就以秋风扫落叶的威力发展着。

脸也没洗，就随着吴、何部长到赵破楼北之陈庄接收俘虏。冻云半遮着寒阳，结对成群的俘虏一批一批被带到指定的空地集合。俘虏们全身又黑又脏，都饿瘦了，看到卖花生、香烟、糖的小贩，就一涌上去抢买。有的付子，有的子也不付，抢了就溜，吃喝了一会才逐渐散去。平时倒不觉得什么，现在一对比，才觉得解放军个个红光满面，胖胖壮壮，匪军们一个个又黑又瘦，象地狱里逃出来的一群活鬼。

我和周鑫临时被指定为 135 个俘虏的队长和副队长时（都是四十五师一三三团、一三五团与工兵团的尉官），首先给他们编了 11 个班，指定班、排长，有秩序地给他们吃了一顿饭，又押送着往马楼前进，沿途俘虏还是络绎不绝的三行四行地走来，中间隔杂着不少烫发蟠首的官太太之类。

搞名册、搞统计表，找人谈话，今天忙得只吃一餐饭，午夜 11 时后，才回到王新庄休息。

上午 10 时，自徐州南窜的杜匪 3 个兵团 20 余万之众就全军覆没了。敌人被歼得这样迅速、干脆，倒有点出于意外。心想，敌人固守，一个庄子一个庄子敲开，倒要花好几天时间才行，不料重围中的蒋匪在饥寒交迫下，困守了一个多月后，竟变得如此士无斗志，绝望动摇，在我华野大军戮力同心四面猛攻下，土崩瓦解得如此顺利。

这胜利，使人多么兴奋！淮海战役，自 11 月 7 日发动以来，到今天已经整整 64 天，这期间大家的神经都像开足了的发条一样，全神贯注在取得这一伟大战役的全胜。而今，在忍受了连续战斗的艰苦、持久、饥寒、紧张的时日后，终于把黄百韬、黄维、孙元良、李弥、邱清泉 5 个兵团及徐州"剿总"全部歼灭了，数达 50 余万之众。

1949 年的 1 月 10 日是使人永远不会忘记的一天。

摘自华野一纵《前锋报》记者张永的日记

第五篇

淮海战役的胜利与影响

在中央军委及总前委的正确领导和统一指挥下，在华东、中原、华北三大解放区人民的全力支援下，中原、华东野战军和中原、华东、华北地方武装以气吞山河的气概、坚韧不拔的毅力、灵活机动的战略战术，历经三个阶段66天的浴血奋战，终于夺取了淮海战役的巨大胜利。此役，共歼灭国民党军1个"剿总"前进指挥部、5个兵团部、1个绥靖区司令部、22个军、56个师，共55.5万余人，创造了世界战争史上以少胜多的奇迹，成为世界著名经典战役。

淮海战役的胜利，歼灭了国民党军南线主力，基本解放了长江以北的华东、中原地区，使国民党政府首都南京处在人民解放军的直接威胁之下。这一胜利，连同辽沈、平津战役的胜利，从根本上动摇了国民党的统治，为人民解放军渡江南进解放全中国奠定了坚实基础，大大加速了解放战争的胜利进程。

第一章　辉煌的战果　伟大的胜利

淮海战役大大地超过了原来的计划，歼灭国民党军 55.5 万余人，取得了南线决战的伟大胜利，使国民党政府的首都——南京处于人民解放军的直接威胁之下。从此，国民党政府统治陷入土崩瓦解的境地。

淮海战役战绩综合统计

消灭国民党军兵力	歼灭国民党正规军 1 个"剿总"前进指挥部、5 个兵团部、1 个绥靖区司令部、22 个军部、56 个师、1 个快速纵队，合计 55.5 万余人，其中高级军官 160 人。		缴获武器装备	火炮	4215 门
	生俘	320355 人		枪支	165548 支
	毙伤	171151 人		坦克	215 辆
	投诚	35093 人		飞机	6 架
	起义	28500 人		汽车	1747 辆
				炮弹	120128 发
	高级军官	生俘	124 人	枪弹	15937569 发
		击毙	6 人	通讯器材	3607 部
		投诚	22 人		
		起义	8 人	马匹	6680 匹

淮海战役参战双方兵力损失、伤亡对比

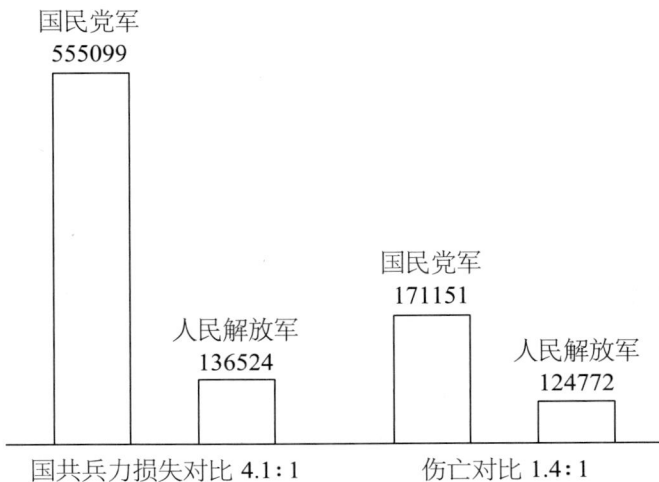

国民党军
555099

人民解放军
136524

国民党军
171151

人民解放军
124772

国共兵力损失对比 4.1∶1　　　　伤亡对比 1.4∶1

编者整理

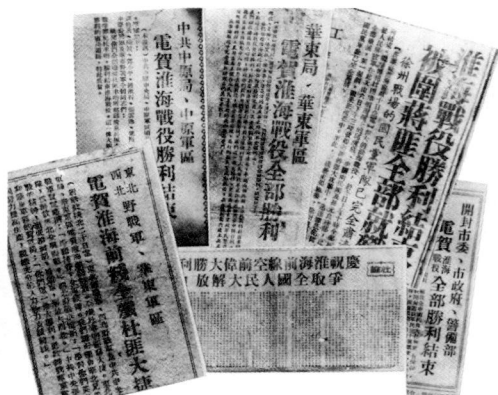

▲ 解放区各地报纸刊载的淮海战役胜利的新闻和贺电

◀1949 年 1 月 17 日中共中央电贺淮海战役全胜

文件选编

中共中央贺淮海战役彻底胜利电

刘伯承、陈毅、邓小平、饶漱石、张云逸、粟裕、谭震林、陈赓诸同志，华东人民解放军和中原人民解放军的全体同志：

淮海战役自去年 11 月 6 日开始，至今年 1 月 10 日已完全胜利结束。在这 65 天作战中，你们消灭了国民党反动政府在南线的主力黄百韬兵团全部 5 个军 10 个师，黄维兵团全部 4 个军 11 个师（内有 1 个师起义），杜聿明所率邱清泉、李弥、孙元良 3 个兵团全部 10 个军 25 个师（内有 1 个骑兵旅），冯治安部两个军 4 个师（内有三个半师起义），刘汝明部 1 个师，孙良诚部 1 个军两个师，宿县和灵璧守军各 1 个师，以上共计正规军 22 个军、55 个师，加上其他部队，共消灭敌军兵力约 60 万余人。至此，南线敌军的主要力量与精锐师团业已就歼。你们生俘了战争罪犯国民党徐州"剿匪"总司令部副总司令杜聿明，国民党第十二兵团司令黄维及国民党军其他高级将领多名，击毙了国民党第七兵团司令黄百韬。你们击退了李延年、刘汝明两兵团的增援，迫使他们向沿江一线逃窜，从而使淮河以北地区完全解放，使淮南一带地区大部入我掌握。凡此巨大战绩，皆我人民解放军指挥员与战斗员、人民解放军与人民群众，前后方党政军团结一致，艰苦奋斗所获的结果，特向你们致以热烈的祝贺和慰问。

中国共产党中央委员会

1949 年 1 月 17 日

摘自《人民日报》1949 年 1 月 19 日

中共华东局、华东军区贺淮海战役全部胜利电

陈毅、粟裕、谭震林、陈士榘、唐亮诸同志并华东野战军全体同志：

　　你们继续淮海战役前两个阶段胜利之后，又全歼蒋匪嫡系邱清泉、李弥两个兵团，活捉战犯杜匪聿明，取得淮海战役全部胜利，给蒋匪以决定性的打击，大大地便利了人民解放军渡江南进解放全中国作战。我们以欢腾鼓舞之心情，特向你们致热烈的庆贺与慰问。你们这一伟大胜利，更鼓舞我华东党政军民努力提高生产，组织充分人力物力支援前线，配合我军前进，为打倒国民党反动统治，在全国范围内建立无产阶级领导的以工农联盟为主体的人民民主专政的共和国而奋斗！

　　在淮海战役中光荣牺牲的烈士们万古不朽！

华东局

华东军区

1 月 10 日

摘自《大众日报》1949 年 1 月 13 日

▲ 华东局、华东军区电贺淮
　海战役全部胜利的报道

▲ 中共中原局、中原军区电贺淮海战役
　胜利结束的报道

中共中原局、中原军区贺淮海战役胜利结束电

刘伯承、陈毅、邓小平、饶漱石、张云逸、粟裕、谭震林、陈赓、谢富治诸同志并转中原野战军及华东野战军全体同志们：

欣闻你们全部歼灭杜聿明所部邱清泉兵团、李弥兵团及孙元良兵团残部，并活捉战争罪犯杜聿明，胜利结束淮海战役。这一伟大胜利，开辟了我军渡江作战争取全国胜利的直接道路，特此致贺。

中原局

中原军区

1 月 11 日

摘自《中原日报》1949 年 1 月 14 日

▲《大众日报》1949 年 1 月 15 日所载的"庆祝淮海前线空前伟大胜利，争取全国人民大解放！"

▲《中原日报》1949 年 1 月 21 日所载的"东北、西北两大野战军，中共华东局、华东军区电贺全歼杜匪部大捷"

东北、西北两大野战军，中共华东局、华东军区电贺全歼杜匪部大捷

【新华社陕北 20 日电】东北野战军、西北野战军及中共中央华东局、华东军区电贺淮海前线解放军全歼杜聿明匪部大捷。东北野战军贺电略称："逖听捷音，全军鼓舞。我们现正配合华北兄弟部队为解放华北全境而战。"西北野战军电称："当学习你们英勇善战的精神，彻底消灭胡马匪军，解放大西北。"中共中央华东

局和华东军区的贺电称："你们这一伟大胜利，更鼓舞我华东党政军民努力提高生产，组织充分的人力物力支援前线。"庆祝淮海前线空前伟大胜利，争取全国人民大解放！

由于淮海战役的伟大胜利，蒋介石匪帮在江北的反动防线已全部瓦解，全华东和中原人民彻底解放的时间愈益迫近，并将由于这一伟大胜利，配合着全国人民解放军许多辉煌的胜利，使中国人民革命战争全国范围的胜利过程，大大地缩短，使我军响应党中央毛主席的伟大号召——向长江以南进军，在全国范围内推翻国民党的反动统治，在全国范围内建立无产阶级领导的以工农联盟为主体的人民民主专政的共和国，使中华民族来一个大翻身，使中国人民来一个大解放——取得了更便利更可靠的保证了。

摘自《大众日报》1949 年 1 月 15 日

华东局、华东军政庆祝淮海战役全胜的指示

伟大的淮海战役全部胜利结束。我华东解放军在党中央、毛主席的英明领导下，与中原解放军的相互配合，和全华东人民的全力支援，充分发扬了英勇顽强与艰苦卓绝的战斗精神，经 2 个月三个阶段的战斗，终于获得了全歼蒋匪 5 个兵团的空前胜利。南线最主要战场——徐州战场的国民党军也已完全肃清，蒋匪全部嫡系主力也已残存无几，华东整个地区更接近于彻底全部解放。这必然便利于今后我军执行肃清蒋匪残余力量的光荣任务，缩短解放全中国的过程。为庆祝这一伟大胜利，特决定各地普遍举行祝捷并向前方部队慰问。通过祝捷与慰问，来继续鼓舞前后方的争取全国胜利情绪，坚定"将革命进行到底"的意志，防止可能产生的松懈麻痹太平苟安思想，鼓舞支援战争的热忱，推动参军、归队、支前、生产及调配新区等各项工作；联系进行全党全军加强纪律性教育，来迎接 1949 年新的更伟大的任务，继续歼灭蒋匪残余力量，各地须立即利用口头的、文字的、艺术的各种形式，开展广泛深入的祝捷宣传，各机关、部队、学校、工厂、城市、乡村普遍召开祝捷会（为防止敌人可能的空袭，可开小型的会）。宣传内容应根据《大众日报》的祝捷社论（社论及祝捷口号另发）。另外须由各机关部队群众团体代表组织慰问团，集中文艺工作团，以行署为单位，向前方部队、伤员、民工，举行慰问（即由省府发起组织慰问委员会统一领导慰问工作，具体办法由该会通知。华中可单独组织）。并可发动干部、群众、军属普遍向前方写慰问信，以上工

作应密切结合当前参军运动与拥军工作，执行情形望告。

华东局

华东军政

1 月 12 日

摘自《华东局政治工作指示》，1949 年 1 月 12 日

中共中央华东局宣传部发布庆祝淮海战役全胜的宣传口号

一、庆祝淮海战役的全部胜利！

二、庆祝淮海战役全歼蒋匪五个兵团的伟大胜利！

三、庆祝淮海战役彻底歼灭蒋匪嫡系主力的伟大胜利！

四、向中国人民解放军致敬，向中原、华东人民解放军致敬！

五、将革命进行到底，实现中华民族大翻身！实现中国人民大解放！

六、揭破战犯求和、企图保存残余反动力量、准备反扑人民的阴谋！

七、扫清一切松懈麻痹的自满思想，扫清一切使革命半途而废的思想，坚决彻底全部歼灭一切反动势力！

八、积极争取全华东全江北人民彻底解放！

九、积极准备向长江以南进军，争取中国人民解放事业更伟大的胜利！

十、踊跃参军，自动归队，壮大人民解放军，保证全国人民长远大翻身！

十一、爱护解放军伤员，优待解放军家属！

十二、公平合理出工支前，为工属解决生产困难！

十三、提高工业生产和农业生产，厉行节约，全部恢复铁路公路交通！

十四、准备春季农业大生产，把生产提高一步！

十五、职工们！为增加工业品的产量、提高工业品的质量、减低工业品的成本而奋斗，拿更多更好的产品供给市场，供给前线！

十六、青年们！参加革命工作，参加战地工作，为人民服务！

十七、动员城市力量，积极支援人民战争在全国胜利！

十八、积极建设第二线兵团，壮大人民武装力量！

十九、军工部门的职工们，加紧生产，增加数量，提高质量，拿更多更好的枪炮弹药和其他军用品供给前线！

二十、加强后勤工作，保证给养，保证弹药运输、被服鞋袜供给！

二十一、提高医疗技术，保证伤病员迅速出院归队！

二十二、一切为着前线，一切为着全国人民革命战争的胜利，解放区后方工作人员们，更好地组织支前工作！

二十三、总结淮海战役的胜利经验，提高军事技术！（专供部队应用）

二十四、发扬淮海参战部队英勇顽强、艰苦耐劳的革命精神！（专供部队应用）

二十五、团结互助，协同动作，克服一切障碍，肃清残余蒋匪！（专供部队应用）

二十六、准备应征到新区去为人民服务！（专供部队应用）

二十七、摆脱现在还存在的某些游击性，进入更高程度的正规化！（专供部队应用）

二十八、加强纪律性，反对无纪律无政府状态！（专供部队应用）

二十九、打到南京去，活捉蒋介石和一切战犯！

三十、驱逐美帝国主义的侵略势力出中国！

三十一、建立无产阶级领导的，以工农联盟为主体的人民民主专政的共和国及其中央政府！

三十二、毛主席、朱总司令万岁！

三十三、中国共产党万岁！

三十四、中华民族解放万岁！

华东局宣传部

1 月 20 日

摘自中共胶东区党委宣传部编印《将革命进行到底》，1949 年 2 月 22 日，第 43—44 页

◀ 淮海前线大捷，国民党统治迅速崩溃，南京、上海一片混乱，此为相关报道

国民党军的失败已是不可避免

殊难相信在当前情势下，按中国政府的建议，试图充当调解人，能达到任何有益的效果。

> 摘自《美国与中国的关系》白皮书（上），1949年8月，第237页

过去四个半月所发生的已经使国民政府蒙受巨大的损失，致其军事地位，已经下降到无法补救的地步……

> 摘自《美国与中国的关系》白皮书（上），1949年8月，第266页

12月18日，巴大维将军在致陆军部的电报中声称："由于国民政府在长江以北的失败所造成的耻辱与丧失面子，纵令时间容许，国民政府是否能取得必要的人民的支持，以动员这一地区〔华南〕的充分人力，以重建其军队，实属极端令人怀疑之事……国军的完全失败……是不可避免的。"

> 摘自《中美关系资料汇编》第一辑，世界知识出版社1957年，第376页

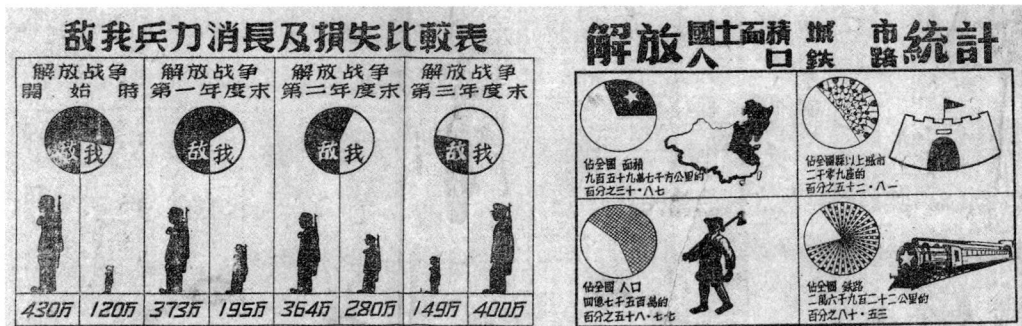

▲《大众日报》所载有关敌我兵力消长的对比图

战史摘要

国民党政府形势迅速恶化

从1946年7月至1949年1月，国民党军损失的兵力总计达495万余人，残存的正规军仅有71个军227个师115万人，加上特种兵、机关、学校和地方部队，总兵力下降到204万人，其中能用于作战的部队共146万人。这些部队，分布在从新疆到台湾的广大地区内，已无法在战略上组成有效的防御。100多万正规军中，位于南京、上海、杭州地区的京沪杭警备总司令汤恩伯部19个军64个师约41万余人；位于武汉、宜昌地区的华中"剿总"白崇禧部，和广州绥靖公署余汉谋部共

17 个军 57 个师 36 万余人；位于陕西地区的西安绥靖公署胡宗南部 13 个军 33 个师约 20 万人；位于陕、甘、宁、青、新地区的西北军政长官公署马步芳、马鸿逵部 6 个军 28 个师 17 万余人；位于太原地区的太原绥靖公署阎锡山部 6 个军 14 个师 7 万余人；位于川、康、黔、滇等省的重庆绥靖公署张群部，以及青岛、新乡等孤立据点和绥远西部之敌共 10 个军 31 个师约 24 万人。这些部队，除白崇禧集团、胡宗南集团的一些军以及马步芳部未受我军严重打击，尚有一定战斗力外，其余部队多系新组成的，或者是多次被歼又多次补充起来的，战斗力很弱。

国民党政府的经济情况迅速恶化，已出现了总崩溃的局面。财政枯竭，物价飞涨，财政赤字高达 900 万亿元；上海市的物价，从 1948 年 8 月到 1949 年 3 月，上涨了 8.3 万余倍。严重的经济危机，使国民党统治区的工商企业纷纷倒闭，农村经济迅速破产。随着经济形势的进一步恶化，国民党统治集团内部互相倾轧愈演愈烈。1948 年 12 月 25 日，白崇禧及其控制下的湖北省参议会，提出了"和平解决国是"的主张，以此逼蒋介石下野；蒋介石宣布"引退"、由李宗仁在南京代理总统职务后，1949 年 2 月 5 日，孙科自行将国民党政府行政院迁往广州。整个国民党政府，已陷入"一国三公"、四分五裂的境地。美国驻华大使司徒雷登在给国务卿马歇尔的报告中宣称：这个政府已愈来愈众叛亲离了。

摘自《中国人民解放军战史》第三卷，军事科学出版社 1987 年，第 312—313 页

◀ 在淮海大捷的震撼下，1949 年 1 月 21 日蒋介石被迫以"因故不能视事"名义，宣告"引退"，回到老家奉化，退居幕后指挥。1949 年 1 月 24 日李宗仁就任"中华民国"代总统。图为蒋介石"引退"后的便装照

▲ 中原、华东各地慰问参战部队的相关报道

战地报道

中原慰问团抵前线慰问两大野战军

【开封讯】中原人民慰问团已于7日抵达前线某地，晋谒军区诸首长致敬。所携之全部慰劳品，已在8日分别献赠中原、华东两大野战军，由各部供给机关点收，再运赴前线转发。活跃于战地的电影制片人员，并拍摄该团各种活动影片。军区政治部于9日特举行盛大的欢迎晚会。该团团员于10日分成两大组，分别转往前线，向胜利结束淮海战役的两大野战军指战员，亲致慰问。

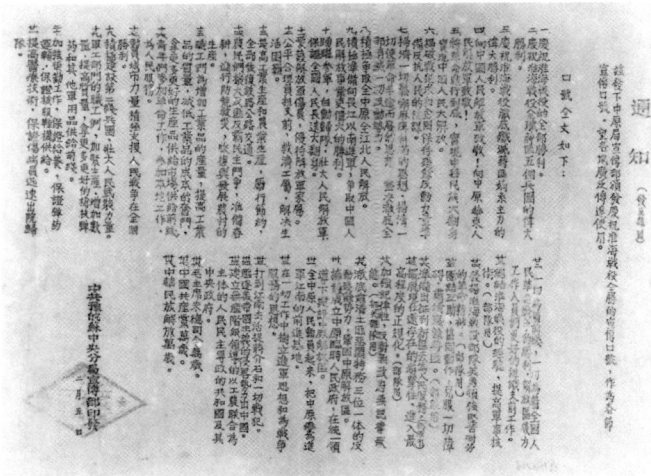

▲ 1949年2月5日中共豫皖苏分局印发的庆祝淮海战役全胜的宣传口号

摘自《中原日报》1949年1月17日

庆祝淮海战役伟大胜利　徐州市委发起祝捷拥军运动
工人们纷纷准备祝捷

【徐州电】为庆祝淮海战役伟大胜利，中共徐州市委特发起祝捷宣传拥军筹备委员会，周林同志任主任委员，负责统一领导。该委员会下分宣传、组织、秘书、劳军四个科和文艺工作委员会，现该委员会已发布宣传内容及注意事项，要求把宣传工作普遍开展起来，使所有市民认清淮海战役胜利的伟大意义，揭穿蒋匪的"和平"阴谋；在宣传中，并注意首先要向广大的工人阶级进行广泛的深入动员，进行阶级教育，提高阶级觉悟，用新的劳动态度进行生产支援前线。14日并召开全市干部大会，周林同志讲话中指出：一、祝捷宣传拥军运动必须走群众路线，使这次运动成为普遍的群众性的运动。二、将这次祝捷拥军运动与当前的组织群众生产与治安工作结合起来。三、号召全体同志深刻学习新华社"元旦献词"与毛主席时局声明。

【又电】在伟大的淮海战役彻底胜利鼓舞下，本市工人纷纷筹备祝捷。汽车修

▲ 华东慰问团给淮海前线指战员慰问信

▲ 解放军某部召开庆功祝捷大会

▲ 解放区各地人民纷纷集会热烈庆祝淮海战役的伟大胜利

理厂工人已组织了秧歌队、歌咏队，并将出动两部宣传车，进行胜利宣传。邮电部邮工组成立了宣传委员会，下分宣传组（印发各种宣传品）、歌咏组、音乐组（包括锣鼓、胡琴等娱乐），并拟开祝捷大会，出动之两部宣传车亦进行市街宣传。徐州发电厂工人亦成立筹备会，设文艺（包括墙报文娱等）、宣传、总务三组，除出动宣传车外，并设广播台及组织慰劳车队。中国实业烟草公司成立祝捷筹备会后，歌咏队正学习新歌。保育院并演排独幕剧，及组织一歌咏队，并拟组织劳军。市职工、妇女筹委会并决定作以下工作：一、通过这次运动将工人妇女发动起来，专请负责同志至各工厂作报告；二、配合电影队有计划地去各厂放映。

摘自《大众日报》1949 年 1 月 22 日

▲ 悬挂毛主席像的彩车参加祝捷大会

▲ 徐州人民集会庆祝淮海战役的伟大胜利

从外国人的报道中看国民党匪帮

【美联社 4 日电】密尔克斯报道：国民党要求和平谈判的呼声，越来越像在镜子面前独自预演求婚。这种片面的运动使那些期望中共响应的人们愈加焦虑。这种情况下，蒋有三条出路：（一）下野，让别人计划类似无条件投降的办法；（二）退出长江流域，退守台湾一隅；（三）用不足得可怜的军队，作最后抵抗试图。但呼吁和平的人们私下里却承认，国民党的崩溃比谈判更会促成和平。

【美联社华盛顿 3 日电】大多数观察家认识蒋政府的命运似已无可挽救，唯一的希望只有寄于谈判和平的消息。《生活》杂志 11 月 27 日称：共产党仍然在打败国民党，各项消息指出了一个历史性的事实，即国民党的时代已告结束。

【又讯】蒋氏政府对于长江以北的中国很可以不谈了，因它已成为共产党囊中之物。

【合众社 31 日电】中共仍无直接答复政府的和谈要求，尽人皆知，这一要求系由政府方面所谓。

【合众社 8 日电】共军在对杜聿明部进攻后，将在旧历年前后向长江及京沪地区进攻。南京已下令加紧撤退非必要人员及各部院至台湾、广州和重庆。

【纽约 8 日电】《纽约明星报》威尔纳说：满洲的丧失对南京的统治有决定作用。蒋介石最近的失败（尚不包括淮海战役之失败——编者）使总的作战能力，共军与南京成为三对一或许是五对一之比，在这种力量对比下进行防御是不可能成功的。威尔纳说：今天的问题不是蒋介石是否会垮台，而是什么时候与如何垮台。现崩溃已迫在眉睫，美国的援助太晚了。

【洛杉矶 1 日电】拉铁摩尔称：以美援救蒋已经太晚，因为事情已发展至不可挽救的地步。

【美新华盛顿 30 日电】如果蒋夫人向美国呼吁援助，将不会有像 1943 年那样热烈，因为大规模援华计划，或许会白白浪费。

【美新华盛顿 17 日电】美国各报社一致认为美国之援蒋已处于进退两难的地位。《达拉斯晨报》称：我们在中国问题上，已是一个关系重大的两难局面，假如停止援助，共军即可长驱直入。直接间接以军事上、物资及人员援助蒋政府，现在这些好像似又太晚了。

摘自中国人民解放军华东胶东军区政治部编印《淮海战役大获全胜》，第 26—28 页

"五大主力"今安在？蒋家天下快垮台！

国民党整七十四师、新一军、新六军、十八军（即整十一师）、新五军，都是国民党头等精锐的美械化部队。

整七十四师，号称国民党的"模范军"，是国民党反动派敢于制造内战的老本，是蒋匪的"御林军"，又称为国民党军队的"金钢钻"，曾受美军训练，全部美械装备，前年 5 月 15 日在孟良崮，被干脆彻底歼灭，该师师长——美帝的爱徒、蒋介石的心腹——张灵甫也同时被击毙，蒋贼闻听，痛哭失声。

新一军，号称"天下第一军"，与新六军同为蒋匪嫡系的美械部队，由被俘之第六兵团司令廖耀湘指挥，于去年 10 月辽西打虎山战役全军覆没。新一军副军长

文小山、新六军军长李涛均被生俘。

十八军为原整十一师，为胡琏兵团之主力，与邱清泉之第五军为南线蒋匪之精锐骨干，原驻平汉路之信阳一带。此次淮海战役，由黄维率领自武汉增援徐州，于浍河、浍河间被歼灭。

第五军（即整五师），为蒋匪军队之"王牌"军。此次淮海战役，被围于萧县、永城间。至本月（1月10日），被完全歼灭，前该军军长、第二兵团司令邱清泉亦被击毙。

至此，国民党所谓的"模范军"、"天下第一军"、"王牌军"、"主力的主力"等，已经成为历史名词，而一去不复返了。七十四师被歼时，蒋介石痛哭流涕，新一军、新六军被歼并丢了东北时，蒋介石大发神经病，枪击屋顶，击毙爱犬。今天连所剩的两个最后的"硬胡桃"也被砸得粉碎。淮海会战失败后，勿怪蒋匪又假惺惺地叫嚣"和平"，大势已去的蒋匪王朝，再找不出也组织不或能阻挡住人民解放军渡江南下的军队和防线了。

摘自中国人民解放军华东胶东军政治部编印《淮海战役大获全胜》，第24—26页

▲ 缴获国民党军的美式山炮、榴弹炮

▲ 缴获国民党军的美式机枪

▲ 缴获国民党军日式战车30辆

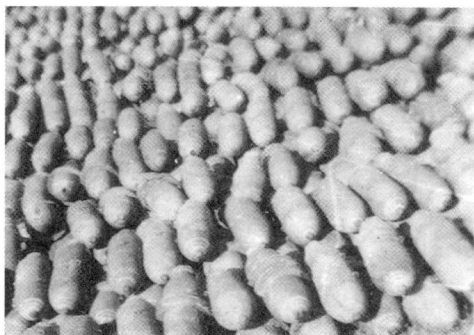

▲ 缴获国民党军美造炸弹

▲ 徐州机场内国民党军的飞机及汽油成为战利品

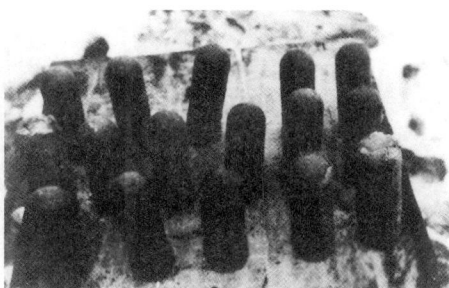

▲ 缴获的国民党军部分枪支、弹药、汽车

◀ 被歼灭的国民党军军旗之一部。淮海战役结束之时，蒋介石所谓的"五大主力"也随之灰飞烟灭，新一军、新六军在东北被歼；整编七十四师在孟良崮战役被歼；第五军、第十八军被消灭在淮海战场

淮海战役中国民党军被歼的师以上部队番号

战役阶段	被 歼 番 号			被歼整师数量	备 注
	兵团	军	师		
第一阶段（1948年11月6日—22日）	第七兵团（黄百韬）	二十五	四十、一〇八、一四八	3	1. 第一四八师守备宿县被歼。 2. 第四十四军在战役发起后由第九绥靖区改隶第七兵团。
		四十四	一五〇、一六二	2	
		六十三	一五二、一八六	2	
		六十四	一五六、一五九	2	
	第三绥靖区（冯治安）	一〇〇	四十四、六十三	2	第五十九军2个师、第七十七军之第一三二师、第三十七师一部起义。
		五十九	三十八、一八〇	2	
		七十七	三十七、一三二	2	
		一〇七	二六〇、二六一	2	隶属第一绥靖区，军部与第二六〇师投诚。
			一八一		隶属第四绥靖区第五十五军，配属第二兵团被歼。
	分计	8个军部	18个师番号	18个整师	
第二阶段（1948年11月23日—12月15日）	第十二兵团（黄维）	十	十八、七十五、一一四	3	1. 第一一八师为快速纵队。 2. 第一一〇师（欠1个团）起义，第二十三师及第二一六师第六四八团、第八十五军辎重团等投诚。 3. 第十四军之第八十三师尚未组建完毕。
		十四	十、八十三、八十五	2	
		十八	十一、四十九、一一八	3	
		八十五	二十三、一一〇、二一六	3	
	第十六兵团（孙元良）	四十一	一二二、一二四	2	1. 该兵团于12月6日夜突围中被歼，残部收容后重编为第一二二师，隶属第七十二军。 2. 第二三八师隶属于第十二军，守备灵璧被全歼。
		四十七	一二五、一二七	2	
			二三八	1	
	分计	6个军部	17个师番号	16个整师	

战役阶段	被歼番号			被歼整师数量	备 注
	兵团	军	师		
第三阶段（1948年12月16日——1949年1月10日）	第二兵团（邱清泉）	五	四十五、四十六、二〇〇	3	1. 第七十二军于战役中由"剿总"直辖改隶第二兵团。其一二二师系战中收容被歼的第十六兵团残部编成。 2. 第七十军第九十六师为快速纵队。
		十二	一一二	1	
		七十	三十二、九十六、一三九	3	
		七十二	三十四、二三三、一二二	2	
		七十四	五十一、五十八	2	
			骑一旅	1	
	第十三兵团（李弥）	八	四十二、一七〇、二三七	3	
		九	三、一六六、二五三	3	
	分计	7个军部	19个师番号	18个整师	
战役末期组建的部队		六十四	一五六、一五九		第六十四、第一一五军隶属第十三兵团；第一一六军及新四十四师隶属第二兵团。除第一一五军之第三十九师系由安阳空运徐州的正规部队外，其余各部皆是收容被歼残兵编成，故表中被歼整师只统计第三十九师。
		一一五	三十九、一八〇	1	
		一一六	二八七、二八八		
			新四十四师		
	分计		7个师番号	1个整师	
总计		24个军部（含新建军部）	61个师番号（含新建师番号）	53个整师	

摘自《淮海战役纪事》，江苏人民出版社 1993 年，第 349—351 页

淮海战役中被俘虏、击毙和向我投诚的部分国民党高级军官名录

被俘的高级军官

姓 名	部 别	职 务	军衔	被俘时间	被俘地点
杜聿明	徐州"剿总"司令部	副总司令	中将	1949 年 1 月 10 日	河南永城张老庄
文 强	徐州"剿总"司令部	副参谋长	中将	1949 年 1 月 10 日	河南永城陈官庄
凌悲潮	徐州"剿总"司令部	高参	少将	1949 年 1 月	河南永城陈官庄

姓　名	部　　　　别	职　务	军衔	被俘时间	被俘地点
左偕康	徐州"剿总"政委会	政务处长	少将	1949 年 1 月	河南永城陈官庄
戴银天	徐州"剿总"政工处	副处长	少将	1949 年 1 月	河南永城陈官庄
黄铁民	徐州"剿总"前指	总务处长	少将	1949 年 1 月	河南永城陈官庄
杨继泉	徐州"剿总"干训班	教务处长	少将	1949 年 1 月	河南永城陈官庄
李汉萍	第二兵团	参谋长	少将	1949 年 1 月	河南永城陈官庄
王屏南	第二兵团新编第四十四师	师长	少将	1949 年 1 月	河南永城陈官庄
魏　翔	第七兵团	参谋长	少将	1948 年 11 月 20 日	江苏邳县碾庄圩
王殿富	第七兵团	高级参谋	上校	1948 年 11 月 20 日	江苏邳县碾庄圩
黄　维	第十二兵团	司令官	中将	1948 年 12 月 16 日	安徽蒙城双堆集
吴绍周	第十二兵团第八十五军	副司令官兼军长	中将	1948 年 12 月 15 日	安徽蒙城双堆集
韦镇福	第十二兵团	副参谋长	少将	1948 年 12 月 10 日	安徽蒙城双堆集
文　修	第十二兵团	副参谋长	少将	1949 年 1 月	安徽蒙城双堆集
刘　浩	第十二兵团司令部	第二处处长	少将	1948 年 12 月 10 日	安徽蒙城双堆集
李　峻	第十二兵团司令部	作战处长	少将	1948 年 12 月 10 日	安徽蒙城双堆集
吴家钰	第十三兵团	参谋长	少将	1949 年 1 月 10 日	河南永城东北
胡光涛	第十三兵团政工处	处长	少将	1949 年 1 月 10 日	河南永城东北
马润昌	第三绥靖区司令部	参议	少将	1949 年 1 月 10 日	河南永城东北
赵金鹏	第三绥靖区司令部	高参	少将	1949 年 1 月 10 日	河南永城东北
米文和	第四绥靖区第五十五军第一八一师	副司令官兼副军长兼师长	中将	1948 年 11 月 8 日	河南商丘马牧集
董汝桂	第四绥靖区	参谋长	少将	1948 年 11 月 8 日	河南商丘马牧集
张述文	第四绥靖区	参议	少将	1948 年 11 月 8 日	河南商丘马牧集
温顺凯	第五军	副参谋长	少将	1949 年 1 月 10 日	河南永城东北
李又渔	第五军第四十五师	参谋长	上校	1949 年 1 月 10 日	河南永城陈官庄
周　朗	第五军第二〇〇师	师长	少将	1949 年 1 月 10 日	河南永城陈官庄
周开成	第八军	军长	少将	1949 年 1 月 5 日	安徽萧县青龙集
杨绪剑	第八军第一七〇师	师长	少将	1949 年 1 月 5 日	安徽萧县青龙集
陈挺雷	第八军第一七〇师	副师长		1949 年 1 月 5 日	安徽萧县青龙集
易楚云	第八军第二三七师	代参谋长	上校	1949 年 1 月 5 日	安徽萧县青龙集
黄　淑	第九军	军长	少将	1949 年 1 月 5 日	安徽萧县青龙集
李荩宣	第九军	副军长	少将	1949 年 1 月 5 日	安徽萧县青龙集

姓　名	部　　别	职　务	军衔	被俘时间	被俘地点
肖超五	第九军第一六六师	副军长兼师长	少将	1949 年 1 月 5 日	安徽萧县青龙集
顾隆筠	第九军	参谋长	少将	1949 年 1 月 5 日	安徽萧县青龙集
李殿臣	第九军第三师	副师长	少将	1949 年 1 月 5 日	安徽萧县青龙集
王青云	第九军第二五三师	师长	少将	1949 年 1 月 5 日	安徽萧县青龙集
马　旭	第九军第二五三师	参谋长		1949 年 1 月 5 日	安徽萧县青龙集
覃道善	第十军	军长	少将	1948 年 12 月 15 日	安徽蒙城双堆集
王　岳	第十军	副军长	少将	1948 年 12 月 15 日	安徽蒙城双堆集
周穆深	第十军	参谋长	少将	1948 年 12 月 15 日	安徽蒙城双堆集
詹璧陶	第十军	副参谋长	少将	1948 年 12 月 15 日	安徽蒙城双堆集
段昌义	第十军第十八师	参谋长	少将	1948 年 12 月 15 日	安徽蒙城双堆集
夏建勋	第十军第一一四师	师长	少将	1948 年 12 月 15 日	安徽蒙城双堆集
孟树本	第十军第一一四师	副师长	上校	1948 年 12 月 15 日	安徽蒙城双堆集
曾昭鹏	第十军第一一四师	参谋长	上校	1948 年 12 月 15 日	安徽蒙城双堆集
于一凡	第十二军第一一二师	副军长兼师长	少将	1949 年 1 月 10 日	河南永城陈官庄
金克才	第十二军第一一二师	副师长	少将	1949 年 1 月 10 日	河南永城陈官庄
张文新	第十二军第一一二师	参谋长	少将	1949 年 1 月 10 日	河南永城陈官庄
谷炳奎	第十四军	副军长	少将	1948 年 12 月 11 日	安徽蒙城杨圩子
梁　岱	第十四军	参谋长	少将	1948 年 12 月	安徽蒙城杨圩子
潘　崎	第十四军第十师	代理师长		1948 年 12 月	安徽蒙城李圩子
吴宗远	第十四军第八十五师	代理师长	上校	1948 年 12 月	安徽蒙城沈家湖
何玉林	第十四军第八十五师	副师长	上校	1948 年 12 月	安徽蒙城沈家湖
杨伯涛	第十八军	军长	少将	1948 年 12 月 15 日	安徽蒙城双堆集
王元直	第十八军第十一师	副军长兼师长	少将	1948 年 12 月 15 日	安徽蒙城双堆集
吴廷玺	第十八军	参谋长	少将	1948 年 12 月 15 日	安徽蒙城双堆集
姚纪昭	第十八军	副参谋长	上校	1948 年 12 月 15 日	安徽蒙城双堆集
张慕贤	第十八军第十一师	副师长	上校	1948 年 12 月 15 日	安徽蒙城双堆集
李惠平	第十八军第十一师	参谋长	上校	1948 年 12 月 15 日	安徽蒙城双堆集
尹钟岳	第十八军第一一八师	师长	少将	1948 年 12 月 15 日	安徽蒙城双堆集
李果然	第十八军第一一八师	副师长	上校	1948 年 12 月 15 日	安徽蒙城双堆集
路羽飞	第十八军第一一八师	参谋长	上校	1948 年 12 月 15 日	安徽蒙城双堆集
陶　修	第二十五军	参谋长	少将	1948 年 11 月 20 日	江苏邳县碾庄圩
杜聚政	第二十五军第四十师	副师长		1948 年 11 月 20 日	江苏邳县碾庄圩

姓　名	部　　别	职　务	军衔	被俘时间	被俘地点
胡临聪	第四十一军	军长	中将	1948 年 12 月 10 日	河南商丘典台村
陈远湘	第四十一军	副军长	少将	1948 年 12 月 7 日	河南永城李石林
严翔峰	第四十一军第一二四师	师长	少将	1948 年 12 月 7 日	河南永城薛湖
过郊尊	第四十一军第一二四师	副师长	少将	1948 年 12 月 7 日	河南永城薛湖
王泽浚	第四十四军	军长	中将	1948 年 11 月 17 日	江苏邳县阎朝村
林文波	第四十四军第一五〇师	副师长	少将	1948 年 11 月 17 日	江苏邳县前黄滩
杨自立	第四十四军第一六二师	师长	少将	1948 年 11 月 22 日	江苏邳县大院上村
李　秾	第四十四军第一六二师	副师长	少将	1948 年 11 月 17 日	江苏邳县前黄滩
邱正明	第四十四军第一六二师	参谋长		1948 年 11 月 17 日	江苏邳县前黄滩
汪匣锋	第四十七军	军长	中将	1948 年 12 月 7 日	河南永城李石林
李家英	第四十七军	副军长	少将	1948 年 12 月 7 日	河南永城李石林
陈　玲	第四十七军第一二五师	师长	少将	1948 年 12 月 7 日	河南永城李石林
黄崇凯	第四十七军第一二五师	副师长		1948 年 12 月 7 日	河南永城李石林
张光汉	第四十七军第一二七师	师长	少将	1948 年 12 月 7 日	河南永城李石林
尹续臣	第四十七军第一二七师	参谋长	上校	1948 年 12 月 7 日	河南永城李石林
宋西箴	第五十五军第一八一师	副师长	少将	1949 年 1 月	河南永城
宋建人	第六十三军	参谋长	少将	1948 年 11 月 12 日	江苏邳县窑湾镇
陈文瑞	第六十三军	代参谋长		1948 年 11 月 10 日	江苏邳县窑湾镇
雷秀明	第六十三军第一五二师	师长	少将	1948 年 11 月 10 日	江苏邳县窑湾镇
李友章	第六十三军第一五二师	副参谋长		1948 年 11 月 10 日	江苏邳县窑湾镇
刘镇湘	第六十四军	军长	中将	1948 年 11 月 22 日	江苏邳县大院上
韦　德	第六十四军	副军长	少将	1948 年 11 月 22 日	江苏邳县大院上
项金洪	第六十四军（重建）	参谋长	少将	1949 年 1 月 10 日	河南永城东北
黄　觉	第六十四军	代参谋长	上校	1948 年 11 月 22 日	江苏邳县大院上
裘树凯	第六十四军（重建）	军部附员	少将	1949 年 1 月 10 日	河南永城东北
陈庆斌	第六十四军第一五六师	副师长	上校	1948 年 11 月 22 日	江苏邳县大院上
钟世谦	第六十四军第一五九师	师长	少将	1948 年 11 月 22 日	江苏邳县大院上
李振中	第六十四军第一五九师	副师长		1948 年 11 月 22 日	江苏邳县大院上
谢丽文	第六十四军第一五九师	参谋长		1948 年 11 月 22 日	江苏邳县大院上
邓军林	第七十军第九十六师	师长，军长（后）	少将	1949 年 1 月 10 日	河南永城陈官庄
龚世英	第七十军第三十二师	师长	少将	1949 年 1 月 10 日	河南永城陈官庄

姓　名	部　　　别	职　务	军衔	被俘时间	被俘地点
贺知诗	第七十军第三十二师	副师长	少将	1949 年 1 月 10 日	河南永城陈官庄
刘志道	第七十军第九十六师	师长	少将	1949 年 1 月 10 日	河南永城陈官庄
田生瑞	第七十军第九十六师	副师长	少将	1949 年 1 月 10 日	河南永城陈官庄
邱维达	第七十四军	军长	中将	1949 年 1 月 10 日	河南永城陈官庄
李宝善	第七十七军第三十七师	师长	少将	1949 年 1 月 10 日	河南永城东北
张文心	第八十五军	副军长	少将	1948 年 12 月 15 日	安徽蒙城双堆集
陈振威	第八十五军	参谋长	少将	1948 年 12 月	安徽蒙城双堆集
周卓铭	第八十五军第二十三师	副师长	上校	1948 年 12 月	安徽蒙城双堆集
张钧铸	第八十五军第二十三师	参谋长		1948 年 12 月	安徽蒙城双堆集
朱安民	第八十五军第二一六师	副师长	上校	1948 年 12 月	安徽蒙城双堆集
杨　荫	第一〇〇军	副军长	少将	1948 年 11 月 15 日	江苏邳县彭庄
崔广森	第一〇〇军	参谋长	少将	1948 年 11 月 15 日	江苏邳县彭庄
毛锻吾	第一〇〇军第四十四师	参谋长	上校	1948 年 11 月 11 日	江苏邳县曹八集
司元恺	第一一五军	军长	少将	1949 年 1 月 10 日	安徽萧县青龙集
刘顺佳	第一一五军	代理军长	少将	1949 年 1 月 10 日	安徽萧县青龙集
张光明	第一一五军	军部附员	少将	1949 年 1 月 10 日	安徽萧县青龙集
杨国桢	第一一五军第三十九师	参谋长	上校	1949 年 1 月 10 日	安徽萧县青龙集
陈芳芝	第一一五军第一八〇师	师长	少将	1949 年 1 月 10 日	安徽萧县青龙集
何觉哉	第一一五军第一八〇师	参谋长		1949 年 1 月 10 日	安徽萧县青龙集
张积武	交警第十六总队	司令	中将	1948 年 11 月 15 日	安徽宿县
韦　编	交警第十六总队	参谋长	少将	1948 年 11 月 15 日	安徽宿县
常　健	国防部政工局四处	处长	少将	1949 年 1 月	河南永城陈官庄
龚新民	国防部驻第五军	部员	少将	1949 年 1 月	河南永城东北
金桂林	国防部驻第十二军	部员	少将	1949 年 1 月	河南永城东北
吕执毅	联勤第十三兵站分监部	分监	少将	1949 年 1 月	河南永城东北
王　锡	联勤第二十一兵站分监部	分监	少将	1949 年 1 月	河南永城东北
耿明轩	联勤第一补给区	主任	少将	1949 年 1 月	河南永城东北
陈志杰	第四快速纵队	参谋长	上校	1949 年 1 月	河南永城东北
郭士奇	第二绥靖区行政公署	督察专员	少将	1949 年 1 月	河南永城东北
王蔚丞	第三绥靖区行政公署	督察专员	少将	1949 年 1 月	河南永城东北
朱信民	山东保安第七旅	旅长	少将	1948 年 11 月 7 日	山东韩庄

被击毙（含自戕毙命）的高级军官

姓　名	部　别	职务	军衔	毙命时间	毙命地点
黄百韬	第七兵团	司令官	中将	1948 年 11 月 22 日	江苏邳县碾庄北
邱清泉	第二兵团	司令官	中将	1949 年 1 月 10 日	河南永城县张庙堂
熊绶春	第十四军	军长	中将	1948 年 12 月 21 日	安徽蒙城杨圩子
陈　章	第六十三军	军长	中将	1948 年 11 月 11 日	江苏邳县窑湾镇
伍少武	第六十三军第一八六师	代师长	上校	1948 年 11 月 11 日	江苏邳县窑湾镇
李　芝	第七十二军第二三三师	师长	少将	1949 年 1 月	河南永城陈官庄
刘声鹤	第一〇〇军第四十四师	师长	少将	1948 年 11 月 11 日	江苏邳县曹八集

向我投诚的高级军官

姓　名	部　别	职务	军衔	投诚时间	投诚地点
孙良诚	第一绥靖区，第一〇七军	副司令官兼军长	中将	1948 年 11 月 13 日	江苏睢宁西北
崔贤文	第五军第四十五师	师长	少将	1949 年 1 月 10 日	河南永城陈官庄
吴铁志	第五军第四十五师	副师长	少将	1949 年 1 月 10 日	河南永城陈官庄
郭方平	第五军第四十六师	代师长	少将	1949 年 1 月 10 日	河南永城陈官庄
夏　昆	第五军第四十六师	参谋长	上校	1949 年 1 月 10 日	河南永城陈官庄
李亚东	第五军第二〇〇师	挺进总队长		1949 年 1 月 10 日	河南永城陈官庄
伍子敬	第八军第四十二师	师长	少将	1949 年 1 月 6 日	安徽萧县青龙集
盛自泰	第八军第四十二师	参谋长		1949 年 1 月 6 日	安徽萧县青龙集
周　藩	第九军第三师	师长	少将	1949 年 1 月 6 日	安徽萧县青龙集
赵璧光	第四十四军第一五〇师	师长	少将	1948 年 11 月 17 日	江苏邳县后黄滩
余锦源	第七十二军	军长	中将	1949 年 1 月 9 日	河南永城陈官庄
谭　心	第七十二军	副军长	少将	1949 年 1 月 9 日	河南永城陈官庄
宋敬文	第七十二军	参谋长	上校	1949 年 1 月 9 日	河南永城陈官庄
陈渔浦	第七十二军第三十四师	师长	少将	1949 年 1 月 9 日	河南永城陈官庄
杜仲儒	第七十二军第三十四师	参谋长	上校	1949 年 1 月 9 日	河南永城陈官庄
徐　华	第七十二军第二三三师	师长	上校	1949 年 1 月 9 日	河南永城陈官庄
杜永鑫	第七十二军第二三三师	副师长	上校	1949 年 1 月 9 日	河南永城陈官庄
余勋阁	第七十二军第二三三师	参谋长	上校	1949 年 1 月 9 日	河南永城陈官庄
黄子华	第八十五军第二十三师	师长	少将	1948 年 12 月 10 日	安徽蒙城双堆集
王清翰	第一〇七军第二六〇师	副军长兼师长	少将	1948 年 11 月 13 日	江苏睢宁西北
杜辅庭	第一〇七军	参谋长	少将	1948 年 11 月 13 日	江苏睢宁西北
耿继武	江苏保安第二旅	旅长		1949 年 1 月	河南永城东北

摘自《淮海战役纪事》，江苏人民出版社 1993 年，第 351—358 页

三大战役之比较——歼灭国民党军人数

战役名称	辽沈战役	淮海战役	平津战役	合计
俘虏	324300	320355	223510	868165
毙伤	56800	171151	30390	258341
投诚	64900	35093	8700	108693
起义（改编）	26000	28500	250000	304500
总计	472000	555099	521000	1548099

三大战役之比较——人民解放军伤亡

战役名称	辽沈战役	淮海战役	平津战役	合计
伤	53328	98818	31478	183624
亡	14009	25954	7030	46993
失踪	1874	11752	936	14562
总计（人）	69211	136524	39444	245179

三大战役之比较——人民支前

战役名称	辽沈战役	淮海战役	平津战役	合计
支前民工	1830000	5430000	1600000	8860000
担架（副）	137000	206000	20000	363000
大小车（辆）	129000	881000	400000	1010000
牲畜（头）	300000	767000	1000000	2067000
粮食（万斤）	11000	43476	31000	85476

摘自《震撼世界的大决战》，解放军出版社 1990 年，第 352—354 页

第二章　乘胜前进　夺取全国胜利

淮海战役胜利后，人民解放军乘胜南下，解放了蚌埠、合肥等城市和长江、淮河之间的广大地区，直逼长江沿岸。在南京国民党政府拒绝在《和平协定》上签字后，人民解放军百万雄师横渡长江天堑，解放了南京、上海、汉口等城市和广大地区，随后，向中原、西南、西北及东南沿海地区进军，迅速解放了全国大陆及近海岛屿。

◀ 1949 年 1 月 14 日，中共中央毛泽东发表《关于时局的声明》，提出中国共产党在"八项条件"的基础上，愿意和国民党政府及其他任何地方政府或军事集团进行和平谈判

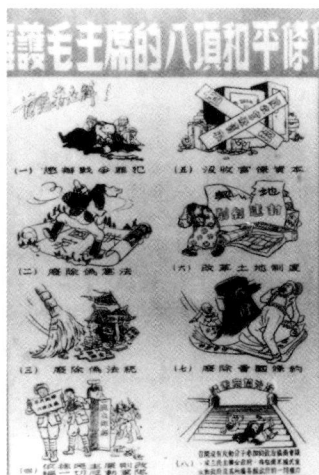

▲ 拥护八项和平条件的漫画

▲ 1949 年 1 月 20 日，陈毅司令员参加在贾汪举行的华野前委扩大会，商讨渡江作战问题

▲ 淮海战役后，人民解放军乘胜南下，1949 年 1 月 20 日渡过淮河解放蚌埠

▲《中原日报》1949 年 1 月 23 日关于"淮海我军乘胜挺进江淮，一举攻克蚌埠重镇，解放安徽省会合肥"的报道

▲ 1949 年 2 月中旬淮海战役总前委成员与饶漱石、康生等在徐州大北望合影。左起：刘伯承、饶漱石、曾山、邓小平、康生、谭震林、陈毅、张际春、粟裕

战史摘要

乘胜前进，解放长江北岸

　　杜聿明集团被歼后，位于淮河南岸的第六、第八兵团和 12 月 9 日撤至扬州、南通地区的第一绥区部队，以及由武汉调达滁县地区的第二十、第二十八军，仓皇逃向江南。华东野战军第六、第七、第八、第十三纵队、江淮军区 2 个旅，于 1 月 16 日乘胜追击，在先期进至淮河以南的先遣纵队等部配合下，至 24 日，先后解放蚌埠、合肥、泰州、滁县、巢县等县城 12 座和江淮间广大地区，进抵长江北岸。中原军区部队到 1 月底解放南阳、襄樊、舒城、黄安、庐江、驻马店等城镇。

……至此，南线敌军的精锐主力已被消灭，长江中、下游以北广大地区均获解放，国民党反动统治中心南京、上海以及长江中游中心城市武汉等地已处于我军的直接威胁之下。

摘自《中国人民解放军战史》第三卷，军事科学出版社 1987 年，第 283—284 页

乘胜前进，夺取全国胜利

经过解放战争辽沈、淮海、平津三大战役，随着敌人主力的被歼灭，我军转入了向全国进军的新阶段。各野战军遵照毛泽东主席和朱德总司令关于向全国进军的命令，以渡江战役为起点，向残存于大陆的国民党军展开了大规模的进攻。在历时一年多的大进军中，进行了 25 次较大的战役。从 1949 年 2 月至 1950 年 6 月，共歼灭国民党军 3 个军政长官公署，8 个绥靖公署，2 个警备总部，20 个兵团部，98 个军部，368 个整师，共计 310 余万人，其中毙、俘 184 万余人，起义、投诚和接受改编 126 万余人，解放了华北、华东、中南、西南、西北共 16 个省，并争取了绥远、新疆、云南、西康等省的和平解放，1951 年 5 月，又和平解放了西藏，从而使祖国的领土，除台湾、澎湖、金门、马祖、西沙群岛、南沙群岛等少数岛屿外，均告解放。在胜利进军的凯歌声中，迎来了新中国的诞生，建立了全国人民政权。

摘自《中国人民解放军战史》第三卷，军事科学出版社 1987 年，第 398—399 页

◀1949 年 3 月 5 日至 13 日，中国共产党在河北省平山县西柏坡召开第七届中央委员会第二次全体会议，毛泽东同志代表政治局作重要报告，提出了怎样夺取全国胜利、党的工作重心由乡村转移到城市以及全国胜利以后的任务和政策等重大问题

▲ 1949 年 3 月 25 日，中共中央和解放军总部由河北省平山县西柏坡迁往北平，毛泽东、朱德等与前往北平机场迎接的各党派民主人士合影

▲ 在强大炮火掩护下，人民解放军万船齐发，横渡长江

► 1949 年 4 月 23 日解放南京，胜利的红旗插上了国民党总统府，市民热烈欢迎人民解放军

▲ 人民解放军继续向国民党统治区进军

▲ 中国人民政治协商会议第一届全体会议于 1949 年 9 月 21 日至 30 日在北京召开

▲ 1949 年 10 月 1 日，毛泽东在天安门城楼上宣读《中华人民共和国中央人民政府公告》，庄严地向全世界宣告：中华人民共和国成立了，中国人民从此站起来了

◄ 1949 年 12 月 7 日，国民党政府迁往台北，10 日蒋介石由成都离开大陆

第三章　经典的战役　永恒的丰碑

淮海战役是中国人民解放战争史上一座光彩夺目的丰碑。它记载着以毛泽东为代表的老一辈无产阶级革命家、军事家的丰功伟绩；记载着为战役的胜利前仆后继、英勇作战的指战员的英雄史绩；记载着为战役作出巨大贡献的华东、中原、华北广大地区千百万民众的历史功绩。

毛泽东、朱德及淮海战役总前委五首长谈淮海战役

淮海战役打得好，好比一锅夹生饭，还没有完全煮熟，硬是被你们一口一口地吃下去了。

——毛泽东

经过了辽沈战役、淮海战役和平津战役，中国人民革命的全国性的胜利局面，就已经确定了。

——朱德

淮海战役乃毛泽东军事学说中各个歼灭黄百韬、黄维、杜聿明三军的范例。而双堆集歼灭黄维军一战，则为承先启后的关键……双堆集歼灭战以运动战始，以阵地战终；以消耗敌人始，以围歼敌人终。我在转换关头上运用不同战法而持之以顽强，必须着重研究而发扬之！

——刘伯承

（淮海战役的胜利）一是敌人错误判断，认为我们没有力量，不会集中兵力与他决战。二是在战役战术上分批分割歼敌，我军主要进行近战夜战，发挥我们的长处。三是庞大雄厚的民力支援，淮海战场上的军力对比，实际上成为 500 万对 80 万，充分发挥了人民战争的威力。四是战役过程很艰苦，好比钝刀切脖颈，难以一下把敌人歼灭，是靠战士勇敢、献身精神和天才的创造力来完成战略战术上的正确决策。五是发挥了政治攻势的作用，在战役中敌军有 5 个师起义，1 个师投诚。在俘虏政策上，实行原则性与灵活性相结合，对敌人实行分化。在这些原因中，人民的支援才是胜利的根本保证……500 万支前民工，遍地都是运粮食、运弹药、

抬伤员的群众，这才是我们真正的优势。淮海战役的胜利是人民群众用小车推出来的。

——陈毅

只要歼灭了南线敌军主力，中野就是打光了，全国各路解放军还可以取得全国胜利，这代价是值得的。

——邓小平

淮海战役的影响很大。首先是给敌人以致命的打击。中央要我们在淮海战役中消灭敌人 20 个师到 22 个师，而我们却加倍地完成了任务。敌人在江北的防线被完全粉碎了，敌人在全国最主要战场的绝大部分兵力被歼灭了，关内敌人主要军事力量被打垮了。徐州战场上的敌人原有 8 个兵团，28 个军，86 个师，被我军歼灭了 5 个兵团全部，1 个兵团大部，两个兵团各一部，共 22 个军 55 个师，占其总兵力 81%，敌人只剩下 19% 的兵力，逃跑了。敌人现在守江防的只有 30 多个师，敌人的长江防线是可以打破的……

淮海战役的胜利，更促进了敌人的分崩离析。淮海战役的胜利，不仅对中国革命有决定性的影响，而且对全世界亦有很大的影响。我们越打胜仗，给人民鼓舞越大，对敌人的打击也越大，我们的国际地位也越提高。敌人现在求和了，这是两年前敌人所没有想到的。现在国民党政府中的人员也在打主意留后路了。

——粟裕

光荣归于人民。

——谭震林

参战将军谈战役

我纵参加了具有重大历史意义的淮海战役，完成了任务，取得了胜利。这是由于部队经过整党和新式整军，军政素质提高，发扬了连续作战不怕牺牲的顽强战斗精神。还由于我们贯彻了毛主席的军事思想，坚决听从中央军委、总前委刘、陈、邓的指挥，与友邻纵队密切协同，这是取得胜利的重要因素。

——中原野战军第一纵队参谋长潘焱

淮海战役，是一次战略决战。其战场之广阔，气势之磅礴，意义之重大，胜利之辉煌，是前所未有的。我们二纵在淮海战役中，遵照中原军区首长和总前委首长的指示，前后经过近 3 个月的转战，不怕疲劳，连续作战，英勇顽强，敢打敢拼，在吸引敌人、拦击敌人、围歼敌人和阻击作战中，共歼敌 4000 多人，击毁坦克 10 辆，缴获一批武器装备，尽心尽力地完成了各项作战任务。

今天，当我们回顾淮海战役的时候，不能忘记胜利是用鲜血和生命换来的。在淮海战役中，二纵共伤亡 2000 多人，其中牺牲 438 人，许多优秀的指战员，在战斗中光荣牺牲了，如十二团副团长刘杰、十六团参谋长申文俊、纵队炮兵营长范治平等等。让我们永远怀念牺牲的烈士，永远记住胜利来之不易！

——中原野战军第二纵队司令员陈再道、副司令员范朝利

回忆淮海战役，深感毛泽东军事思想的科学性，过去是我军夺取胜利的法宝，在未来反侵略战争中，仍是我军夺取胜利的锐利武器。刘、陈、邓首长是我党我军著名的军事家、战略家，他们的军事谋略、军事理论和军队建设思想，是毛泽东军事思想重要组成部分，永远值得我们学习。

——中原野战军第三纵队司令员陈锡联

我纵在这次伟大战役中经受了严峻的考验，得到坚实的锻炼，也取得了丰富的经验。在淮海战役第二阶段作战中，四纵在其他兄弟部队的配合下，从南坪集阻击战直到双堆集全歼黄维兵团，胜利地完成了总前委赋予的作战任务。计毙敌人 1.12 万人，俘敌 5674 人，两项共 16874 人，缴获各种火炮 174 门及大批军用物资……

我纵在这次战役中也付出了相当沉重的代价。全纵指战员勇往直前，视死如归，许多英雄前仆后继地在战斗炮火中倒下去，数以千计的同志献出了鲜血和生命。他们的英雄事迹鲜明地铭刻在人们的记忆中，时光的流逝丝毫没有泯灭他们所留下的光辉形象。他们将永垂不朽，与日月同辉！

——中原野战军第四纵队政治部主任刘有光

我纵从豫西牵制黄维兵团到最后参加围歼该敌，历时两个来月。在党中央、毛主席的英明决策和总前委的正确指挥下，在中原、华东和华北等大区政府和人民的全力支援下，我纵及第十二旅全体指战员兢兢业业，英勇战斗，终于配合华东野战军和中原野战军各主力纵队胜利地完成了歼灭蒋介石王牌军队黄维兵团的任务。全战役我纵共歼敌和接受起义投诚人员共 1.2 万余人，缴榴炮 7 门，山炮、野炮 15 门，轻重机枪 208 挺和大批的骡马、车辆和军用物资。在战役中，我们学习了兄弟部队的好经验好作风，初步取得了现代化阵地攻坚战的经验、政治工作

经验和后勤工作经验，使我们部队在革命化、现代化、正规化的建设道路上大大前进了一步……我们将永远记住我纵有数以千计的英雄烈士为这次战役的胜利献出了宝贵的生命，他们的英雄事迹将激励我们为加强国防建设而奋勇前进。

——中原野战军第六纵队政治委员杜义德

此次作战的胜利，是总前委全面准确地理解毛泽东同志和中央军委的决战思想，精心运筹果断指挥的结果。本来，黄维兵团的出现，对决战是个不利因素，但总前委毅然定下"承前启后"的歼敌决心，选择有利战场，迫敌就范；同时公开提出"拼老命"的政治口号，激励将士不惜代价强韧作战，这就把不利的因素转变为打开胜利之门的枢纽。在残酷的流血牺牲面前，部队非但不叫苦、不埋怨，发扬了"打死不讨饶"的硬骨头精神，而且以历史主人翁的姿态创造性地贯彻上级决心，用血、火、智慧和沟壕织成了致敌死命的罗网。我纵在非常有限的纵深内（七、八公里）就挖了近50公里交通沟，一步一步钻透敌人阵地，直逼双堆集。这种上下信赖，同心同德，用人的觉悟和内部团结的优势，来弥补我军武器装备上不足的战役指导，正是中国革命战争不断从胜利走向胜利的要诀！……

淮海决战中，我纵数以千计的战友长眠在这片英雄的土地上，以他们的一腔热血证明了自己的忠贞！我们这些幸存者，决不能忘记他们的贡献，他们的浩然正气将永存于我们的事业之中！

——中原野战军第九纵队司令员秦基伟

十一纵自1947年8月以来，在一年的作战中，主要执行的是牵制、阻击敌人的任务，锻炼了部队，提高了战斗能力。年轻的十一纵队在这逐渐成熟的过程中，迎来了人民解放战争的战略决战阶段，投入了震惊世界的三大战役之一的淮海战役。

——中原野战军第十一纵队参谋长刘星、政治部主任裴志耕

淮海战役的胜利，是中央军委、毛泽东同志正确的战略决策，总前委刘、陈、邓、粟、谭首长英明果断的战役指挥下取得的。这一战役的任务，是中野、华野主力部队完成的。冀鲁豫军区部队只是作为一支辅助力量，在总前委和华野首长的指挥下，完成了所担负的任务，也可以说是积极主动较好地完成了上级所交给的各项任务。

从全战役来说，在总前委和华野首长的指挥下和各野战纵队完成歼敌任务的

鼓舞支持下，冀鲁豫军区部队积极主动地完成了上级所交给的各项任务，是得到一次大战役的锻炼，部队的政治素质和战斗力以及各项工作都较大地提高了一步……

——冀鲁豫军区司令员赵健民

我军得到人民群众的热烈支援，不管走到哪里，都能吃得饱、穿得暖、消息灵、弹药足，斗志旺盛，这是淮海战役胜利的一个重要原因。正如陈毅同志所说，淮海战役的胜利，是人民群众用小车推出来的。豫皖苏军民以杰出的贡献证实了一个伟大的真理："战争的伟力之最深厚的根源，存在于民众之中。"

——豫皖苏军区参谋长陈明义

我们华东野战军第一纵队，在这次战役中，遵循中央军委和毛泽东主席的英明决策，在淮海战役总前委和野战军首长的指挥下，与兄弟部队一起驰骋疆场，浴血奋战66个日日夜夜，以7000余人的伤亡代价，赢得了歼敌4万余人的胜利……回想起这段硝烟弥漫、烽火连天的经历，我们总是思绪万千，精神振奋，激动的心情难以平静，从而更加激起我们对伟大领袖、伟大无产阶级军事家、战略家毛泽东和其他老一辈无产阶级革命家的敬意和怀念，更加激起我们对千千万万为中国人民解放事业而光荣献身的革命先烈的深切悼念。

——华东野战军第一纵队司令员叶飞、副司令兼参谋长张翼翔

我们的主要体会：一、只有深刻理解中央军委、总前委、野战军首长的战略、战役意图，才能在战斗指挥上，具有预见性和主动性……二、必须把部队训练得会打会走、能攻能守，才能适应大规模会战的需要。在侧击邱兵团5昼夜连续攻防作战和南下北上、分割、截击敌人的行动中，都加深了这方面的体会。部队在打和走、攻与防等方面的素质有薄弱环节，会给完成任务带来很大的困难。三、在规模大、时间久的战役行动中，政治工作应以保持旺盛的士气和健全的组织为主要任务。保持旺盛士气的办法是以战前动员教育和战中的宣传鼓动相结合……四、人民的支援是克敌制胜的基础。淮海战役中人民群众支援前线的热情很高，源源不断的粮弹供应和伤员的及时转运，保障了我纵取得战斗胜利。我们认为不管未来战争武器装备、战法和规模怎样发展，这些基本的经验都还有用。

在淮海战役中，我纵有一大批连、排、班评为战斗模范单位。有成千上万的干部、战士立了战功，有6263位同志光荣负伤，1104位同志为人民献出了宝贵的

生命。先烈们是永垂不朽的。广大指战员英勇善战、不怕艰苦、不怕牺牲的精神是永远值得学习的，我们要怀念先烈，奋勇前进，为振兴中华，为把我军建设成为有中国特色的现代化、正规化的革命军队而努力奋斗！

——华东野战军第二纵队司令员滕海清

我纵全体将士在这场大决战中，发扬吃大苦、耐大劳、敢打敢拼的革命精神，英勇顽强，浴血奋战，完成了总前委和野战军首长交给的各项任务。在战役中，我纵转战南北，前后参加了数十次战斗，共歼俘敌 30270 人，缴获各类火炮 91 门，各种枪支 4602 支，以及其他大量物资。

在战争中学习战争，这是我军成长壮大的一条重要经验。在战役中，我纵先后担任了牵制、阻击、截击、攻坚等任务，不仅取得了村落攻防的经验，对山地作战也有了新的体会，既发展了本部队的作战特点，也吸取了兄弟部队的许多优良打法，特别是对敌野战阵地白天攻击的对壕作业、火力组织和突击，以及步炮协同等方面，均获得了许多成功经验。在政治工作和后勤保障方面也经受了考验。所有这些，都为三纵在尔后解放全中国的革命战争中做出新的贡献，奠定了基础。

在淮海战役中，我纵共有 1180 名优秀战友献出了生命，有 4715 名战友光荣负伤。我们决不能忘记他们的贡献，他们的英雄业绩永远值得人们怀念追思。他们的革命精神，将成为我们今天建设四化的宝贵动力。

——华东野战军第三纵队司令员孙继先、政治委员丁秋生

在历时 66 天的淮海战役中，四纵共参加大小战斗约 50 次，歼敌 7.2 万余人，俘国民党军徐州"剿总"中将副司令兼前进指挥部主任杜聿明等一批高级军官。我纵兵力的损耗仅占敌军的 1/7。更重要的是，全纵上下受到极大的锻炼，部队建设的各方面从这一战役中，获得空前的丰收：干部、战士的政治思想觉悟和战术技术都有很大进步；以大量缴获装备自己，使部队装备显著改善，仅山炮即较战前增加一倍多；战役结束，全纵的实力扩充到 4.3 万余人，较战前增长 80%；为尔后执行渡江作战和战略追击等各项任务打下坚实的基础。

在这一具有伟大历史意义的战役中，第四纵队数千名干部战士英勇牺牲，他们为革命事业忘我献身的精神，将永远激励我们为四化大业贡献力量。此时此刻，我们更加深切地怀念在战斗中壮烈牺牲的烈士……

——华东野战军第四纵队政治委员郭化若、参谋长梅嘉生、政治部主任韩念龙

我纵在总前委和华野首长的正确领导和指挥下，与兄弟纵队密切配合，经两个月的浴血奋战，共歼敌 2.89 万余人，其中俘敌四十四军军长、一〇〇军副军长以下 1.38 万余人，圆满地完成了上级赋予的作战任务。在战役中我们也付出了伤亡 7000 余人的代价，我们谨向我纵在这次战役中为革命英勇献身和光荣负伤的战友致以崇高的敬意。

——华东野战军第六纵队司令员王必成、政治委员江渭清

在淮海战役中，我纵指战员能从全局出发，坚决服从命令听指挥，积极顽强战斗，得以在上级正确指挥和友邻密切协同下，在人民政府和群众全力支援下，胜利完成所受领的各项任务。和兄弟纵队一样，我纵在这次战役中，许多优秀指战员献出了宝贵的生命。据战役结束时的统计，我纵在战役第一阶段伤亡 3949 人，第二阶段伤亡 5114 人，两阶段共伤亡 9063 人，其中阵亡 1596 人。淮海战役以至整个中国革命的胜利之花，是千千万万烈士的鲜血浇灌出来的。烈士的功绩，永远铭记在革命战士和广大人民的心里。在我国社会主义建设事业蓬勃发展的今天，谨向一切为革命英勇献身的烈士表示深切的怀念和崇高的敬意。

——华东野战军第七纵队司令员成钧

历时 66 天的淮海战役，全面体现了毛主席、中央军委和总前委宏伟的战略意图和高超的指挥艺术，充分显示了我军和人民群众密切结合的巨大战争威力……

我纵在战役中共歼敌 2.6 万余人，俘敌将级军官 2 人，校级军官 38 人，缴获各种炮 170 门，汽车 55 辆，各种枪近 9000 支（挺）。我纵的战斗历程，从一个侧面反映了指战员的决战决胜精神和为达成战役目的所作的无私贡献。他们的不朽业绩，将永垂史册！

——华东野战军第八纵队政治委员王一平

淮海战役使我对时间的概念有了新的认识。时间就是军令，时间就是力量，谁争取了时间谁就掌握了战场主动权。在一定意义上说，淮海战役打的是时间差。在战略上，毛主席、中央军委趁蒋介石是守徐还是守淮举棋未定之际，及时发起了淮海战役，这就在全局上争取了时间，掌握了主动。战役实施过程中，开始黄百韬兵团向徐州方向收缩，及以后杜聿明集团放弃徐州企图取道永城南窜，敌人都比我先走一步，欲争得主动。由于我及时掌握了情况，部队克服了难以忍受的种种困难，以比敌人更快的速度投入了追击，弥补了时间差，追上

并包围了敌人，夺回了歼敌的主动权。至于战术上的协同动作、冲击时机的掌握等，时间更是以分秒计算，我突破敌堡垒阵地碾庄圩就是一例……关于爱兵问题感受也颇深。这与指挥员的素质、性格和部队的战斗作风密切相关。怕痛怕痒，对部队迁就姑息，关键时刻决心硬不起来是一种作风；严格要求，令行禁止，关键时刻能咬紧牙关，横下一条心，坚决干到底也是一种作风。从本质上看，前者是假爱兵而后者是真爱兵。爱兵莫过于关心士兵的生命和安全，但胜利是要付出代价的，伤亡总是难免的。在战场上，当我最困难的时刻往往敌人比我更困难，如果我们能挺过去，硬过了敌人就取得了胜利。因此，我认为爱兵要算大账，为了追上并歼灭逃跑之敌，不惜疲劳，甚至累倒几个人也是值得的。较之失去战机，让敌人跑掉或组织好了再向我反扑过来，其代价要小得多，胜利要大得多。……

无数革命先烈用他们的鲜血与生命写下了光辉的战斗历史，铸造了不朽的丰碑，值得我们这些幸存者永远怀念，也不断激励着后来者继续前进！在淮海战役中英勇献身的战友们永垂不朽！

——华东野战军第九纵队司令员聂凤智

在这次战役中，我纵共毙伤俘敌3.9万余人，缴获各种火炮385门，各种枪支1.88万余（挺）支，坦克、汽车近百辆，以及大批其他军用物资。这是我纵历史上一次最大的胜利。经过这次战役，部队受到了很大的锻炼，战斗中涌现了一批优秀干部和英雄模范，整个部队的军政素质大为增强。编制员额也有很大发展，由原来的两个师又1个团，扩编为3个师又1个团，全纵队人数达4万余人。武器装备也得到了更新。这些，都为后来我纵胜利地遂行渡江战役和解放上海、福建的战役，打下了实力的基础。

——华东野战军第十纵队第二十九师政治委员李曼村

作为曾经参加过这一战役的老战士，当时任华野第十一纵队司令员，我常常追思当年在中央军委和毛泽东的战略决策指引下，总前委和华野首长运筹帷幄、英明指挥的往事，眼前清晰地展现出我军将士浴血奋战的壮丽场面……

——华东野战军第十一纵队司令员胡炳云

华野十二纵，这支年轻的队伍，和我军许许多多部队一样，是在战斗中成长起来的。在这次规模巨大、战斗空前剧烈的决战中经受了锻炼，壮大了自己。艰巨的战斗任务，对人们思想、意志、精神和能力等等方面的锻炼和考验，意义十分深远。我想把这一段难忘的经历记述下来，对今天从事社会主义现代化建设，尤其是从事军队现代化建设的年青一代，不是没有益处的。

——华东野战军第十二纵队司令员谢振华

我深深感到，大兵团作战，高级干部要全局在胸，发挥高度的主观能动性，努力完成上级赋予的任务，实现战役意图。主要战斗的胜负，都对全局有关。正确理解自己所受领任务的地位、作用、目的，并带领所属不惜一切代价完成任务，对战役全局负责。

……每当我想起那战火纷飞的岁月，总是感慨万千。我永远怀念我党我军老一辈无产阶级革命家，他们领导和指挥了这场具有伟大战略意义的决战；怀念赤胆忠心、浴血奋战的将士们；怀念养育和支援我们的广大人民和支前民工；怀念长眠在中原大地上的烈士们，他们所创建的英雄业绩，将永远激励着正在振兴中华、建设四化的人民和军队！

——华东野战军第十三纵队司令员周志坚

……回忆起伟大的淮海战役，回忆起我纵在战役中牺牲的烈士们，心情久久不能平静。我纵共牺牲 184 人（其中排以上干部 24 人），共负伤 735 人（其中排以上干部 42 人），伤亡占作战部队总人数的 30%，战斗连队连职干部伤亡达 60% 强。他们英勇奋斗、不怕牺牲的精神，鞭策着我们这些幸存者，在有生之年，要为党、为人民的事业继续作出贡献。

——华东野战军两广纵队司令员曾生

我纵参加淮海战役过程中，走路多，穿插多，战斗频繁连续，战斗形式不断变化，战斗协同不断变更，部队锻炼大，指挥员锻炼也大。……我个人有如下几点体会：1.……首先应归功于毛主席和中央军委的英明决策。总前委和华野前委正确领会并创造性地贯彻了中央军委毛主席的战略决战思想，根据战场实际情况，及时提出合理的建议，采取果断的措施，实施机动灵活的战场指挥，对于战役取得伟大胜利也是非常重要的。2. 服从大局，积极配合。……我纵能够完成各项艰巨任务，与华野、中野首长的关心，山东兵团、苏北兵团和十纵首长的直接指挥，各兄弟纵队的支援配合分不开的。3. 肃清土顽，巩固后方……4. 人民战争，威力无穷。……大家都说，淮海战役的胜利，充分体现了人民战争思想的伟大胜利，这是千真万确的。

——华东野战军鲁中南纵队司令员钱钧

　　淮海战役中，渤海纵队主要担负完成了如下任务：进占徐州；配合兄弟部队于蚌埠西北打阻击；参加最后大围歼战。参战的全体指战员表现了高度的革命英雄主义精神和坚强的政策纪律观念，涌现出许多可歌可泣的事迹。

——华东野战军渤海纵队政治部主任欧阳平

　　淮海战役，以我军赢得空前伟大胜利而告结束。经历了战役全过程的江淮部队，在血与火的考验中表现了对党对人民的无比忠诚，在自己的成长史中写下了光荣一页。此役中，江淮部队的许多将士洒尽热血，长眠于两淮大地。人们不会忘记他们的英雄业绩。他们的英勇气概，将永远激励我们不断前进，去争取新的胜利！

——江淮军区副司令员饶子健

　　以炮兵为主体的华东野战军特纵，在中央军委、毛泽东主席和总前委、华野前委首长的领导指挥下，伴随华东、中原两大野战军的兄弟部队，"为虎添翼"，机动转战于淮海战场。一切为了前线的胜利，步炮之间，步、工、坦、骑之间，前线和后方之间，密切协同，互相支援，艰苦奋战，从胜利走向胜利的动人情景，永远是鼓舞我们奋发前进的巨大力量。

——华东野战军特种兵纵队司令员陈锐霆

摘自《淮海战役》，解放军出版社 1991 年，第 390—661 页

◀ 华野淮海战役纪念章

文件选编

关于奉命颁发淮海战役、渡江胜利两纪念章之决定

甲、淮海战役、渡江胜利两纪念章颁发之意义：

第一条：淮海战役为我关内南线空前胜利。是役中原、华东两大野战军密切配合作战，歼灭南线敌军的主要力量与精锐师团，活捉敌酋，解放江淮广大地区。所有是役参加作战人员，均应感到无上光荣。为此，奉中央军委电令，决定对所有参战人员，颁发淮海战役纪念章，以资永久纪念。

……

乙、淮海战役纪念章颁发之具体规定：

第三条：属于下列人员每人发给一枚：

①战役期间属野战军建制之部队、机关、学校单位之全体人员。

②战役期间专职之支前机关工作人员（如运输部门、接收伤员之医务人员、俘管工作人员、后备兵团工作人员）。

③山东、皖北、苏北区直接参加战役之地方主力部队及其指挥所人员。

④战役期间上升之地武已列入野战军序列者或已直接参加作战者。

⑤战役期间负伤及因劳成疾，现尚在医院休养之伤病员。

⑥荣校及后方医院之学员、伤病员中，原系本野战军建制人员，在战役前负伤或因病入院致能参加战役者。

⑦战役期间负伤残废现尚在荣校学习之荣誉军人。

⑧荣管局尚未复员之荣誉军人，原系本野战军建制人员，在战役前负伤残废未能参加战者。

第四条：属于下列情形者不发：

①战役期间因临阵脱逃、临阵退却、自伤、逃亡，或因违犯纪律而受严重处分者。

②战役期间被解放入伍而不合第五条第一项规定者。

③战役期间归队之逃亡人员而不合第五条第二项规定者。

④战役期间尚未列入野战军序列及未直接参加战役之升级地武及参军新战士。

⑤妇女干校之儿童及无军籍人员。

⑥临时抽派暂离原职之支前工作人员，未参加战役全过程之支前工作者。

⑦不属于第三条第二项或第九条规定之民兵、民工、船工。

⑧为我收容之俘获伤员。

第五条：属于下列情形者在考察审定后可颁发：

①战役期间新解放入伍，在战役中表现勇敢积极或立有战功及英勇作战而负伤者。

②战役期间归队之逃亡人员，在战役中立有战功或在工作中有显著功绩为群众所公认者。

③战役期间虽临时抽派脱离原职参加支前工作，但自战役开始至结束全过程参加者。

……

丁、其他规定：

第九条：凡属于乙、丙两部分之规定，但在参加淮海战役或渡江战役之民兵、民工、船工及长江南岸沿江直接配合渡江作战之地方工作人员中，建有显著功绩，或对战役有直接重大贡献之模范工作者以及功臣等，经三级军区审核，可赠予此等英模人员参加战役之纪念章每人一枚。

第十条：原属本野战军建制人员，并曾参加淮海战役或渡江作战，后经组织调动去地方工作者，由原所属政治机关调查登记颁发，或由本人向原属政治机关申请颁发。

第十一条：各部应按上列规定在部队中进行教育、调查、登记、审查、造具名册，并由各兵团政治部、各二级军区或三级军区政治部、特纵改治部、后勤政治部、野政直工部、后备兵团政治部、支前司令部、军大政治部、海军政治部、空军部、荣校政治部、妇校校部，将应发人员数字于9月1日前报告军区及野战军政治部，以便决定制造数量及分发（在院伤员由卫生政治部，在校荣军由荣校政治部负责调查登记报告）。各级政治部颁发时应举行简单仪式，或在盛大纪念会上颁发之。

第十二条：本决定所列各项之解释权，属于华东军区政治部及第三野战军政治部。

（附注）两纪念章数量极为浩大，动工后需要4个月才能完成。

华东军区、第三野战军

7月1日

附：淮海战役、渡江胜利纪念章样式及说明

一、淮海战役纪念章：

（一）式样如上图，铜质。上为红五角星，中为褐色步枪二支，正面刻"淮海战役纪念"六字，红色，底及光芒为银色。纪念章背后刻"中国人民解放军华东军区颁发"、"一九四九年一月十日"字样。

（二）图案中二支步枪交叉系象征二野、三野两大野战军团结协同一致作战；红星象征在党中央领导下胜利完成淮海战役任务；光芒象征淮海战役胜利使中国人民解放战争胜利增速，胜利之光，普照大地。

摘自《关于奉命颁发淮海战役、渡江胜利两纪念章之决定》

▲ 中原野战军淮海战役纪念章

◀ 中原局、中原军区决定筹建淮海战役烈士塔，颁发淮海战役纪念章的相关报道

▲ 淮海战役纪念邮票

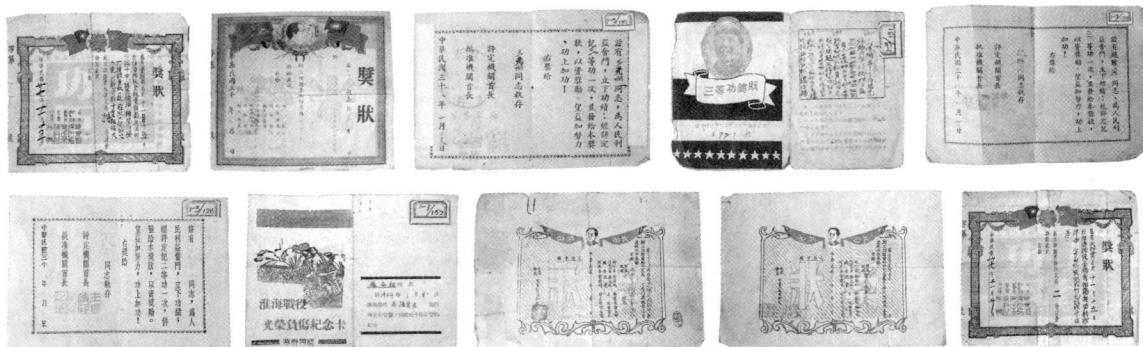

▲ 人民解放军各级领导机关授予的奖状等

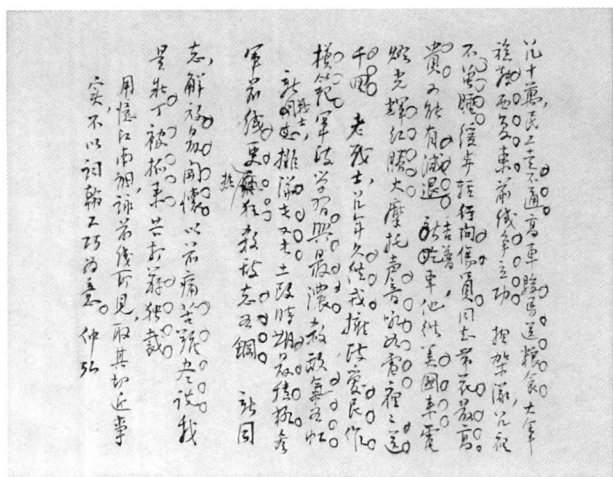

◀ 陈毅《记淮海前线见闻》手稿

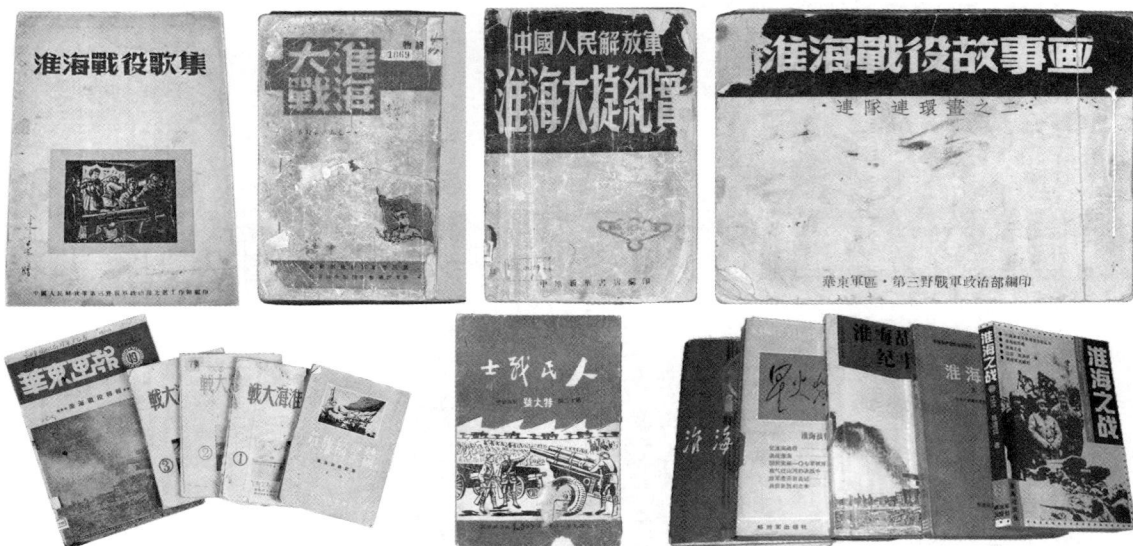

▲ 为纪念淮海战役伟大胜利出版的部分书刊

淮海战役烈士纪念塔碑文

公元一千九百四十八年十一月六日至翌年一月十日，中国人民解放军在以徐州为中心，东起海州，西止商丘，北自临城，南达淮河的广大地区，进行了伟大的淮海战役。

淮海战役是在中国人民解放战争战略决战胜利展开之际发动的。国民党反革命军队南线主力猬集徐、海、蚌地区，妄图阻止人民解放军南下，屏障反动统治巢穴南京，疯狂挣扎，挽救其垂死命运。华东、中原两大野战军和华东、中原、华北的地方武装共六十余万人，在中国共产党中央委员会和毛泽东主席的英明领导下，会师淮海，决战中原，以气吞山河之势，首歼海州西撤敌军劲旅于碾庄圩，继歼豫南来援重兵于双堆集，再歼徐州倾巢西逃敌军主力于永城地区。在强大的军事打击和政治攻势面前，敌军四个半师先后起义。这次战役，人民解放军浴血苦战六十五昼夜，共歼灭敌军五个兵团、二十二个军、五十六个师，计五十五万五千余人。至此，蒋匪南线精锐部队被歼净尽，江、淮、河、汉广大地区遂告解放。这一战役，连同辽沈战役、平津战役的伟大战略决战的胜利，从根本上动摇了美帝国主义扶植下的蒋家王朝的反动统治，为中国人民解放军横渡长江、直捣南京、席卷江南、解放全中国奠定了胜利的基础。

淮海战役的胜利，是毛泽东同志伟大军事思想的光辉体现，是人民解放军和广大人民艰苦奋斗、英勇善战的结果。战役中，参战部队全体指战员敢于打大仗、打硬仗，不怕敌人的飞机、大炮、坦克、毒气，冒风雪，涉冰河，架人桥，闯火阵，逐村逐屋激战，一沟一堡争夺，前仆后继，奋不顾身，表现了一往无前、压倒一切敌人的英雄气概。被解放的蒋军士兵，立即加入人民解放军行列，控诉国民党反动派罪行，调转枪口，杀敌

▲ 兴建于 1959 年的淮海战役烈士纪念塔，每年吸引着数百万社会各界人士参观、凭吊

立功。华东、中原、华北地方党政机关和广大人民全力支援，要人有人，要粮有粮；二百万民兵、民工，冒枪林弹雨，忍风雪饥寒，千里远征，随军转战，对战役的胜利作出了巨大的贡献。

淮海战役中，许多中国人民的优秀儿女为人民解放事业献出了宝贵的生命，立下了不朽的功勋。烈士们的高风亮节，激励着我国人民在建设社会主义和共产主义的壮丽事业中奋勇前进！

英雄们的伟大业绩与日月争辉！

烈士们的革命精神万古长青！

附录 淮海战役总前委大事日志

1948 年

9 月

24 日 7 时，粟裕向中央军委并华东局、中原局建议，济南战役结束后，下一步举行淮海战役。翌日，中央军委指示："我们认为举行淮海战役，甚为必要。"

25 日 刘伯承、陈毅、李达致电中央军委并粟裕，同意乘胜进行淮海战役。

10 月

△ 刘伯承与邓子恢、李达在豫西宝丰一带指挥中野第二、六纵队及陕南、江汉、桐柏军区主力在江汉、桐柏地区牵制国民党军黄维、张淦两兵团，配合东线发起淮海战役。

△ 陈毅、邓小平与张际春指挥中野第一、三、四、九纵队于 22 日解放郑州，24 日收复开封，挥戈东进，开赴淮海战场。

△ 5 日至 24 日，粟裕主持召开有师以上干部参加的华野前委扩大会议。会议传达讨论了中共中央九月会议精神，讨论并通过了《关于加强纪律性克服党内无纪律无组织无政府状态的决议》，先后 3 次召开作战会议讨论制定淮海战役作战方案。

23 日 粟裕、谭震林与陈士榘、张震联名签发淮海战役预备命令。命令规定，集中华野全军首先歼灭新安镇地区之黄百韬兵团和徐州外围冯治安部。尔后视情况发展。命令各纵于 11 月 3 日向指定地域开进，预定 5 日发起战斗。此令于 24 日夜油印，25 日拂晓发出。

31 日 粟裕致电中央军委并报陈毅、邓小平、华东局、中原局，建议："此次战役规模很大，请陈军长、邓政委统一指挥。"翌日，中央军委同意粟裕的建议，指示"整个战役统一受陈、邓指挥"。

11月

1日　刘伯承、李达、邓子恢致中央军委、陈毅、邓小平电：已令第六纵队并指挥豫西六分区主力钳制黄维兵团，以配合东路作战。

△　陈毅、邓小平率部由太康以北、以东地区继续东进。

2日　陈毅、邓小平致电中央军委，提出钳制邱清泉、孙元良兵团的作战方案。次日，军委复示"具体攻击任务由你们按当面情况临机决定"。

△　粟裕率领华野指挥机关由曲阜向淮海前线开进。

3日　陈毅、邓小平、张际春、陈赓等到达永城西南豫皖苏三分区驻地裴桥镇。次日，召集该区负责同志开会，了解当地情况，准备在永城设立兵站。

△　刘伯承、邓子恢、李达致中央军委、陈毅、邓小平电，建议陈毅、邓小平率主力截断徐州至宿县间津浦铁路，造成隔断孙兵团，会攻徐州的形势，斩断敌人中枢。

4日　粟裕、谭震林与陈士榘、张震联名签发《华东野战军淮海战役攻击命令》，命令各部于11月6日夜由集结地出击，于8日晚统一发起战斗。

5日　13时，陈毅、邓小平致电中央军委，报告对军委当日凌晨关于宿蚌地区作战方案的意见，提出：经我们考虑以先打刘汝明为更有利。翌日，军委复电陈、邓，同意中野打刘汝明部。

6日　晨，粟裕率领华野指挥机关进至山东临沂。华野各纵队已全部展开，进入攻击准备位置。晚，华野按照预定部署发起淮海战役。

7日　陈毅、邓小平指挥中野第一、三、四、九纵队以及进入鲁西南地区的华野第三、两广纵队和冀鲁豫军区独立第一、三旅部队进至商丘地区，因国民党第四绥靖区刘汝明部先我撤向蚌埠方向，仅歼其后卫第一八一师于张公店。接着，继续东进。

8日　辰时（7时—9时），粟裕、张震致电中央军委并陈毅、邓小平，分析了徐州国民党军在解放军打击下，有采取固守徐州或向长江以南撤退的两种可能。为造成今后渡江的有利条件，建议华野在歼灭黄百韬兵团后，主力不再向两淮，而向徐（州）固（镇）线进击，抑留国民党军于徐州附近，尔后分别削弱与歼灭之。

△　21时，陈毅、邓小平电复粟裕、谭震林并报中央军委，认为国民党军是否

放弃徐州，不日即可判明，如判明其确系整个南撤，除中野主力从陇海线向徐蚌线急进外，建议华野也应派部举行超越追击，进至淮河以南、津浦路以东截歼南撤之敌。

△ 谭震林、王建安指挥山东兵团从徐州以北渡过运河，进逼贾汪。国民党第三绥靖区副司令官何基沣、张克侠率领五十九军全部、七十七军大部宣布起义。谭震林当即派兵团政治部联络部负责人带了他的亲笔信，代表山东兵团前去迎接起义部队，并起草电报，向党中央、毛泽东和华东局、华野报告起义成功。

9 日 中央军委致电粟裕、张震，并告华东局、陈毅、邓小平，中原局，明确作出"应极力争取在徐州附近歼灭敌人主力，勿使南窜"的重大决策，要求"华东、华北、中原三方面，应用全力保证我军的供给"。

△ 粟裕率领华野指挥机关经运河车站前进至陇海路以南的花庄，作出围歼黄百韬兵团的部署。

△ 粟裕、谭震林等华野前委首长发出《全歼黄百韬兵团政治动员令》，要求全军不怕打乱建制，不怕伤亡，不怕困难，不怕疲劳，不怕饥寒，发扬连续持久战斗的精神，奋勇进击，全歼黄百韬兵团。

10 日 刘伯承率中野前指由豫南到达柘城县与陈毅、邓小平会合。他们着重研究了攻打宿县和截断徐蚌线的问题，并作相应部署。

11 日 晚，中野在临涣集文昌宫召集各纵队首长会议，邓小平就中野夺取宿县控制徐蚌段、阻击黄维兵团对直接配合华野歼灭黄百韬兵团，防止徐州国民党军南逃的重大意义等问题，作了重要讲话。

△ 粟裕率领华野指挥机关由花庄西进至运河以西9公里的议堂。

12 日 中野前方指挥所驻永城东南之刁楼。刘伯承、陈毅、邓小平令张国华部攻占固镇、陈赓部攻占符离集，扫除南北障碍，为攻占宿县做好准备。

△ 粟裕率领华野指挥机关转移到碾庄以南的过满山。西柏坡总部电示，华野指挥位置太靠前，要后撤10里。当即决定南移10里到土山镇。华野作出围歼黄百韬兵团，阻击徐州东援之邱清泉、李弥兵团，截击徐州国民党军南撤的部署。

13 日 粟裕率领华野指挥机关转移到邳县土山镇东南之火神庙，距碾庄前线约15公里，指挥华野各部开始总攻黄百韬兵团。

14 日 中野前方指挥所移驻张围子。刘伯承、陈毅、邓小平致电中央军委并粟裕、陈士榘、张震、邓子恢、李达，提出歼击黄维兵团的 3 个作战方案。

△ 晚，华野司令部于土山镇召开有围歼黄百韬兵团各纵队首长参加的作战会议，主要议题是调整部署，改进战法，明确指挥关系，决定由谭震林、王建安统一指挥歼黄（百韬）作战。粟裕就战法问题作了重要讲话。翌日，将会议结果上报中央军委。

△ 粟裕给苏北兵团司令员韦国清打电话，命令该兵团绝对保证不让敌人一兵一卒迂回突进大许家。

15 日 为阻击黄维兵团，刘伯承、陈毅、邓小平令一纵进至蒙城板桥集地区布防；令二、六纵及陕南十二旅于 18 日前进至义门集、涡阳地区，沿涡河布防；令三纵攻克宿县后向一纵靠拢；令豫皖苏军区部队沿途迟滞该部；令四纵于 16 日夜由夹沟地区南移；令九纵主力南下，抗击由蚌埠北援之李延年、刘汝明兵团。

△ 15 时，粟裕发出致中央军委，刘伯承、陈毅、邓小平，并中原局、华东局电：已歼灭黄百韬兵团第一〇〇军全部，第四十四军、二十五军各歼约半，六十四军亦已歼灭五分之二。邱清泉、李弥两兵团主力不敢猛进。

△ 拂晓，谭震林、王建安率山东兵团指挥所进入与碾庄圩隔河相望的茸山庄，靠近前沿指挥部队围歼黄百韬兵团。

16 日 18 时，中央军委致电刘伯承、陈毅、邓小平并粟裕、陈士榘、张震告谭震林、王建安、韦国清、吉洛、华东局、中原局、豫皖苏分局、苏北工委、华北局，指出："此战胜利，不但长江以北局面大定，即全国局面亦可基本上解决。望从这个观点出发，统筹一切。统筹的领导，由刘、陈、邓、粟、谭五同志组成一个总前委，可能时，开五人会议讨论重要问题，经常由刘、陈、邓三人为常委，临机处置一切，小平同志为总前委书记。"其时，总前委常委指挥所位于永城东南之张围子。

△ 谭震林与王建安、李迎希联名签发歼灭黄百韬兵团攻击命令。

17 日 刘伯承、陈毅、邓小平报中央军委并致粟裕电："预定作战部署，是以九纵并指挥独立旅位于津浦沿线，阻击可能北进之敌；以一、二两纵位于蒙城东西地区，对黄维防御；以六纵并指挥刘金轩部共 3 万人，组织第一突击队，位于涡阳，拟出黄维侧背歼敌；以三、四两纵共 5 万人，组织第二突击队，位于宿县西南，或打刘汝明，或打黄维。"

△　粟裕与陈士榘、张震电令韦国清、吉洛：指挥苏北兵团及三、广两纵于今晚发起战斗，截断邱清泉、李弥兵团退路。

18 日　总前委常委驻地由张围子移严家。中野召开紧急会议，决心在蚌埠、固镇一线的李延年兵团尚未完全集结时，先歼黄维兵团一部，研究了阻击、歼击该敌的作战计划和部署。

△　粟裕与陈士榘、张震联名发出致谭震林、王建安、李迎希并报刘伯承、陈毅、邓小平，中央军委电，指出：为便于我各个歼灭援敌，应适时转用兵力，请你们周密谨慎地部署对碾庄之总攻，求得于马（21 日）晨全歼该敌。如能如期完成，则应抽出 3 个纵队待命隐蔽南下打援。建议中野在黄百韬兵团未全歼前，以一部负责阻击李延年、刘汝明兵团，使华野争取时间首歼碾庄之敌，尔后再转移一部南下，配合中野歼灭刘、李或黄维。

19 日　总前委常委指挥所驻张围子。刘伯承、陈毅、邓小平于 9 时、17 时两次致电中央军委、粟裕等，提出歼击黄维、李延年兵团之作战方案和决心先打黄维兵团的意见。建议中野以主力歼击黄维兵团，华野以一部对付李延年兵团。当日，军委电示支持这个方案。

20 日　总前委常委指挥所驻严家。

△　粟裕等在接到刘伯承、陈毅、邓小平两封电报后，于亥时（21 时—23 时）复电：经过研究，认为全歼黄百韬兵团还需两晚，部队"确已相当疲劳"，完全同意刘、陈、邓指示，"抽出 4 至 5 个纵队，必要时还可增加 3 个纵队，协同中野歼击黄维、李延年"，并建议"首先求得彻底歼灭黄维兵团为主"。决定以原负责歼灭邱清泉、李弥兵团的 8 个纵队成大弧形包围徐州，继续监视钳制徐州国民党军，阻其南援。

△　晨 5 时许，华野攻克黄百韬兵团部驻地碾庄圩，黄百韬率残部逃至大、小院上，粟裕指令攻碾庄部队继续攻歼大、小院上之敌。

21 日　鉴于黄维兵团"进攻正面很宽，我一纵队防御纵深薄弱，且我军主力尚未赶到，更兼涡河、沱河间地区狭窄，不便大军作战"，刘伯承、陈毅、邓小平于 15 时致电粟裕等并报中央军委："完全同意哿亥（20 日 21 时—23 时）电部署。我们决于马（21 日）夜向后收缩一线，吸敌前进，即部署歼灭黄维集团于南平集以南地区。望韦（国清）吉（洛）能先率 4 至 5 个纵队于

23 日夜进至宿县、大店集之线，准备以 3 个纵队担任钳制刘汝明、李延年，而以两个以上纵队参加打黄维。"

△ 18 时，粟裕与陈士榘、张震致电刘伯承、陈毅、邓小平，中央军委，华东局，报告碾庄攻克后，决定监视邱、李、孙兵团，歼灭李延年兵团之部署。

22 日 晚，刘伯承、陈毅、邓小平在驻地周殷圩子召开中野各纵队首长会议，部署歼击黄维兵团。

△ 华野全歼国民党第七兵团，淮海战役第一阶段作战胜利结束。此间，华野部队在徐州以东碾庄地区全歼黄百韬兵团，并阻击、重创了徐州国民党军的增援。中野部队将远道来援的黄维兵团阻止于宿县西南的南坪集地区，并攻克宿县，控制了津浦路徐蚌段，彻底隔断了徐、蚌之间的联系，极大地孤立了徐州的国民党军。

△ 为便于指挥对蚌埠方向的阻击作战和对徐州国民党军南援的阻击作战，粟裕率领华野前指西移谢家圩。

23 日 中央军委致电刘伯承、陈毅、邓小平、粟裕、谭震林等，庆祝歼灭黄百韬兵团 10 个师的伟大胜利。并指出：对于我们，最有利的是以现态势各个歼灭当面之敌，如果我们能在第二阶段中大量歼灭南面敌人，就可能实现原定计划。望华野、中野全军在刘、陈、邓、粟、谭 5 人总前委（邓为书记）统一领导下，争取新的大胜利。

△ 总前委常委指挥所移驻临涣集以东小李家村，就近指挥歼击黄维兵团。

△ 22 时，刘伯承、陈毅、邓小平向中央军委报告：李延年、刘汝明两兵团迟迟不进，黄维兵团远道疲劳，孤军冒进，态势突出，现在歼击黄维时机甚好。因此，我们决心放弃南坪集，在浍河以北布置袋形阵地诱敌深入，聚歼黄维兵团。并请粟裕以两三个纵队对李、刘防御，至少以 4 个纵队加入歼黄维作战。翌日 15 时，中央军委复电："（一）完全同意先打黄维；（二）望粟陈张遵刘陈邓部署，派必要兵力参加打黄维；（三）情况紧急时机，一切由刘陈邓临机处置，不要请示。"

24 日 上午，黄维兵团北渡浍河，前出到忠义集、东坪集、杨庄、七里桥、朱口地区，进入中野预设的袋形阵地内。后黄维发觉处境不利，即令各部于下午向浍河南岸收缩。当日黄昏，刘伯承、陈毅、邓小平令中野全线出击，激战至 25 日晨，将黄维兵团围困在双堆集地区。

△ 刘伯承、陈毅、邓小平签发关于加强后勤保障的（勤字第一号）命令。

△ 谭震林率领山东兵团指挥所于拂晓抵达位于津浦线徐（州）宿（县）段附近的丁楼，指挥华野9个纵队阻击徐州国民党军南援黄维兵团。

25日 11时，刘伯承、陈毅、邓小平请华野令南下各纵兼程南进，控制宿县、桃园集、蕲县集、大营集一线，待机作战。

△ 巳时（9时—11时），粟裕与陈士榘、张震致电刘伯承、陈毅、邓小平，并报中央军委："我们完全拥护先集中力量歼灭黄维的作战方针。"并为配合中野歼灭黄维兵团作了详细部署。

26日 5时，刘伯承、陈毅、邓小平电告中央军委：黄维兵团已完全被合围。请军委令新华社广播电台，加紧对敌人的政治争取和瓦解工作。当日20时，军委复电："黄维被围，有歼灭希望，极好极慰。但请你们用极大注意力对付黄维的最后挣扎。"翌日，中央军委主席毛泽东即以人民解放军总部和中野司令员刘伯承、华野司令员陈毅的名义写了两篇广播稿，交由陕北新华广播电台广播，劝说黄维将军及其所部官兵立刻放下武器。

△ 夜，接中野六纵报告：黄维兵团第八十五军一一〇师师长廖运周派人联系，准备于明晨突围时率部起义。经总前委批准，廖运周率部于次日晨趁突围之机起义，脱离了包围圈。对包围圈内的黄维兵团，刘伯承、陈毅、邓小平令各纵队"逐步紧缩，达成全歼此敌"。

△ 粟裕率领华野前指经时村、灰古、顺河集到达周家砦。午时（11时—13时），粟裕、谭震林、陈士榘、张震联名发出致华野各兵团、各纵队首长并报军委，刘伯承、陈毅、邓小平，华东局电：为保证南线歼击黄维及李延年兵团之作战，决定由谭震林、王建安指挥9个纵队（包括由济南南下之渤海纵队）及冀鲁豫军区两个独立旅等，担任紧缩包围徐州邱清泉、李弥、孙元良3个兵团，坚决阻击其南援的任务。

27日 14时，粟裕与陈士榘、张震致电刘伯承、陈毅、邓小平，中央军委，华东局并告谭震林、王建安：为有力保证中野歼击黄维之作战，除以两个纵队并附特纵炮兵加入中野序列外，决定集中5个纵队及江淮两个旅围歼李延年兵团，切断敌向南撤路。总前委常委令华野"立即开始歼击李延年、刘汝明的部署"。因该两敌惧歼，于26日晚南撤，华野南下部队因受河流阻隔，仅歼其后尾一部。李、刘兵团主力撤至淮河以南。

△ 17时，刘伯承、陈毅、邓小平致电中央军委，请示解决黄维兵团后的战略方向。次日4时，中央军委电示刘伯承、陈毅、邓小平、粟裕、谭震林："淮海战役的第三阶段是解决徐蚌两处之敌，夺取徐蚌。"22时又电示"黄维解决后，须估计到徐州之敌有向两淮或向武汉逃跑可能"，应加防范。

28日 17时，刘伯承、陈毅、邓小平致电中央军委，报告对黄维兵团的作战，拟采取集中火力，先打一点，各个歼灭的战法。准备以10天左右时间歼灭之。次日6时，军委复电："此种计划是稳当的和可靠的"，"解决黄维兵团，是解决徐、蚌全敌66个师的关键。必须估计敌人的最后挣扎，必须使自己手里保有余力，足以应付意外情况"。

29日 凌晨，粟裕主持华野司令部会议，分析敌我态势，认为徐州国民党军有不待黄维被歼灭就放弃徐州的可能，判断其突围有三种可能的方向：一是沿陇海路向东，经连云港海运南逃；二是直奔东南走两淮，经苏中南渡长江，转向京沪；三是沿津浦路西侧绕过山区南下，同时解黄维兵团之围。认为第三种可能性最大，也是对我们威胁最大的一着。因此决定把北线主力集中放在防止徐州国民党军向西南逃窜的可能上。

△ 谭震林、王建安、李迎希于10时、16时、21时30分连发3电给粟裕、陈士榘、张震并报中央军委，报告阻击邱清泉、孙元良兵团战况和徐州国民党军动向，判断"敌人重心放在东面"，"邱、李、孙援黄只是附带的，逃脱被歼是主要的"，估计徐州国民党军有向两淮撤退可能，建议目前应坚决迅速完成对邱、李、孙3兵团之确实包围，不让其逃跑。

△ 申时（15时—17时），粟裕、谭震林等致电中央军委，刘伯承、陈毅、邓小平，华东局，估计邱、李、孙兵团有倾巢南犯增援黄维就便南撤，或向两淮突围的可能。在黄维兵团未解决前，以阻击徐州国民党军保证围歼黄维作战为主，黄维大部解决后，再视机诱敌南下，聚歼国民党军主力于徐州外围地区。并为此调整了部署。次日17时，中央军委复电："各项估计及意见均甚好"，并指示：华野准备以两个纵队为攻歼黄维兵团的总预备队，"刘陈邓电台应速与谭王李电台沟通"。

30日 巳时（9时—11时），粟裕与陈士榘、张震联名发出致华野第十三、第六、第十纵队和苏北兵团首长电，指出：徐州敌已开始空运撤退"剿总"机关人员，积存物资已分配各兵团携带，似有放弃徐州突窜之可能。南线各部队除以一部监视阻击蚌埠之敌外，主力即北返宿县、大店集、朝阳集、鱼沟集地区集结待机，并明确了各部任务。

△ 华野前委、华野政治部发出全歼当面敌人争取战役全胜的政治动员令。

12 月

1 日 华野指挥机关从各种情报渠道得知，杜聿明率邱清泉、李弥、孙元良 3 兵团于 30 日晚开始从徐州撤退，向西及西南突审。粟裕立即组织指挥华野 11 个纵队及豫皖苏军区部队追击、拦截，指令渤海纵队进占徐州。申时（15 时—17 时），将追堵截击徐州逃敌的部署上报中央军委，刘伯承、陈毅、邓小平，华东局。总前委常委同意华野主力全线向西截击邱、李、孙三兵团的部署，令华野不顾敌机袭扰，不避艰险，坚决追上敌人。翌日 7 时，军委复电指示："敌向西逃，你们应以两个纵队，侧翼兼程西进，赶至敌人先头堵住，方能围击，不要单靠尾追。"

△ 总前委常委指挥所与华野前指接通有线电话。粟裕与陈毅通话，报告追击杜聿明集团情况。陈毅要他首先介绍打黄百韬兵团的战法。粟裕说："近迫作业啊！挖坑道，迫近敌人阵地，然后突然发起攻击，分割歼灭他。"陈毅说："我们这里正在收拾黄维这个冤家。你们北边要把杜聿明抓住，南边要把李、刘看好。"刘伯承把这一部署比喻为胃口很好的人上酒席，吃一个，夹一个，看一个。

△ 22 时，华野渤海纵队进占徐州。翌日，中共中央电贺徐州解放，指出："徐州的迅速解放，对于全国战局极为有利。"

2 日 刘伯承、陈毅、邓小平向双堆集前线部队发出近迫作业、缩小包围圈的命令。

△ 粟裕率领华野前指进至宿县以北之草庙圩子，与陈士榘、张震联名致电华野各兵团、各纵队首长并报中央军委，刘伯承、陈毅、邓小平，华东局，望各部集结大军果敢行之，应尽最大努力以强行军速度绕到敌之先头，截住其去路。为便于行动迅速，各纵队重武器及机关辎重行李等可留少数部队掩护跟进。

3 日 总前委常委指挥所迁至纪家。刘伯承、陈毅、邓小平致电中央军委，报告围歼黄维兵团情况。翌日，军委复电：打黄百韬和打黄维两次经验均证明：对于战斗力顽强之敌，依靠急袭手段是不能歼灭的。必须采取割裂、侦察、近迫作业、集中兵力火力和步炮协同诸项手段，才能歼灭。

△ 午时（11时—13时），粟裕与陈士榘、张震发出致华野各兵团、各纵队首长并报中央军委，刘伯承、陈毅、邓小平电：判断被我滞阻于萧县、永城以北，砀山、永城以东的杜聿明集团，有被迫现地固守寻机突窜可能。决心乘敌立足未稳阵脚混乱之际，坚决截堵其向西南突窜道路，压迫其向北、向西北，并先集中主力楔入其纵深，割歼其后尾一部，尔后再分批逐次各个歼灭之。为此，规定了各部第一步作战任务。

△ 申时（15时—17时），粟裕与陈士榘、张震发出两电，一电致刘伯承、陈毅、邓小平并中央军委，报告："我决全力对付杜聿明所率之邱、李、孙兵团"，"对蚌埠北犯之敌无力兼顾"，"建议除王秉璋纵队遵令归还钧部建制外，另以六、七、十三等3个纵队及特纵大部均直接归钧部直接指挥，参加对黄维之攻击及阻击李、刘之北援"。另电致华东局并报中央军委，请求华东军区急送八二迫炮弹30万发，山炮弹5万发，炸药30万斤；补充基干团新兵。

4日 粟裕、谭震林等收到中央军委3时来电："此次对邱李孙作战，我各纵应大胆插入敌各军之间，分离各军，以利歼击。"拂晓，华野各部将杜聿明集团包围在永城东北之陈官庄、青龙集、李石林地区。12时，粟裕签发华野司令部致各纵队电令：力求于敌运动混乱中割歼敌人。

△ 刘伯承、陈毅、邓小平、粟裕等收到中央军委22时电：李延年兵团7个师北犯，"望令六纵加强阻击，务必不使该敌北进过远，妨碍我解决黄维"。又收到军委24时电：调查蒋介石船运两个军到浦口是否属实。

△ 谭震林率山东兵团指挥所进驻芒砀山。

5日 刘伯承、陈毅、邓小平发布总攻黄维兵团的命令。决定以陈赓、谢富治指挥中野第四、九、十一纵队、豫皖苏军区独立旅为东集团；以陈锡联指挥中野第一、三、华野第十三纵队为西集团；以王近山、杜义德指挥中野第六、华野第七纵队和陕南军区第十二旅为南集团，分别攻歼双堆集东、西、南地区之敌。命令各部统于6日16时半开始总攻，要求各部不惜最大牺牲保证完成全歼黄维兵团的任务，此间尤须自动协同友邻部队争取胜利。规定将命令用口头直接传达到连队。

△ 粟裕率领华野前指进驻濉溪以北之襄王城。13时，签发华野司令部致各兵团、各纵队电令：集中12个纵队、两个独立旅和特种兵纵队一部围歼杜聿明集团。

6 日 16 时 30 分，刘伯承、陈毅、邓小平指挥由中野和华野一部组成的 3 个集团，对黄维兵团发起全线攻击。

△ 晨，粟裕与陈士榘、张震发出致华野第三十五军军长吴化文、政委何克希并报中央军委、华东局电：为增强南线兵力，阻击李、刘兵团由蚌埠北犯，决定调吴化文部南开参战。华东军区于 8 日复电：吴部即遵前委令南下参战。

△ 辰时（7 时—9 时），粟裕等致电刘伯承、陈毅、邓小平并报中央军委、华东局：我由追击截击部署调整为围攻部署，重点以不让敌向南向东南突围，西面控制薛家湖、永城两点。本晚即实行攻击，各个歼灭当面之敌。惟担心六纵正面太宽，有刘、李兵团突破该防线之虞。因此，除中野二纵加强六纵外，建议张国华所率之 5 个团加入对李、刘之阻击作战。为防止邱、李、孙向西南逃窜，建议邓子恢、李达处部队抽出 5 至 10 个团至商水、项城线待机。

7 日 总前委常委率中野指挥所复返小李家村。刘伯承、陈毅、邓小平调张国华 5 个团 9000 多人参加阻击李、刘兵团作战。请邓子恢、李达具体部署在商水、项城县设防。

△ 陈毅致函华野六纵司令员王必成、政委江渭清等：应统率阻击力量去完成任务，咬紧牙关，不叫苦，不怕困难，要有牺牲大部的决心去与敌人拼斗。

△ 粟裕与张震一起登襄山观察围歼杜聿明集团战场情况。午时（11 时—13 时），粟裕等致电刘伯承、陈毅、邓小平并中央军委、华东局：已从徐州抽出渤海纵队 1 个师南开参加阻击李、刘兵团作战，并令越过淮河的江淮军区两个旅迅速向明光及蚌埠进击。

△ 亥时（21 时—23 时），谭震林致中央军委毛泽东主席电，建议："为了不给敌喘息时机，淮海战役结束后，休整一周左右时间，即渡淮进行江淮战役，求歼蚌埠地区之敌。"

8 日 陈毅、粟裕、谭震林联名致杜聿明、邱清泉、李弥劝降书，指出："贵军现已粮弹两缺，内部混乱，四面受围，身临绝境"，"希望你们立即命令部下，停止抵抗，切实保护武器弹药资材，实行有组织的缴械投降。只要能如此做，我军当可保证汝等及全体官兵的生命安全"。

△ 粟裕召集各纵队首长开会，决定调整部署：先集中力量协同中野歼灭黄维兵

团，由陈士榘参谋长带领第三、第十一、鲁中南等3个纵队南下作战。对杜聿明集团，采取攻势钳制，阻其南窜。

9 日 10时，刘伯承、陈毅、邓小平致电中央军委、粟裕等：载至现时止，我6、7、8共三天攻击，已使敌防御体系开始残破，如陈谢集匪能于三四天内将双堆集东北之杨围子、杨庄地区攻占，则黄维兵团直属队即完全暴露，尔后作战当更易奏效。对李延年我已有华野六纵及渤纵1个师、中野二纵（4个团）及张国华5个团（约万人）共5万余人对付，当无大问题。翌日3时，中央军委复电："对黄维的攻击逐步奏效，对李延年的钳制亦有办法，甚慰。尚望鼓励全军全歼该敌。"

10 日 晨，粟裕与陈士榘、张震致电刘伯承、陈毅、邓小平，并报中央军委、华东局，报告华野围歼杜聿明集团及阻击李延年、刘汝明兵团北援情况。鉴于目前中野及华野分成3个战场作战，兵力均感不够，建议再由华野抽出一部分兵力，以求先解决黄维兵团，尔后，由中野负责阻击李、刘兵团，华野解决杜聿明集团。总前委常委接到此电后，当即电话回复，表示完全同意，并与粟裕等商定，由华野抽调第三、十一、鲁中南纵队及特纵炮兵一部在参谋长陈士榘率领下，当晚南下双堆集地区参战。出发之前，粟裕特别交代，缴获的武器装备一支枪、一粒子弹也不留，全部交给中野。

△ 刘伯承、陈毅司令员前往双堆集前线指挥作战，分别会见了3个集团和各纵队指挥员，鼓励大家密切配合作战。陈毅向华野三纵司令员孙继先、政委丁秋生作指示：第一，要首先打进去，只有首先打进去，才是对兄弟部队的最大支援；第二，要虚心向兄弟部队学习，主动搞好团结；第三，缴获的战利品，大到武器弹药和俘虏，小到日用品和纸片，都要交给兄弟部队，不准任何人"打埋伏"。

11 日 中央军委发出《关于平津战役的作战方针》，其中指出：为着不使蒋介石迅速决策海运平津诸敌南下，我们准备令刘伯承、邓小平、陈毅、粟裕于歼灭黄维兵团之后，留下杜聿明集团余部，两星期内不作最后歼灭之部署。

△ 粟裕、谭震林、陈士榘、张震于襄王城签发命令，指令华野各部对杜聿明集团采取局部攻势和局部钳制，坚决阻止其向南或东南突窜或东缩徐州，对各部任务作了具体区分和部署。

12 日 中央军委电示刘伯承、陈毅、邓小平、粟裕、谭震林："黄维歼灭后，请刘、陈、邓、粟、谭 5 同志开一次总前委会议，商好在邱、李歼灭后的休整计划，下一步作战计划及将来渡江作战计划，以总前委意见带来中央。"

△　刘伯承、陈毅以中野、华野司令员的名义发出《促黄维立即投降书》，向黄维指出：现在其所属的 4 个军，业已大部被歼。整个兵团全部歼灭，只是几天的事。劝告其要爱惜部属的生命，立即放下武器，不要再作无谓牺牲。

△　邓子恢、李达致电刘伯承、陈毅、邓小平、粟裕等，通报豫皖苏地区筹集粮款情况，建议组成中原、华东统一支前机构，统一计划分配。15 日，粟裕等复电邓子恢、李达，并报刘伯承、陈毅、邓小平，华东局，中央军委，对战区粮食供应情况作了简要汇报，指出：为有力解决粮食供应问题，必须由统一支前机构在总前委意图下通盘筹划。建议迅速召开一次包括华东、中原、冀鲁豫、华中四方面代表参加的联合支前会议。20 日，军委指示：请小平同志考虑召开一次总前委会议，讨论今后 3 个月的粮食供应、弹药补给、交通运输及其他有关后勤支前的工作。总前委委托华野后勤部部长刘瑞龙主持召开联合支前会议。会议于 26 日至 29 日在徐州举行。1949 年 1 月 3 日，刘瑞龙向总前委报告联合支前会议情况，总前委书记邓小平于 10 日复信："我完全同意该会所作各项决定，请即依照执行。"

13 日　总前委调整部署，调华野三纵、十三纵加入南集团作战，鲁中南纵队为预备队。南集团由华野参谋长陈士榘指挥，以南集团为主，东西集团配合，对黄维兵团发起最后总攻。

△　粟裕与陈士榘、张震致电中央军委，刘伯承、陈毅、邓小平，华东局：已歼灭杜聿明集团三分之一。为防止敌人向南突围，拟截歼其先头部队一部。

14 日　巳时（9 时—11 时），粟裕与陈士榘、张震发出致刘伯承、陈毅、邓小平，并报中央军委电，报告：杜聿明集团集中主力向南突围。请示歼灭黄维兵团作战尚需多少时间。

△　11 时，军委电示粟裕："你们围歼杜邱李各纵，提议整个就现阵地态势休息若干天，只作防御，不作攻击。待黄维歼灭后，集中较多兵力，再举行攻击。"粟裕亥时（21 时—23 时）复电，向军委报告了围歼杜聿明集团情况及调整后的作战部署。

△　17 时，粟裕签发华野司令部关于对杜聿明集团作战部署战斗分界线致各兵

团、各纵队首长电。

15 日 发现黄维残部向西突围，总前委即令各纵队堵击、追击。战至 24 时，全歼黄维兵团。淮海战役第二阶段胜利结束。当晚，总前委令南线蚌北阻击部队，如李延年兵团南撤，则坚决尾击之，求歼其一部。令豫皖苏地方武装、民兵在蒙城、涡阳等地布防，戒严一周，严密巡逻，搜捕散兵和成股之溃兵。

△ 为防国民党军飞机空袭，粟裕率领华野前指转移至张庄寨。24 时 10 分，华野前指接到中野电话：黄维兵团已全部解决，前面枪声稀疏，估计漏网不多。

16 日 总前委令中野第四纵队留一个旅担任掩护，打扫战场；令各纵队撤出战场，于 24 时前到达指定位置；令中野卫生部和支前司令部负责救护国民党军伤兵，掩埋敌尸体；令华野第三、鲁中南纵队当夜即行北上归华野建制。是夜，各纵队派一首长到小李家开会，汇报作战情况。

△ 粟裕率领华野前指转移到萧县西南的蔡洼村。主持召开华野纵队以上首长会议，研究围歼杜聿明集团的下一步作战计划。签发华野首长通令，表扬部队积极自主协同作战精神。

△ 辰时（7 时—9 时），粟裕与陈士榘、钟期光、张震联名发出致中央军委、华东局电："部队连续作战，日夜不停，并常吃不到油盐，甚为疲劳。建议由华东局、军区首长予参战部队慰劳，平均每人（指战员）能分到香烟 5 包、猪肉半斤，举行会餐，恢复体力。"翌日，军委复示"凡我华东、中原参战部队，前线人员，一律慰劳以每人猪肉 1 斤，香烟 5 包，凡不吸烟者，得以其他等价的物品代替"。

△ 午时（11 时—13 时），粟裕与陈士榘、张震致电中央军委，刘伯承、陈毅、邓小平，华东局，提出：部队转战月余，十分疲劳，黄维已全部歼灭，拟就现阵地休息 3 天。当晚 24 时，军委复示："我包围杜聿明各部可以 10 天左右时间休息调整，并集中华野全力，然后发起攻击。"要求华野对杜聿明、邱清泉、李弥部连续不断地进行政治攻势。翌日 22 时，陈毅、粟裕、谭震林复军委电：遵令休息 10 天，如敌突围，乘机歼灭之。对杜聿明集团的政治攻势指示和口播稿已上报。

17 日 新华社播发毛泽东为中原、华东两人民解放军司令部写的《敦促杜聿明等投降书》，告诫杜聿明将军等，立即令全军放下武器，停止抵抗，本军可以保证你们高级将领和全体官兵的生命安全，只有这样，才是唯一生路。

△ 刘伯承、陈毅、邓小平在小李家召开各纵队首长会议，部署工作。令参加蚌西北阻击战的华野六纵、渤纵十一师北移宿县以东休整，准备归建；令二纵现地休息一天后，移涡阳休整；令张国华率现部位太平集、曹老集之线以北监视敌人。

△ 晚饭前，刘伯承、陈毅、邓小平接到中共中央通知："黄维已歼，李延年南撤，局面甚好。拟请伯承、陈毅二同志偕来中央一商。是否可行，盼复。"总前委常委当即回报中央："刘、陈、邓今筱（17日）夜到华野，会商一二日，刘、陈二人即北来。"饭后，刘伯承、陈毅、邓小平驱车到萧县蔡洼村华野指挥所同粟裕、谭震林会面。

18日 总前委刘伯承、陈毅、邓小平、粟裕、谭震林第一次全体会议在华野司令部举行，这是淮海战役中唯一的一次全体会议。由于淮海战役第三阶段作战已胜券在握，会议着重研究了未来渡江作战和部队整编问题。会间，5位首长合影留念。翌日，刘伯承、陈毅驱车北上，前往中共中央所在地西柏坡，邓小平返回中野司令部小李家，谭震林返回山东兵团驻地，粟裕仍留在蔡洼。

△ 24时，粟裕签发将杜聿明集团诱迫至预定地区聚歼的命令。

19日 粟裕、谭震林决定调整围歼杜聿明集团部署，防止其突围。当日，华野十三纵、特纵北开归建。翌日，华野七纵奉命归建。

20日 粟裕与陈士榘、谭震林致电华东局并报中央军委，建议军委颁发统一的臂章。建议在徐州赶制10万顶军帽发给尚穿着国民党军服的解放战士以资识别。

21日 刘伯承、陈毅、邓小平、粟裕、谭震林接到中央军委丑时（1时—3时）电示：令中野各纵迅速完成战后准备，待李延年第三次北进时担任南线防御，并准备于华野对杜聿明作战接近解决之际，放敌深入，围歼其一部。华野仍应坚持10天休整计划，待完成休整计划并重新部署后再举行攻击。

△ 邓小平签发关于争取改造和巩固解放战士的指示。

△ 刘伯承、陈毅北上西柏坡，途经冀鲁豫解放区到达单县，应邀为其题词。刘伯承的题词是"冀鲁豫人民为完成人民解放战争的胜利，尽了最大的努

力，现在还是努力于支前工作，十分难得，特致敬佩"。陈毅的题词是"胜利在望，继续作战，继续支前"。

22日 邓小平致电中央军委等，报告中野各纵队的位置，准备休整半个月，随时准备打击可能出援之李延年兵团。

△ 辰时（7时—9时），粟裕签发致华野各兵团、各纵队电：坚持休整10天（16日—26日），争取整补，此间，如敌突围，坚决堵击歼灭之。

△ 22时，军委电示粟裕并告邓小平、张际春：李延年第三次北援的可能性已大减。可集中华野全军多休整数日，养精蓄锐。只要杜部不大举突围，应休息至下月初，约于子微（1月5日）左右开始攻击较为适宜。

23日 总前委常委指挥所由小李家移至周殷圩子。中野、华野各部原地休整，围困杜聿明集团。

25日 华野前委电示各兵团、各纵队：根据中央军委指示，延长休整10天。各兵团应继续完成各项准备工作，调整部署，深入动员，总结政治攻势新经验，并继续巩固新兵，溶化俘虏。

26日 邓小平召集中野各纵首长到周殷圩子开会，商讨下一步行动以及休整和部队整编等问题。会议至28日结束。

△ 华野政治部向各兵团、纵队、师发出关于抓紧时机大力开展政治攻势的指示。并上报中央军委、军区政治部、总前委。

27日 粟裕签发华野前委亥感（12月27日）电。中央军委于1949年1月9日复电："亥感电悉。我们认为你们这种加强纪律性的态度和办法是正确的，并已将此电转发全军参考。"

28日 粟裕、谭震林，邓小平、张际春分别收到中央军委电示：杜聿明部饥寒交迫，大批投降，日趋瓦解。应用极大力量，加强政治攻势。

△ 刘伯承、陈毅到达中共中央所在地西柏坡。

△ 午时（11时—13时），粟裕等致电中央军委，并邓小平、张际春，判断蒋介石有放弃江淮、撤守江防的可能。建议：可提前发起江淮战役。

29日 粟裕令华野各纵同时炮轰杜聿明集团军以上指挥机关和前沿阵地。

30日 邓小平率领中野前指于13时15分乘汽车由小李家出发，19时到宿县兵站宿营。翌日凌晨1时20分由宿县搭火车北上，7时许到徐州东站。13时又乘车西进，18时到达朱集车站，当晚宿朱集营房。

31 日　粟裕向毛泽东主席并中央军委、华东局发出《淮海战役中部队情况简报》，
对部队主要思想情况、骨干与干部问题及作战供应问题作了综合报告。

△　亥时（21 时—23 时），粟裕等致电中央军委，刘伯承、陈毅、邓小平、谭
震林等，建议乘国民党军饥寒交迫、士气低落、战斗力削弱之际发起攻击。
并继续开展政治攻势，迫其向我投降。

1949 年

1 月

1 日　邓小平率领中野前指由朱集营房移驻商丘东南之张菜园，至 1 月底，仍驻
这里。

△　陈毅、粟裕联名发出《致杜聿明等劝降信》，劝告杜聿明将军暨邱清泉、李
弥两司令官："为蒋介石一人效忠，反人民而死，徒落千古罪名；能勒马回
头，尚能将功折罪，为人民所宽恕。是非利害，幸速图之。"

2 日　粟裕、谭震林、陈士榘、张震于蔡洼下达华野全歼杜聿明集团命令，对华
野围歼部队划分为东、北、南 3 个集团，规定了各部具体任务。决定于 1 月
6 日 16 时发起战斗，首先分割攻歼李弥兵团残部，尔后攻歼邱清泉兵团残部，
以获淮海战役全胜。

3 日　邓小平、张际春向中央军委报送《歼灭黄维兵团作战总结》。

△　刘伯承、陈毅、邓小平、邓子恢、张际春、李达联名发出致淮海战役光荣负
伤同志的慰问信。

4 日　亥时（21 时—23 时），粟裕、陈士榘、张震向中央军委、邓小平、张际春
报告关于 6 日开始围歼杜聿明集团的部署。

5 日　子时（23 时—翌晨 1 时），粟裕签发华野前委致中央军委并刘伯承、陈毅、
饶漱石电：目前仍集中力量歼灭杜聿明集团，决于明日发起军事攻击。

6 日　华野对杜聿明集团余部发起总攻。

△　邓小平、张际春等在张菜园与邓子恢、李达、李雪峰、宋任穷、谢富治、李
成芳、张国华、刘岱峰等人集会。

△　刘伯承、陈毅参加中共中央在西柏坡举行的政治局会议。会议讨论并通过了
《目前形势和党在 1949 年的任务》的决议。会议于 8 日结束。

7 日　毛泽东、朱德、周恩来等中央领导人和刘伯承、陈毅等讨论渡江作战诸问题。

8 日 华野调整攻击部署，加强西面防御，堵敌突围。

9 日 粟裕与陈士榘、张震致电中央军委，报告总攻杜聿明集团战斗经验。

10 日 华野经 4 昼夜激战，于陈官庄地区全歼杜聿明集团。至此，历时 66 天的淮海战役宣告结束。此役，华东、中原野战军以伤亡 13 万余人的代价，歼灭国民党军 1 个"剿总"前进指挥部、5 个兵团部、1 个绥靖区司令部、22 个军、56 个师，共 55.5 万余人。